◆ 1984年赴美考察途中经停阿联酋沙迦机场，摄于候机室

◆ 考察团成员与华盛顿大学中文系主任时钟雯教授（左二）在其住处华盛顿水门饭店门前合影（1984年，华盛顿）

◆ 与华盛顿城市与土地研究会董事托马斯·布雷克先生交流（1984年）

◆ 接待美国哈佛大学瓦尔德教授（1986年7月，沈阳友谊宾馆）

◆ 与考察团成员在我国驻美大使馆门前合影。左一为辽宁社会科学院情报研究所
　所长李浩棠，右一为研究员谢志洪（1984年，华盛顿）

◆ 率辽宁社会科学考察团赴美，住我国驻美大使馆，在使馆前留影（1984年，华盛顿）

◆ 在华盛顿白宫草坪外等候进入白宫参观（1984年）

4

鲁迅思想研究

彭定安文集

彭定安/著

东北大学出版社

·沈阳·

ⓒ 彭定安　2021

图书在版编目（CIP）数据

彭定安文集.4，鲁迅思想研究 / 彭定安著. — 沈
阳：东北大学出版社，2021.8
ISBN 978-7-5517-2723-5

Ⅰ.①彭… Ⅱ.①彭… Ⅲ.①社会科学—文集②鲁迅
(1881-1936)—思想研究—文集 Ⅳ.①C53
②I210.96-53

中国版本图书馆 CIP 数据核字（2021）第 155672 号

出 版 者：东北大学出版社
　　　　　地址：沈阳市和平区文化路三号巷 11 号
　　　　　邮编：110819
　　　　　电话：024-83680267（社务部）　83687331（营销部）
　　　　　传真：024-83683655（总编室）　83680180（营销部）
　　　　　网址：http://www.neupress.com
　　　　　E-mail:neuph@neupress.com
印 刷 者：辽宁一诺广告印务有限公司
发 行 者：东北大学出版社
幅面尺寸：170 mm × 240 mm
插　　页：4
印　　张：21.5
字　　数：352 千字
出版时间：2021 年 8 月第 1 版
印刷时间：2021 年 8 月第 1 次印刷
责任编辑：孙德海
责任校对：邱　静
封面设计：潘正一
责任出版：唐敏志

ISBN 978-7-5517-2723-5　　　　　　　　　　　　　定价：96.00元

出版说明

INTRODUCTORY NOTES OF A BOOK

　　本卷收鲁迅研究专著两部:《鲁迅思想论稿》和《〈呐喊〉全新解读》。它们出版相差的年月较久,但因均属鲁迅思想研究的内容,且两部著述篇幅较短,故合为一卷。

　　《〈呐喊〉全新解读》是由已故国学大师、著名文化学者,清华大学教授、博士生导师,清华大学中国古典文献研究中心主任傅璇琮先生,著名学者、古代文学研究家刘继才先生,以及本书作者共同主编的《名家解读中外文学名著书系》中的一部。

彭定安

2021年6月

目录

鲁迅思想论稿

《呐喊》全新解读

鲁迅思想论稿

序

学习鲁迅的作品和思想，对于我们建设高度的社会主义精神文明，发展社会主义思想文化，培养社会主义新人，都具有重大的意义和作用。这是因为，鲁迅的思想、作品，是我国思想文化的宝库，是中国现代社会的百科全书，是有力的思想武器，学习、理解、研究、宣传它，能够提高我国人民特别是青年的思想能力、知识水平、道德水平，培养他们的观察力、分析力和艺术才能。鲁迅的思想博大精深，熔哲学、政治、经济、历史、教育、文学、艺术、美学诸学科于一炉，是东西方文化结合的产物。但他的作为伟大思想家的品质，又是同伟大革命家、文学家的品质交融汇合于一体的，因此，其思想充满了革命激情、斗争内容，而又融于优美的文艺形式中，既有思想家的深沉丰厚，又有革命家的战斗热情，更具文学家的优异才华。他的作品和思想具有多方面的作用和教益。遗憾的是，目前在这方面的研究工作仍然有待于进一步深入与提高，而且有人对此还不够理解，甚至存在错误认识。因此，学习和研究鲁迅的思想和作品，仍然是思想战线和文学研究工作的重要任务之一。

我们可以说，不懂得鲁迅，就不能很好地理解中国、理解中国社会和中国革命。鲁迅思想的发展，是同中国革命的发展相一致、相结合的。他不怕"路漫漫其修远"，而"上下求索"，寻找救国救民的真理，经历了曲折、艰难的过程。这过程总是反映着中国革命发展的面貌。鲁迅作为一个代表人物，在自己的思想演变中，从一个侧面，反映着中国革命的前进轨迹，因此在某种程度上可以说鲁迅和鲁迅思想是中国革命发展的一面镜子，它反映了中国革命的某些本质方面。

鲁迅作为一个知识分子，如他自己所说，是封建阶级的最后一代知识分子。但同时又是跨越中国近代和现代革命的那一代最先进的知识分子。他从封建阶级的逆子贰臣，发展到共产主义的英勇战士，从背叛自己出身的地主阶级，"毫不可惜它的溃灭"，发展到献身无产阶级，相信唯有它才有前途；从历史唯心论、进化论发展到辩证唯物论、历史唯物论，以马克思主义为归宿。这一切，反映了一个伟大作家的艰辛曲折的道路。鲁迅的道路，正是中国知识分子唯一正确的道路。

鲁迅作为中国思想文化发展史上的一个伟大里程碑，作为中国近代、现代民主主义、社会主义文化的奠基者和巨匠，一方面继承了中国数千年民族文化的优秀传统，另一方面又吸收了西方近代自然科学和资产阶级进步思想文化的营养；同时，又在发展的过程中，逐步靠拢、接近马克思主义理论，表现了中国传统思想文化与马克思主义科学体系的水乳交融。鲁迅不仅是一个文学家，而且把文学家、思想家、革命家、教育家、学者的品性与才华，有机地融汇于一身了。他的思想、活动、事业的唯一的出发点就是为人民，为祖国，"俯首甘为孺子牛"，"我以我血荐轩辕"；他的思想和作品既具有深厚的民族血脉，又具有丰富的外来营养；既蕴含着中华民族传统文化的民主性精华，又融进了世界优秀思想文化的结晶——马克思主义。因此，鲁迅的方向，就是中华民族新文化的方向。我们要继承民族的优秀文化传统，创造发展社会主义的精神文明，要提高全民族的科学文化水平，都必须认真地深入地研究鲁迅的思想与文化遗产。而为了深入地全面地理解鲁迅，我们就必须深入地研究鲁迅与中国传统文化和西方进步文化的关系，研究鲁迅思想如何像长江大河流泻千里，既有丰源又不拒涓滴细流的发展路径；也要研究鲁迅是怎样既没有民族虚无主义，又不死抱国粹，既不取排外主义，又不崇洋媚外，而是围绕一切为了达到人民解放的目的，密切结合尖锐复杂的现实斗争，经过艰苦的长期反复探索，来发展自己的思想。总之，鲁迅思想发展的历程，鲁迅的理论和实践，以及这一切所构成的鲁迅思想的"结晶体"，对于我们都是富有教益的，值得认真整理、研究、学习。

研究鲁迅思想必须切实以鲁迅的生平和作品本身为对象，切忌笼统与简单化。搞章句之学，弄语录体文章，都是对鲁迅的亵渎、对读者的坑害——不仅不能使他们正确理解鲁迅，而且在学风上造成恶劣的影响。这是值得我们在研究工作中注意的。

由于我在相当长的时间里无法得到较多的研究资料，特别是那些难得的珍贵资料，不仅难谋一面，而且不知其存在，所以基于上述的一些认识，我只得配合对马列主义的学习，对哲学和中国近代、现代历史的学习，来着重研究鲁迅的思想发展问题。起初并没有长远的计划，只是哪一方面有所感、有所领会，而思想、资料又尚可成文时，便写成一篇。最早写的便是本书第一篇《中国革命的发展与鲁迅思想的演变》，初稿起草于1956年，可是直到1979年才得以以此为基础，重写一过，终于成篇。这中间相隔了整整22年。第二篇《鲁迅与五四运动》，是为纪念五四运动60周年而作，曾经提交全国纪念五四运动60周年学术讨论会。这两篇曾经发表过，前一篇收入本书时作了较多补充，后一篇则基本未动。书中其他各篇都是陆续写成的。当然不能看作够格的对于鲁迅思想的系统研究，但却表露了笔者对于鲁迅思想的一贯的看法和对于他的思想发展历程的基本认识。

　　书中的有些文章在《鲁迅研究》《社会科学辑刊》上发表后，曾经得到一些鲁迅研究的前辈师长和朋友的鼓励，使我既很感动，又颇惭愧。

　　文章收入书中时，没有按发表和写成的时间排列，而是除总论性的文章排在前面之外，其余的均按鲁迅思想分期时间的先后排列。《鲁迅的〈狂人日记〉与果戈理的同名小说》，题目似不属思想论述范畴，但此文内容着重谈的仍是鲁迅的思想，因此一并收入了。另有关于建立"鲁迅学"的建议，为了听取意见，也作为附录，收在本书之后了。全部文章，因是先后写成，有的篇章内容上略有重叠之处，这次编集时，作了必要的删节。

　　这本单薄的小册子的出版，令人鼓舞，但同时也感到惭愧与惶恐：我的工作的成绩，无论从数量上或质量上来说，都是很不够的，尤其是质量方面，更是如此；我为自己文章内容的浅陋而感到惶恐。如果这本书能够引起对于鲁迅思想的了解和研究的兴趣与注意，或者能对理解鲁迅思想有些助益，那么，我将感到分外的幸福，"那满足，盖不下于取得富家的千金云。"（《坟·题记》）

　　鲁迅说："倘能生存，我当然仍要学习。"我越来越感到自己的浅陋而竭诚地期望学习，学习。我当努力，争取更多的学习时间和学习机会，并在不断学习中有所进步。

作　者

1981年7月14日　沈阳

中国革命的发展与鲁迅思想的演变

鲁迅如他自己所说，是属于我国封建社会的最后一代知识分子。他以此为起点，到成为伟大的无产阶级文化战士、共产主义思想文化的伟大先驱，经过了艰难、曲折、漫长的历程。鲁迅的这段思想历程，与中国现代革命史血肉相连。鲁迅是中国革命的产儿，又是革命文化战线上的伟大旗手和主将。他的思想发展历程，可以说是中国现代思想文化斗争史的一个缩影。

其实鲁迅的最为鲜明的特点，不在于他一开始就是用辩证唯物主义武装起来的马克思主义思想家、革命家，也不在于他在投身于中国革命斗争的行列中时，很快就成为一个马克思主义的思想家、革命家，而在于他终其一生，从不脱离现实的革命斗争，在"上下求索"救国救民真理的过程中，他接触了古今中外各种思潮、学派，并汲取了它们的长处，但他从来不固守一种，却总是依革命斗争的需要来决定取舍，终于以马克思主义为归宿。作为出身于没落的士大夫家庭的封建社会的最后一代知识分子中的一员，他标志着一个时代的结束、一代知识分子道路的结束；而同时作为封建阶级的逆子贰臣，他又标志着一个新的时代、一条新的道路的开始。作为一个承上启下的先驱者，他曾经"背着因袭的重担"，作为接受了西方资产阶级思想学术影响的激进资产阶级民主主义革命家，他曾经有"只信进化论的偏颇"，并且"中了中产阶级思想的毒"。但是，在革命的斗争中，在阶级斗争的实践中，在血的历史事实的启发和教育下，他摆脱了这一切羁绊，轰毁了原来的思路，随着中国革命的不断发展，而不断前进，成为坚信马克思主义的伟大共产主义文化战士。在前进的道路上，他的每一步都与中国革命血肉相连，他每前进一步，都更向马列主义靠近。他那养育我们世世代代后辈的思想，在中国民族民主革命的土壤上发芽、滋长，在国内外的民主、爱国、进步的思想文化浇灌下，特别是在马列主义的阳光雨露滋育下，成长而至开花结果。

一

从1898年到1902年，鲁迅在南京求学。在这4年里，他从闭塞落后的故乡绍兴，走进了一个开阔的天地。在知识上，他在熟悉的中国古籍、野史、民间艺术之外，又接触到全新的知识：西方传来的进化论、自然科学和哲学、历史、文艺等方面的学问。他当时对自然科学有着浓厚的兴趣。当《天演论》出版时，他是"星期日跑到城南去买了来"，"一口气读下去的"。当时，激荡着青年鲁迅思想和心灵的，还不只是这些见所未见、闻所未闻的新知识，而且还有那戊戌变法虽遭失败而当时却还在蓬勃发展着的维新思想。康有为、梁启超等戊戌变法中的风云人物虽已亡命日本，但以慈禧为代表的顽固派的一切反动措施，反而促进了改革运动的进一步发展。梁启超等人在上海创办的《时务报》和留日学生在日本创办的《译书汇编》等宣传维新的书刊，鲁迅当时都很爱读。如果说他离开故乡时，只是由于家道中落，受到世态炎凉、人情冷暖的刺激而要"走异路，逃异地，去寻求别样的人们"，那么现在，他已经感受到民族危亡、国家衰败的痛苦了。他的变化是显著的，以至他的一个守旧的本家长辈对他说："你这孩子有点不对了"，而且拿了许应骙反对康有为变法的奏折给他，要他"抄下来去看去"。可是青年鲁迅已经是"中毒"很深了，他并不认为自己有什么不对，照旧看《时务报》，读《天演论》。两颗种子播在他的心田里了：西方输入的自然科学、进化论和企图以改良主义来拯救民族危亡的维新思想。维新运动的兴起，唤醒了鲁迅；而这个运动的失败，又使他感受到改良主义的无力。不过，由于当时鲁迅没有接触到更新的革命思想，在他心里，改良主义还保持着一定的生命力。因此，当他去日本留学时，一方面，"绝望于孔夫子和他的之徒"；另一方面，还继续抱有维新的梦想，甚至在到日本两年之后，他选择学医的道路时，还是这样想："我的梦很美满，预备卒业回来，救治像我父亲似的被误的病人的疾苦，战争时候便去当军医，一面又促进了国人对于维新的信仰。"①从鲁迅的这段经历中，我们看到鲁迅的思想特点：第一，他不同于当时一般的莘莘学子，读书为求取个人的闻达，成名立业，而是把自己的命运同国家民族的命运结合在一起。第二，他离开故乡绍兴，决定不走科举的道路，表明他同"学而优则仕"的封建士大夫的传统道路决裂了。这样，他就基本上结束了封建社会的最后一代知识分子的道路。他决心到维新取得成功的日本去寻求新知识、新学问和新的救国救民的真理。他走进中国近代向西方学习的先进人们的行列中了。这时候，他虽然还没有同维新思潮最后划清界限，但是，同康梁们的维新思想已经有了明显的不同：他不是像维新诸君子那样从孔子的学说中去寻找维新的根据和理由，而是注目"西学"了。而且，他立意要"促进国人对维新的信仰"，把眼光转向了广大的群众，而不是像维新运动领导者那样，把希望寄托在英明的皇帝身上了。这些情况说明，鲁迅当时作为一个"从旧垒中来"的封建知识分子的先进代表，他的思想变化和思想方向，反映着中国旧民主主义革命的进程。

鲁迅在日本留学的七年（1902—1909年），可以分为三个阶段，即在东京弘文学院学习的两年、在仙台学医的两年和第二次在东京居留的三年。在这三个阶段中，他的思想逐步变化，其总的趋势是跟随资产阶级民主革命运动的发展而发展。在东京弘文学院的两年（1902—1904年），无论在学业上还是政治上，对鲁迅来说，都是一个学习期。这时期，他一方面如饥似渴地阅读了许多欧洲资产阶级进步的哲学、科学、文艺书籍，知识向深广发展，对社会、历史、国家命运的观察也随着向深广发展。另一方面，积极参加了当时在东京开展的革命活动。东京，是当时中国革命者活动的中心，在留学生中有许多革命志士从事反清的民族民主革命活动。鲁迅积极地参加到这个革命行列中去，他"赴会馆，跑书店，往集会，听讲演"，活跃在东京革命留学生界。正是在这时候，他写出了"我以我血荐轩辕"的铮铮誓言，表现了一个哀祖国沉沦、忧人民愚弱，决心献身革命的爱国志士的崇高精神面貌。鲁迅这首《自题小像》诗的产生，正是看到祖国进一步向半封建半殖民地社会演变，国亡种灭的危局迫在眉睫，又在日本受到弱而穷的大国被强而富的

---

① 《呐喊·自序》。

小国欺侮的刺激的结果。这首诗不仅反映了鲁迅本人的革命思想，而且从一个小的侧面反映了当时中国革命的发展状况。

1904—1906年，鲁迅在仙台医学专门学校学医。可是，在第二学年终结时，他竟决然抛弃医学，离开仙台。此举决非心血来潮的一时冲动。在教室里看到那个表现了中国人的麻木情状的幻灯片，不过是个诱因，更深刻的历史原因是：这两年中，以康有为、梁启超为代表的改良派和以孙中山、章太炎为代表的革命派展开了激烈的论争，两派分道扬镳，彻底决裂了。这时期，章太炎发表了震惊一时的《驳康有为论革命书》和介绍当时最有影响的革命鼓动小册子《〈革命军〉序言》。1905年，章太炎、孙中山和康梁在《民报》和《新民丛报》上展开了关于革命和改良的大争论。不久，当时革命派的统一组织同盟会提出了资产阶级革命的纲领。国内的起义等实际革命行动也此起彼伏。资产阶级民主革命进入高潮时期。鲁迅当时很受章太炎的革命宣传的影响。他"爱看这《民报》"，因为在这上面，章太炎"和主张保皇的梁启超斗争"。他对章太炎的文章和革命行动很为崇敬。他对"雷霆之声"的《革命军》有很高的评价，认为"别的千言万语，大概都抵不过浅近直截的'革命军马前卒邹容'所做的《革命军》"[①]。这时期，资产阶级革命派已经最后地同改良派、保皇派划清了界限，而在鲁迅心中，改良主义的维新思想，也已经最后破产。所以正是在这时候（1906年）鲁迅决心停止学医，改习文艺。他认为人民有强健的身体，不如有进步的思想重要。这是他思想发展的重要的一步，是他最后摆脱改良主义的维新思想影响，走上资产阶级民主革命征途的标志。这转变，是随着当时革命思想的酝酿、发展而逐步形成的，最后，也是随着资产阶级民主革命的高涨而完成的。

鲁迅在东京第二次居留的3年（1906—1909年）中，将学籍列入东京独逸学会所设的德语学校，但并没有在那里上学，除了继续学习研究中外科学、哲学、历史、文艺之外，主要从事文艺运动。他筹办文艺杂志，翻译出版《域外小说集》，写作论文。他致力于一个资产阶级思想启蒙运动。他以一个爱国者的热情和思想家的冷静，深入地研究了这样几个相关联的问题。曾经是先进文明、"四邻莫之与伦"的中国，在近

———————————

① 《坟·杂忆》。

代为什么沉沦为一个落后挨打的弱国？西方诸国，尤其是日本，怎样在近世发展成为文明富强的国家？怎样拯救民族的危亡，使祖国兴盛富强？怎样来改革我们的国民性，扫除愚昧、无知、病弱，使之成为强健的、有文化的、觉醒的国民？鲁迅提出的这些问题都是非常深刻的；解答这些问题，是革命的起点和先决条件。为了解答这些问题，他广泛而深刻地研究了西方的历史、哲学、文艺和近代先进的自然科学，研究了西方诸国的现状；又亲见了日本维新后的兴盛和当时的社会政治状况，人民的物质精神生活。同时，研究了中华民族的历史和被帝国主义瓜分的朝不保夕的危亡现状；观察了当时东京的中国留学生界和整个思想界的情况。他得出的结论是：人类必然要"自卑而高，日进无既"地不断进化，就像生物界一样。在进化途中，充满了斗争，"平和为物，不见于人间"。西方诸国近世的文明昌盛，国富民强，一方面"实则多缘于科学之进步"，另一方面又得力于文艺。而西方诸国在这两方面的空前的成就，则有赖于杰出的科学家接代而出，伟大的精神界战士、"摩罗诗人"，不断地应时而生。这时候的西方资本主义国家，已经进到帝国主义阶段，资产阶级的物质文明已经露出它的败象，资本主义制度的掘墓人工人阶级已经登上政治舞台，战斗在阶级斗争的第一线。鲁迅也看到了这些，他说："递夫十九世纪后叶，而其弊果益昭，诸凡事物，无不质化，灵明日以亏蚀，旨趣流于平庸，……林林众生，物欲来蔽，社会憔悴，进步以停，于是一切诈伪罪恶，蔑弗乘之而萌，使性灵之光，愈益就于黯淡"①。他把这一切当作19世纪西方物质文明之通病。这是鲁迅身居日本，观察西方所得出的结论。

考察了西方诸国的历史和现状，再反躬自问，中国之现状如何？五千年的文明古国，背着传统思想陋习的重负，在近世闭关自守，与世隔绝；近时虽然受到西方文明的激荡，但是封建文化还紧紧地束缚着人们，不知科学为何物，不闻"至诚之声，致吾人于善美刚健"，不闻"温煦之声，援吾人出于荒寒"，也不闻"最末哀歌，以诉天下贻后人"，社会停滞不前，国家衰败不堪，人民愚弱麻木，精神界萧条荒落，"所谓古文明国者，悲凉之语耳，嘲讽之辞耳"。那么，拯救中华民族的道路何在呢？征诸西方的历史和现状，没有别的，只有科学和文

---

① 《坟·文化偏至论》。

艺；在于科学家和"精神界之战士"辈出。他们将以科学的"神圣之光"，以文艺的"明敏之思想""美上之情"，来改革社会和国民性。这就是他的研究心得和革命见解。这些都熔铸在《人之历史》《科学史教篇》《文化偏至论》《摩罗诗力说》等文章中。他既"求新声于异邦"，又"稽求既往，相度方来"，提出了"掊物质而张灵明，任个人而排众数"的救国之道。这个主张虽然反映了他当时在社会历史观方面的唯心主义观点和轻视群众的倾向，但是，它的实质和核心，却是"尊个性而张精神"，为了"首在立人"，使人的精神"发扬踔厉"，使"邦国亦兴起"，所追求的正是人的精神上的解放，从而放射着反封建的耀眼的光芒。鲁迅的提倡科学，提倡"根柢在人"，"首在立人"，从而主张思想解放，以此作为改革社会的根本，他的集中注意国民性的改革，一切致力于使人民从愚昧状态中解放出来的观点，已经接近了在十几年后的五四运动中提出的民主与科学的口号。这在当时是彻底的资产阶级民主主义的思想。然而，代表中国幼稚、软弱的资产阶级的革命者们，还只知道"竞言武事"，联络会党，发动起义，以为只要暂时利用一下群众盲从的助力，推翻了清朝统治，就可以大功告成；有的则大肆宣传汉族祖先的光荣，大喊"扑满"，以为赶跑了异族统治者，"恢复汉官威仪"，就一切得救了；更有一些"轻才小慧之徒"，"谓钩爪锯牙，为国家首事"；至于那些"制造商估立宪国会之说"，想"假力图富强之名，博志士之誉"的人们，更是"干禄之色，固灼然现于外矣"！鲁迅对于所有这些活跃在革命阵线内外的顽固派、复古派、改良派的揭露和批判是十分深刻的，他远远地迈到他们前面去了。然而由于资产阶级的浅薄、软弱，没有进行一场革命的思想发动工作，鲁迅的大声疾呼，他的思想的光芒，都被淹没在排满的喧嚣声和浅薄的革新叫嚷中。他的《新生》周刊没出世就夭折了。他的《域外小说集》寂寞地躺在东京和上海的寄卖处，无人问津。他的几篇在当时具有很高思想水平的力作，也没有为人们所注意。他后来在《呐喊·自序》中不无感慨地写道：

> 凡有一人的主张，得了赞和，是促其前进的，得了反对，是促其奋斗的，独有叫喊于生人中，而生人并无反应，既非赞同，也无反对，如置身毫无边际的荒原，无可措手的了，这是怎样的悲哀呵，我于是以我所感到者为寂寞。

鲁迅作为当时的一名杰出的革命思想家，启蒙运动的战士，他的大声疾呼，他所从事的启蒙运动和这个运动的失败，以及由此产生的他的心境的孤独与寂寞，都带有浓重的时代色彩。从 19 世纪 80—90 年代起，到这时（20 世纪初），中国资产阶级已经初步形成为一个阶级，这是一个新兴的阶级，它是民主革命新的社会基础。它的出现给中国民主革命带来了新的气象。鲁迅的思想、文章，正是反映了这种历史的要求，阶级的要求。不幸的是，这个新兴的阶级，不仅当时人数少，力量弱，而且受到国内封建主义和国外帝国主义的双重压迫，它从"娘胎里"就带来软弱、动摇的特性。因此，它不可能进行一场广泛深入的思想政治发动，无力从事一个思想启蒙运动，连西方 17、18 世纪启蒙学者的著作和 19 世纪中叶的主要思想家的著作，也没有能够作系统的翻译介绍。这一切反映了一个历史特点：辛亥革命没有进行一次真正的思想启蒙运动，缺乏强有力的思想革命作先导。鲁迅的失败与寂寞，正是反映了这个中国革命的历史面貌与特点。

鲁迅的孤独与寂寞，是一个历史悲剧的反映。这反映了当时"精神界"之"荒寒"，为"战士"者寥若晨星，反映了一个高瞻远瞩、极目未来的先进杰出的思想家的痛苦。"寄意寒星荃不察"，这诗句概括了他的处境与心情。

然而，作为当时先进的杰出的思想家，鲁迅也难免有他的历史和阶级的局限性。他当时用来观察社会、革命和国家命运的，基本上还是历史唯心主义。他夸大了科学与文艺的作用，把它们认作历史发展的动力；他的改革国民性的主张，还是一种脱离旧制度的根本——经济基础的改造因而无法实现的空想；他对于群众是轻视的，认为"是非不可公于众，公之则果不诚；政事不可公于众，公之则治不郅"①。而超人、杰出的科学家、诗人则是历史的推动者、创造者，"惟超人出，世乃太平"②，因而提出"任个人而排众数"的口号。同时，他对于唯物主义也有着与当时一般人同样的误解。他说："若曰惟物质为文化之基也，则列机括，陈粮食，遂足以雄长天下欤？"③又说："盖唯物之倾向……失文明之神旨，先以消耗，终以灭亡，历世精神，不百年而具尽矣。"④这显然是受了当时资产阶级对于唯物主义诬蔑的影响而产生的误解。这

---

①②③④　《坟·文化偏至论》。

误解，也由于他把当时已经暴露出来的资产阶级物质文明的流弊，看作唯物主义思潮的结果。当时中国人民的尚未觉醒，特别是广大农民的愚昧与落后、工人阶级的刚刚诞生等历史原因，也使他未能接受在西方已广为传播的马克思主义的社会革命理论、正确地认识人民群众的历史创造者的作用，而不得不把眼光转向"英哲"。也正是由于这个原因，鲁迅误把尼采的反动哲学当作了新的思潮而受到其影响。

鲁迅的这个历史的局限同样反映了中国革命的历史特点。任何伟大的人物，也不能超越历史。鲁迅思想上的这种局限性，无损于他成为当时杰出的革命思想家；但在一定时期里，成了他的思想拖累。只有当他摆脱了这种拖累之后，他才成为伟大的无产阶级战士。而他之所以能够摆脱，也正是受到中国革命的推动。

二

1909年，鲁迅怀着寂寞的心情回到祖国。两年以后，辛亥革命爆发了。他坚决拥护这个革命，"觉得中国将来很有希望"。但是，曾几何时，"狐狸方去穴，桃偶已登场"，投机起家的窃国大盗袁世凯登上了大总统的宝座，封建士绅们"咸与维新"了，自称"我们本来都是'草字头'，一路的呵"①摇身变成"革命党"了。鲁迅曾经为之呼吁的一场革命，就这样半是闹剧半是悲剧地蜕变了。爬上了统治宝座的袁世凯"咬死了许多革命人，中国又一天一天沉入黑暗里"②。在这残酷的现实面前，鲁迅确实是"怀疑产生了，增长了，发展了"，随之而来的是失望和痛苦。这种怀疑与深沉的痛苦，是对于资产阶级领导的革命的怀疑，是对于软弱的、妥协的资产阶级的怀疑，他对于曾经寄予热切期望的这个阶级和这个阶级所领导的革命失望了；而他暂时还看不到新的阶级力量，便又陷入痛苦。他只有沉默。这时期，他虽然无言地抄古碑，读佛经，校勘古籍，但从来没有停止观察现实的变化和发展，研究历史的动向和教训，期待新的力量出现。一旦有新的力量出现、新的革命火花闪亮，那在他心里埋藏着的希望的种子就会萌芽。鲁迅的沉默、期待、希

---

① 《华盖集·补白》。

② 《坟·论"费厄泼赖"应该缓行》。

望，反映了历史的要求，人民的愿望。终于，这一天来到了，这便是伟大的五四运动。

五四运动时期，新的社会力量生长和发展了：中国的民族资本主义有了新的发展，民族资产阶级的力量较之辛亥革命时期更加增强了；同时，工人阶级也更加发展壮大了，而且第一次作为独立的政治力量登上了中国革命的舞台；青年学生、知识分子，以更高的觉悟和英勇的姿态，走在运动的前头；中国反帝反封建的资产阶级民主革命形成了波澜壮阔的阵势。正是在这个新的革命高潮的影响和推动下，鲁迅才打破了沉默，怀着新的希望，投身到革命运动中来，并且成为运动的重要代表人物之一，成为新文化运动的旗手和主将。然而较长时期的沉默和孤独生活所留下的影响还没有完全消除。他也还未能忘怀于当日自己的寂寞与悲哀，过去的失望的阴影还没有完全消逝，他还不免怀疑没有窗户的铁屋子，是否能够破毁，所以后来他把这时期所写的小说集《呐喊》说成是"聊以慰藉那在寂寞里奔驰的猛士，使他不惮于前驱"。他的这种心境很快就在五四运动的爆发和这以后迅速高涨起来的革命形势的推动下改变了。他的不断产生的作品——小说和杂文，显示了他的勇猛的、不屈不挠的精神，他的小说反映了民主革命的要求和愿望，艺术地再现了当时反帝反封建革命的群众基础，历史要求；并且深刻地体现了辛亥革命的失败教训。同时，他又以思想家的深刻，揭示了人民群众身上的愚昧、落后，使革命者和广大群众感到"改革的必须"，引起"疗救的注意"。他的收集在《坟》里的杂文和收集在《热风》中的《随感录》，是向封建思想、文化、道德、礼教冲锋陷阵的最锋利的投枪与匕首，同时又是号召改革、战斗、前进的最响亮的、振聋发聩的号角。他劝告青年要"摆脱冷气，只是向上走，不必听自暴自弃者流的话"，"能做事的做事，能发声的发声。有一分热，发一分光"。他以蓬勃的热情和热切的希望，鼓舞青年和革命者：

> 以前早有路了，以后也该永远有路。
> 人类总不会寂寞。因为生命是进步的，是乐天的。①

他在这时期的作品由于思想的深刻，技巧上的纯熟，确实起到了杰

---

① 《热风·生命的路》。

出的启蒙作用和战斗作用，对当时的文化革命和思想革命做出了伟大的贡献。

在五四运动过后不久就发生的文化革命统一战线的分化面前，鲁迅没有高升，没有退隐，仍然在思想文化战线上坚持着艰苦的战斗。然而暂时也没有跟随以李大钊为代表的共产主义知识分子大踏步前进。旧时的孤独与寂寞，又带着新的伤痕与苦痛来袭扰他。这心境，最集中、最突出地反映在他的散文诗《野草》中。他写道："我终于彷徨于明暗之间，我不知道是黄昏还是黎明。"①在《希望》篇中，他发出了那深沉的痛苦和失望的声音：

> 我的心分外地寂寞。
>
> …………
>
> 这以前，我的心也曾充满过血腥的歌声：血和铁，火焰和毒，恢复和报仇。而忽而这些都空虚了，但有时故意地填以没奈何的自欺的希望。希望，希望，用这希望的盾，抗拒那空虚中的暗夜的袭来，虽然盾后面也依然是空虚中的暗夜。然而就是如此，陆续地耗尽了我的青春。②

这是一个坚毅勇猛，久经战斗，遍身伤痕，经历了多次希望、失望的战士在暴风雨中搏斗的独白。在这里虽然有着阴暗的、失望的情绪，然而却流露出不安于现状的、战斗的、热切要求前进的精神。讳言鲁迅这时的思想情绪中的阴暗面，是不必要的，不真实的，非历史主义的；当然，过分强调这一方面也是错误的。正如他自己所形容的，他是"荷戟独彷徨"。他虽然彷徨，但并没有放下武器；虽然觉得"路漫漫其修远"，但还要"上下而求索"。即使是《野草》这样的作品，仍不失为战斗的篇章，他以自己的痛苦、失望和强烈的战斗要求，使青年们感受到艰苦的顽强的战斗的激情。对现实不满，从而觉醒。在《野草》以外的作品中，他对军阀统治和为其服务的帮凶、帮闲文人进行了猛烈的抨击。他愤怒地指出当时的中国是"安排给阔人享用的人肉的筵宴"的厨房，他号召青年们，有志革命的人们"扫荡这些食人者，掀掉这筵席，

---

① 《野草·影的告别》。

② 《野草·希望》。

毁坏这厨房"，"创造这中国历史上未曾有过的第三样时代"。他大声疾呼："我觉得什么都要从新做过！"这是何等彻底的革命精神。同时，他还以诲人不倦、高度自我牺牲的精神，培养、扶植进步文学团体和革命文学青年，成为青年学生最敬爱的导师之一，成为他们战斗的旗手。鲁迅在实际上继承了五四运动彻底地反帝反封建的革命传统。他所做的工作，同当时在中国共产党领导下所进行的思想文化领域里的斗争，是完全一致的。当然，鲁迅这时期虽已接触马克思主义，但还没有树立辩证唯物主义世界观，他用以作战的基本思想武器仍然是进化论，他用以观察社会和革命的仍然是历史唯心主义。他的改革旧社会、改造旧中国的核心内容，基本上还是改革国民性。

　　鲁迅在"五四"时期的思想矛盾，有他思想上的根源，同时，也反映了中国革命的发展状况。我们知道，在五四运动后，共产党领导下的工人运动蓬勃地发展起来，在1922—1923年间，形成了中国工人运动的第一个高潮。这时候，中国革命已经进入无产阶级领导的新民主主义革命的历史阶段。但是，工人阶级的力量毕竟还很弱小，工人阶级在党领导下的有组织的斗争还处于初期阶段；而且，1923年2月，第一次工人运动高潮的最后一个怒涛——京汉铁路工人大罢工，被北方军阀血腥镇压，使工人运动遭到打击和挫折而进入低潮。军阀统治猖狂凶残。鲁迅这时正在他称为"黑暗的地狱"的北京。鲁迅这样描述军阀混战和它的黑暗统治："我眼前总充塞着重迭的黑云，其中有故鬼，新鬼，游魂，牛首阿旁，畜生，化生，大叫唤，无叫唤，使我不堪闻见"[①]；"看见教育家在杯酒间谋害学生，看见杀人者于微笑后屠戮百姓，看见死尸在粪土中舞蹈，看见污秽洒满了风籁琴"[②]。这时候，连青年们也"仅有微弱的呻吟，然而一呻吟就被杀戮了！"[③]他在和章士钊、陈西滢等军阀统治的帮凶、帮闲的斗争中，一再碰壁，正如他自己所形容的："真是'我生不辰'，正当可诅咒的时候，活在可诅咒的地方了！"[④]而且，这时候有一部分青年——他所寄以希望的青年，也很消沉；有的人的论调"简直和'戊戌政变'时候的反对改革者的论调一模一样"[⑤]；有的甚至也显出了恶作剧的嘴脸。因此，在他那为"惊异于青年之消沉"而

①②③《华盖集·"碰壁"之后》。

④《华盖集·忽然想到（五）》。

⑤《华盖集·通讯》。

作的《希望》中，悲痛地发问："然而现在何以如此寂寞？难道连身外的青春也都逝去，世上的青年也多衰老了么？"①还因此而痛心地宣称："先前我只攻击旧党，现在我还要攻击青年。"②

这样，我们看到：一方面，以无产阶级为主体的新的革命力量，在中国共产党的领导下，已经蓬勃兴起，但是还不十分壮大，无产阶级作为独立的政治力量还是初露锋芒，而且，这时候的斗争，由于经验不足，还伴随着错误和失败；同时，农村革命还没有更广大的发展，农民同盟军的问题，在理论和实践上还没有真正解决，城市小资产阶级的力量还没有充分动员起来。另一方面，各派封建军阀，在各个帝国主义的支持下，还处于临死前的猖獗阶段，用血腥的镇压来对付革命群众运动。这样，一方面是敌人的力量太强；另一方面是自己的力量太弱。在这种历史条件下，鲁迅由于存在前述的思想拖累，不免感到黑暗势力的强大和不易击退。而对于革命的主力军——工农群众，暂时还没有看出其伟大的历史创造者的作用。他这时对于工人运动，对于罢工、请愿、示威游行这些斗争形式的意义和作用也估计不足。他一再地说过这样的话："但我却恳切地希望：'请愿'的事，从此可以停止了。""不革内政，即无一好现象，无论怎样游行示威。"即使对"五卅"运动，他也没有充分认识、估计它的巨大意义，而认为：游行示威不能除一章士钊，更何况英国。当然，不能认为鲁迅是反对请愿、游行这些斗争，他只是对这种斗争方式的意义认识不足。而且，也还因为他认为这样的斗争，在人民毫无民主权利的封建军阀统治下，一搞就是流血，死人，他感到血流得太多了，代价太大了。

这里，我们看到多重的矛盾：彻底的革命要求和革命力量的尚未壮大之间的矛盾。这反映在鲁迅的思想上，便是一面要求彻底地改革和进行勇猛坚决的斗争，发出"一切都要从新做过"的口号；另一方面，又表露出怀疑和彷徨的情绪，怀疑光明的必然到来和"将来是否一定比现在好"。一方面，是对资产阶级的革命不彻底性感到失望；另一方面，却又看不见新的领导力量，发出"新的战友在哪里？"的疑问。一方面，是革命的发展要求用无产阶级的立场和马克思主义的观点来观察国

---

① 《野草·希望》。

② 《两地书·一〇》。

家民族的命运和指导社会革命；另一方面，又背着过去的思想拖累，没有彻底地从激进的民主主义者的立场完全转变到无产阶级的立场上来。但同时，他自己又感觉到自身的矛盾，怀疑自己是否正确，直白地说："我的意见……其中本含有许多矛盾。"① "可惜我连自己也没有指南针。"②这一切，都有其客观的历史的原因，也有其主观上的思想原因，而两者扭合在一起，互相影响，互为因果。这种情况，客观上反映了这样的历史状况：中国革命的发展还只达到了这样的程度，即无产阶级的力量已经成长起来，以一个历史巨人的英姿走上了政治舞台，正是这种新的阶级力量，冲破了鲁迅的原有思路。而同时，这个巨人还只是初露头角，还没有强大到足以使鲁迅能够充分认识、估计其历史作用。因此，他处于矛盾状态。但正因为矛盾是这样产生的，所以矛盾的产生也就同时意味着、预示着它的解决。只要这个历史巨人的力量再一增长，他的作用再一发挥，作为思想家的鲁迅便会向前跨进一步。

这种历史状况，同时也还证明：即使像鲁迅这样伟大、深刻的革命思想家，在他接受马克思主义之前，在他没有完全转到无产阶级立场上来、没有同工农结合之时，也不免会产生失望和彷徨。

不过，这里起决定作用的仍然是"历史"这个主角。十月革命以后，马克思列宁主义开始传入中国。到"五四"时期，中国不仅有了一批信仰马克思主义的知识分子，而且，他们进行了热情的宣传。到1921年，更由于马克思列宁主义与中国工人运动的结合，在列宁领导的共产国际的帮助下，在组织上建立了中国共产党。但是，不能不看到，这时期马克思列宁主义同中国革命实践的结合，还是初期阶段，把它作为普遍的革命真理，作为解决中国革命问题的唯一正确的思想武器这样的根本认识，还没有被普遍地接受，也还有待于革命的实践来作进一步的证实。这便是鲁迅当时虽然接触了马克思主义，但暂时还没有完全接受、信仰马克思主义的历史原因。有些论者，把鲁迅这时期的思想说成已经完全是辩证唯物主义的，这是不符合历史事实的。除了客观的历史原因，也还有鲁迅自己主观思想上的原因。当时，鲁迅有一种看法，即认为"中国本不是发生新主义的地方，也没有容纳新主义的处

---

① 《两地书·二四》。

② 《两地书·二》。

所，即使偶然有些外来思想，也立刻变了颜色，……我们和别人的思想中间，的确还隔着几重铁壁"[①]，他认为中国对外来的主义"不会了解，不会同情，不会感应；甚至彼我间的是非爱憎，也免不了得到一个相反的结果"[②]。这是他对一般主义的看法，当然也包括对马克思主义的看法在内。鲁迅的这些看法，不是对外来新主义的排斥，而是对于中国封建社会顽固地拒绝和麻木地不能感应外来新主义的鞭笞。在本质上正是反映了鲁迅积极主张接受外来新主义的要求。只要历史的、群众的实践更多一点地证明了马克思主义的正确，鲁迅就会把它作为思想武器接受过来。

一方面是历史的发展将达到一个转折点，一方面是鲁迅自己也怀疑自己，不安于这种矛盾状态，深感必须继续前进。中国革命的发展推动他继续前进。这个伟大的转变时刻，很快就到来了。

三

1925—1926年间，中国革命进入一个新的时期。鲁迅的思想也开始变化了。在这两年间，南方的革命已经蓬勃兴起了，以1925年的"五卅"运动为标志，全国范围的革命大风暴已经掀起，新的革命高潮已经到来。鲁迅一直注视着南方新的革命形势的发展。这时候，北方的军阀统治使出垂死挣扎的最后手段，对在南方革命影响推动下的北方革命运动进行血腥镇压。1926年发生的"三一八"屠杀爱国学生的惨案，便是一次突出的表现。这事件给了鲁迅极大的刺激。他称这一天是"民国以来最黑暗的一天"，使他"觉得所住的并非人间"，感到极深的哀痛与极大的愤怒，更进一步认清了反动军阀的本质。新的革命高潮的推动与鼓舞，反动统治血腥罪行的刺激，激起他更勇猛坚决的战斗激情，引起他思想上的变化。总结历史的教训，拿来和现实斗争相印证，他得出了一个极其重要的结论：

> 改革最快的还是火与剑，孙中山奔波一世，而中国还是如此者，最大原因还在他没有党军，因此不能不迁就有武力的别人。[③]

---

① ② 《热风·五十九 "圣武"》。

③ 《两地书·一〇》。

这个结论是极为重要，极为深刻的。鲁迅从辛亥革命时起，一向认为改革的道路应该是先用文艺来改革国民性，然后由具有新的国民性的国民来建立新的社会。现在，他否定这个主张、道路和手段了，认为最快的是"火与剑"，他提出要建立"党军"，掌握武力。我们当然不能以此断定鲁迅这时候已经完全懂得了中国革命的优点和特点是武装的革命反对武装的反革命这个真理，认识了武装斗争是中国革命的法宝，这不仅是鲁迅由于历史条件的限制所不能达到的高度，而且不是作为文化战士的他所着重研究、解决的课题。用他的话来说这不是他"所执的业"。但是，这时候，北伐已经开始，我们党也开始掌握部分军队，从事武装斗争了。这表明中国革命进入武装斗争的历史阶段。鲁迅正是在这个历史条件下，得出了这个结论，说明他的观察是多么深入，见解是多么深刻，他和革命脉搏的跳动是多么吻合。他在方向和基本精神上同马克思主义者的结论是完全一致的。

在新的革命高潮的推动下，鲁迅又燃起了新的希望，扫除了思想上的阴影，从不久前的失望与彷徨中走出来。1926年6月，他在给朋友的信中表白自己的心情说："我近来的思想，倒比先前乐观些，并不怎样颓唐。"①南方革命的风暴吸引了他，由于军阀统治的日益严重的迫害，他在国民革命军向北方挺进时，毅然南下。在南下的前几天，他在一次讲演中说：

> 黑暗只能附丽于渐就灭亡的事物，一灭亡，黑暗也就一同灭亡了，它不永久。然而将来是永远要有的，并且总要光明起来；……②

接着他又发出了乐观的、战斗的声音，指出：

> 我们一定有悠久的将来，而且一定是光明的将来。③

这无异于他南下投向革命的宣言。这是他的思想彻底转变前的酝酿期。旧的东西已经进一步崩溃，新的东西也已经更多地萌生增长。他在自己的思想发展历程上，已经开始跨出了重要的一步。

1926年9月，他来到厦门大学。这里不仅乌烟瘴气，而且军阀走狗

---

① 《书信·一九二六年六月十七日致李秉中》。
②③ 《华盖集续编·记谈话》。

陈西滢的门徒们也纷纷来到。"我是不与此辈共事的"，鲁迅仅仅呆了4个多月，便愤然离去，到了当时的革命策源地广州。在这里，他和中国共产党的联系密切了。他之所以来到广州，本来就是由于中国共产党粤区党委的坚持和要求，中山大学才聘请他来做教授的。他来到的前后，党组织曾经专门研究过如何争取和团结鲁迅的工作。以后，他的学生中，有毕磊等同志，既是进步学生的代表，又是学校党的负责人，负有专门与鲁迅联系的责任。而且广州党的组织负责人陈延年直接同鲁迅深谈过。通过党组织所赠送的党的刊物以及当时在广州的出版物，鲁迅更多地接触了马列主义，并且比较深入地进行了学习。从此，马列主义这一明快的哲学，逐渐成为他观察社会进行战斗的重要的思想武器。

这还是国共合作时期。在中山大学，国共两党的组织，两派学生都有。斗争尖锐复杂地进行着。鲁迅明显地站在共产党一边。这时候，革命的形势正在蓬勃地发展，北伐军进展迅速，但是，在革命统一战线中的国民党右派势力已经露出了反革命的嘴脸，鲁迅敏锐地看出了这种潜在的危机。正如后来他在《在钟楼上》一文中指出的，广州"可以做'革命的策源地'，也可以做反革命的策源地"。革命继续地发展，"青天白日旗插远去，信徒一定加多"，但这正如大乘佛教的发展，当"居士也算佛子"的时候，就"不知道是佛教的弘通，还是佛教的败坏"①了。当时他还在《庆祝沪宁克复的那一边》一文中，引用列宁的话来分析革命形势，号召人们永远进击，将革命进行到底："最后的胜利，不在高兴的人们的多少，而在永远进击的人们的多少。"②

在这篇文章撰写后几天，四一二反革命政变发生了，反革命大屠杀开始了。鲁迅亲见亲受了反革命白色恐怖。特别令他寒心的是同为青年，有的英勇就义，有的却告密，出卖同志，助官捕人，截然划分为两个对立的阵营。这样的大屠杀，是鲁迅从未见过的，"三一八"惨案与之相比，真是小巫见大巫。但同时，他也看到共产党员和革命者坚贞不屈的斗争，看到他们是中国的脊梁，是希望之所在。他曾经寄希望于资产阶级知识分子，后来由于"五四"之后统一战线的分化的教训，对之绝望了；后来又寄希望于青年，现在又由于事实的教训，彻底看清了对

---

① 《三闲集·在钟楼上》。

② 《集外集拾遗补编·庆祝沪宁克复的那一边》。

于青年也不能一律对待，因为他们是划分为不同阶级的。革命的发展，斗争的烈火，把革命和反革命的界限、阶级和阶级的界限划分得十分清楚。正是在这些事实面前，鲁迅的进化论思想受到最后的冲击，阶级论观点得到血的浇灌。南下以后，他在广州亲眼见到了蓬勃兴起的工人运动，深入发展的农民运动。几十万、几百万工人农民的奋起投入如火如荼的斗争，显示了工农群众的无比威力，这使鲁迅看到了真正伟大的革命力量之所在。因此，这一次，鲁迅不仅没有因为革命的又一次失败而失望和彷徨，相反，却更坚定、更热烈、更英勇地从事战斗了。他预言"不远总有一个大时代要到来"；他自己的思想也在这个大时代中进入新的境界，达到新的高度。鲁迅作为伟大的文学家、思想家、革命家，他的转变，既是中国无产阶级力量的迅猛发展，马克思主义与中国革命的进一步结合所推动和促成的结果，又是这种发展和结合的标志——他作为广大知识分子的代表，作为群众革命化进程的集中反映的革命思想家，接受马克思主义，标志着马克思主义同群众、同革命运动的进一步结合。

四

1927年10月，鲁迅离开血雨腥风的广州，来到白色恐怖笼罩着的上海。在这个阶级斗争的前线、革命文化的中心，他一直战斗到逝世。在此后将近10年的时间里，他进行了更勇猛、更坚决、更正确的战斗，对中国革命做出了不朽的贡献。

这正是第二次国内革命战争时期，一方面是反革命的军事"围剿"和文化"围剿"；另一方面是粉碎这两个"围剿"的胜利和农村革命的深入、文化革命的深入。"五四"以来的新文化运动，也进入到进一步建设革命文学，发展无产阶级文学的时期。而且，30年代，在欧美、日本正兴起了无产阶级文学运动。正是在这样的国际国内的革命形势下，鲁迅最后完成了由激进民主主义者到共产主义者的转变，开始真正自觉地运用马克思主义这个科学世界观和锐利思想武器，从事战斗。

鲁迅在这近10年里，随着中国革命的发展，开展了比他以前任何时期都更广阔深入的斗争，开拓了多方面的革命文化事业。他这个时期的战斗生活，有两个鲜明的特点：第一，同中国共产党的联系更加紧密，更自觉地接受党的领导，成为党外布尔什维克。这时期，他同瞿秋白、柔石、冯雪峰这些著名的共产党人建立了亲密的战斗友谊。他是共产党人最可信赖的战友。不少党的地下工作者在与党组织失去联系时，找到鲁迅，通过他接上关系；也有的同志通过鲁迅递交党的机密文件。他先后参加了党所领导的革命互济会、民权保障同盟和自由运动大同盟等革命群众团体。当然，作为伟大的文学家，他的主要活动领域和工作内容，是领导无产阶级文艺运动。在这方面，他开展了多方面的斗争，取得了超过以前几个时期的巨大成绩。第二，鲁迅在这时期，对马克思主义的学习更加自觉，运用更加自如。他自觉地以辩证唯物主义世界观来武装自己，以马克思主义的立场、观点来从事战斗。这时期，他阅读了大量的马克思主义经典著作、宣传马克思主义的理论书籍以及马克思主义文艺理论著作。他的学习紧密地结合着现实斗争和自己的思想，他把这比作用马克思主义之"火"来煮自己的"肉"；对于翻译马克思主义文艺理论这一工作，他则比作为起义的奴隶"偷运军火"。

鲁迅作为伟大的文学家、思想家、革命家，这个时期的思想发展上的这两个特点，同样不是一个孤立的现象，而是反映了中国革命的发展，反映了党的力量的发展和马克思主义同中国革命的结合。

在这时期，鲁迅领导左翼文艺队伍，对国民党反动统治，对封建的、半殖民地的、资产阶级的以及帝国主义的反动腐朽文化进行了英勇、坚决的斗争。在他的领导下，对"民族主义"文学、"新月派"、"第三种人"、"自由人"等反动的和资产阶级的文学流派进行了批判，摧毁了这些逆流对于无产阶级文学运动的诬蔑和攻击。虽然国民党反动派用逮捕、禁锢、屠杀等血腥手段来镇压，但是以鲁迅为首的革命文艺志士，英勇战斗，战胜和粉碎了反革命文化"围剿"，取得了巨大战绩。

同时，鲁迅还进行了另一条战线的斗争，这就是对革命队伍内部的错误倾向的斗争。在第二次国内革命战争时期，我们党内先后出现了三次"左"倾路线。党内的路线错误和在革命队伍中出现的"左"倾思潮，影响到左翼文艺运动，其表现之一就是不能正确地认识和评价作为文化革命主将的鲁迅。当1927年鲁迅初到上海时，曾经打算与创造社携手建立共同战线，向反革命营垒发起攻击。但是，不久，却突然发生了变化，竟然正是由创造社来发起了对鲁迅的攻讦。在关于革命文学的论争中，鲁迅被戴上了"封建余孽"、"有闲阶级"甚至"棒喝主义"

（即法西斯主义者）的帽子。鲁迅同创造社、太阳社就革命文学问题展开了论争。在论争中，他结合实际需要学习马克思主义著作，并以马克思主义为指针来总结自己的思想历程和中国文化革命的历史经验。他在这次论争中，以及后来对于左翼文艺运动的指导中，对于思想文化战线上的"左"倾错误思潮进行了批判。他的一些重要杂文和书信，在这方面给我们留下了宝贵的思想遗产。他的批判，有两个着重点。第一，他指出：对于旧社会的黑暗要看得清，要有勇气承认它；而不能闭眼不看黑暗的现实，只是根据脱离实际的虚幻的一厢情愿确定革命的战略策略。他指出，有志于改革者，要"深知民众的心"，要"深入民众的大层中"，要"有正视这些的黑暗面的勇猛和毅力"①。决不能"仅止于几个人在书房中互相叹赏，得些自己满足"。他在《对于左翼作家联盟的意见》中指出，坐在"沙龙"里面高谈社会主义是很容易的，但这种脱离实际的左翼，也很容易变成右翼。鲁迅对"左"倾错误的批判的第二个着重点是，对于革命队伍、革命文艺本身，不能求全责备，要求完美无缺。他指出这是"和事实离开"的，"现在的人，的事，那里会有十分完全，并无缺陷的呢"，因此，他指出这种"左"，"是空洞的高谈，是毒害革命的甜药"。这种"左"的言论的鼓吹者，是"貌似彻底的革命者，而其实是极不革命或有害革命的个人主义的论客"②。

在上海时期，鲁迅写了大量的杂文。这反映了革命斗争的尖锐、激烈，要求作家更迅速、更直接地进行战斗。鲁迅自觉地适应革命的需要，放弃了自己的创作和学术研究计划③，而以主要精力从事杂文写作，表现了伟大无产阶级战士的襟怀。鲁迅这时期写的杂文，在思想上艺术上达到了炉火纯青的高度，因为他掌握了马列主义这个锐利的思想武器。这些杂文，反映了第二次国内革命战争时期在我党领导下的尖锐复杂的阶级斗争与民族斗争，在斗争中起到了教育人民、打击敌人的巨大作用。他这时期的著作，包括大批书信，在我国现代思想史、文学史上放射着耀眼的光华。

---

① 《二心集·习惯与改革》。

② 《二心集·非革命的急进革命论者》。

③ 鲁迅长期以来就酝酿写两部长篇小说，一部是关于唐明皇与杨贵妃的故事，一部是反映从章太炎以来中国四代知识分子的故事。在学术著作方面，他打算写作中国文字变迁史和中国文学史，并拟修订《中国小说史略》。

鲁迅在最后10年中，不仅从"毫不可惜"他所出身的封建阶级的"溃灭"到坚信"惟新兴的无产者才有将来"，而且把自己完全和党的事业融会在一起，把国家民族的命运、人民的解放，都寄托在中国共产党的身上。红军长征到达陕北时，他致电祝贺："在你们身上，寄托着人类与中国的将来。"这是他发自内心的话，是他一生探索救国救民真理的最终结论；而且，他表达了当时全中国人民的心情与期待。

在鲁迅1936年10月逝世前，中国革命又面临转入新的时期的前夕，十年内战即将结束，抗日战争快要开始。"心事浩茫连广宇，于无声处听惊雷"，鲁迅用诗句预言和欢迎新的革命高潮的到来。他一生自始至终与中国革命紧密地结合。如果不是过早地逝世，他的思想必将随着中国革命进一步发展而发展到新的更高的高度。

在由小康坠入困顿的途中成长

在每个人的一生中，幼年时代，尤其是少年时代的生活经历，对他毕生的思想、性格、品行、志趣、事业的影响，是很大的。然而，这种影响往往为人们所忽略。对于一个伟大的人物来说，如果我们既不同意"神童""天才"的唯心主义胡说，又不相信"天将降大任于斯人也"，就如何如何考验他、成全他这样的英雄史观，那么，我们就可以看到，研究和正确理解他的幼年时代，特别是少年时代，是正确认识和评价他的重要一环。在"造神"思想泛滥和影响较严重的时候，有人曾经制造过关于领袖在少年时代就是天生神人的故事，有人对于鲁迅也涂上神的灵光圈，好像他在出生和少年时代，就如何"神"，颇有一点"几百年出一个"的救世主的味道。这类神话，应该结束了。我们还是应当根据历史唯物主义的观点，对伟大人物的一生，特别是对他们的早年生活进行实事求是的研究，这不仅有利于正确认识和理解他们，也可以从他们的成长过程中得到启发，有利于我们培养教育青少年。

关于鲁迅的童年和少年时代，回忆录和故事书已经写得不少了，但对此专门进行认真研究，从中探寻一些规律性问题的文章，似乎还不多见。这里，我不揣浅陋，试图作以初步的探讨。

时代浪潮的波及与折射

"凡是新的一代都要遇到在他们诞生的时候就已经具备的一定的现成条件。伟大人物只有善于正确地认识这些条件，懂得怎样改变这些条件，才有一些价值。"①对于一个伟大人物的少年时代来说，存在一个"在他诞生的时候就已经具备的一定的现成条件"，但他却暂时还很难正确认识和懂得怎样改变这些条件，而只能是承受这些条件的影响，决定着他此后的成长道路，并为后来改变它打下好的基础。这一点，当然也是重要的，不可忽视的。它的重要性就在于它是巍峨大厦的基石，婆娑大树的萌芽。

鲁迅诞生于19世纪80年代，成长于19世纪末和20世纪初。当时无论在国际范围还是在中国国内都是一个大动荡、大变革的时代。在国际上，资本主义世界正处于由自由资本主义向垄断资本主义转变的关口。在国内，中国正在迅速地由封建社会向半封建半殖民地社会转变。西方列强的转变为帝国主义，加强了它的侵略性，魔爪所向，把古老而衰弱、富饶而贫穷的中国当作一块肥肉，争先掠夺。而中国在被侵略的过程中，丧权辱国，民族衰敝；封建经济逐渐解体，资本主义开始发展；欧风美雨日益侵袭着古老的封建帝国，资产阶级的思想文化大量输入。在此之前，太平天国农民起义的风暴，已经给封建王朝、封建地主经济和封建思想文化以沉重的打击了。这种时代的风浪席卷了全中国。鲁迅的故乡绍兴，地处江浙富庶繁华之地，曾经是太平军的重要活动地区，又是同上海、宁波相距不远的、易受外洋侵染的近海地区，这种时代风浪的波及和在他的家庭生活上的"折射"，是比较突出和明显的。这就是在鲁迅诞生时"已经具备的一定的现成条件"。

鲁迅的家庭在绍兴原是一个"兴旺发达"的地主豪族。从坐落于覆盆桥西的老台门发展出一个新台门来，就是突出的表现。但是，在太平天国农民起义的洪流冲击下，这个家族衰败下来了。鲁迅在《阿长与〈山海经〉》中，曾经说到太平军冲进他的家族聚居的宅院里的情形，透露了他的家庭在当时遭到冲击的消息。所以，到鲁迅出生时，虽然祖父周福清（字介孚）仍在北京做官，但家庭却已是只能维持小康局面，仅有四五十亩水田，不过不愁生计而已。而同居台门里的亲族，有不少则已经败落了。当然，这种地主豪族的败落，与其子弟的浮华堕落不争气关系很大。这正是内里蛀空，是这个已经走到末世的、腐朽了的地主阶

① 斯大林：《和德国作家埃米尔·路德维希的谈话》，载斯大林：《论列宁》，人民出版社，1971，第38页。

级必然发生的腐烂、崩溃。鲁迅从幼年时候起，一直到少年时代的结束，都不断接触到这种破落户及其子弟的种种败相丑态。有的已经是个穷措大，还要死装门面假斯文；有的昏聩糊涂，碌碌终身；有的仕途失利，又百事无能，就沦为沉浸于梦幻中的白痴；有的偷鸡摸狗，形同窃贼，如此等等。鲁迅对他们形形色色的表现，看在眼里，厌恨在心里。他深切地直感到他们的腐朽没落，不可能也不配有更好的命运。这种丑恶印象留存在记忆里，成为他日后批判封建礼教、背叛本阶级的一粒酵母。

在鲁迅处于成长过程中的19世纪末年，随着中国的半殖民地、半封建化过程的加速，在绍兴也不断地出现了一些从来未有的新奇事物。例如，在商行店铺之林中，出现了照相馆；在庙宇寺院之外，又有了尖屋顶的洋教堂；在和尚、道士之外，又出现了传教士；在家学私塾之外，又出现了洋学堂。日常生活中，也不断出现各种各色带洋字头的东西：洋布、洋袜、洋火、洋油、洋蜡烛……。这些新东西的出现，不能不带给人们物质生活与精神生活的变化与激荡。鲁迅在少年时代，就接触到这种社会现象了。他虽然不能理解它、认识它，但确实作为一个"主观受体"而不可避免地接受了这些东西的影响。这是时代风气对他的生活的熏染，是时代之光在他思想上的折射。鲁迅后来能够成为我国近代向外国学习的先进人们行列中的杰出的一员，以至成为如他自己所说的封建社会的最后一代知识分子，成为共产主义思想的先驱，其中一个基始的原因，便是在少年时代就受到"欧风美雨"的侵染，接触到这些外洋来的物事。这同洪秀全、康有为、严复、孙中山之出生在海禁早开的广东、福建地区，因而严重地影响到他们日后的发展是同样的性质。

这种时代浪潮的冲击波，还通过对鲁迅长辈的影响而折射到鲁迅身上。鲁迅的祖父虽然身为清朝翰林院的官员，但是在指导儿孙读书的问题上，却颇为开明，既不勒令死背八股试帖，又不强迫诵读孔孟文章。他作为当时清廷"最高学府"的官员，而这样不循科举之道来奖掖晚辈，自然是受到当时的新风气的影响。以后，当他在杭州狱中时，知道杭州要开办求是书院，便要去看望他的鲁迅带回了学院的章程，嘱咐侄孙辈去投考。这是戊戌变法失败后的事情，很能说明这位翰林院编修的开明思想。

鲁迅的父亲在对子女的教育上，也是比较开通的。人们往往根据

《五猖会》一文中关于他强令鲁迅背书的描写来推断周伯宜是一个强横专制的家长。事实上并非如此。他对儿子还是比较和善的，教育上也不多用高压手段。据鲁迅的亲人回忆，父亲在饮酒时，常给孩子们讲故事；他不允许自己的孩子欺侮人，打别的孩子。每当孩子向他告状说被哪个孩子打了，他常常是责问："一定是你先打了别人吧，要不，他怎么没来打我？"特别值得注意的是，他颇有爱国思想。中日甲午战争时，他曾表示，自己有四个（后来有一个夭折了——作者注）儿子，以后要让一个留学西洋，一个留学东洋，以便将来为国家效力。这种要将自己的儿子送到外国去，让他们去学习保卫国家的本领的爱国主义和维新的思想，在当时他的同辈人中，可以说是难能可贵的。他这种思想，自然会影响到他对子女的教育。

正是在这样的家境中，鲁迅小时候才能够在家学私塾里读四书、五经之外，看许多"闲书"，像野史稗书，《水浒》、《红楼梦》和《山海经》等以及各种图谱画册，这正是影响他后来发展的重要方面。

人们常常说，伟大人物是历史的产物。这个正确的命题不是抽象的，而是具体地深入到家庭环境，细微到日常生活，以至追溯到少年时代。鲁迅的思想的发展和形成，自然主要的是在后来的时代背景下，随着中国人民革命的发展进程而不断前进、不断丰富的。但是，最早的受到时代浪潮的影响，却可追溯到他的少年时代。这是不应被忽视的。

大自然的陶冶和对自然科学的爱好

大自然在一定程度上能够陶冶人的性情，特别是对于少年，影响更大一些。当然这同时又决定于受影响者的感受力和感应程度。鲁迅在少年时代有一个乐园，这就是他家后院的百草园。从他后来所写的《从百草园到三味书屋》来看，这百草园不仅是他少年时代嬉戏的乐园，而且这里蕴蓄着的自然美的乳浆，孕育了在来日将放出异彩的生命的蓓蕾。他喜爱这里的花草树木、虫鸣鸟啼以及各种动物植物所构成的一个在他看来是丰富多彩、奥秘无穷的和谐而勃发的自然美，这引起他对美好生活的向往与追求，在他那颗纯洁天真的童心中播下了一颗爱美的种子。

我不知道为什么家里的人要将我送进书塾里去了，……我将不

能常到百草园了。Ade，我的蟋蟀们！Ade，我的覆盆子们和木莲们！……①

他对这个小小的"百草园"世界，是多么留恋呵！从这种对于百草园的爱好中，他滋生了对于大自然的爱好。绍兴是个山光水色非常秀美的地方，稽山镜湖，快阁禹陵，河湖港汊，小桥流水，都是给人以愉悦的美景。他从中不仅得到游玩的乐趣，而且受到自然美的陶冶。这对启迪童稚的美感应该是起了作用的。

鲁迅由此更进到爱好动物、植物，如对隐鼠的宝爱，对花木的培育等。这种发展，便使他更进一步进入对于自然科学的爱好了。他最早喜爱的图画书中，有不少是动植物图本，其实可以说就是那时的插图本动植物教科书或参考书。如《释草小记》《释虫小记》《南方草木状》《广芳群谱》《毛诗草木鸟兽虫鱼疏》等书。鲁迅小时还喜欢种植花卉。他种的种类很多②，而且用心观察花木的生长，学习栽培和管理，还做了一些"实验"工作。他买了讲解种花的书，如《花镜》等来读。十几岁时，曾从山上采来映山红、"老勿大"种植，并观察其生长状况，与书上所记的对照。后来还自抄讲花草、树木的古书。这些，实际是在进行植物学的学习。这段生活，无疑的，对培养他对科学的兴趣和认真细致的作风，培养他的科学态度，都起了很好的作用。他以后一直保持着对于自然科学的爱好和重视，不仅辛亥革命前在杭州和绍兴任教时，教授生物课程，而且经常到西湖和绍兴的山野去采摘植物，制作标本。后来他对科学幻想小说的重视和宣传，对于科学普及工作的重视，都与少年时的这种爱好有关。直到逝世前不久，他还计划同周建人一起翻译法布尔的《昆虫记》。

无论是流连于百草园的草木虫鸟的世界中，还是优游于稽山镜水间，也无论是沉浸在带图的画书里，还是得趣于花卉的培植，这都是鲁迅少年时代小康之家的生活的一些组成部分，一种生活的"素质"。它们都带着一层温馨的生活的甜汁，蕴含着有趣知识的乳液和温情脉脉的

---

① 《朝花夕拾·从百草园到三味书屋》。
② 据周建人回忆，鲁迅栽种的花草有：石竹、盆竹、平地木、万年青、黄杨、栀子、佛拳、月季、虎耳草、蝴蝶花、吉祥草、萱花、金钱石菖蒲、荷花、夜姣姣、鸡冠花、凤仙花、映山红等。

家庭幸福。这一切，都在培育着、扶植着一颗优美的、欢欣的、爱美的心。如果说鲁迅在这时有什么不同于众孩童的地方（这种与别人不同的特点是每个少年儿童都具备的，因为每个孩子都有他的特质），那就是热情和敏感。对百草园的眷恋，对隐鼠的宝爱，对《山海经》的渴慕等，都表现了他比别的孩子更热情，更敏感。也就是说，对生活中的事物，对环境，他的反应更敏锐也更强烈。这些事物在他的思想性格上打下的烙印也就比别人更深。当这一切起了变化，当他失去了这些时，他的反应也是强烈的，感受更深，痛苦更切，因此而引起的思想性格上的变化也更大。他就是这样地成长的。

民间艺术的熏陶与形象思维能力的培养

伟大的文学家艺术家都从民间文艺中吸取思想的和艺术的营养，这是他们的思想情感通向人民的桥梁，他们的创作具有人民喜闻乐见的民族风格和民间气息的重要源泉，因此也是他们的艺术之所以为人民所热爱的基础。鲁迅也是这样。民间艺术的熏陶，是他少年时代成长中的重要因素。

鲁迅在少年时代便广泛地接触了民间艺术，并且非常爱好。江南民间艺术的各种类型，如民间故事、民间戏曲、年画、小说绣像以及迎神赛会上的化装表演，他都接触到了。从他日后的回忆散文和其他文章中，我们可以看到，这些民间艺术是怎样曾经使他迷恋，而他后来又如何长久保持着沉醉痴迷般的甜蜜回忆。他最初接触到的可能是"画纸"（即民间年画）和民间故事。这是他在住室里看到和从祖母、姑母那里听到的。以后，又接触到化装表演和民间戏曲，他和市民、农民们一起欣赏着这些人民的创作。因此就不仅是单纯的个人欣赏，而且同时感受到人民对自己的艺术的品评与赞扬，他由此也认识和理解到人民的艺术喜好和美学趣味。后来，当他上学读书的时候，从小说绣像和图画书中更进一步发现了一个美术天地。《山海经》《毛诗草木鸟兽虫鱼疏》《尔雅音图》《芥子园画谱》成为他珍爱的著作，因为能够从中看到许多图画。所有这些对民间艺术的接触，成为鲁迅幼年和少年时代的美的享受，寂寞生活中的乐趣，沙漠一样枯闷荒凉的书塾里的"绿洲"，贫乏的精神生活中的美好食粮。在这些民间艺术中，他高兴地欣赏了老鼠的婚礼和尖腮细腿、红衫绿裤的"老鼠"形象；怀着喜爱而又恐惧的矛盾心理，听讲美女蛇害人和如何被老和尚的宝盒制伏的故事，带着恐惧想象着美女蛇的形象和她的活动；还带着浓厚的兴趣和感情的激动，倾听祖母讲《义妖传》。他为白蛇与许仙的爱情祝福，为白蛇的被害而愤恨法海，盼望那镇压白蛇娘娘的雷峰塔早日倒掉。他也曾挤在老百姓圈子里，一同急切地盼望那头戴高高的纸帽，满身是白的，鬼而人，理而情，可怖而可爱的"活无常"的出现。鲁迅见到"活无常"以后，又同人们一起欣赏他，赞美他，并且同他调笑。鲁迅还曾同农民小伙伴们一起，在那迷人的水乡夜色中，同赏野台班的精彩演出：男吊与女吊、小生与老旦、武松与老虎，故事引人而幽默，诙谐而隽永……正是这些带有稚气的质朴的艺术欣赏活动，培养了他的爱憎感情，使他脱出一般少年对人生世事的朦胧的童挚状态，而对生活产生了炽烈的爱憎；同时，也在他心目中形成了正邪好坏的标准和衡人论世的态度。更可贵的是，在这些欣赏活动中，他的审美观点和趣味得到培养和锻炼，他的形象思维的能力也同样得到孕育与发展。在鲁迅成长的阶梯上，民间艺术显然是重要的一级，它使少年鲁迅跨进了一个思想与艺术的新天地，在精神上成长起来。并且，正是在这时期，许多思想的、艺术的酵母，撒播于他的幼小的心灵中，等待着萌发生长的时机。

给他影响特别显著的，可以列举三本书。一本是《山海经》，这是他最早得到非常喜欢的一部书。那时他年纪还小，对于书中的许多人文、地理方面的知识，大概还不能领会多少，不会有更大的兴趣。但是，那里面有"人面的兽；九头的蛇；一脚的牛；袋子似的帝江；没有头而'以乳为目，以脐为口'，还要'执干戚而舞'的刑天"①，书中的这类图画和说明，启迪并增强了他的想象力，任凭幻想的翅膀在广阔的天地里翱翔。《毛诗品物图考》和《毛诗草木鸟兽虫鱼疏》，不仅帮助他理解中国最早的一部诗集的内容，更重要的是使他得到了广泛的自然知识。《二十四孝图》则是另外一种情形，它所宣传的封建孝道的残酷，给了他幼小心灵以永远难以愈合的创伤，引起了他对封建思想道德的最早的厌恶情绪。

到此时为止，鲁迅所经历的，大概与一般儿童并没有多大的不同，

---

① 《朝花夕拾·阿长与〈山海经〉》。

鲁迅自己也没有表现出什么远远超凡出众的特异之处，虽然他的敏感和对事物反应的强烈是比较突出的。也许，许多儿童、少年也曾经历过这样的或类似的生活，也或多或少具有了这些"酵母"吧，但尔后的生活不同，经历不同，思想发展也就不同了。这说明伟大人物是时代的产儿，历史的产儿。他决不是什么"几百年出一个"的"天才"。有人曾经这样来装扮鲁迅，然而这只能是歪曲鲁迅，而不是鲁迅的真实面目；这只能使鲁迅脱离人民，而不是更接近人民。

在坠入困顿的途中成长

祖父入狱，父亲久病和逝世，是鲁迅一生的第一个转折点。而且，这两件事是连续发生的，当时鲁迅处于13～16岁。这就造成了几重深刻的影响：第一，打击突然而沉重；第二，因此变化也急剧，因而更加使人感觉痛切；第三，此时正当鲁迅初踏入人世的时候，遭到这一连串的不幸，感应异常强烈，刺激尤其深刻。他正是在这个家庭变故中，走出百草园、三味书屋和民间艺术的淳朴、美好的生活天地，迈进混乱、冷漠、充满不幸和争斗的人世间，并由此来体验家庭、亲族、人生和社会。他窥见了它们的真面目。于是，他成长了。

祖父是为了给亲朋戚友（其中也包括他的儿子，即鲁迅的父亲）在科举考试中舞弊被揭发而遭祸的。事情严重到几乎要被斩首，只是由于变卖了家财去"通关节"（即疏通官府，贿赂说情）才算保住了性命，被判为"斩监候"（监候是"立决"的对称，清朝对判处死刑不立即执行者，暂时监禁，等待秋审或朝审复核的称为"监候"，有斩监候和监候两种），关押在杭州府狱。每年"秋决"期将临，为了使祖父免于处决，又要设法筹集巨款，分送杭州和北京求人设法营救，花去大批钱财才能平安过去。这当然是家庭的一个最大的忧伤，一个沉重的精神上和经济上的负担。简直就像一块不散的浓重的乌云，终年笼罩在全体家庭成员的心上。这痛苦是深沉的。但不止于此。在封建科举时代，考场舞弊是司空见惯的事，而祖父这一失足却遭如此大祸，是因为他为人耿直，好揭人短，得罪了官场同僚，因此被加重惩罚的。这当然使家里的人都感到官场的黑暗，人世的险恶。何况鲁迅的父亲对祖父的入狱，负有直接的罪责；而且他还因此被取消参加考试的资格。父亲承受着双重的压力与痛楚，他因此而得病，而且病势日益沉重，脾气也变得坏了。家中因此又罩上了另一块不散的乌云。

家庭的这一切变故和磨难，鲁迅都承受了。作为长子长孙，他更要为操持家务，并为这个风雨飘摇中的家庭苦撑危局的主妇——母亲——分担忧愁与劳苦。借债，当卖，买药，请"名医"，寻药引，他不但不能再在百草园等儿时的乐园里嬉戏了，而且不得不在亲朋戚友面前、药店当铺之间，遭冷眼，受歧视。于是他深切地感受到人情冷暖、世态炎凉。他由此窥见了社会的情状和黑暗，并以他的敏感的特性，体察了人情的复杂与变幻，品味了人的品性的淳朴与污秽。

> 有谁从小康人家而坠入困顿的么，我以为在这途路中，大概可以看见世人的真面目，……[1]

他这样来回顾那时的情形与心境。这是他的不幸，但也有助于他的成长。

他从败落的家庭的一角，从自身的困顿的处境出发，窥见人生，观察社会。这是荣华富贵的氛围包裹着的少年所见不到的；也是在不愁温饱的小康之家的浸透着温馨情愫的生活中所不能体察的。"贫贱忧戚，玉汝于成"，生活的坎坷不只带来不幸，乖舛的境遇促人深思。因此他说：

> ……我很感谢我父亲的穷下来（他不会赚钱），使我因此明白了许多事情。[2]

正是在这个时候，在这种情况下，他难免要回顾过去的生活，回味既往的生活中的甜汁。而他越是品尝这回忆的甜味，就越感到现实的黑暗、痛苦，并由此而产生怨恨。往日，亲戚、族人、朋友之间不是蒙着一层温情脉脉的面纱吗？而今，扯去了，冷漠、歧视以至落井下石，他由此看见了世人的真面目。这时，他的对大自然的陶醉，对于民间艺术的欣赏，对于死去的亲人的怀念，都带着不可再来的哀怨与忧伤，因此而觉得这失去的、不能再来的一切，是可贵的、美好的，是人生的珍宝。由此引起他对美好的事物的憧憬，以及为实现一个美好的世界而奋斗的决心。他的人道主义的美好感情就这样在困顿中滋生起来了。

---

[1] 《呐喊·自序》。
[2] 《书信·一九三五年八月二十四日致萧军》。

然而更可贵的是，由于他遭到了这样的不幸，有了这样的感受，对"人"有了这样的理解，因此，他对那些命运更凄惨、生活更劳累因而更加不幸的农民、劳动者，容易产生同情心，并同他们在思想感情上能够相通了。他同闰土和安桥头、小皋埠的农民结下了深厚的友情。所以他后来自称为"生长于农村和农民中的一个人"。他爱农民，写农民，为他们的命运的改变而呼号、抗争，成为中国描绘农民的命运并揭示了革命的根本问题的第一个和第一等的作家。

　　瞿秋白同志曾经正确地指出：

> 　　他的士大夫家庭的败落，使他在儿童时代就混进了野孩子的群里，呼吸着小百姓的空气。这使得他真像吃了狼的奶汁似的，得到了那种"野兽性"。他能够真正斩断"过去"的葛藤，深刻地憎恶天神和贵族的宫殿，他从来没有摆过诸葛亮的臭架子。他从绅士阶级出来，他深刻地感觉到一切种种士大夫的卑劣，丑恶和虚伪。[1]

　　鲁迅正是由于在刚刚开始踏上生活的道路，刚刚开始形成自己的人生观、世界观的时候，经历了家庭败落和由此而带来的一切不幸的后果，所以他的心不仅与小百姓的生活和思想感情息息相通，而且对封建士大夫滋生着憎恨与厌恶。

　　也是在这个时期，在他的周围还活跃着一批他的同一个台门里的家族的人们。他们是鲁迅的祖辈、叔伯辈。这些被称为"台门货"或"破靴党"的破落户子弟们，在穷愁潦倒的命运中，在人生的舞台上，各各献演他们的悲剧、喜剧和丑剧。他们或者是读书一世，一事无成，又落得一无所能，只能或者幻想挖出传闻中的家藏的地下的宝贝来重享荣华，最后却疯傻而至惨死；或者成为斯文扫地的窃贼，悲惨地屈辱地死去；也有的丧尽了书生的风雅，或者是既一无所能又一事不干的昏昏噩噩的寄生虫，或者是既无一定职业却又吃穿不愁的白相党，也还有些沦为各种各色的小商小贩甚至小偷，在人世的风尘中挣扎求生，其状凄楚。鲁迅所说的"看见世人的真面目"，也包括这一部分，这一方面，这些人已经破产了，没落了，衰敝了，不配有更好的命运。事实上，这

---

[1]　瞿秋白：《〈鲁迅杂感选集〉序言》，载瞿秋白：《瞿秋白选集》，人民文学出版社，1959，第319–320页。

些地主子弟的命运，正是反映了在帝国主义侵略、资本主义发展的过程中，逐渐解体的封建经济和日趋破落的地主阶级的命运。鲁迅所感受到的正是这种历史的进程。他的这个"看见"，也是他在困顿中成长的一个方面，一个表现。这些人生相，这些破落户子弟，后来，鲁迅将其一部分写进了自己的小说中，或在杂文中给他们画过像。他后来追述这一段思想经历时，曾经说过：

> 我的祖父是做官的，到父亲才穷下来，所以我其实是"破落户子弟"，……因为我自己是这样的出身，明白底细，所以别的破落户子弟的装腔作势，和暴发户子弟之自鸣风雅，给我一解剖，他们便弄得一败涂地。①

这足以说明少年时代的家庭败落和这段困苦生活，对他的思想成长的作用，以及对以后作品创作的影响了。

鲁迅在这时候就开始了对人性的思考，或者更准确些说，开始了对中国国民性的劣根性的思考了。当然，这种思考是初步的，不免有些朦胧，但却带着强烈的感情色彩和执着地追溯的韧劲。引起他这种思考的，正是家庭在从小康坠入困顿后，在人情冷暖、世态炎凉中，他看到、感受到的种种人生相。药店里人们脸上赛过冰霜的冷漠，当铺里柜台后面居高临下的白眼，同族亲人对于孤儿寡母的欺侮，邻居街坊的流言蜚语的伤害，……这一切不能不激起纯洁而又稚弱的心灵中的波涛：人们呵，你为什么竟如此卑劣！人心呵，为何这样冷酷！而且彼此又这样互不相通？因此，他说：

> 好。那么，走罢！
>
> ……S城人的脸早经看熟，如此而已，连心肝也似乎有些了然。总得寻别一类人们去，去寻为S城人所诟病的人们，无论其为畜生或魔鬼。②

这态度何等决绝，这感情何等激越！

他告别的是可爱的故乡，是难舍的母亲和幼弟，但同时他也是告别那为顽固落后所窒息的绍兴古城，告别那些封建士大夫、破落地主、小

---

① 《书信·一九三五年八月二十四日致萧军》。

② 《朝花夕拾·琐记》。

市民、破靴党……他寄希望于能够寻到一种新的人。

这是他在成长的路上迈出的一大步。他日后对于中国国民性的深究，抓住"立人"这个根本来探究救国救民的真理，就是在少年时代播下了最初的种子。

鲁迅正是在这种情况下，循着这样的思想路径成长的。这些少年时代生活的浪花，人生路上破败凄苦的惨相，思想感情积蓄下来的怨恨与愤激的胚胎，日后，经过改造，便成为他的小说创作的生动素材、回忆散文的串串珍珠、杂文中射向敌人的子弹。这些都是他所说的"不能忘却的过去"的一部分，它在当时对他的幼小的、"少年初长成"的心灵，发生过那么大的影响，后来便回光返照似的又重现在他的作品中。从鲁迅这些在自己的作品中（主要是散文、小说，也包括一部分杂文和书信）所作的回顾和评价，我们深切感受到他的少年时代这段生活对他的成长的深刻影响。他的少年时代不仅是他的生平的不可缺少的一部分，而且是他后来的思想发展和创作成就的不可忽视的一部分。我们不仅不应当割断历史，更不应该歪曲以至捏造历史，而是要探索其间的线索与渊源，说明其影响与作用，这对于我们更科学地、深刻地认识与宣传鲁迅是有益的；对于我们从中得到启示，以更好地教育后辈，培养人才也有现实的意义。

辛亥革命时期杰出的"精神界之战士"

——鲁迅和辛亥革命

20世纪的最初10年，是整个亚洲的，也是整个中国觉醒和革命的年代。列宁在论及这一时期的文章中，曾经带着欢欣的心情写道：

> 世界资本主义和一九〇五年的俄国运动彻底唤醒了亚洲。
>
> 继俄国一九〇五年的运动之后，民主革命席卷了整个亚洲——土耳其、波斯、中国。[①]

列宁指出，这"标志着二十世纪初所揭开的全世界历史的一个新的阶段"[②]。在这个世界历史的新阶段中，中国资产阶级革命也进入新的历史时期。以同盟会的成立为标志，民主革命派在思想上、组织上同改良派最后划清了界限，开始了在更完全意义上的资产阶级民主革命。正是在这个伟大的世界历史和中国历史的转折期，鲁迅走上战阵，以一个杰出的文化战士和启蒙思想家的英姿，出现在辛亥革命时期的思想界。他近察"中国之情"，远考"欧美之实"，深思远虑，探索救国救民的真理，从事思想启蒙工作，写出了多篇皇皇论著，做出了自己的贡献。他当时呼唤作至诚温煦之声的"精神界之战士"出现，而实际上，他自己正是这样的战士。

一

鲁迅是在辛亥革命前的民主革命潮流推动下，走上革命道路的。

[①②] 列宁：《亚洲的觉醒》，载列宁：《列宁选集》第2卷，第2版，人民出版社，1972，第448，447页。

1902年，当鲁迅去国东渡时，是带着"绝望于孔夫子和他的之徒"[①]的心情走的。这说明他同封建文化划清了界限。但是，却仍然没有摆脱维新思想的影响；他后来决定去仙台学医，就做着以医学来推动"国人对于维新的信仰"[②]的梦。以后，经过1905年前后以孙中山为代表的革命派同以康、梁为代表的立宪派的关于革命和改良的大论战，以及以后的决裂，鲁迅终于彻底摆脱了维新思想的影响，打破了对改良主义道路的幻想。1906年他放弃医学，离仙台去东京从事文艺活动，决心不是从身体上来解除人民的痛苦，而是从精神上来促进他们的觉醒。从仙台到东京，决定弃医从文，这是青年鲁迅在思想上的一次飞跃。

康、梁的维新运动，唤醒了鲁迅，使他抛弃了孔孟。资产阶级民主革命运动的浪潮，又冲刷了维新思想的影响，使鲁迅离开了康、梁。

从这时开始，他就以资产阶级民主战士和启蒙思想家的风貌，投入了战斗。

他积极热情，奋力参战，然而出师不利。他为了开辟宣传阵地而筹办《新生》杂志。但是，这个新生儿，在寂寞中受胎，在冷淡中孕育，在嘲笑中流产。鲁迅遭到了第一个挫折。以后，他苦心经营的《域外小说集》，又遭到了同样的冷落命运。情形正如他日后所追述的："独有叫喊于生人中，而生人并无反应，既非赞同，也无反对，如置身毫无边际的荒原，无可措手的了，这是怎样的悲哀呵，我于是以我所感到者为寂寞。"[③]他因此而深切地感受到一个严重的问题：甚嚣尘上的反清声浪中的寂寞，轰轰烈烈的革命运动中的荒寒。他痛心地慨叹："而先觉之声，乃又不来破中国之萧条也。"[④]

初看似乎奇怪，在革命运动正在热烈地进行的时候，处在当时革命中心的东京，竟然发出这样的声音！然而，这正是鲁迅的深刻处。

辛亥革命，作为在比较完全意义上的资产阶级革命，在革命准备时期，本应该有一个思想革命作先导。然而，先天不足的中国软弱的资产阶级，却没有这个能力、这份勇气来发动一次强有力的思想启蒙运动。反清的声浪甚高，颂汉的喧嚣也同样高。许多人搬出旧账来揭露清朝反动统治的罪恶，有些浅薄之士取了"扑满"之类的名字来表示反清的决

---

① 《且介亭杂文二集·在现代中国的孔夫子》。

②③ 《呐喊·自序》。

④ 《坟·摩罗诗力说》。

心。有人躲在图书馆里翻寻出汉族祖先光荣历史的陈迹来宣扬。这样，当时的革命宣传，给人印象最深的就是反对异族统治，颂扬汉族祖先的光荣传统。这对于当时激发人们的革命热情，推动革命的行进，虽然起了一定的作用，然而，却有很大的缺陷：一方面，反对异族的种族革命的呼声，淹没了反对帝国主义的民族革命的宣传；另一方面，对汉族祖先光荣传统的宣扬，却夹杂着对封建毒素的粉饰，至少反对封建主义的思想斗争被忽略了。至于近代日益发展的自然科学，也只被看成富国强兵的手段，而且，连借取西方资产阶级革命时期的思想武器的工作，也很少认真去做，对17、18世纪欧洲主要启蒙学者、重要思想家的著作，也都没有作系统的介绍。

这样，便出现了一个大矛盾：一方面是历史提出了严峻的课题；另一方面是历史任务的承担者却十分幼稚而孱弱，——中国资产阶级在20世纪的初期才刚刚开始形成一个阶级——无力完成这一历史课题。于是，"历史的课业"就不能不被荒废了。这就是鲁迅所说的萧条与荒寒。

鲁迅的深刻，表现在他对于封建思想文化已经从根本上持否定态度，绝望于孔子及其门徒。他并不局限于狭隘的种族观念，去盲目地宣扬"汉族祖先的光荣"。而且，通过在日本的多年研习和实地考察，他深深懂得发动一场思想革命的重要性、必要性。他深知这是欧美各国已经走过的，获得了成功的道路，是历史必由之路，我们也无法绕过。然而当时的革命思想界，在这方面却局限于浮面的政治鼓动，而缺乏深入的精神上的启蒙、文化思想上的清算和建树，简直没有也不能够有多少成就，严重的历史任务被忽略了。鲁迅在这方面与他同时的许多先进人物相比较，以他的辉煌论著表明了他当时已经成为一个不可多得的思想家，表现了高度的锐敏，反映了历史的要求，而高出于他们之上。他所发出的号召，虽未得到广泛的响应，但作为历史文献，它们所放射出的锐利的思想的光芒，却从反面反映了辛亥革命的弱点，反映了历史的矛盾、时代的风貌。这本身，也可以说是鲁迅的一个贡献。

二

思想和理论的斗争，是实际革命斗争的一个重要方面。这方面的不彻底和软弱，反映了当时中国资产阶级的先天不足及其软弱性，正是中国旧民主革命运动的一个严重缺陷。鲁迅的寂寞，也是一个站在时代思想前列的战士常常会遇到的冷遇。

不过，鲁迅并不止于慨叹、期望和发问。他勇敢而坚决地担负起历史的任务。《人之历史》《科学史教篇》《文化偏至论》《摩罗诗力说》等皇皇论著，一篇接一篇发表出来。他要以自己的努力来打破萧条和荒寒。在这几篇重要文献中，鲁迅提出了这样的思想：

> 诚若为今立计，所当稽求既往，相度方来，掊物质而张灵明，任个人而排众数。①

> 是故将生存两间，角逐列国是务，其首在立人，人立而后凡事举，若其道术，乃必尊个性而张精神。②

这里，鲁迅实际上提出了一个思想启蒙运动的纲领。这个纲领的首要任务是"立人"；其方针、办法则是：掊物质而张灵明，尊个性而张精神，任个人而排众数。

任个人，尊个性，张精神，这实际上就是要促使人民觉醒，实现个性解放。鲁迅提出，为了立人，一方面，要冲破那种"使人荼（疲乏），使人屯（困顿）"的"安弱守雌，笃于旧习"的一切旧思想、旧礼教、旧习俗、旧传统的束缚与网罗，使"国人自觉"，"张其上征渴仰之思想"，"怀大希以奋进"。同时，另一方面，又要冲破"奔走干进之徒"、"抱守残阙"、"死抱国粹之士"和"善垄断之市侩"的包围。因为，这些或者是埋没人才、扼杀精神的污垢，或者是反对人民觉醒进步的反动势力，所以必须清除，才能立人。正是为了这个目的，鲁迅写了《摩罗诗力说》，介绍、颂扬了那些"立意在反抗，指归在动作"的摩罗诗人，号召国人发扬"勇猛无畏""独立自强"的精神。鲁迅认为，从这方面立人，国家民族才能真正强盛起来，"人既发扬踔厉矣，则邦国亦以兴起"。③

鲁迅在这里，提出了反对封建思想束缚，解放个性，唤起民众的民主革命思想纲领。孙中山在弥留之际，总结自己数十年的经验教训，提出："积四十年之经验，深知欲达此目的，必须唤起民众。"但是，在辛

---

①②③　《坟·文化偏至论》。

亥革命时期，他自己以及同盟会的革命志士们，却都没有去做坚实的、深入的唤醒民众的工作；特别是没有去深入发动占人口大多数的农民。他们对于"群众这么落后怎么办"这个问题，有一个现成的，然而是非常错误的答案，这就是：群众落后是"天生的"，因此不要他们起来革命。鲁迅高出于当时思想界之处正在这里：他把眼光转向落后的民众，呼吁要发扬国民精神，改革国民性；并且指出了病根之所在。这就抓住了要害，提出了进行反封建的思想发动和思想革命的要求。

尤其值得提出来的是，到"五四"时期才被当作两个口号之一提出来的"科学"，鲁迅在辛亥革命时，就作为"致人性于全"的一个重要方面提出来了。他一方面正确地指出"黄金黑铁，断不足以兴国家"①，批判了那些想借科学技术来遂其私欲的"干进之徒"，同时又指出"尊实利可，慕方术亦可"，但一定要"寻其本"，要"能播将来之佳果于今兹，移有根之福祉于宗国"②，要使科学的"神圣之光"照亮人民的心灵，武装人民的头脑。鲁迅作为一个思想家，在最初就表现了他的眼光的远大之处。

鲁迅同时还把目光转向西方，他不仅主张向西方学习，介绍西方的历史、文学、科学，而且从当时已经进入帝国主义阶段的西方诸国的腐朽、溃烂中吸取教训，提出要避免西方物质文明的流弊，不要像西方那样，"诸凡事物，无不质化"，"人惟客观之物质世界是趋，而主观之内面精神，乃舍置不之一省"。而且，"林林众生，物欲来蔽，社会憔悴，进步以停，于是一切诈伪罪恶，蔑弗乘之而萌，使性灵之光，愈益就于黯淡"③。正是为了防患于未然，他提出立人之"道术"是"掊物质而张灵明"。这是鲁迅的启蒙主义纲领的时代特色。

鲁迅不同于西方资产阶级革命时代的启蒙学者，没有打出唯物主义的旗帜，却反而提出了反对"唯物之倾向"这种主张。对于这一点，我们应该如何理解，如何看待？首先要肯定的是，鲁迅和18世纪的启蒙思想家一样，在自然观方面，是坚定的唯物主义者。其次，我们应该看到，他的出发点和目的，是为了避免西方资本主义社会的物质文明流弊在中国重现。因此，他并不一般地反对"唯物之倾向"。他只是说："纵

① 《坟·摩罗诗力说》。

② 《坟·科学史教篇》。

③ 《坟·文化偏至论》。

令物质文明，即现实生活之大本，而崇奉逾度，倾向偏趋，外此诸端，悉弃置而不顾"，那就会"缘偏颇之恶因，失文明之神旨，先以消耗，终以灭亡，历世精神，不百年而具尽矣"①。这里，鲁迅讲得很清楚，他反对的是对于物质文明崇奉过度，产生偏颇，造成精神崩溃。正是从这一点出发，他深刻而沉重地指出，"中国之人"，在"由旧梦而入于新梦"时，千万不要在"贱古尊新"中，"而所得既非新，又至偏而至伪"，果如此，则新潮"且复横决，浩乎难收，则一国之悲哀亦大矣"②。列宁在1912年曾经指出，孙中山由于想避免西方资本主义国家的社会危机，产生了"中国民主派对社会主义的同情，产生他们的主观社会主义"③。但是由于中国当时的社会条件决定了革命的任务还是反封建，所以，"这个中国民主主义者的主观社会主义思想和纲领，事实上……仅仅是消灭封建剥削的纲领"④。同样的道理，鲁迅作为一个启蒙思想家，为当时中国社会条件和革命任务所决定，他提出的反对"唯物之倾向""非物质"等主张，事实上，其内容和实质决不是反对唯物主义、提倡唯心主义，而是反对以黄金黑铁、坚船利炮为救国根本的以洋务派为代表的错误主张，是为了使人们的思想、精神在从封建束缚中解放出来的同时，避免陷入西方资本主义社会物欲横流的泥坑。这在当时是具有进步意义的。我们不能把当时鲁迅的"非物质"，反对"唯物之倾向"，看作他反对哲学上的唯物主义。这里鲁迅是把精神文明和物质文明当作社会发展的两个方面，反对过度重视物质文明，而不从根本上来重视启发和提高群众的思想觉悟，使人的个性能够得到解放和发展，反对忽视精神文明的偏颇。我们决不能仅仅限于字面的理解，得出结论：鲁迅在这几篇论文中反对唯物主义，提倡唯心论。在这个问题上，我们不应该因词害义。我们知道，因为对名词的实质性含义理解不同，费尔巴哈还否认他的哲学是唯物主义呢！

当然，无可否认，鲁迅对于当时在欧洲已经兴起的辩证唯物主义思潮是不理解的，并且把它和资产阶级物质文明的泛滥和流弊连在一起，把它和物欲享受混为一谈。同时，却把尼采主义——代表垄断资产阶级利益、反对辩证唯物主义和无产阶级兴起的反动哲学，看作反对物质文

①② 《坟·文化偏至论》。

③④ 列宁：《中国的民主主义和民粹主义》，载列宁：《列宁选集》第2卷，第2版，人民出版社，1972，第426页。

明流弊的新思潮。这是一种历史的误会，有着复杂的主客观原因。其中很明显的，是中国社会的落后，造成鲁迅当时不可能正确理解马克思主义，辨识尼采哲学的反动实质。尼采对于鲁迅的思想影响，一直持续到"五四"时期。当中国的社会生活已经发生很大变化，革命性质面临着一次重大的转变的时候，这种影响的留存，则主要是鲁迅思想本身的局限性所致了。但是，有一点必须指出，鲁迅接受尼采的影响，主要是他的超人哲学方面的一些思想因素和用语。鲁迅的"任个人而排众数"的口号，以及在"五四"前后提出"个人的自大""对庸众宣战"，都表现了这一点。而对于尼采的反对辩证唯物主义、反对工人运动的反动思想，却是"视而不见"，没有受到什么影响的。而且，鲁迅在超人哲学这一点上受到尼采的影响，虽然有消极的作用，但是，他的出发点却是反对封建思想的束缚，反映的是民主革命要求。这同尼采的作为垄断资产阶级代言人，又有根本性质的不同。

还有一点更值得提出，无论是在辛亥革命时期，还是"五四"时期，和尼采一起被鲁迅提到的还有挪威的易卜生。这一点常为过去的论者所忽略。易卜生和尼采是根本不同的。他的思想反映了在落后的挪威还具有进步性的广大小资产阶级的革命要求。西谚云："两个人讲着同一样的话，这就并不是一样的。"正如普列汉诺夫所说，尼采对于"多数"的反对和对于"少数"的信仰，表明他是统治阶级的意识的代表，是对于工人群众革命要求的抵抗。而易卜生说着与尼采同样的话，在他所生活的国度和社会条件下，却是表现了少数知识分子的进步努力。这些进步知识分子，"在一片荒落的市侩主义的沙漠里，仿佛是一块肥沃的土地"。鲁迅说着与尼采同样的话（只在信任"天才"、反对庸众这一点上），却具有与易卜生同样的反市侩主义的意义。而且，鲁迅在辛亥革命时期和"五四"时期的中国社会条件下，在当时中国革命的形势中，提出掊物质、任个人和反对庸众，更不仅仅是表现了少数进步知识分子的努力，而且反映了反对封建主义、要求个性解放的资产阶级民主主义要求，反映了避免西方物质文明流弊的愿望。

三

鲁迅在辛亥革命时期，就表现了他日后作为伟大的思想家、革命家和文学家的特点和优点。他一走上战阵，就显露了一个伟大文化战士和启蒙思想家的最宝贵的品德：献身的赤诚，战斗的激情，清醒的现实主义，实事求是的态度，思想家的睿智和深沉，战士的勇猛和坚定。他的起步十分坚实。可贵的是他不仅在一开始就具有这些宝贵品质，而且在日后一直保持着这些品质，并且不断地发展提高，直至生命的最后一息。

在历史的转折期，思想界总是呈现出纷繁复杂的情景，各种各样的新思潮纷至沓来。旧思想对之或者顽抗固拒，或者歪曲利用，或者换汤不换药。各种思想，无论新旧，同时存在，互相斗争，彼此争夺思想阵地，争夺群众。这是革命运动的一条重要战线。辛亥革命时期的思想界正表现了这种情形。革命派、改良派、立宪民主派，复古的，全盘欧化的，市侩的挂羊头卖狗肉，洋务派的坚船利炮论，浅薄的干禄之徒的黄金黑铁救国论，等等，一时间，泥沙俱下，鱼龙混杂，各种理论学说、救国药方，纷然杂呈。鲁迅以求实精神坚持清醒的现实主义态度，及时撕下了各种错误思潮的华丽外衣，揭出了它们的反动面目、错误实质，并且给予了深刻的批判。他首先把批判的锋芒指向复古的国粹主义者，因为他们是阻碍革命前进的大敌。鲁迅对于这种人作了既形象而又深刻的揭露：他们"耳新声而疾走"，顽固地反对任何新思想。他们自欺欺人地认为"今之学术艺文，皆我数千载前所已具"①。鲁迅把这种人比作"中落之胄"，他们"故家荒矣"，却还要"喋喋语人，谓厥祖在时，其为智慧武怒者何似，尝有闳宇崇楼，珠玉犬马，尊显胜于凡人"②，他们陶醉于昔日的荣光，躺卧在祖先的腐尸上，反对一切改革，拒绝一切新事物。鲁迅正确地指出，这样做的结果只能是国亡种灭。这种"死抱国粹"的复古思想，是最顽固的封建思想堡垒，是革命途中的绊脚石。鲁迅对于他们的揭露和抨击，正是革命准备时期的重要斗争，是为革命扫清思想道路。

但是，又有另一种人。他们"稍稍耳新学之语，则亦引以为愧，翻然思变"③。他们倒是变得彻底，"言非同西方之理弗道，事非合西方之术弗行"④，一切都是外国的好，一切都要照外国的办。他们把一切都

---

① 《坟·科学史教篇》。

② 《坟·摩罗诗力说》。

③④ 《坟·文化偏至论》。

"归罪恶于古之文物，甚或斥言文为蛮野，鄙思想为简陋，风发浡起，皇皇焉欲进欧西之物而代之"①。鲁迅把这种人称为蔑古主义者。他们的主张，当然不是救国的药方，而是全盘西化的毒药。

鲁迅深刻地批判了这两种错误思潮，进行了两条战线的斗争。他正确地指出，要"洞达世界之大势，权衡校量，去其偏颇，得其神明"，"外之既不后于世界之思潮，内之仍弗失固有之血脉，取今复古，别立新宗"②。这样，就能使"沙聚之邦"，"转为人国"③。鲁迅对于其他种种错误思想，也作了细致的观察、深刻的剖析和批判。他批判那些"震他国之强大，栗然自危"的人，大倡兴业振兵之说，虽然看起来"成然觉矣"，但实际上却是"仅眩于当前之物，而未得其真谛"；至于那些"谓钩爪锯牙，为国家首事"的人们，竞言武事，却尽是些"轻才小慧之徒"。还有那些立宪民主派，鼓吹"金铁国会立宪"之说，鲁迅一针见血地揭出了他们的本相："国若一日存"，他们就能以力图富强之名，博志士之美誉；而一旦亡国，家社为墟，他们却仍然"广有金资，大能温饱"。他们所想、所谋的都是自己的事，何尝真以国家民族为重。他们的所谓"立宪""国会"，不过是"假是空名，遂其私欲"，他们对于人民的压迫将比暴君还严酷。因此，鲁迅不禁深深地慨叹："呜呼，古之临民者，一独夫也；由今之道，且顿变而为千万无赖之尤，民不堪命矣，于兴国究何与焉。"④

鲁迅的这种战斗，在辛亥革命准备时期具有重大的意义。它是为这个革命在思想战线上开辟道路，扫除障碍。然而，不幸的是，他的战斗，相当孤单，响应者甚少，继起的不多，既无赞成之音，也无反对之声，因而不能不使他感到分外的寂寞。但是，鲁迅当时的心境却不是由寂寞而颓丧，正如他的诗句所说：

　　寄意寒星荃不察，
　　我以我血荐轩辕。

他仍要不停地战斗。他这种批判的风格，战斗的精神，是非常可贵的。

尤其可贵的是，鲁迅这时的战斗，实际上揭开了中国现代思想史的斗争序幕。

后来，在"五四"前后所进行的斗争，是这时期的斗争在新形势下的继续，其基本历史内容是相同的。抱残守缺的顽固派、复古主义者、全盘西化论、改良派等，或以遗老遗少的丑态，或以新学者洋绅士的派头，或以国粹主义者的颟顸之态，或唱"一点一滴地改良"的调头，各色人等，换上了历史的新装，跑出来表演，反对"五四"以来的新思潮、新文化和社会改革。他们是今日历史的新客，又是过往时代的旧鬼。因此，鲁迅在辛亥革命时期对于各种错误思潮的批判，到"五四"时期还保持着批判的、战斗的作用。而他在"五四"时期的战斗，则是辛亥时期的战斗的继续。不同的是，时代变化，历史前进，不仅他本人是以新的思想、新的姿态、新的文字来从事战斗，而且，思想界、文化界、广大读者，尤其是青年学生，热烈地响应他，拥护他。他再不是像辛亥时期那样寂寞与孤独了。鲁迅境遇的这种变迁，反映了时代的变化。这说明，一个伟大思想家和文化先驱的经历，反映着历史前进的轨迹。

四

在辛亥革命时期，进化论是鲁迅的基本思想武器，但他吸取了进化论的科学的、革命的内核，而又不受其拘囿，达到了当时思想界的最先进的水平。

作为一个思想家，鲁迅从一开始，就以文化战士的风貌战斗在思想战线上；而作为一个文化战士，他从一开始就以思想家的敏锐和深沉，活跃在文化战场上。他从来不是抽象地、学理式地阐述他的理论、观点，他从来不是貌似激烈，但失之浅薄地战斗。他的战斗篇章，构成了一个思想体系。《人之历史》等七篇论文，既是他战斗的檄文，是宣战书，又是体现他的自成体系的思想观点的纲领。这里，凝结了他的深广而细密的思想，澎湃而深沉的感情，燃烧着战斗的热情，也融汇了他的全部哲学、社会、历史、科学和文艺的观点。在这些观点中，包含着唯物主义和辩证法的可贵的成分。

青年鲁迅是一个热烈的爱国主义者。他首先要探索的是多难祖国的出路何在。当时，进化论是很风行的外来新学说，"进化之语，几成常言"。但鲁迅并不像当时的许多人那样，以"喜新"之心，借"进化之语"，"以丽其辞"而已。他不仅诚意地信仰这种学说，而且做了深入的钻研。他坚信不仅自然界，而且人类社会也是要"自卑而高，日进无既"地进化，"人类演进之事，昭然无疑影"①。根据这个规律，他坚信，已经零落的祖国，必能兴盛，由"沙聚之邦"，转为"人国"。

鲁迅从进化论出发，在论述自然界和人类社会的发展时，很精辟地阐述了辩证法的规律。他不仅像上面所说的那样，明确地指出了事物不断发展进化的规律，而且指出，这种发展是曲折地、螺旋式地上升的。他说："世事反复，时势迁流，终乃屹然更兴，蒸蒸以至今日。"又说："世界不直进，常曲折如螺旋，大波小波，起伏万状，进退久之而达水裔"②。这些论述，闪射着辩证发展观点的光芒。

鲁迅还进一步指出，这种发展进化的过程，是一个斗争的过程。他十分明确地指出："平和为物，不见于人间。其强谓之平和者，不过战事方已或未始之时，外状若宁，暗流仍伏，时劫一会，动作始矣。"又说："故杀机之防，与有生偕；平和之名，等于无有。"③这就是说，静止、和平、统一，都是暂时的、相对的，生命、人类、社会自始至终全过程都存在斗争，并且在斗争中发展，前进。在这里，鲁迅以自己的语言和表达方式，表述了辩证法的基本规律之一：对立统一律。值得注意的是，鲁迅不是在论述自然界的发展而是在论述人类社会的进化时，来表述这个规律的。他不仅论证了改革社会的可能性，而且指出了这种改革的必要性：在斗争中不进则灭。从这些观点所产生的，必然是激进的、彻底的、不可动摇的革命精神。

在《文化偏至论》中，鲁迅更从欧洲文化发展史中，引出了"偏至"的规律，指出："既以改革而胎，反抗为本，则偏于一极，固理势所必然。"这就是说，改革，反抗，推动着事物的发展；发展到一定程度，则"偏于一极"，必然向相反的方向转化。从这个辩证逻辑的推理中得出的结论是：矛盾斗争的发展，必然将事物导向对立面的转化（"偏至"）。这是鲁迅用自己的语言和表达方式表述的另一个辩证法规律：矛盾转化，否定之否定。鲁迅在论述"平和为物，不见于人间"时，曾指出"强谓之平和"，不过是"外状若宁"，实际上"暗流仍

---

① 《坟·人之历史》。

② 《坟·科学史教篇》。

③ 《坟·摩罗诗力说》。

伏"，只要"时劫一会"，就"动作始矣"。这就是说，外状的平和，不过是一个渐进的过程，时机、条件一具备，就会爆发，就产生突变。这里，我们看到一个惊人的现象，鲁迅是这样地远远高出当时的思想界。辩证法的基本规律，他都作了生动的叙述，虽然，这些辩证法观点在鲁迅的思想上带有自发的性质，还处于萌芽的状态。特别值得注意的是，鲁迅不是以一个哲学家的方式来从学理上论述、研究这些规律，而是为了革命，为了斗争，以它们为思想武器，从历史的研究和现实的考察中，得出了对这些规律的认识的。而且，他又结合当前的革命斗争来宣传、论证这些规律。因此，他的论述，表现了一个启蒙主义者的深沉睿智和一个文化思想先驱的战斗激情，思想的火花和斗争的火花交相进发，沉思之理与战斗激情一并交融。

鲁迅对于科学的看法，也表现了他的革命观点。自从维新以来，"西风东渐"，当时人们对于自然科学的功用，已经有了一些认识。但是更多的人仅仅以"声光化电"为手段，或想用来"兴业振兵"，或者用来谋求黄金黑铁，更有甚者以其为发财之道。鲁迅对这些人都作了揭露和批判，指出他们是些未得其"本柢"而只知其"蕐叶"的浅薄之士和"垄断之市侩"。在鲁迅看来，科学不仅是造福人群、社会的伟大文化成就，可以"实益骈生，人间生活之幸福，悉以增进"[1]，而且，科学是一种正确认识客观世界和改造世界的思想武器。科学昌明，"洪波浩然，精神亦以振，国民风气，因而一新"[2]。鲁迅还指出："盖科学者，以其知识，历探自然见象之深微，久而得效，改革遂及于社会"[3]。很明显，鲁迅不仅把科学当作推动生产、富国强兵的手段，而且把它当作改造国民精神的锐利武器。鲁迅主张以科学精神来启迪民智，改变落后愚昧的迷信状态。他把科学作为改革社会的一种革命力量。当时一般人只看到工业得益于科学，而不很懂得和注意"科学得实业之助者亦非鲜"。鲁迅指出这一点，说明了理论来自实践的道理。为了宣传科学知识，鲁迅这时期还编译科学著作，翻译介绍科学幻想小说[4]。

作为文化战士的鲁迅，在那种人们普遍地没有认识到文艺的社会功用，有的人甚至还不知文艺为何物的历史时期，就对文艺的伟大革命功

---

①②③　《坟·科学史教篇》。

④　鲁迅这时期除了《科学史教篇》外，还写作和翻译了《说鈤》《中国地质略论》《月界旅行》《北极探险记》《世界进化论》《原素周期则》《造人术》等宣传科学的论著和科学文艺作品。

用作出了高度的估价，把它作为鼓舞人民斗志、改造人们精神的伟大手段。这时，为革命、为人民的文艺观，就在他的思想中牢固地树立起来了。这在《摩罗诗力说》中表现得集中而突出；而他在东京所从事的实际活动，如《新生》杂志的创办和《域外小说集》的翻译与出版，都是他的文艺观点的实践。他充分估价了文艺的功用，指出："人得是力，乃以发生，乃以曼衍，乃以上征，乃至于人所能至之极点。"①文艺"益智不如史乘，诚人不如格言，致富不如工商，弋功名不如卒业之券"。但是，它"于人生，其为用决不次于衣食，宫室，宗教，道德"②。为什么呢？就在于文艺有振奋人心，踔厉精神，"涵养吾人之神思"的伟力。那些摩罗诗人，如普希金、裴多菲、拜伦、雪莱、密茨凯维支等，都曾经以他们的诗作，唤醒国人，鼓舞斗志，作伟大贡献于自己的祖国和人民。鲁迅在文中以优美激情的语言，介绍了他们的生平事迹，歌颂了他们的革命精神。他期望中国也出现这样的"立意在反抗，指归在动作"的摩罗诗人。20世纪开始的年代，沉沦的、萧条的、荒寒的神州故国，所需要的就是他们那样的至诚温煦之声啊！

鲁迅还阐述了文艺与科学的区别。他说："由纯文学上言之"，文艺在于使观听之人"为之兴感怡悦"；文艺的特征是"直语其事实法则，为科学所不能言者"。文艺虽然"理密不如学术，而人生诚理，直笼其辞句中，使闻其声者，灵府朗然，与人生即会"③。鲁迅在这里正确地说明了文艺的特点在于它具有鲜明生动的形象，并且包含着丰富热烈的爱憎感情，它寓理于情并且用直接描绘具体形象的手段来呈现事物和人物，因此，能够充分发挥鼓舞斗志和潜移默化的作用。鲁迅的这些论述，吸取了西方的文艺理论，并且充分表述了他早期的美学思想。这是我国新文学理论的最初的篇章，弥足珍贵。

五

鲁迅在辛亥革命时期的几篇论著，已经具有他在后来的作品中所表现的高度的思想特色和艺术特色的初步的然而却是耀眼的光辉。这些洋洋大观的论文，思理朗然，议论横生，具有鲜明的批判特色，有的地方

---

①②③ 《坟·摩罗诗力说》。

如投枪匕首，犀利泼辣，如果把它独立出来，简直是一篇光彩夺目的杂文。它已经具有鲁迅杂文的特色。比如《文化偏至论》中，对于顽固守旧派的揭露批判，绘声绘色，入木三分，和鲁迅日后所写的《随感录》，有着思想和艺术的渊源。又如在《摩罗诗力说》中，有这样一段描写：

> 今试履中国之大衢，当有见军人蹀躞而过市者，张口作军歌，痛斥印度波阑之奴性；有漫为国歌者亦然。盖中国今日，亦颇思历举前有之耿光，特未能言，则姑曰左邻已奴，右邻且死，择亡国而较量之，冀自显其佳胜。夫二国与震旦究孰劣，今姑弗言；若云颂美之什，国民之声，则天下之咏者虽多，固未见有此作法矣。①

这段描写，思想深刻，感情深沉，形象具体，不是已经初步显露了鲁迅日后的杂文的风格吗？那种拿亡国者来作比，显出自己佳胜，并且编进歌曲，长街歌唱，正是对于阿Q精神的最早的揭示与刻画。

由此，我们可以说，这些文章也是我们研究鲁迅杂文的战斗风格及其形成过程的宝贵资料。

这些文章，虽然是学术论著，但是在不少的片段中，描景、叙事、写人，有情节，有场景，有行动，有性格，行文却又简洁生动，富有表现力，表现了鲁迅形象思维的洋溢和艺术才华的出众。由此也可以看到鲁迅小说创作的滥觞。

鲁迅在《呐喊·自序》中说：

> 我在年青时候也曾经做过许多梦，后来大半忘却了，但自己也并不以为可惜。所谓回忆者，虽说可以使人欢欣，有时也不免使人寂寞，使精神的丝缕还牵着已逝的寂寞的时光，又有什么意味呢，而我偏苦于不能全忘却，这不能全忘的一部分，到现在便成了《呐喊》的来由。

这里说的不能忘却的旧梦和回忆，便包括他在辛亥革命时期的经历和所见、所闻。这些，他当时便观察、深究、剖析、思考过；以后，又拌和着他青年时期的失望与寂寞，激奋与哀痛，留在他的记忆里，并且

---

① 《坟·摩罗诗力说》。

经过了一再的研究与深思。可以说，《呐喊》《彷徨》中的小说的许多重要而深刻的主题，在辛亥革命时期就已经受胎、孕育，以后又不断酝酿，直到"五四"时期，在新的历史条件下，在新的革命运动的感召和推动下，终于被作为对历史经验的总结，为了揭出社会的病苦以引起疗救的注意，而涌出了笔端。正是这个原因，使他在《狂人日记》发表以后，就"一发而不可收"。这种喷涌而出的情形，以及一开始就接触到中国旧民主主义革命的根本弱点与历史的症结，又表现得那么深刻，决不是偶然的。他观察、孕育十几年了。只要我们粗略地考察一下鲁迅在辛亥革命时期的生活、思想、经历、作品，就可以看出，阿Q主义的某些内容，在辛亥革命时期就已有萌芽。比如他在《摩罗诗力说》中揭露的那种人，"故家荒矣"，但还要喋喋不休地宣扬自己过去的荣光，历数如何有高楼大厦、珠玉犬马，显示如何胜过别人。这嘴脸，不就是阿Q的"老子过去比你阔得多"的尊容吗？又如，对于辛亥革命的不彻底和它失败的根本原因是没有充分发动农民群众，在《药》《阿Q正传》《风波》等小说中表现得极为深刻，而其思想源头，可以追溯到他在辛亥革命时期的生活经历和思考所得。在当时，他就提出了"首在立人"，使国人"发扬踔厉"的启蒙主义纲领，就指出只有群众觉醒了，才能使祖国复兴。但他的声音被历史的蒙昧所淹没了。他曾经为此而痛心疾首，感到无聊与寂寞。而以后的历史事实证明，不幸而为其言中。这一切，后来便都熔铸到他的小说创作中了。对于国民性的痼疾的批判与疗救问题，在辛亥革命时期也已明显地在他的思想中占据重要地位，他对此作了深入的思考、研究。后来，这些思想就形象地呈现在他的小说中了。

总之，鲁迅辛亥革命时期的思想、作品中，已包含着他日后创作中的题材主题和艺术风格的最早的因素。

六

恩格斯说："我们只能在我们时代的条件下进行认识，而且**这些条件达到什么程度，我们便认识到什么程度**。"[1]我们说鲁迅的思想高出于

---

① 恩格斯：《自然辩证法》，载马克思、恩格斯：《马克思恩格斯选集》第3卷，人民出版社，1972，第562页。

他的同时代人，站在时代的前列，并非说他超越了时代，他同样只能在他所处的时代条件下来认识，他的认识的高度也只能达到当时时代条件下所能够达到的程度。

当然，我们不能只满足于说出是时代条件决定了鲁迅的思想，更需要说明时代条件是怎样决定了他的思想，他自己又是怎样通过这些历史条件来形成自己的思想。这样，我们才不仅探讨了鲁迅思想形成的时代背景，而且可以从中吸取应有的教益。

鲁迅出生于19世纪末。这时，中国末代封建王朝在帝国主义侵略和农民起义的打击下，已经处于风雨飘摇之中；封建制度延续了两千年，也已烂透了，在欧风美雨即西方资产阶级文化的劲风吹打下，它像保存得很好的木乃伊遇到了新鲜空气似的，迅速腐烂了。

鲁迅说过，他是封建社会的最后一代知识分子。又说："我的祖父是做官的，到父亲才穷下来，所以我其实是'破落户子弟'，不过我很感谢我父亲的穷下来（他不会赚钱），使我因此明白了许多事情。"[1]所谓明白了许多事情，就是他从自己家庭的中途没落，感受到封建社会的崩溃和封建制度的腐朽，也从封建家族的败落中看到封建地主阶级的溃灭。他认识到这个制度的吃人本质，也看清了这个阶级的腐朽性：虚伪，阴险，狡诈，冷酷。他痛恨这个制度，也毫不可惜本阶级的溃灭。因此，他要"走异路，逃异地，去寻求别样的人们"[2]。他是这样地坚决，这样地无可反顾，他说："总得寻别一类人们去，去寻为S城人所诟病的人们，无论其为畜生或魔鬼。"[3]他决心不再走应科举和当幕僚这两条封建知识分子走惯了的老路，而决定离开故乡，去进被人视为"把灵魂出卖给洋鬼子"的洋务学堂。而当他去日本留学时，他已经是"绝望于孔夫子和他的之徒"了。这样他便走上了封建阶级的逆子贰臣的道路。推动他这样做的，正是封建社会的腐朽没落的现实生活。这正是推动鲁迅在辛亥革命时期同封建社会决裂，对封建思想、文化、道德进行批判的重要的社会根源之一。

---

① 《书信·一九三五年八月二十四日致萧军》。

② 《呐喊·自序》。

③ 《朝花夕拾·琐记》。

"在批判旧世界中发现新世界。"①这是鲁迅思想形成的另一个途径。鲁迅在南京学习时，首先受到维新运动的影响，在政治上对封建王朝取批判态度，也初步了解到西方各国的情况。他也直接学习了外国输入的自然科学知识，特别是学到了进化论，学到了关于欧美各国的历史与现状的知识。他发现了一个新世界，这是和他熟知而痛恨的旧世界截然不同的。到日本以后，他学习得更多也更深了。他对这个新世界和它产生发展的历史与原因，进行了探究，并且是和中国的现状进行对比，互相结合起来研究的。他接受了外来的影响，吸取了西方自然科学和进步的社会科学的营养。对于世界、社会、国家，对于哲学、历史、文学，他都有了新的观点、新的思想。《斯巴达之魂》《人之历史》等七篇文章，都是以介绍外国自然科学、历史、文化、文学为主要内容，而以探索救国救民的真理为目的的。鲁迅是立足于中国，生活于中国的半封建半殖民地社会条件之中，这些，决定了他接受外来影响，吸收外国文化营养，都打上了时代和民族的烙印。由于中国资产阶级的初步形成和这个新生阶级领导的革命运动的兴起与发展，鲁迅作为这个革命运动中的一个积极活动的启蒙思想家，就自然去接受资产阶级上升时期的先进思想文化。而同时，又由于中国社会生活的落后，资产阶级幼稚软弱，无产阶级还没有作为独立的政治力量登上历史舞台，鲁迅也就没有接受马克思主义，接受辩证唯物主义和历史唯物主义，却在某些方面接受了尼采的影响。

对于社会实际的观察和考察，参加革命的实践活动，这对于鲁迅思想的形成和发展具有决定的作用。鲁迅来到日本后，实际接触、观察了日本的历史和现状，特别是深入了解了明治维新的历史。这对他的触动很大，影响了他的思想。当时的实际社会生活对他起了多方面的影响。日本的富强与发达和祖国的贫弱与危难，一部分日本人的歧视"支那人"，东京留学生界的某些混乱与荒唐，革命阵营内部各种派别的表现，这些，都给鲁迅以深深的刺激，促使他思考，分析，寻根究底地探求自己的结论。"存在决定意识"，对于这些社会现象的观察与考察，并进行研究，形成见解，这样一个从感性到理性，从实践到理论的过程，

① 马克思：《摘自"德法年鉴"的书信》，载马克思、恩格斯：《马克思恩格斯全集》第1卷，人民出版社，1956，第416页。

促进了鲁迅革命思想的形成和滋长。他从实际生活、斗争中，吸收革命意识与力量。

在武昌起义前的20世纪最初10年中，由于帝国主义的侵略，封建社会的日趋瓦解，广大群众的反抗斗争逐步开展起来，出现了人民明显地革命化的现象。就在鲁迅写这些论文的同时（1907年），安源煤矿6000多名工人参加了同盟会在萍乡等地的起义，于此可见当时革命运动的规模。与鲁迅过从甚密的陶焕卿就是负责江、浙秘密起事的人，他常同鲁迅谈起某地某地正要起事，并曾委托鲁迅帮他隐藏秘密文件。这种对于实际革命活动的接触，当然会促进鲁迅革命思想的形成。鲁迅当时参加了光复会，并且参加了集会、办刊物、写文章等理论宣传方面的实际活动。这则是他的革命思想形成的现实基础。

"主要人物是一定的阶级和倾向的代表，因而也是他们时代的一定思想的代表，他们的动机不是从琐碎的个人欲望中，而正是从他们所处的历史潮流中得来的。"[①]鲁迅的思想，就是从上述历史潮流中得来的。

鲁迅作为辛亥革命时期杰出的文化战士和启蒙思想家，虽然由于前述的历史原因，在当时没有引起更多的注意，但是，他在当时的思想文化领域里无疑是处于领先地位的，他当时的几篇论著，是辛亥革命时期的重要文献。然而，现在的历史著作中，有关辛亥革命的篇章却没有对鲁迅和他这一时期的作品做出应有的反应和评价。这不能不说是一种疏忽。而在文学研究方面的工作也有进一步加强的必要。这里一点粗浅的探讨，算是抛砖引玉吧。

---

① 恩格斯：《致斐·拉萨尔（1859年5月18日）》，载马克思、恩格斯：《马克思恩格斯选集》第4卷，人民出版社，1972，第343-344页。

鲁迅与五四运动

五四运动和鲁迅的名字是分不开的。马克思说过："每一个社会时代都需要有自己的伟大人物，如果没有这样的人物，它就要创造出这样的人物来。"①伟大的五四运动造就了伟大的鲁迅，而鲁迅也在五四运动中做出了杰出的贡献。以"五四"为标志，中国革命从旧民主主义阶段进入新民主主义阶段；同样，鲁迅也从辛亥革命时的"精神界之战士"，进而成为无产阶级思想领导下的文化革命的英勇、伟大的旗手。鲁迅思想的转变和发展，不仅是鲁迅个人的事情，而且是同世界革命和中国革命紧密联系的。鲁迅的思想是当时中国革命的产物，同时又是它在某些本质方面的深刻反映。

鲁迅在"五四"时期的特出贡献

鲁迅在五四运动中，以激进的革命民主主义者的英姿，冲杀在思想文化战线上，表现了彻底的反帝、反封建的精神。他高举民主与科学这两面旗帜，在战斗中，建立了丰功伟绩，为我们留下了宝贵的思想文化遗产。这是鲁迅的光荣，也是五四运动的光荣。鲁迅的这些不朽业绩，过去已有许多介绍与论述。这里只打算就我认为是鲁迅的特出贡献的一两个问题，作一些粗浅的探讨。

鲁迅在1918年，即五四运动发生的前一年，奋然走上文化革命的战场。他开手第一篇就是小说《狂人日记》。这篇作品以格式的特别和内容的忧愤深广，以及作为"五四"时期的第一篇白话创作小说，而引起了广泛的注意，像一声春雷震惊文坛。小说的主题是揭露家族制度和

---

① 马克思：《1848年至1850年的法兰西阶级斗争》，载马克思、恩格斯：《马克思恩格斯选集》第1卷，人民出版社，1972，第450页。

封建礼教的吃人本质，这是它的重大历史意义之所在。然而，它同时也提出了一个深刻的历史教训和严重的历史课题。这就是辛亥革命失败的原因以及应该如何接受这个教训。小说中的狂人是一个民主革命者的形象，他因为"把古久先生的陈年流水簿子，踹了一脚"，也就是向封建主义的旧传统、旧礼教发动了挑战，而被人们视为"疯子"，被逼成迫害狂。反对他、迫害他的，不仅有赵贵翁等封建势力的代表，而且有他的亲人（"大哥"和"母亲"），甚至还有小孩以及"狼子村的佃户"。这就反映了一种历史现象：那些首先敏锐地感觉到并且提出了历史要求的革命先行者，一开始往往不被理解，被看作"疯子"，甚至于被他们为之献身的人们所不理解和反对。这个思想，鲁迅在写于一年之后的第三篇小说《药》中，直接地给以艺术的表现，深刻地予以发挥了。作品中的革命者夏瑜为了革命而被捕、坐牢、被杀头，如果说像狱卒红眼睛阿义那样并不理解他，在他说出了"这大清的天下是我们大家的"这句话时，"便给他两个嘴巴"，甚至在他临刑前剥去了他的衣服，如果说他这样做并不奇怪的话，那么严重的是像穷苦的开茶馆的华老栓，为了给孩子小栓治肺病，竟在革命者被杀害时，用馒头蘸他溅出的鲜血给小栓吃，该是何等令人惊心动魄的悲剧呵！群众是何等愚昧，而对于一个革命者来说，这又是何等寂寞和不幸！正像鲁迅日后在他的杂文中总结中国近代革命的历史经验时所说的：革命者"叫人叫不着"——没有唤醒在昏睡中的群众，只好"自己顶石坟"——承受自己被杀害，革命被葬送的不幸命运。这里所提出的，正是辛亥革命失败的根本原因。

　　鲁迅这个非常深刻的思想，在《阿Q正传》中，以更广阔的历史画面，作了更深入的展开，更深刻的挖掘。他揭示出，在辛亥革命中，人民群众（主要是农民）基本上仍处在不觉醒的状态中，他们只有朦胧的革命要求，他们的力量远远没有发挥出来，他们的革命性受到假洋鬼子"不准革命"的大棒的压制，而革命果实也完全没有他们的份。他们的命运丝毫没有改变。在这里，鲁迅对辛亥革命的批判达到了非常中肯、非常深刻的程度，提出了一个深刻的历史教训。面对这样一个历史教训，自然而然地提出了一个历史的课题：如何唤醒民众起来革命。

　　在五四运动前夕，鲁迅提出这样一个至关重要的问题，是他献给这个革命的最宝贵的进见礼，具有非常重要的意义。一方面，一个新的革命运动正在酝酿和进行，如"地火"正在"地下运行"，或已经迸发，那么，如何接受前一次革命失败的教训，自然是十分重要的。而另一方面，更重要的是，要想实现运动中提出的主要目标之一——民主，如果不唤醒人民群众，岂不成了一句空话？革命的前驱者，岂不又要"叫人叫不着，自己顶石坟"，落得个在寂寞中逝去的悲惨下场吗？

鲁迅提出这个问题，是饱含着他自己的痛苦经历的。在辛亥革命时期，他作为当时"精神界之战士"，曾经想发动一个思想启蒙运动。这是辛亥革命必须完成的课题。但是，软弱的中国资产阶级没有水平也没有能力来担负和完成这个任务。在这个历史课卷上，几乎得了零分。鲁迅进行的启蒙运动工作，在政治上，不像"推翻帝制，建立共和"的口号那么为人注目；在宣传上，更被淹没在狭隘的排满和浅薄的恢复汉族光荣的喧嚣声中。"寄意寒星荃不察"，鲁迅说："我的心分外地寂寞。"辛亥革命的这个不幸的前因，终于落得个失败的后果。由于民主革命派力量的薄弱，不得不向袁世凯妥协，让他篡夺了革命果实，把中国打入了黑暗。鲁迅不得不在沉默中度过了六七年。因此，当他重上战场的时候，便首先提出了这个问题。

尤其重要的是，鲁迅还进一步提出了农民问题。他在《药》《明天》《风波》《故乡》《阿Q正传》等著名的、发表于"五四"前后的小说中，深刻地描写了劳动群众，主要是农民群众的不幸命运，倾诉了对他们的真挚的同情。我们从他的小说中可以看到，在他要唤醒的"民众"背后，站着一群面容凄苦、麻木的农民，这群农民形象的两个典型，便是阿Q和闰土。鲁迅说过："我是植根在农村和农民中的一个人。"他从小就在农村中生活过，结识了农民朋友，他了解并且深切同情他们苦难的生活和不幸的命运，敏锐地感觉到他们的境遇是首先应该改变的。他看到辛亥革命没有完成这个任务，于是，在五四运动中，在革命进入新的阶段时，便提了出来，发出愿他们不再"辛苦麻木而生活"的呼号，提出"他们应该有新的生活，为我们所未经生活过的"生活的课题。这是历史的声音。他是代表农民提出了这个历史的要求。

民主是五四运动的两个主要口号之一，而农民，正如列宁所指出的则是中国民主革命的"主要社会支柱"。列宁在写于1912年的《中国的民主主义和民粹主义》中指出："没有真诚的民主主义的高涨，中国人民就不可能摆脱历来的奴隶地位而求得真正的解放，只有这种高涨才能激发劳动群众，使他们创造奇迹。"而为了迎来这种必不可少的民主主义高涨，就必须"启发农民群众在政治改革和土地改革方面的主动性和勇敢果断精神，从中正确地寻找'复兴'中国的道路"①。辛亥革命忽视了这个支柱，更没有去依靠它，因此没有能够掀起一个"民主主义的高涨"，没有找到"复兴"中国的道路。早在辛亥革命后的第二年，鲁迅便对辛亥革命只赶跑了一个皇帝表示不满，更敏锐地看清了它失败的原因。现在，他总结历史的教训，提出新的课题，摆在新的革命领导者面前。

农民问题是我国新民主主义革命的基本问题。毛泽东同志曾经对这个问题作了许多深刻的论述。他指出："国民革命需要一个大的农村变动。辛亥革命没有这个变动，所以失败了。"②鲁迅用他的作品描写了这种"没有这个变动"的实际情状，从社会的最深处提出了民主主义的要求。他的感觉的敏锐、思想的深刻，都远远超出了他同时代的作家们。在文学界，在"五四"时期就提出了农民问题，并把它和民主革命联系起来的，可以说只有鲁迅一个人。这正是鲁迅之所以是伟大的文学家和思想家的地方。

鲁迅之所以能够做到这一点，自然不是因为他是"天才"，而是因为他热爱祖国和人民，并且为了救国救民，而研究观察，探索道路。远在辛亥革命胜利后不久的1912年，他便写了"狐狸方去穴，桃偶已登场"③的诗句，批判了辛亥革命的不彻底。从此以后到1918年的6年间，他并不是像一般的介绍、论述中所说的那样，只是在会馆里拓古碑，抄旧书，读佛经，一味地颓丧、失望。的确，这6年他是在沉默中度过的。但他一方面在读古书，研究历史；一方面则密切地观察着社会生活，注视着现实斗争。在1913年的日记中，他记述了教育部祭孔的丑剧，表示了轻蔑与批判的态度，日记中还有几处对于军阀统治的腐朽没落表示不满的记载。在1918年给许寿裳的信中，说到《狂人日记》时，他说："前曾言中国根柢全在道教，此说近颇广行。以此读史，有多种问题可以迎刃而解。后以偶阅《通鉴》，乃悟中国人尚是食人民族，因成此篇。此种发见，关系亦甚大，而知者尚寥寥也。"④这封信说

① 列宁：《列宁选集》第2卷，第2版，人民出版社，1972，第425，428页。
② 毛泽东：《毛泽东选集》第1卷，人民出版社，1964，第17页。
③ 《集外集拾遗·哀范君三章》。
④ 《书信·一九一八年八月二十日致许寿裳》。

明了三点：第一，他一直在研读史书，对国家民族的问题进行探讨，总结历史经验；第二，封建礼教的吃人本质这一结论，他原已有了，到写《狂人日记》时才发表出来；第三，当时，认识到这一点的人还不多。这三点很有力地说明，他在沉默的几年中，对于历史、现状、思想界的情况是进行了深入研究，细致观察的。因此也就说明，他的思想，是中国社会生活的产物，而不是他的"天才"的头脑中所固有的。

鲁迅在五四运动中，还高举着"科学"这面旗帜，同封建主义的愚昧、迷信、落后、野蛮作斗争。他把科学和孔孟之道、封建迷信对立起来，把科学看作改革社会的工具，救国救民的药方。他明确地指出："据我看来，要救治这'几至国亡种灭'的中国，那种'孔圣人张天师传言由山东来'的方法，是全不对症的，只有这鬼话的对头的科学！——不是皮毛的真正科学！"[①]他还说：可医治思想上的病症的药，"就是'科学'一味"[②]。在小说中，他揭露封建统治如何造成人民的愚昧无知，揭露封建礼教的吃人本质。而在杂文中，他针锋相对地向封建迷信、伦理道德的反人性、反科学的本质，展开了猛烈的攻击。

科学的精神就是实事求是的精神。鲁迅思想中最基本的东西之一就是这种科学精神。在"五四"时期，他的这种精神就已经表现得很突出。我们读他的第一本杂文集《热风》中的随感录和论文集《坟》中的洋洋大观的论文《我之节烈观》《我们现在怎样做父亲》等名篇，就会感觉到这些文章中的根本精神，一个是强烈的战斗性，另一个便是深刻的科学性。一方面，他通过亲身的体验，长期的观察，深入的研究，对旧社会、对封建礼教以及封建顽固派的本质，看得非常深透，因此能够"从旧垒中来，……反戈一击，易制强敌的死命"。另一方面，他通过广泛的涉猎、长期的学习以及在日本的生活体验，对于资本主义国家的自然科学和进步的哲学、文艺也有深入的了解。因此，他的杂文便具有战斗性与科学性紧密结合的突出优点。战斗性以科学性为基础，科学性以战斗性为灵魂，相互结合，相得益彰。正因为具有这样的特质，所以鲁迅虽然曾说希望他的攻击时弊的杂文与时弊一同消逝，否则便是他的悲哀，但他的不朽的文章却并没有同时弊一起速朽，而是留传后世，成为

---

① 《热风·随感录三十三》。
② 《热风·随感录三十八》。

我们宝贵的思想文化宝库。这当然不是他的悲哀，而是他的光荣与贡献。

鲁迅的前期思想反映了中国革命发展的途径

列宁在论述列·托尔斯泰时曾经说："如果我们看到的是一位真正伟大的艺术家，那末他就一定会在自己的作品中至少反映出革命的某些本质的方面。"[①]鲁迅也是这样。但是他和托尔斯泰又有本质的不同。如果说，托尔斯泰作为俄国农民在资产阶级革命到来时候的思想情绪的表现者，"一方面，是最清醒的现实主义"，"另一方面，鼓吹世界上最卑鄙的龌龊的东西之一，即宗教"[②]，因而，作为艺术家他是伟大的，作为思想家他是渺小的。那么，鲁迅却是另一种情形。他在中国新的资产阶级民主革命已经来到的时候，作为小资产阶级左翼的代表走上战场，而且，他紧紧随着革命的发展，而不断发展自己的思想，始终站在思想战线的前列。作为文学家他是伟大的，作为思想家，他同样是伟大的。如果把鲁迅的思想也比作一面历史的镜子，那只是指他的思想反映了中国革命发展的途径，他作为文化革命的主将，其思想变化、发展的本身，就是中国革命向前发展的重要标志。

多年以来，人们一直根据鲁迅自己在《呐喊·自序》中的叙述，来说明他何以在1918年打破沉默，走上思想文化战场。那就是，由于金心异（即钱玄同）代表《新青年》杂志向鲁迅约稿，他便写了《狂人日记》。这当然是确实的。然而实际上这只是说明了一个诱因，却还不是"火山"本身。革命烈火久蓄胸中，只待引发。没有钱玄同，也会因遇某种别的因素而顷刻引爆。那么，本质的东西是什么呢？本质的东西是中国革命临到一个转折点，进入了一个新时期，新的革命形势出现了，新的革命力量出现了。这些鼓舞了鲁迅，给了他力量与勇气，使他看见了希望的闪光。正是在这点上，我们说鲁迅的思想、作品像一面镜子一样反映了中国革命的某些本质方面。

从1911年到1916年五四运动前夕，袁世凯对内推行孔教，复辟帝

---

① 列宁：《列宁选集》第2卷，第2版，人民出版社，1972，第369页。
② 同上书，第370页。

制，对外投靠帝国主义，出卖民族权益，这当然是中国人民的一场大灾难。但是，正如恩格斯所说："没有哪一次巨大的历史灾难不是以历史的进步为补偿的。"①袁世凯的倒行逆施，激起了讨袁护法的民主革命浪潮。这种反抗斗争以辛亥革命所不曾有的规模和气势展开，许多地方的农民和小市民群众参加了反袁斗争。为了反对日本帝国主义的"二十一条"，北京、上海、汉口、长沙、烟台、沈阳等地工人和市民掀起了抵制日货运动，还成立了"爱国抗日同志会"等爱国组织。为了反对袁世凯的复辟帝制，反抗的浪潮席卷全国。如陕西哥老会的起义，山东、直隶的抗捐斗争（反对袁世凯登基大典筹备费等苛捐杂税）。正是由于全国人民的这种反抗斗争，袁世凯的皇帝梦只做了83天。如鲁迅所形容的，1916年他就死在他想用孔子这块敲门砖敲开的"幸福之门"的外面。第二年的张勋复辟丑剧更是在"普天同愤"中只勉强维持了12天，便肥皂泡似的消逝了。人民的力量增长了，涌现出来了。

特别值得提出的是，中国民族工业，趁第一次世界大战期间各帝国主义暂时放松了压迫的机会，得到了比以往迅速得多的发展。据统计，1912—1919年新建的近代工业厂矿就有470多个，7年的发展，超过了辛亥革命前50年。随着民族工业的发展，工人阶级队伍也发展了，壮大了，人数由辛亥革命前的五六十万，增加到1919年的200多万。由于工人阶级力量的发展壮大，他们的反抗斗争也进入新的阶段。罢工的次数增多了，辛亥革命前40年间，罢工103次，而1912年到1919年，仅7年时间，罢工次数达130次。特别是1916年到1919年，成倍地增长。斗争的规模也扩大了，有时一次参加罢工的就有几千人。工人的组织程度也大大提高了，并且由封建性行帮组织，开始过渡到近代工会组织。特别是，反帝、反封建的政治斗争的性质日益突出、鲜明。1916年天津法租界工人反对法帝国主义企图扩充法租界、侵占老西开的斗争，充分显示了无产阶级的力量。电灯公司、旅店、法国人家庭雇用人员，一齐罢工，使"灿烂繁荣"的法租界一时化为荒市。

与此同时，农村的土地兼并剧烈，农民丧失土地的过程加速。农村更加凋敝，农民的生活苦况加重。因此农村的阶级斗争也发展了。从

① 恩格斯：《致尼古拉·弗兰策维奇·丹尼尔逊（1893年10月17日）》，载马克思、恩格斯：《马克思恩格斯全集》第39卷，人民出版社，1974，第149页。

1916年到1918年，湖北、四川、江西、山东、陕西，从南到北，不断爆发农民的反抗斗争，起义者占领县城，砸毁警署，反对封建剥削压迫，反对复辟帝制。

这些史实说明：中国新的革命斗争在酝酿，在发动，在进行。这些，影响了鲁迅的思想，促进了他的思想的变化。鲁迅坚决反对袁世凯的复辟帝制和提倡孔教。在这时期的日记中，他对于崇孔、拜孔，封建统治的腐朽没落都表示了强烈的不满。在日记中，还三次出现了关于人力车夫的记载。一次记述看见车夫衣单，他便给了车夫一元钱。一次写车夫被人无理殴打，鲁迅愤慨地写道："季世人性都如野狗"，对压迫工人者表示了极度的蔑视与痛恨。还有一次，记述自己的钱夹遗落在车上了，车夫归还了他，对车夫的品质很是赞赏。这些记载在鲁迅的日记中出现，是不寻常的。因为他的《日记》都极简略，一日数语，多记收入开支，朋友来往，极少记事件。而车夫的事接二连三地出现，足见对他触动很大。正是在这个思想和素材的基础上，他写了小说《一件小事》，表示车夫的高尚行为"教我惭愧，催我自新，并且增长我的勇气和希望"。在小说《故乡》中，鲁迅以萧索冷落的笔触描写了农村的凋敝和农民生活的凄苦，并且发出了愿农民能够有新的生活的祝愿与要求。希望后辈"不再像我，又大家隔膜起来"。在《风波》中，他又用冷静的、略带幽默的笔调，从侧面反映了在人民力量增长的条件下，张勋复辟这个历史丑剧，只不过是一场小小的"风波"。

鲁迅在日记、小说中反映出来的这些生活的真实和历史现象与事件，说明当时新的社会力量的出现与增长，已经进入他的视野，鼓起了他的革命热情与对国家前途的信心。

当然，鲁迅那时对开始活跃起来的工人、农民的斗争，还没有做直接的、正面的反映。这既是他的思想局限性造成的，同时也是这个斗争还不够开展、不够成熟的反映。鲁迅当时直接接触和最重视的，认为可以依靠并寄予希望的还是青年学生，这当然并不是什么错误。几十万具有更高的民主革命觉悟的青年学生这支生力军，出现于五四运动的战场上，并且起了先锋和桥梁作用，这正是五四运动比辛亥革命前进了一步的重要标志。这一点，毛泽东同志在他的《新民主主义论》《五四运动》中曾作过科学的论述。鲁迅当时的思想力量主要来自他们。这是鲁迅作为激进民主主义者的思想特征。他作为一个代表人物，像镜子一样反映了当时中国革命的特点。

第一次世界大战以后，欧洲无产阶级革命的高涨和对社会主义的宣传，特别是俄国十月革命的胜利，对鲁迅产生了重大的影响。他后来说："待到十月革命后，我才知道这'新的'社会的创造者是无产阶级。"①这个影响是十分重要的，它改变了鲁迅的思想方向，打开了他的思路。但是，鲁迅同时也坦率地承认："但因为资本主义各国的反宣传，对于十月革命还有些冷淡，并且怀疑。"②以上情况表明，一方面鲁迅的思想发展同世界革命进入新的时代有着紧密的联系；另一方面，也表现了他的思想上的局限。然而，有的同志说：鲁迅在这时期"特别肯定了十月革命用武装推翻旧世界的道路"，而且，"号召中国人民也要像俄国人民那样……要用流血的革命斗争，去夺取新世界的曙光"。这些结论，令人觉得好像是把鲁迅误认为李大钊了。因为在"五四"时期，只有那些具有初步共产主义思想的知识分子，尤其是他们的代表李大钊同志，在他的《庶民的胜利》《布尔什维主义的胜利》这些名文中，表述了这样的思想。

由于上述几方面的影响，鲁迅不再那样苦闷寂寞，悲观失望了，他相信如果铁屋子里有几个人被叫醒了，就有可能把它砸毁。他还比喻说，好比病势沉重的病人，已经"牙关紧闭"，有药难于灌进，但他认为"牙关不开尚能以醋涂其腮，更取铁钳摧而启之"③。又说："历观国内无一佳象，而仆则思想颇变迁，毫不悲观。"④因此，他拿起笔，走出会馆的沉静庭园，奔向反帝反封建的文化革命战场，发出了战斗的呐喊。他的思想变迁，反映了中国革命由旧民主主义向新民主主义的过渡。

鲁迅在"五四"时期的思想矛盾

鲁迅在五四运动时期的文化革命统一战线中，是"属于具有初步共产主义思想的知识分子阵营的"，还是一个激进的革命民主主义者的代表？他的战斗的思想武器，是"无产阶级的宇宙观和社会革命论"，还

①② 《且介亭杂文·答国际文学社问》。
③ 《书信·一九一八年一月四日致许寿裳》。
④ 《书信·一九一八年八月二十日致许寿裳》。

是达尔文进化论？他的社会历史观是唯物主义的，甚至是辩证唯物主义的，还是仍然属于唯心主义范畴？对于这些问题的回答，现在是有很明显的分歧的。究竟孰是孰非？最有"权威"，最有说服力的，应该是鲁迅自己的作品，以及他以后对自己的思想创作的科学总结。

鲁迅在写于1918年到1922年的杂文集《热风》中，曾经多次非常明白地写出了自己的思想。比如，他在《随感录四十九》中这样写道：

> 我想种族的延长，——便是生命的连续，——的确是生物界事业里的一大部分。何以要延长呢？不消说是想进化了。但进化的途中总须新陈代谢。所以新的应该欢天喜地的向前走去，这便是壮，旧的也应该欢天喜地的向前走去，这便是死；各各如此走去，便是进化的路。
>
> …………
>
> 这是生物界正当开阔的路！人类的祖先，都已这样做了。

这是再明白不过的进化论思想，他是把人类社会的发展看作同生物进化过程完全一样的。直到1925年仍然没有脱出进化论的轨道，他这样写："我们目下的当务之急，是：一要生存，二要温饱，三要发展。"[①]最能概括鲁迅当时思想的是这样两句话："将来必胜于过去，青年必胜于老人。"这两句话很明显地是进化论的观点。在鲁迅看来，人类和社会总会进化，后来者必胜于已有者。"子孙对于祖先的事，应该改变"。从这一点出发，他以为可以依靠的是青年，创造将来的正是他们。

当然，鲁迅的进化论观点具有显著的特点。他运用进化论的观点，猛烈地攻击守旧、倒退的国粹主义，揭露社会上封建落后的现象，揭露封建礼教的吃人本质。这就使他的进化论具有了深刻的社会内容和斗争品性，而不是自然界的"物竞天择"。因此他的进化论的思想也就具有辩证观点的因素，他认为人类社会一定要在不断的斗争中不停地向前发展。这正是达尔文进化论的科学的核心。

这样，我们看到，鲁迅基本上是用进化论观点来观察社会发展、国家命运的。但在具体观察中，他的思想观点，又不是进化论所能完全概括得了的。具体地说，表现在这样几个方面：比如他把人分作"治者"

---

① 《华盖集·忽然想到（六）》。

和"被治者"，压迫者与被压迫者，指出他们的利害是不一致的，而压迫者是阻碍人类社会的发展的。他指出，几千年的封建社会，"早已布置妥帖了，有贵贱，有大小，有上下。""'天有十日，人有十等。……'"①这就是把社会成员分为几个利害对立的集团。而且，他们之间进行着不断的、你死我活的斗争："于是大小无数的人肉的筵宴，即从有文明以来一直排到现在，人们就在这会场中吃人，被吃，以凶人的愚妄的欢呼，将悲惨的弱者的呼号遮掩，更不消说女人和小儿。"②这段文字，把历史上社会的分裂与对立，很深刻地揭露出来了。这些，都已经越出了进化论的范畴，不是把社会看作与自然界完全一样的。鲁迅还把中国几千年的历史，划分为"想做奴隶而不得的时代"和"暂时做稳了奴隶的时代"，这样两个时代交替出现，"一治一乱"，而现在则要"创造这中国历史上未曾有过的第三样时代"。他并且指出："这人肉的筵宴现在还排着，有许多人还想一直排下去。"他号召"扫荡这些食人者，掀掉这筵席，毁坏这厨房"③。鲁迅对于改良主义也有深刻的批判。他在《再论雷峰塔的倒掉》中说："在瓦砾场上修补老例是可悲的。我们要革新的破坏者，因为他内心有理想的光。"④所有以上这些观点，不仅不能用进化论来概括，而且表明鲁迅和反动的社会达尔文主义、改良主义划清了界限，在政治上，坚持了彻底的革命民主主义的立场，在思想上，闪烁着历史唯物主义的光芒。这些，作为新的思想因素，在他的世界观中萌发、滋生，对抗着进化论思想。特别是在五四运动以后的几年中，由于实际生活中的体察，他渐渐感到"青年"并不是一个完全一致的社会阶层，而是有的前进，有的颓唐，有的只知追求一己的幸福，有的气质很恶劣。他曾称青年是他"身外的青春"，但他有时又感到这"身外的青春"，"也都逝去"，他问道："世上的青年也多衰老了么？"他慨叹："身外的青春倘一消灭，我身中的迟暮也即凋零了。"⑤他对"青年们很平安"——很安于现状——感到不满。这种慨叹、探问和失望，都是好消息，因为他苦闷而彷徨，新的力量在哪里？将来必胜于现在的保证在哪里？谁是可靠的历史的主人？他四顾，研究，探察，追求，在探索中，他谛听到历史的脚步声：听到农民起义的

---

① ② ③　《坟·灯下漫笔》。

④　《坟·再论雷峰塔的倒掉》。

⑤　《野草·希望》。

怒吼，工人运动的号角，南方北伐军的炮声。"路漫漫其修远兮，吾将上下而求索"，他用屈原这动人的诗句概括了自己这时彷徨然而没有停止战斗、停止前进的思想与心境。这是鲁迅进入思想历程上新的阶段的前奏，进化论的思想束缚已经快要被事实所砸烂、冲破了。

还要着重提出的一方面是，"五四"时期及以后的几年中，鲁迅积极地投身于反帝、反封建的现实斗争中，运用小说、杂文、讲演、通信等方式，对帝国主义侵略者，反动军阀和他们的帮凶、帮忙、帮闲文人，进行了英勇不屈的胜利的斗争，产生了广泛深刻的社会影响。在现实斗争中，他不断地加深了对于敌人的本质的认识，加深了对于阶级斗争的认识。他亲身参加了女师大的学生运动，他为"三一八"惨案写下了不朽的抗争文章。他的《华盖集》正续编以及《坟》中的几篇辉煌的战斗杂文，都闪烁着阶级、阶级斗争观点的火花，它们明显地克服了他自己的进化论观点的局限，更照亮了进化论观点所造成的思想阴影。

这样，我们看到一幅复杂的图景：一方面，进化论是鲁迅手中的战斗武器，给他以希望与信心；但另一方面，进化论思想又局限了他，影响了他。两种世界观（主要表现在历史观方面）同时在鲁迅思想中存在，但不是和平共处，而是互相斗争，此消彼长。一方面，是由于受进化论思想的羁绊而保留着的历史唯心主义的残余；另一方面，是由于现实生活的教育、阶级斗争的实践而产生的历史唯物主义因素。这两种属于两个对立阶级的世界观，在同一时期的作品中，有时甚至在同一篇文章中，同时出现。比如，1924—1926年，他写了《野草》散文诗集，以优美而抑郁的笔触，抒写了内心的矛盾与苦痛。但是，在同一时期写的杂文和书信中，却又表现了坚强的战斗意志、对将来的憧憬、对中国和人类的希望。而且，即使在《野草》中，也写出了明知前面是"坟"仍然奋然前行的"过客"和用"举起了投枪"来对付一切当面之敌的"战士"，表现了积极战斗的精神。而在《春末闲谈》中，对于反动统治者的揭露，特别是对于古之圣君、贤臣、圣贤、圣贤之徒，今之阔人、学者、教育家同人民之间的势不两立的矛盾，作了非常深刻透彻的揭露，对于人民的潜在力量，表现了深沉的信任，这是多么可贵的历史唯物主义观点。他已经接近历史唯物主义了。然而，他暂时还没有树立起历史唯物主义的完整的思想体系。

有的同志认为，鲁迅"相信进化论中的将来比现在好的观点，就是发展的观点，社会是向前发展的，将来是有希望的，前途是光明的，这是历史唯物主义"。这里，把进化论的发展观同历史唯物主义的发展观混同起来了。但两者实在是存在着原则区别的。首先，鲁迅从进化论出发，认为"将来必胜于过去"，但是这"将来"，是什么样的，是否一定就好，他不清楚而且存在怀疑。他写于1925年3月的《过客》是他对于自己的思想和战斗历程的总结。这里的"过客"对于"你到哪里去?"这个问题的回答是"我不知道"。他问"老翁"："你可知道前面是怎么一个所在么?""老翁"的答复是"前面，是坟"。而"女孩"却说："不，不，不的。那里有许多许多野百合，野蔷薇。""过客"不满老翁的等于没有回答的回答，也难信"女孩"美好然而空洞的回答。然而他却不愿回去，这是非常坚定的，因为他认为："回到那里去，就没一处没有名目，没一处没有地主，没一处没有驱逐和牢笼，没一处没有皮面的笑容，没一处没有眶外的眼泪。我憎恶他们，我不回转去!"因此他的结末的态度是："不行! 我还是走的好。我息不下。"他"（即刻昂了头，奋然向西走去。）"①这里的"过客"就是鲁迅在当时的心境的自我写照。它非常生动、深刻、准确地刻画出了鲁迅当时的思想：与过去彻底决裂，坚持向前走去，然而却不能明确地了解将来是什么样子。这和历史唯物主义对于社会发展有规律性的了解，明确地知道社会按照五种社会形态向前发展，不是有着原则的区别吗?

其次，鲁迅在"五四"时期有一段著名的话："创造这中国历史上未曾有过的第三样时代，则是现在的青年的使命!"②"扫荡这些食人者，掀掉这筵席，毁坏这厨房，则是现在的青年的使命!"③这在当时具有强烈的战斗性，对将来也充满了信心与希望，曾经鼓舞了青年的战斗意志，但是把青年认作创造新社会的根本力量，却是明显的进化论观点，而不是阶级观点，不是如历史唯物主义那样，把代表新的生产关系的阶级认作新社会的创造者。

第三，历史唯物主义的基本观点之一是人民群众是历史的创造者。但是，鲁迅在这个根本问题上的观点是怎样的呢?他在《热风·随感录三十八》中说："中国人向来有点自大。——只可惜没有'个人的自

---

① 《野草·过客》。
②③ 《坟·灯下漫笔》。

大'，都是'合群的爱国的自大'。"他认为，这是中国"不能再见振拔改进的原因"。他认为"'个人的自大'就是独异，是对庸众宣战"，而"'合群的自大'，'爱国的自大'，是党同伐异，是对少数的天才宣战"①。他把社会的发展、国家的振拔改进的动力，归于"天才"，归于他们对"庸众"宣战。这里，怀疑群众的唯心主义历史观点的色彩不也很明显吗？

当然，我们同时又应当看到，鲁迅的这种历史观，只是说明进化论仍然是他的基本的思想武器，因而未能彻底摆脱唯心主义历史观的羁绊。他的观点，同那种认为帝王将相是历史创造者的反动唯心史观又是根本不同的。因为，鲁迅明确地把人分为统治者、压迫者与被统治者、被压迫者，他憎恨前者，同情后者；号召用革命手段来推翻反动统治者的专制统治。那么，鲁迅所说的"天才"，是指什么人呢？从他的论文、杂文和书信中可以看出，他指的是那些对历史的发展有贡献的思想家、科学家、诗人、作家。比如他在1925年的一篇通讯中就说："我想，现在没奈何，也只好从智识阶级……一面先行设法，民众俟将来再谈。"②至于鲁迅所说的"庸众"，是既包括劳动人民，又包括封建官吏、士大夫阶层以及小市民的。而对于劳动人民，他不是像反动的统治者及其帮闲文人那样轻视、鄙弃，认为他们是天生的奴隶。相反，鲁迅认为劳动人民是社会的主体，他们的落后愚昧是反动统治者的愚民政策造成的，对于他们，鲁迅是"哀其不幸，怒其不争"，对他们充满了同情与热爱。

在鲁迅"怒其不争"的思想中，反映了他的怀疑群众的倾向。所以，他很重视"国民性"的改造，认为这是一个关键。他说："此后最要紧的是改革国民性，否则，无论是专制，是共和，是什么什么，招牌虽换，货色照旧，全不行的。"③那么，"国民性"怎么改造呢？是改造好了国民性再来改造社会，还是在改造社会的同时改造国民性呢？这里，又遇到唯物史观和唯心史观的分野。在鲁迅看来是首先应该把国民性改造好，否则就"全不行的"。他说："必须先改造了自己，再改造社

---

① 《热风·随感录三十八》。

② 《华盖集·通讯》。

③ 《两地书·八》（一九二五年三月三十一日）。

会，改造世界。"①但是，在历史唯物主义看来，人的改造只能在改造客观世界的进程中实现，人类是在改造客观世界的同时改造主观世界的。马克思指出："环境的改变和人的活动的一致，只能被看作是并合理地理解为革命的实践。"②当然，鲁迅提出国民性的改造问题，还有另一面，即他把最后的希望寄托在人民大众身上，而不是把他们看作只应给反动统治者奉献子女玉帛的奴隶、看作历史的消极力量。这又是鲁迅和一般唯心史观者不同的地方。

这样，我们看到，鲁迅虽然在根本观点上，还没有能够超越历史唯心主义的范畴，但是在他的历史观中，却又坚定地保持了鲜明的革命民主主义的立场，闪烁着战斗的、唯物主义的光芒，并且预示着突破与飞跃的到来。

鲁迅在"五四"期间以至整个前期的思想中，为什么呈现出这种复杂性，包含着这些矛盾呢？这原因，不仅要从鲁迅当时的思想状况中去找，而且要到中国当时的社会生活中去找。正像列宁说托尔斯泰思想中的矛盾，是俄国社会生活中的矛盾的反映一样，鲁迅思想中的矛盾和局限性，也是20世纪初到20年代中期，中国社会生活状况的反映，中国革命斗争本身的矛盾的反映。一方面，几十万学生出现在五四运动的战场上，起了先锋和桥梁作用；另一方面，他们又显出力量的薄弱和革命的软弱性，以后又产生了必然要发生的分化。作为这种历史状况的反映，鲁迅一方面受到新的社会力量（青年学生）的鼓舞，奋然走上了战场，勇气倍增，斗志昂扬，所向披靡。另一方面，在青年人表现出消极面并发生分化时，又不禁产生怀疑与苦闷，陷于寂寞与彷徨中。一方面，工人运动的兴起，农民斗争的开展，使这位伟大作家的心中印记着劳动人民，主要是农民的巨大身影，他深切地感受到广大农民群众的苦难与不幸，并且起来斗争，要求过新的生活。但是，另一方面，农民还只是哀叹自己的不幸，暂时还没有更大规模地聚集力量，进行更有组织的斗争，还只是零星和分散地举行起义，而且迅即被摧残。就像列宁对1905年俄国农民运动所形容的那样，一方面广大受苦的农民群众具有"强烈的仇恨、已经成熟的对美好生活的向往和摆脱过去的愿望"；但

① 《热风·随感录六十二 恨恨而死》。
② 马克思：《关于费尔巴哈的提纲》，载马克思、恩格斯：《马克思恩格斯选集》第1卷，人民出版社，1972，第17页。

是，另一面，又带有"幻想的不成熟、政治素养的缺乏"和"缺乏进行斗争的准备"①。历史暂时还只走到了这么一步。作为这种历史状况的反映，鲁迅的思想中，就既有从社会深处提出民主革命要求、提出农民问题的一面，有坚信社会必然发展、主张革命变革和英勇战斗的一面；同时，又有怀疑群众、对前途感到不明确，因而有时苦闷、彷徨的一面。

　　但是，仅仅过了一两年之后，在中国共产党的领导下，历史的暴风骤雨就发生了，空前的、气势磅礴的农民运动的怒潮，席卷了全中国。新的民主革命高潮来到了。这时候，鲁迅立即投入革命的潮流之中，开始了他作为新文化运动的主将的伟大的战斗历程。而他的思想也经历着新的变迁、质的飞跃。他的思想的发展，反映了中国革命的进程，反映了中国社会前进的道路。这面伟大的镜子始终忠实地反映着中国革命的历史进程。

几点历史教益

　　鲁迅成为伟大的共产主义者以后，对于自己的前期思想，曾经进行了明晰的解剖和深刻的总结，他的分析和结论是切合实际的，实事求是的，因此是科学的。

　　鲁迅的伟大，并不在于他一开始就是一个马克思主义者，就完全正确，也就是说，他的伟大并不在于他是"天才"，是先知，而是在于他始终随着中国革命的发展，而发展自己的思想，最后成为共产主义者。

　　我们应当这样来认识鲁迅，评价鲁迅，才符合五四运动提倡的科学精神，也才能科学地从鲁迅身上得出应有的教益。

　　那么，我们从"五四"时期鲁迅的思想、作品、经历中，能够吸取一些什么教益呢？

　　第一，鲁迅始终保持同社会实际的密切联系，永远同人民群众在思想感情上相通，与他们同呼吸，共命运。鲁迅说过："人们是的确由事实而从新省悟。"②他自己一生的革命经历就是如此。这种从不脱离社会

---

① 列宁：《列甫·托尔斯泰是俄国革命的镜子》，载列宁：《列宁选集》第2卷，第2版，人民出版社，1972，第373页。
② 《且介亭杂文·关于中国的两三件事》。

实际，并从中吸取革命思想与战斗力量的精神，是一种很重要、很宝贵的革命品性。而这正是鲁迅一生最突出的特点和优点之一。鲁迅在五四运动时期，这一点就表现得很突出了。他通过亲身的体察、日常的见闻、广泛的社会接触（主要是文化界、教育界）和与青年学生的亲密交往等渠道，保持了同社会生活的密切联系。他那时的杂感，便是在这种接触与观察的基础上产生的，他形象地称为"这是我转辗而生活于风沙中的瘢痕"①。还在"五四"时期，鲁迅就讥笑、抨击那些鼓吹青年"踱进研究室""钻进艺术宫""置身象牙塔"的叫嚣，而且称那些自己如此还要劝诱青年跟着走的学者、教授（如胡适等）为"鸟导师"，劝青年不要上当受骗。他也鄙薄那种"洞见三世，观照一切，历大苦恼，尝大欢喜，发大慈悲"的所谓"天人师"，因为他们"必须深入山林，坐古树下，静观默想，得天眼通，离人间愈远遥"②。而鲁迅却主张"足踏在地上"，"执着现在"。他说："我以为如果艺术之宫里有这么麻烦的禁令，倒不如不进去"，他愿意"站在沙漠上，看看飞沙走石，乐则大笑，悲则大叫，愤则大骂"③。

以后，鲁迅正是着重从这个角度总结了自己的思想发展历程。在谈到1927年大革命失败后他的思想发生突变时，以及在著名的《二心集·序言》中谈到自己的思想演变时，他都强调了事实的教育。这里丝毫没有贬低革命理论的作用，而是要说明事实对他的思想的变化、发展，起了首先的、主要的、触及灵魂的作用；同时也是在理论与现实两者相比时，强调现实生活的第一性的、基本的作用。这是符合马克思主义的。因为，人的社会存在决定人的社会意识，而不是相反。

鲁迅还把能否同社会实际保持血肉联系，看作一个作家能否坚持革命的一个关键。他在《对于左翼作家联盟的意见》中，一开始就指出："倘若不和实际的社会斗争接触，单关在玻璃窗内做文章，研究问题"，"'左翼'作家是很容易成为'右翼'作家的"。鲁迅这个遗训，以及他在"五四"时期和以后的生活、思想经历，都是我们应该好好记住，认真学习的。

第二，鲁迅始终不脱离现实的民族的和阶级的斗争，始终站在文化革命斗争的最前线，这同样是鲁迅一生最突出而宝贵的特点。没有这一点，要成为无产阶级的伟大战士，自然是不可能的。"五四"时期，他战斗在反帝、反封建的战场上，如他自己所形容的，在反动统治者面前，在封建文化道德面前，"黑的恶鬼似的站着'鲁迅'这两个字"①。"五四"过后，那些《新青年》集团中的显赫一时的人物，一个个留洋、升官、当学者，充绅士，或退隐，或高升，或颓唐，终于背叛了自己昔日的荣光，成为历史的过客，而鲁迅却"荷戟独彷徨"，仍不放下武器，继续向旧社会发起攻击，远远地把那些"先驱者"抛在后面了。他甚至超越未名社等文学团体中的青年战友，走到他们前面去了。

恩格斯在谈到费尔巴哈没有摆脱传统的唯心主义的羁绊时，曾经指出："这仍旧主要是由于他的孤寂生活，这种生活迫使这位比其他任何哲学家都更爱好社交的哲学家从他的孤寂的头脑中，而不是从和他才智相当的人们的友好或敌对的接触中得出自己的思想。"②鲁迅却与费尔巴哈完全相反，他不仅从来不过什么隐居生活，而且总是生活在斗争的中心地方："五四"时期他战斗在五四运动策源地的北京，当大多数"五四"时期的战友都走进书斋，钻进故纸堆或飘洋出海时，他却走出军阀盘踞的北京，南下广州，战斗在这个第一次国内革命战争的策源地。大革命失败后，他又转到上海，在这个当时革命作家、进步文人比较集中的前哨阵地上，领导左翼作家冲破国民党反动派的反革命文化"围剿"。他为了战斗的需要，不顾敌人的陷害、打击、压迫，放弃了长篇小说、中国文学史等文艺与学术的鸿篇巨制的计划，撰写曾被轻视的战斗杂文。在最后几年里，他拖着病体战斗，而谢绝了同志和朋友们让他出国疗养的劝告和实际安排，也还是为了战斗。正是在这种长期革命斗争中，他"从和他才智相当的人们的友好或敌对的接触中"阐发自己的思想，发展自己的思想。如果鲁迅脱离了斗争，停止了自己的战斗，他就不可能不断前进。

第三，在鲁迅长期的思想发展过程中，与前述两点相结合，同样具有根本意义的一条，就是不断刻苦地、深入地学习马克思主义。鲁迅在"五四"时期就接触了马克思主义，受到了一定的影响。这是他一生中最重要的一件事。马克思主义一经和中国革命相结合，中国的面貌就为

---

① 《两地书·九三》。

② 恩格斯：《路德维希·费尔巴哈和德国古典哲学的终结》，载马克思、恩格斯：《马克思恩格斯选集》第4卷，人民出版社，1972，第227页。

之一新，对于思想家、文学家鲁迅来说，也是这样。不过，我们也应看到，当时，鲁迅基本上是把它当作当时多种思潮、学说中的一种来看待的。他自己说过，在"五四"时期，他对战友李大钊宣传马克思主义的文章就注意不够。他说："因为所执的业，彼此不同。在《新青年》时代，我虽以他为站在同一战线上的伙伴，却并未留心他的文章，譬如骑兵不必注意于造桥，炮兵无须分神于驭马，那时自以为尚非错误。"①因此，说鲁迅在"五四"时期就已经"积极地为马克思主义在中国的传播而大喊大叫"了，甚至说鲁迅这时期的有些作品已经"比当时有些专门论述马克思主义的文章，更符合马克思的观点了"，这样的说法，是既不符合历史，也不符合马克思主义的。

鲁迅真正认真地学习马克思主义，是大革命时代在广州时期。这和他同中国共产党的关系密切有关。他这时学习马列主义的特点是紧密地结合当时激烈的、尖锐复杂的阶级斗争实际，结合自己的思想实际，使马克思主义变为与自己的思想血肉相连的东西。以后，他来到上海，更是自觉地、系统地学习马列主义，用马克思主义思想武器解剖自己，总结自己走过的道路和战斗经验，用他自己的话说，是用马克思主义之火来"煮自己的肉"。在以后的战斗岁月中，他也一直坚持经常的学习。列宁在《纪念赫尔岑》中说："无产阶级纪念赫尔岑时，以他为榜样来学习了解革命理论的伟大意义。"②我们在纪念鲁迅时，也同样应当以他为榜样，来学习了解革命理论的意义，学习了解马列主义、毛泽东思想的伟大意义。

五四运动到今年已经60多年，鲁迅逝世也已经46年了。但是，无论是"五四"的光荣革命传统，还是鲁迅的思想、作品、革命精神，至今都还保留着鲜明的启发和教育作用。我们在新的历史时期，要继承和发扬这种革命精神和革命传统。当然，这种继承和发扬，应当是符合历史辩证法的，必须是在马克思主义的理论基础上在新形势下加以发展的。这样，资产阶级革命时代的科学和民主的概念，才能成为无产阶级的精神武器，才能为实现社会主义的四个现代化服务。我们所说的无产阶级的科学和民主思想，就是以马克思主义理论为指导的最先进的社会

---

① 《南腔北调集·〈守常全集〉题记》。

② 列宁：《纪念赫尔岑》，载列宁：《列宁选集》第2卷，第2版，人民出版社，1972，第422页。

科学和自然科学，就是无产阶级领导的最广泛的人民民主。在"五四"时期，科学与民主，特别是民主，基本上是属于资产阶级范畴的，是为资产阶级民主革命服务的。而在社会主义社会，它们则都是和无产阶级专政相联系的，是为建设社会主义服务的。如果谁混淆了二者的界限，那就不仅不符合时代的需要，有害于社会主义现代化事业，而且，也是违背"五四"革命传统的。因为，我们知道，五四运动以后，中国革命走上了新民主主义革命的阶段，其区别于旧民主主义革命的地方，就在于有共产党的领导和以社会主义革命为其必然趋势。

因此，我们在纪念五四运动，学习鲁迅时，特别要注意学习的，就是鲁迅这种对"五四"传统加以马克思主义的改造的精神，以使它发扬光大，具有新的内容，能够为新的历史任务服务。这是我们的历史责任。

迎着大革命的暴风雨飞跃

—— 论鲁迅思想从前期到后期的发展，兼论其研究意义与方法

关于鲁迅思想从前期到后期的转变，主要是何时实现转变与如何转变的问题，至今仍有争论。这个问题，不仅涉及鲁迅和鲁迅研究，而且涉及其他方面，诸如研究这个问题的意义、研究方法等。因此，虽然这方面的论著已经不少，却仍然有讨论的必要。

一

由于鲁迅是一位伟大的文学家、思想家和革命家，因此，关于他的思想发展如何分期，关于他的思想发展路径以及思想转折的问题，就不仅仅是他个人的事情，而是联系到中国社会、中国革命和中国文学以至整个思想文化在近代和现代发展的内容与历程，关系到对这些问题的认识。鲁迅是和中国民主革命血肉相连的，是和中国的现代思想文化的发展血肉相连的。如果说，"不懂得鲁迅就不懂得中国"，那么，不弄清鲁迅思想的演变路径，也就不能很好地弄清中国革命，尤其是思想文化革命的发展过程。基于这种认识，也许我们不妨提出这样的问题：许多研究讨论这个问题的文章，没有更深入地、过细地去研讨中国革命发展、中国社会阶级关系变化的历程和鲁迅思想演变的关系，更多的是一般性的论述。而另外，许多研究中国现代革命史的论著，又没有注重甚至忽视了对鲁迅的研究。这对于鲁迅研究和中国现代革命史与思想史、文化史来说，都应视为缺憾。本文想循此途径做一点探讨，权当引玉之砖。

在研究方法上，有些论著，往往用一般的、静止的规范与条文去衡量、要求鲁迅，找出鲁迅的文章或言论中有无符合这些条文的论据，从而作出实现了转变与否的结论。这就难免有形而上学之嫌。有的文章指

出，列宁说过"只有承认阶级斗争，同时也承认无产阶级专政的人，才是马克思主义者"。于是拿这个标准来衡量鲁迅，有的同志认为，在1927年鲁迅的讲演和文章中，都没有说到承认无产阶级专政，所以鲁迅此时还不是马克思主义者，思想还未飞跃。但是，同样用这个标准，有的同志又从鲁迅当时说的"平民时代"之类的话中，推论这就是指的工农专政、无产阶级专政，因此，相反地，又断定鲁迅此时已经是马克思主义者了。同样的情况，也还发生在其他问题上。比如，鲁迅在大革命时期包括四一二反革命政变以后，在文章和讲演中都没有用到阶级斗争这个名词，由此，有的论者就断定鲁迅此时还没有明确的阶级观点和阶级斗争观点，据此而断然推迟了他思想转变、飞跃的年代。还有的同志把鲁迅谈到北伐、说到改革最快的还是火与剑的话为依据，论断他在北伐以前已经懂得武装斗争在中国革命中的重大的意义与作用了，因而肯定他在那时已经实现了思想飞跃，成为马克思主义者了。但是，同样地，有的论者又认为鲁迅没有把武装斗争提高到马克思主义的高度，而对问题作出了否定的答案。很难设想，鲁迅如果活着，他将怎样来回答这个问题，他对所有这些关于他的思想发展的结论，将如何看待。我仿佛觉得他很可能要哑然失笑。他可能会说：同志们，你们忘了我当时在现实斗争中面临的尖锐迫切的问题是什么！

任何一个思想家、革命家在革命运动中思考问题，发表言论，总是回答现实中最迫切需要回答的问题，解决战斗中最需要解决的问题，他们总是能够，也应该抓住那些最尖锐、最紧迫的问题进行论战或给予肯切的回答。他们不会离开现实去抽象地议论那些一般原理和空洞条文。马克思主义经典作家们的许多重要的论著是这样产生的，古今中外许多思想家、革命家的著作也都具有这种特色。毫无疑问，无产阶级专政问题，是一块真假马克思主义的试金石。但是，当革命的实践并没有将这一问题迫切提到当时的革命议程时，一个革命家、思想家虽然在思想上、理论上具备了明确的认识，却未必一定会在论著中去论述这个问题。列宁的上述论点，是在论述国家问题，阐明马克思恩格斯关于这一问题的理论，特别是为了批驳考茨基背叛马克思主义的无产阶级专政的观点时作出的①。他的战斗的目的性很明确。在另外的地方，为了另外的需要，他也曾提出另外的标准来划分真假马克思主义者。因此不能在任何时间和条件下都当作千古不变的衡量标准。当革命实践并未涉及这个问题，并没有要求某人在这个问题上作出回答时，就不能以此为标准来衡量他。只有从他所已经论及的范畴中来要求他，才是合适的，实事求是的。毛泽东同志在大革命时期，针对当时党内外斗争的需要，写了《中国社会各阶级的分析》和《湖南农民运动考察报告》等重要论文，周恩来同志在这时期写过《现时政治斗争中之我们》《迅速出师讨伐蒋介石》等重要论文，瞿秋白同志当时写了批判戴季陶主义的论文。在这些革命领袖的著作中，论述了共产党在国共合作中的独立自主原则、坚持无产阶级领导权问题，论述了支持工农运动以及中国革命的性质，在民主革命中国共两党立场与态度的异同等革命运动中的迫切问题。但是，他们并没有正面论述无产阶级专政问题，因为，当时的革命实践暂时还没有提出这个问题。大家知道，毛泽东同志一直到1949年中华人民共和国成立前夕，才结合我国实际写了专门论述无产阶级专政问题的《论人民民主专政》。如果革命领袖的论著是这种情况，那么，怎么能够要求一个非党的革命文学家鲁迅在当时能够去论述无产阶级专政或者对这一问题表态呢？如何正确认识和处理武装斗争问题，确实是大革命时期的一个迫切而严重的课题，但是，这是当时革命领袖和理论家们应该正确解决的问题，是衡量他们的马克思主义理论水平和领导能力的标准之一，又怎能拿来要求文学家鲁迅呢？他的言论中涉及这个问题，这是他的高明和深刻之处，但我们只能在他论及的范畴中来评论，而不能离开实际去向他提出苛求。而且，当时共产党的领导人中尚且有不能正确认识这个问题的，而即使如此也仍然不能否认他们当时是马克思主义者，那么，我们又怎么可以不切实际地在这个问题上要求鲁迅做到不能要求他做的事情呢？

"搞'章句学'研究，写'语录体'文章"，这种现象在鲁迅思想的研究中是一个值得注意的倾向。它在"四人帮"窃夺宣传文化大权时，相当盛行，目前在一些研究文章中也还余波尚存。即如论述鲁迅思想转

---

① 参见列宁：《国家与革命》，载列宁：《列宁选集》第3卷，第2版，人民出版社，1972，第190–191页。

变问题，往往有一些文章，摘引几句鲁迅的话，以偏概全，一见树木，就是森林。

每个人的思想都有他自己的发展过程、特殊经历。作为思想家，更有他的思想体系，独特的发展历程，它既打有时代的、阶级的烙印，又有他自己独特的色彩。鲁迅从辛亥革命时期到"五四"，从"五四"到"五卅"，"五卅"后离北京到厦门、广州，他的思想有着发展的一贯性，有着独特的路径与色彩，他面临的问题，迫切要解决的问题，都与他前一阶段的思想上遗留的问题和他思想发展的路径紧密关联，一脉相承。历史条件、时代背景、斗争形势，毫无疑问必然会影响他的思想，引起变化发展，但这些外因，都要通过鲁迅思想的内因来起作用，都要经过鲁迅思想的"折射"反映出来，并且是在他的特有的某些范畴中（这是有着历史原因的），以他特有的色彩反映出来。因此，我们在论述鲁迅思想观点的变化时，就不应脱离他的思想发展的历程、脱离他的思想实际，而用一般性的原则和条文去卡量，像质量检查员检验一件工业产品一样。

二

中国革命在1924年国共两党实现合作，规定了民主革命的纲领之后，进入高涨时期。从此之后，工人运动恢复了，农民运动开展起来了。自从1923年"二七"大罢工遭到血腥镇压跌入低潮的工人运动，因五卅运动的爆发而重新高涨起来，并且引发了全国范围的大革命风暴。1926年7月，国民革命军在统一全粤之后，誓师北伐。北伐军胜利前进，震撼着以北京为中心的封建军阀统治。北伐军在前进的路上，一方面，得到了组织起来的工人、农民的热烈欢迎和积极支援；另一方面，又鼓舞、推动、支持了工人运动和农民运动的进一步发展。革命热潮弥漫中华。

从一开始就在共产党的领导下，热烈地开展了经济政治斗争的中国工人运动，在"五卅"以后进入新的时期，运动的规模更大了，领导也更进一步成熟，力量也更加壮大。中国工人运动的杰出领袖之一邓中夏在他所著《中国职工运动简史》中指出：

"五卅"运动是一九二五年到一九二七年中国大革命的起端。从"五卅"运动起，中国工人阶级从痛苦和流血的经验中，不仅悟到经济和政治的关系，而且悟到中国经济和国际政治——喋血的帝国主义政治的关系。中国工人阶级从此不止回旋于日常生活的经济要求，或普通自由的政治要求，而已走上了革命的大道；并且事实上，它在这个大潮流中做了革命的中轴和重心。①

以五卅运动为起点，工人罢工的参加者，常常以万数计，有时甚至达到几十万人。并且，工人运动的开展，还带动了包括民族资产阶级在内，以青年学生为最活跃的城市广大人口的群众运动。声势浩大，气势磅礴，反帝反封建的目标明确。罢工、罢课、罢市，进行了有组织有领导的斗争。这些，都表现了中国人民的觉悟程度的迅速高涨，斗争精神与能力的大大提高。

占中国人口最大多数的广大农民，在大革命时期，也高举镰刀、梭镖，组织起来，投入了斗争。起初，在广东开展，1925年秋冬之后，发展到南方各省以至北方数省。在工人运动的蓬勃发展和北伐胜利的推动下，在共产党的领导下，以广东、湖南、江西为中心，全国农民运动在广大的范围里，以汹涌澎湃之势，大大发展起来。

在整个大革命时期，中国人民发动之广泛，运动开展地区之广阔，组织程度之高，斗争目标之明确，在中国历史上都是空前的。它不仅比农民运动的最高峰的太平天国运动和爱国反侵略的义和团运动要高强得多，而且比资产阶级领导的辛亥革命运动也要进步和高强得多。因为这次革命运动是在无产阶级（通过共产党）的领导之下进行的，而且，它同世界无产阶级革命运动融会在一起了。正如列宁所说："东方各民族纷纷觉醒，采取实际行动，使每一个民族都参与决定全人类命运的问题。""……在革命斗争中，在革命运动中，你们将要发挥重大的作用，将要把你们的斗争和我们反对国际帝国主义的斗争汇合起来。"②

在这个时期，马克思列宁主义的传播，不仅空前广泛和深入，而且已经成为整个中国革命的指导思想。那时，有更多的人翻译介绍、

---

① 邓中夏：《中国职工运动简史》，第2版，人民出版社，1953，第180页。

② 列宁：《在全俄东部各民族共产党组织第二次代表大会上的报告》，载列宁：《列宁选集》第4卷，第2版，人民出版社，1972，第103页。

更多的报刊刊登马克思主义的经典著作，有更广泛的各阶层的人学习马克思列宁主义著作。一些国民党右派的头面人物，也不得不拿马克思主义来装潢自己。戴季陶写《孙中山与列宁》，"说得他俩几乎没有什么区别"。这一情况，从反面说明了马克思主义在当时是怎样的风行。

以上这些，构成了一个中国的历史舞台。当时在这个舞台上献演的各方面的英雄伟人，都是既得到它所提供的各种条件，又受到它的种种制约的。在中国革命的这种突飞猛进、轰轰烈烈的发展过程中，鲁迅的思想经历着剧烈的、迅猛的演变。这种国际的和国内的形势，决定了鲁迅作为革命思想家的发展方向。

鲁迅经历过辛亥革命、五四运动，更经历了这两次革命运动后的失败与分化。他虽然从未因此而停息过战斗，但却不能不为此而感到痛心与彷徨，他也曾因而陷入沉默与寂寞。归纳起来，他为之苦痛与担心的问题，也是他执着地"上下而求索"解决方案的问题有三：第一，中国社会沉疴积弱，难于改革，他担心中国人会从"世界人"中消灭，中国会成为证明进化论中的"不进则灭"定律的例证。第二，他认为中国衰落的根本原因在于国民的落后、愚昧、消沉，而且对于这种国民性中的劣根性，还顽固地拒斥改变。他说："最初的革命是排满，容易做到的，其次的改革是要国民改革自己的坏根性，于是就不肯了。"[①]因此他认为"此后最要紧的是改革国民性，否则，无论是专制，是共和，是什么什么，招牌虽换，货色照旧，全不行的"[②]。第三，群众如此落后，只能"俟将来再说"，而先从知识分子着手，但这种"立志改革者"，"准备毁坏者"，"目下也仿佛有人，只可惜数目太少"[③]。正是基于这样的认识，鲁迅对于"将来"感到渺茫，感到目标不明确。

以上三点中，最主要、最根本的，当然还是群众的落后，不觉醒。为了唤醒他们，鲁迅拿起了笔来从事文艺运动与文学创作。为了揭发社会病苦，引起疗救的注意，鲁迅在小说《狂人日记》《药》《风波》《阿Q正传》中，都写到了群众落后，革命先驱者陷于"叫人叫不着，自己

---

①② 《两地书·八》。

③ 《两地书·六》。

顶石坟"①的悲惨境遇。他描写了"要救群众，而反被群众所迫害"的令人悲痛的状况。他甚至激愤地说：

> 群众不过如此，由来久矣，将来恐怕也不过如此。
>
> ············
>
> 牺牲为群众祈福，祀了神道之后，群众就分了他的肉，散胙。②

这是何等的悲哀，何等的凄惨，何等的寂寞呵！然而，何时是个尽头呢？将来如何？光明奚在？都没有答案。但是，鲁迅的坚强与可贵在于，即使他如此看，但仍要战斗：

> 至于"还要反抗"，倒是真的，但我知道这"所以反抗之故"，与小鬼截然不同。你的反抗，是为希望光明到来罢？（我想，一定是如此的。）但我的反抗，却不过是偏与黑暗捣乱。③
>
> "……那不行！我只得走。回到那里去，就没一处没有名目，没一处没有地主，没一处没有驱逐和牢笼，没一处没有皮面的笑容，没一处没有眶外的眼泪。我憎恶他们，我不回转去！"
>
> ············
>
> "不行！我还是走的好。我息不下。"④

鲁迅一方面感到失望与痛苦、期望与担忧，另一方面又勇敢地不停息地战斗：黑暗，黑暗，"予及汝偕亡"！就是在这样的境遇与心情中，就是在这样的屏息谛听历史的脚步和翘首盼望人民的觉醒的时候，鲁迅先是听到"五卅"运动中，几十万、几百万人的齐声怒吼，北京女师大风潮中女性的呻吟与吼声，以及"三一八"惨案的枪声和刘和珍等烈士的战叫，接着更有大革命风暴中空前的、狂风怒涛般的枪炮声。在这个历史大风暴中，鲁迅同一般人比，感受是大大不一样的。鲁迅显得更敏锐，更深沉，他的感受更深切，反应更强烈。事实也正是如此。最好的

---

① 《三闲集·太平歌诀》。鲁迅在文中写道："'叫人叫不着，自己顶石坟'。则竟包括了许多革命者的传记和一部中国革命的历史。"

② 《两地书·二二》。

③ 《两地书·二四》。

④ 《野草·过客》。

证明就是他自己这个时期的文章、书信、言论和行动。

在这个时期，中国人民普遍地经历着一个觉醒的过程，革命化的过程。但各阶级的情况很不相同。大资产阶级由混迹革命而至背叛革命，最后篡夺了革命的果实；民族资产阶级由参加革命而至脱离革命并跟随大资产阶级去了。而广大的小资产阶级，普遍地经历一个革命化的过程，积极地投身于革命斗争之中。鲁迅思想的变化，正是这个阶级日益走向革命化的杰出代表。他作为这个阶级的思想代表而反映着中国社会状况的变化，中国革命的前进。

这样一个过程，为什么会在鲁迅身上体现出来和怎样体现出来的呢？

鲁迅一贯注意农民。他从小接触农民，与他们有着深厚的感情上的联系，这在小说《故乡》中充分而深刻地反映出来了。其中，并表示："他们应该有新的生活，为我们所未经生活过的。"①在五四运动中，他的小说创作，反映了农民的生活、思想与命运，为他们呼号，以"哀其不幸，怒其不争"的心情揭露和鞭挞了他们的麻木和沉睡。在鲁迅的身旁，总是站着一个不幸的、枯瘦的农民的形影。对于他来说，农民的情况，可以说是随时都在认真地注视着。张勋复辟后，他写了《风波》，反映了它在农村引起的波动和农民对它的反应。1919年他回乡移家北上，见到了少年时候的朋友运水（闰土），出自肺腑的深刻的同情促使他刻画了闰土这个农民的形象，并且诉说了他们在兵匪、苛捐杂税等压榨下的苦痛贫穷的生活与哀怜无告的命运，他更从心底祝愿他们能过上新的生活。因此可以想见，鲁迅对于农民的生活和动向，是非常注意了解和观察的。当广东的农民在共产党领导下，组织起来，进行空前的斗争时，当湖南、江西的农民接踵而起，农民运动席卷整个南方时，鲁迅该会多么高兴，多么感奋！他看见农民不再像闰土那样麻木不仁，甘心忍受压迫与剥削了，不再像七斤那样愚昧无知，仍然慑于皇帝的权威、乡绅的势力而俯首帖耳了。他们不仅觉醒了，而且举起了刀枪来进行斗争。鲁迅从中看见了历史的新的力量。

鲁迅对工人的情形也很注意。早在1913、1915年，他在那极简略的日记中，便郑重地记载了三件关于人力车夫的事情，表现他对于劳动

---

① 《呐喊·故乡》。

者的深切同情和衷心的敬重。自从俄国十月革命以后，鲁迅在思想上更有一个大变化。在这个异国的大革命中，他"知道这'新的'社会的创造者是无产阶级"，虽然这时他"因为资本主义各国的反宣传"，也由于他自己世界观的限制，对十月革命"还有些冷淡，并且怀疑"[1]，但他究竟已经知道了一个重大的道理：无产阶级是新社会的创造者。因此，他就要注意观察、验证，而且正因为怀疑，更要仔细观察、验证。1919年，他写了小说《一件小事》，对工人作出了崇高的评价。如果鲁迅对日常生活中三件关于单个工人的小事尚且那么注意，那么重视，而且从这小事中体察出工人阶级的崇高品质，并以此为素材，写了一首对于工人的颂歌，那么，当五卅运动爆发，几十万工人英勇斗争时，当大革命运动中，工人阶级登上政治舞台，成为这个大革命中的威武雄壮的队伍时，他的注意、他的高兴、他的感奋是可想而知的，他的思想上的跃进式的变化，也是顺理成章的。这里，我们所作的似乎只是一种推论，因为我们现在除了看到鲁迅在书信中有对于北伐胜利的欢欣表示之外，还没有材料直接说明他对于当时的工人运动、农民运动的看法和评论。但是，这种推论是有根据的、合理的。而且，鲁迅后来在思想观点上的转变，有力地回证了这个推论。

三

鲁迅思想的变化，是循着他自己的思想路径，通过他的思想的折光镜把时代的内容、历史的背景反射出来的。具体地说，他的变化主要通过他自己思想上的几组矛盾反映出来。这几组矛盾是：社会的发展，是一个进化的过程还是一个革命的历程？社会的发展，依靠的力量是青年还是工农？起决定作用的是"天才"和"知识分子"，还是千百万工农群众？社会发展的前途是一种抽象模糊的"第三样时代"，还是工农当家作主的"平民时代"？这几个问题，一直是鲁迅思想上的根本问题，也是马克思主义还是非马克思主义、反马克思主义的问题。在这几个问题上，他的思想对前一种答案，即所谓"第三样时代"经历着由坚信不疑、开始怀疑到终于抛弃的发展过程。这个发展过程正是鲁迅的思想向

———————————

[1] 《且介亭杂文·答国际文学社问》。

马克思主义一步步靠近的过程。它既是鲁迅思想内在发展逻辑的必然趋向，又是受到中国革命发展的总进程的影响、推动和制约的。而且，我们可以清楚地看到，鲁迅思想的这种演变过程，特别是他思想上的最后飞跃，决不是突然发生，一蹴而就的，就是说，不是没有渐变的过程和部分质变的情况的，不是没有准备阶段的、凭空的飞跃；同时，也还可以清楚地看到，这种演变和飞跃，是一步一步，非常踏实，坚定地前进的，是渗入了他自身的血和泪，反映着人民的血和泪的。他的思想观点决不轻易改变，但一经改变，便变得扎实、坚决、自觉、深沉。

现在，让我们从上述几组矛盾双方的消长情况中，来探寻鲁迅思想的演变和飞跃的轨迹和根据吧！

鲁迅思想根本转变以前，一直以进化论的发展观来看待社会的发展，这是比较普遍的看法，这看法是有根据的。因为，且不要说《热风》中的那些作品中的明白的表现，就是到了1925年，他还明白地说道："我们目下的当务之急，是：一要生存，二要温饱，三要发展。"[1] 可是，我们应该注意到，鲁迅这时的整个思想，已经突破了进化论发展观的范畴。这时，在他的进化论的发展观中，充满了社会的矛盾、阶级的矛盾，也充满了不同的社会阶层之间和阶级与阶级之间的斗争，他的发展观中包含着阶级斗争的重要因素，而不是自然界的物竞天择，弱肉强食。鲁迅这时常常把人分为统治者与被统治者、压迫者与被压迫者、阔人与穷人、聪明人与愚人、君子与小人，而且揭示出他们之间的尖锐对立的关系。就在他写出了上面那段一直被认为是他的思想基础仍然是进化论的话的同时，他还写道：

> 但我们自己是早已布置妥帖了，有贵贱，有大小，有上下。……一级一级的制驭着，不能动弹，也不想动弹了。
>
> ....
>
> 因此我们在目前，还可以亲见各式各样的筵宴，有烧烤，有翅席，有便饭，有西餐。但茅檐下也有淡饭，路傍也有残羹，野上也有饿莩；有吃烧烤的身价不资的阔人，也有饿得垂死的每斤八文的孩子……。[2]

① 《华盖集·忽然想到（六）》。

② 《坟·灯下漫笔》。

因此，他号召：

> 扫荡这些食人者，掀掉这筵席，毁坏这厨房！①
>
> 世上如果还有真要活下去的人们，就先该敢说，敢笑，敢哭，敢怒，敢骂，敢打，在这可诅咒的地方击退了可诅咒的时代！②

这些观点的出现，而且以这样鲜明、尖锐、凛然的态度和语气说出，表明鲁迅已经在很大程度上突破了进化论的发展观。这种突破，是他的世界观转变过程中的量变和部分质变，是他的思想飞跃的准备：如果说后来是"思想飞跃"，那么，这时已经是"振翅欲起"了。

而且，鲁迅对如何进行斗争，也提出了重要的新的见解。他说，在"三一八"惨案的血的教训中，"死者的遗给后来的功德"之一，就在于"教给继续战斗者以别种方法的战斗"③。他还说：

> 但改革最快的还是火与剑，孙中山奔波一世，而中国还是如此者，最大原因还在他没有党军，因此不能不迁就有武力的别人。④

鲁迅原来是相信文艺的力量的，认为要改革社会，只有先用文艺来促进国人觉醒。现在，他从伟大的民主革命先驱的经历中，从中国革命的发展（特别是挫折）中发现：改革最快的还是火与剑，就是用武力来反对、打倒"有武力的别人"了。思想观点变化之"水"，已经涌到这里，它很自然地冲破阻力，洗刷旧迹，开辟道路而取得"水到渠成"的结果。这"渠"就是鲁迅思想的飞跃。他在到了厦门和广州以后，就一再地谈到革命。"革命"在他的演讲和作品中代替了"进化"。这当然决不是一般的用词上的变化，而是思想上的一个突变的反映。

他甚至如此清楚、决断、肯切地说道：

> 其实"革命"是并不稀奇的，惟其有了它，社会才会改革，人类才会进步，能从原虫到人类，从野蛮到文明，就因为没有一刻不在革命。……凡是至今还未灭亡的民族，还都天天在努力革命，虽

---

① 《坟·灯下漫笔》。

② 《华盖集·忽然想到（五）》。

③ 《华盖集续编·空谈》。

④ 《两地书·一〇》。

然往往不过是小革命。①

这里，鲁迅已经把从原虫到人类的自然变化和社会的改革都看作一个革命过程了。而且，他把革命分为"大革命"与"小革命"，肯定了大革命的巨大作用。这正是把渐进的、量变的小革命和质变的飞跃阶段相联系又相区别了。

革命，成为鲁迅这时的言论的第一主题，基本论点，观察分析问题的出发点。这正是鲁迅的思想由进化论的发展观向革命论的发展观飞跃的表现之一。他之所以会有这种变化，正是反映了从"五卅"到大革命时期中国进入了新的革命阶段，革命浪潮在整个南方展开并从南方向北方发展，革命已经成为全中国社会生活的第一主题。这种革命现实推动，促进了鲁迅思想的变化，从进化论转变为革命论了。

与革命相联系的一个根本问题是：进行革命主要依靠的力量是什么？这力量是以年龄分还是以阶级分？当鲁迅的思想基础还是进化论的发展观时，他很明确地认为：依靠的力量是青年。"青年必胜于老人"，力量何在，前进还是落后，均以年龄分。这一点在"五四"时期表达得很清楚。一直到1925年时，他仍然说：

> 扫荡这些食人者，掀掉这筵席，毁坏这厨房，则是现在的青年的使命！

而且，他认为：

> 而创造这中国历史上未曾有过的第三样时代，则是现在的青年的使命！②

但是，在同年的五月，他在《导师》一文中，开头便写道：

> 近来很通行说青年；开口青年，闭口也是青年。但青年又何能一概而论？有醒着的，有睡着的，有昏着的，有躺着的，有玩着的，此外还多。但是，自然也有要前进的。③

这里，他已经对青年加以区别了。当然，这种区别，还只限于精神

---

① 《而已集·革命时代的文学》。

② 《坟·灯下漫笔》。

③ 《华盖集·导师》。

状态的不同，但究竟是不以年龄论一切了，他的希望当然是寄托在"前进的"青年身上。在写于同年的《野草》中的《希望》里，他又以悲凉的心情、失望的语气写道："然而现在何以如此寂寞？难道连身外的青春也都逝去，世上的青年也多衰老了么？""青年们很平安！"这里也同样对一部分青年的战斗意气消沉流露了不满。这区别和不满，自然是一种新消息，一种思想上的变化的端倪。更值得注意的是，他在《两地书》中还说：

> 现在我想先对于思想习惯加以明白的攻击，先前我只攻击旧党，现在我还要攻击青年。

他把攻击旧的思想习惯和攻击青年连在一起，这就说明，他认为青年未必都比老年强，他们身上的旧思想旧习惯也仍有加以攻击之必要。这就更加明确地突破了他一向信奉的"青年必胜于老人"的进化论公式了。1926年到厦门以后，他在对待青年的态度上，变化又更深一层。他在给许广平的信中，一再倾诉自己的愤激之情和对于恶劣青年的憎恶。他几次提到，自己在北京时"为文学青年打杂，耗去生命不少"[1]，自己不睡，带病为他们看稿……但是，"他们那时的种种利用我，我是明白的，但还料不到他看出活着他不能吸血了，就要打杀了煮吃，有如此恶毒"[2]。他总结痛苦的经验说：

> 有青年攻击或讥笑我，我是向来不去还手的，他们还脆弱，还是我比较的禁得起践踏。然而他竟得步进步，骂个不完，好像我即使避到棺材里去，也还要戮尸的样子。所以我昨天就决定，无论什么青年，我也不再留情面，……。我已决定不再彷徨，拳来拳对，刀来刀当，所以心里也很舒服了。[3]

他决定对青年的攻击也刀拳相对了。这段话虽然是由高长虹的恶劣作为所引起，但是，鲁迅在这里正如他谈到《华盖集》正续编中对陈西滢的抨击一样，也是并非出自私怨，而是由于"公仇"。而且，更重要的是我们应当看到，"长虹事件"，只是鲁迅冲破进化论的一个突出事例

---

[1][2] 《两地书·七三》。

[3] 《两地书·七九》。

和引发点，而不是全部。在这同时，鲁迅还说：

> 你说我受学生的欢迎，足以自慰么？不，我对于他们不大敢有希望，我觉得特出者很少，或者竟没有。但我做事是还要做的，希望全在未见面的人们；……①

又说：

> 我现在对于做文章的青年，实在有些失望；我看有希望的青年，恐怕大抵打仗去了，至于弄弄笔墨的，却还未遇着真有几分为社会的，他们多是挂新招牌的利己主义者。而他们竟自以为比我新一二十年，我真觉得他们无自知之明，这也就是他们之所以"小"的地方。②

这里，鲁迅对于学生青年和文学青年表示了他的失望。这比在北京时又进了一步，是对属于"前进"部分的青年的失望和批判了。力量并不只在青年，进步还是落后，也不再是以年龄分了。后来，在一封信上，他又对广州的右派学生表示了不满："中国学生学什么意大利，以趋奉北政府，还说什么'树的党'，可笑极了。别的人就不能用更粗的棍子对打么？"③这里对青年中的左右两派，已经表露了明显的倾向性了。

鲁迅又跨进了一步。这时，已是1926年快要结束的时候。转过年来，到了广州，在他所在的中山大学，左右两派学生，壁垒分明，而鲁迅也态度鲜明地站在左派一边，成了他们的亲密朋友。

正是在这样一个逐步演变、发展的过程中，在这种思想基础上，在1927年"四一二""四一五"大屠杀的血的教训之后，鲁迅才能完成他最后的飞跃。他后来曾回顾说："我是在二七年被血吓得目瞪口呆，离开广东的，那些吞吞吐吐，没有胆子直说的话，都载在《而已集》里。"④他还对自己作了这样的解剖："我时时说些自己的事情，怎样地在'碰壁'，怎样地在做蜗牛，好像全世界的苦恼，萃于一身，在替大

---

① 《两地书·七九》。

② 《两地书·八五》。

③ 《两地书·七一》。

④ 《三闲集·序言》。

众受罪似的：也正是中产的智识阶级分子的坏脾气。只是原先是憎恶这熟识的本阶级，毫不可惜它的溃灭，后来又由于事实的教训，以为惟新兴的无产者才有将来，却是的确的。"①这两段著名的事后的说明与分析自然是真确的。但是，他只是强调了那最尖锐、最刺激人去看清阶级分野的事实（同是青年而分两大阵营，杀戮青年的倒大概是青年），申述了那思路被轰毁的最后结果，而不是详细地来分析和历述自己的思想演变的径路。事实上，这径路是源远流长的。

鲁迅思想的这种变化，是中国社会状况和革命发展的反映。1924年到1927年的中国大革命，是一次大震动，它像一个庞大的震荡器，不仅震荡着沉睡的、停滞的中国社会，促使千千万万的人民觉醒，而且，使各阶级的人们分化和聚合，通过历史的网眼进行"筛选"。从"五四"以来就活跃在革命运动中的青年知识分子，在这个大震荡中，又进一步分化，在尖锐的阶级斗争而前，各各显示自己的阶级本相和对待革命的极不相同的态度了。而且，在千百万工农登上舞台、奔赴前线、奋起战斗并发挥了威武雄壮的主力军作用时，一方面，知识分子的作用和影响在对比之下不像前一时期那样突出了；另一方面，在对工农利益和运动的态度上，他们也显出阶级分野，分成左右两派了。在这种客观现实的影响和推动下，鲁迅作为小资产阶级左翼的代表，思想上自然地发生变化，不再见青年就赞扬，凡青年都信任了，而是把主要信任与希望，寄托于广大工农和那些左派青年身上了。

鲁迅在到厦门、广州以后，很明显地把他的改革社会的主要希望寄于工农之身。这无疑是他思想上的一个根本的转变，是他冲破进化论以后的一个非常正确的发展方向。这种思想上的变化，也不是突然发生的无源之水。早在1924、1925年期间，在这个问题上，鲁迅的思想已经出现了重大变化的端倪。最明显最重要的，自然是他在《未有天才之前》这篇著名讲演中所发表的，关于把天才与民众的关系比作拿破仑与士兵、花木与泥土的关系的论点。他指出：天才"是由可以使天才生长的民众产生，长育出来的，所以没有这种民众，就没有天才"②。鲁迅一向呼唤、期待"精神界之战士""天才"出现，而且认为庸众是扼杀

① 《二心集·序言》。

② 《坟·未有天才之前》。

天才的，天才只有反对庸众才得以生长、发展。现在，民众却是天才长育之"母"了。因此他称赞这"是泥土的伟大的地方"。

鲁迅还把青年知识分子与民众的关系比作火花与光焰的关系，他说：

> 他们所能做的，也无非是演讲，游行，宣传之类，正如火花一样，在民众的心头点火，引起他们的光焰来，使国势有一点转机。倘若民众并没有可燃性，则火花只能将自身烧完，……①

火花是重要的，但更重要的是群众的可燃性，若没有，火花就只有烧完了自己这条失败的路。这比之鲁迅原来的观点，是一个重要的转变。然而，这时的鲁迅，仍然认为中国的民众"是灰尘，不是泥土，在他这里长不出好花和乔木来！"②一方面，肯定了民众的"泥土"的伟大作用，把天才从自生自灭从天而降的"天界神人"的地位，拉到了地上，要由泥土（民众）来决定他的存亡了。这是前进了一大步。但同时又认为现时的民众尚未成为"泥土"。这又是过去的思想观点的遗痕与负累了。

但是，到了厦门，他的思想又进一步起了变化：他拿平民（即工人农民）③作衡量一切优劣取舍的标准了。在谈到中国文化时，他提出："所谓文化之类，和现在的民众有甚么关系，甚么益处呢？"说到中国的"礼仪好""肴馔好"，他反问："但这些事和民众有甚么关系？车夫先就没有钱来做礼服，南北的大多数的农民最好的食物是杂粮。"④他认为"平民还没有开口"，"工人农民不解放"，就不会有平民文学⑤。这都表明，他这时的衡量事物的标准是以工农为主体了。

我们可以明显地看到，鲁迅这时已经站在这样的立场上了：国家社会的主体，革命的主力，是工人与农民！

与这个转变相联系的是，鲁迅对于将来的社会是一个什么样的社

---

① 《华盖集·补白》。

② 《坟·未有天才之前》。

③ 鲁迅在《而已集·革命时代的文学》中说："有人以平民——工人农民——为材料，做小说做诗，我们也称之为平民文学，……"

④ 《集外集拾遗·老调子已经唱完》。

⑤ 《而已集·革命时代的文学》。

会，已经有了明确的认识和答案。当鲁迅离开北京前夕，本已扫除了过去对于将来觉得渺茫，不知道是否一定会好的情绪，而怀着坚定的信心，认为将来一定光明："我们一定有悠久的将来，而且一定是光明的将来。"①然而，这"光明的将来"究竟是怎样的，暂时还没有明确的答案。但是在不久之后就发生了鲜明深刻的变化。这首先表现在对于十月革命的认识和态度上。他说：

> 俄国在一九一七年三月的革命，算不得一个大风暴，到十月，才是一个大风暴，怒吼着，震荡着，枯朽的都拉杂崩坏，连乐师画家都茫然失措，诗人也沉默了。②

他称赞十月革命是"连底的大变动"，是"大震撼，大咆哮"③，"大改革"④。他称赞俄国创造了平民的时代，即工农的时代。他改变了过去受反宣传影响的观点，认为这种大革命之后，"贵人怎样惨苦"、"平民究竟抬了头"，是"毫不足怪"的。而且，他深刻地论证了这种变化的合理性和必然性，他说：

> 俄皇的皮鞭和绞架，拷问和西伯利亚，是不能造出对于怨敌也极仁爱的人民的。
>
> 改革者大概就很想普给一切人们以一律的光明。但他们被拷问，被幽禁，被流放，被杀戮了。要给，也不能。
>
> 总之，平民总未必会舍命改革以后，倒给上等人安排鱼翅席，是显而易见的，因为上等人从来就没有给他们安排过杂合面。⑤

在这里，鲁迅的阶级立场是很鲜明的，他也很确切而深刻地论述了工农在取得政权之后对于过去的压迫者、屠杀者所必然和应该采取的立场与手段，这实际上就是对于无产阶级专政的必要性、必然性、合理性的有力论证。不过，他不是用理论语言而是用文学的语言来表述的，他不是以理论方式而是用文学方式来论证的。我们自然不应当像衡量理论著作那样，以条分缕析的论据的有无来要求鲁迅。

鲁迅在论述革命文学时，在论证平民文学的产生这个问题时，正确

---

① 《华盖集续编·记谈话》。
②③ 《集外集拾遗·〈十二个〉后记》。
④⑤ 《集外集拾遗·〈争自由的波浪〉小引》。

地指出：

> 现在的文学家都是读书人，如果工人农民不解放，工人农民的思想，仍然是读书人的思想，必待工人农民得到真正的解放，然后才有真正的平民文学。①

他所谈论的是文学问题，但却是正确地把它放在整个革命和社会变化的大前提下来观察和论述的，而且指出了将来的社会应使工人农民得到真正的解放。这还不是对于无产阶级专政的肯定和拥护吗？

鲁迅在《答有恒先生》中曾经指出："我离开厦门的时候，思想已经有些改变。这种变迁的径路，说起来太烦，……"②这说明他在离厦门赴广州前，思想已经有了一个深刻的改变。我们上面所论述的，就是试图把这种"太烦"的变化的径路和内容理出一个头绪来。根据上面的论述，我们可以得出这样几点结论：第一，鲁迅在四一二反革命政变后原有思路的轰毁，进化论的最后冲破，是他思想发展的一个必然趋向与归宿，不是偶然的，也不是一蹴而就的。因此我们说他的思想在1927年，以四一二反革命政变为分界线，实现了从前期向后期的飞跃，不是轻率的、无依据的结论。第二，鲁迅在四一二反革命政变之前的两三年中，思想不断地变化、发展，在几个原来标志着他的思想还是进化论发展观、人性论和历史唯心主义的问题上，不断改变，逐渐由量变到部分质变，向前发展，其总方向是向着马克思主义迈进。而他最后所达到的认识，是与马克思主义观点一致的结论。第三，鲁迅的这种思想变化、发展，是与十月革命的胜利、发展以至世界革命的形势，特别是与中国新民主主义革命的发展，与工人农民力量的兴起和发挥伟大历史作用的情况相一致的，"同步"发展的，是这种历史趋向、革命形势的思想反映，是中国社会、中国革命中，无产阶级力量增长成为领导力量，小资产阶级特别是广大农民的革命化映照于一位伟大的思想家身上的表现。正是在这个意义上，我们可以说，鲁迅是中国革命发展的一面镜子。

---

① 《而已集·革命时代的文学》。
② 《而已集·答有恒先生》。

四

现在，我们还要进一步考察一下，鲁迅在大革命失败之后，带着五四运动以来的革命的传统，迎着血雨腥风，走进新的革命行列，实现思想飞跃的具体条件和具体表现。

鲁迅一向强调事实的教育，这事实包括历史的与现实的两个方面。他善于深入总结这两方面的经验教训，提高自己的认识，丰富自己的思想，并教育广大青年与人民群众。他甚至几次谈到，不是马克思主义理论的"蛊惑"，而是事实的教训，使他成为共产主义者。我们由此既可看见实践、现实的影响与推动在鲁迅思想上的重大作用，又可懂得鲁迅的思想特质。他终身坚持实事求是的原则，确是实事求是的典范。四一二反革命政变和他亲历的广州"四一五"反革命大屠杀，给他的刺激之深，影响之大，是空前的。他一再提到他被血吓得目瞪口呆。这显然不是说他自己对于死的恐惧，而是他极度地形容他被广大革命青年、群众和我们民族的这种大流血所震惊的情状与程度。他在后来总结自己的进化论发展观的旧思路被轰毁时，都强调了青年对青年的杀戮对他的刺激之深与震撼之强。中国革命的长期性、艰巨性表现在大规模地流血和这种大规模流血的时间长、地域广上。鲁迅作为一个文化战士、革命作家，多次面对这种流血，而每一次历史性的血的迸射，都使他受到一次严酷的洗礼，而每一次令人灵魂震悚的血腥味的熏炙，都使他更进一步清醒地看到历史的进程和革命的本质，看到人们的阶级分野以及阶级之间流血的斗争。特别可贵的是，鲁迅每次都以他的思想家的深沉与睿智，总结了这种流血的经验。在辛亥革命时期，他看到了徐锡麟、秋瑾、陶成章等烈士以及历次起义中牺牲的英雄们的鲜血。他把那历史的血的沉痛教训写进了小说《药》中。在"三一八"惨案中，他更切近地看到了自己的学生刘和珍等青年烈士的血，联系到前次流血的教训，他写进了对历史经验作了高度概括的杂文《论"费厄泼赖"应该缓行》中。现在，在大革命的失败中，他看见了第三次大规模的流血。这规模不仅是前两次所不能相比的，而且具有很大特点，这就是：流血的不仅是少数革命先行者，也不是少数青年英俊，而是大批共产党员、共青团员和工农群众。这反映了战士的队伍扩大了，觉悟提高了，工人农民不再是历史的看客、用哀怜的眼光乞求解放的群氓了。他们抛洒鲜血，争取解放。他们本身就是革命洪流。鲁迅从血痕中看见了历史的足迹，革命的本质，阶级的分野和阶级斗争的严酷事实。

正是在经历了这种阶级斗争的血的洗礼之后，在严酷的事实教育之下，鲁迅的思想实现了飞跃。对于俄国十月革命，他不再是"有些冷淡，并且怀疑"了，而是称它为"实在在革命"①。他在为《尘影》写《题辞》时，赞颂"许多为爱的献身者"，他指出"意中而且意外的血的游戏"，虽然"赠给身在局内而旁观的人们"以"好看和热闹"，但"同时也给若干人以重压"，他认为"这重压除去的时候"，"这才是大时代"②。因为，当流血重压除去之时，就是实在的大革命进行和胜利之时了。

四一二反革命政变之后，鲁迅在阶级论方面的观点，已经鲜明而尖锐地表现在文字中了。他指出"聪明绝顶的人""弱不禁风的女子"同"蠢笨如牛的人"的"胃口"，是不同的；而"胃口的差别，也正如'人'字一样的……"③在《文学与出汗》中，他的阶级论观点表现得准确、清晰、尖锐、鲜明，已经达到很深刻很自觉的程度。他指出："而且，人性是永久不变的么？"

"类人猿，类猿人，原人，古人，今人，未来的人，……如果生物真会进化，人性就不能永久不变。"

"然而'弱不禁风'的小姐出的是香汗，'蠢笨如牛'的工人出的是臭汗。"④

这样，就连"出汗"这样普遍的人性，也有了阶级的差异性了。这些话，至今还是我们在论述人性时经常引用的经典论述。这难道不正说明他的观点已达到马克思主义的高度了吗？

鲁迅来到广州后，与中国共产党的关系进到一个新的阶段。这是鲁迅思想发展飞跃的一个重要条件。在此之前的北京时期，他与共产党人的最重要的关系，自然是他与李大钊、陈独秀的战斗友谊。但是，鲁迅同李大钊、陈独秀并没有组织上的联系，而且当时认为"彼此所执的业不同"，他对李大钊的政治论著都不很注意。他们之间主要是同一战阵

① 《而已集·革命文学》。

② 《而已集·〈尘影〉题辞》。

③ 《而已集·卢梭和胃口》。

④ 《而已集·文学和出汗》。

中的战友之情和一代学人之间的私谊。在北京几个大学教书期间，在女师大风潮中，围绕在他周围的学生中，都有年轻的共产党员，如任国祯、刘亚雄等。但是，他们也还是限于师生关系与私人情谊，而且，有的人未必向鲁迅公开了自己的政治身份。但是，到广州以后，情况大不相同了。首先，鲁迅的来广州任教，就是由广州的党组织决定并争取实现的。鲁迅来到广州以后，广东区党委的负责人陈延年便专门召集有关同志讨论研究了对鲁迅的接待和团结工作，在组织上和实际工作上都体现出对鲁迅以前的战斗和在当时中国思想文化界的地位与作用有了正确的评价。这可以说是党对鲁迅作出的最早的正确估价。以后，作为粤区党委学委和中山大学党组织负责人的毕磊、徐文雅、陈辅国等同志，根据党的嘱托，负责与鲁迅的联系工作。他们帮助鲁迅了解广东的政治形势和各方面的情况，特别是左派与国民党右派的斗争；还将党的刊物《少年先锋》《做什么》等送给鲁迅阅读。在这些刊物上，还发表了毕磊的《欢迎了鲁迅之后》和一声的《第三样世界的创造——我们所应当欢迎的鲁迅》等文章，表明了党对鲁迅的评价。鲁迅对此是首肯而满意的。鲁迅还曾主动要求与党的负责人陈延年会见过。这些，都体现了鲁迅与党的关系是一种自觉地靠拢党组织的态度，是一种思想感情上亲密无间的血肉联系。由于有了这种态度和关系，在党的关心、帮助下，鲁迅能够更多地了解革命形势、政治状况、阶级阵线，从而具有正确而鲜明的政治立场。同时，在这种战斗性的密切关系中，鲁迅还从中国新兴阶级、新兴力量的代表身上，看见了新的一代人，新的历史栋梁。在当时的国共合作时期，革命根据地的广州，是著名的共产党人荟集之地，毛泽东、周恩来、刘少奇、叶剑英、彭湃、恽代英、张太雷、萧楚女、李求实等共产党中的灿烂群星，活跃在党政军各界和工农学运各条战线上。他们的勇敢、坚强、热情、积极、自信，对主义的忠贞，对人民的忠诚，他们的崭新的政治风格和工作作风、思想作风，对于一直在寻求战士、寻求新的力量的鲁迅来说，都可以说是发现了新的源泉，受到鼓舞，看清了前进的方向。鲁迅与陈延年、毕磊等共产党人的战斗友谊和亲密关系正表现了这一点。

鲁迅通过与党的关系，还进一步促进了自己对马克思列宁主义的学习。鲁迅从毕磊等赠给他的党的刊物《向导》、《中国青年》、《少年先锋》和《做什么》上，能够直接学习到马列著作。①这时期，鲁迅学习马列主义有几个突出的特点：第一，不再把马列主义看作各种外来主义的一种，只作一般的涉猎和浏览，而是当作思想武器来学习和研讨了。第二，鲁迅不是坐在书斋里钻研，而是在实际斗争中学习和应用。他在《庆祝沪宁克复的那一边》中以列宁的一段话为立论的依据，对当时中国阶级斗争和革命发展的形势，进行了深刻的分析，他的"最后的胜利，不在高兴的人们的多少，而在永远进击的人们的多少"这一论点，他的"庆祝，讴歌，陶醉着革命的人们多"，"有时也会使革命精神转成浮滑"的观点，以及这种浮滑，会带来革命精神的消亡，"再下去是复旧"的警辟深刻的见解，对于几天之后就发生了"四一二""四一五"反革命政变的当时的革命形势来说，真是革命诤友发出的可贵的警告！鲁迅远远地超过了当时犯右倾错误的共产党领导人。这个事实和这个对比，难道不足以证明鲁迅的思想已经实现飞跃吗！

更可贵的是，马列主义成了鲁迅手中的解剖刀，用来"更无情面地解剖我自己"。还在厦门时，他就感到在总结自己过去的战斗和走过的道路时，有淡淡的哀愁袭上心头，有时甚至感到悲哀。这是对自己的不满足。他用"坟"埋葬了过去，大踏步跨进新的境界。马列主义解剖刀，就用来解剖自己的"哀愁""恐怖"。这就是他在《答有恒先生》中所作的自我解剖。这个解剖，以其态度的坦率、诚挚而令人感动，以它对过去的深刻总结、中肯批判，而表现出思想的深度与理论的高度，更以其对于将来的告白而预示着他以后的思想发展方向。他说："总而言之，现在倘再发那些四平八稳的'救救孩子'似的议论，连我自己昕去，也觉得空空洞洞了。"②他又说，他要"一面挣扎着，还想从以后淡下去的'淡淡的血痕中'看见一点东西，誊在纸片上"③。他指出过去救国救民方案本质的"空空洞洞"，就说明他现在心里已经有了实实在在的认识，这就是对于依靠什么社会力量，通过什么革

迎着大革命的暴风雨飞跃

---

① 据统计，《向导》和《中国青年》上曾经登载：列宁的《落后的欧洲和先进的亚洲》（摘译），斯大林的《论列宁主义基础》。《少年先锋》上摘译或摘引的马列著作有十几段，其中，重要的有《巴黎公社失败后——摘译马克思著〈法国的内乱〉》，即马克思的重要著作《法兰西内战》的附录；两则摘自列宁《青年团的任务》中的《列宁格言》；摘译自列宁《伟大的创举》中《妇女底解放》；斯大林的重要论文《论列宁》。

②③ 《而已集·答有恒先生》。

命方式来建立什么样的国家与社会，他在思想上都已经有了明确的答案、方案和充足的信心了。而这一切既是事实的教育，也是马克思主义理论武装的结果。

最后，还要指出重要的一点，即鲁迅在四一二反革命政变当时和以后，是明确地、坚定地站在共产党一边、工农一边的。这个现实的政治立场是衡量他是否已经实现思想飞跃的一个重要标志。这一点常为一般论者所忽略。但这个实际的现实的立场和态度，是他的无字的著作，最足以证明他的思想的状况。当国民党反动派背叛革命，屠刀挥舞，鲜血喷射之时，鲁迅先是在中山大学召开紧急会议营救被捕学生（包括共产党员毕磊等人在内），未果，愤而辞职，蛰居广州白云楼。但他一直进行曲折的斗争。在《魏晋风度及文章与药及酒之关系》中，借古喻今，抨击了国民党反动派的屠杀共产党人和革命群众。5月1日他作《〈朝花夕拾〉小引》，写道：

> 目前是这么离奇，心里是这么芜杂。一个人做到只剩了回忆的时候，生涯大概总要算是无聊了罢，但有时竟会连回忆也没有。中国的做文章有轨范，世事也仍然是螺旋。[1]

这意思是说，文章必须合于国民党反动派咒骂共产党的规范，广州又像军阀统治下的北京了。

他为《小约翰》写小引，从荷兰海边的沙冈风景，想到白云楼外的情景，然后，笔锋一转，写道：

> 也仿佛觉得不知那里有青春的生命沦亡，或者正被杀戮，或者正在呻吟，或者正在'经营腐烂事业'和作这事业的材料。[2]

又写道：

> 虽然沈默的都市，而时有侦察的眼光，或扮演的函件，或京式的流言，来扰耳目，……[3]

迎着带血的屠刀，他进行巧妙的战斗。以后，他所写的《扣丝杂感》《可恶罪》《小杂感》等文章，都像投枪匕首，向敌人掷去。他用讽

---

① 《〈朝花夕拾〉小引》。
②③ 《译文序跋集·〈小约翰〉引言》。

刺的利刃，刺杀和解剖。当带血的屠刀晃动着，寻找它们的猎获物时，鲁迅却迎着它的魔影，进行了战斗，将屠夫、刽子手的真相揭露给世人看，将"革命成功"后的"盛世"的幕后惨景和他的制造者身上的血污，指给人看。

在这时期，日本进步记者山上正义曾到白云楼访问鲁迅。当一队工会纠察队从窗下走过时，鲁迅指着他们对山上说："真是无耻！昨天还高喊共产主义万岁，今天就到处搜索共产主义系统的工人了。"在一个异国记者面前他毫不隐讳地表明了他的政治态度和立场：坚定地站在共产党一边，义正辞严地谴责国民党反动派。这一点，必须充分肯定，充分估价。一个战士，由于种种原因，可能思想上、世界观上，还有这样那样的非马克思主义的，不那么纯粹的东西，这是只有在尔后的革命实践中才能逐渐改变、逐渐消除的。但是，衡量他的首要标准应该是现实的政治立场。这是现实的考验，实际的表现，是胜过那些文字上的东西的。而且，我们还须看到，谴责国民党，拥护共产党，对于鲁迅这样一位大学问家，伟大的文学家、思想家、革命家来说，决不是一件随意而行的事，他是经过深思熟虑，经过长期观察、比较之后作出的重大的政治抉择，这是他几十年的生活、战斗的必然归宿。他的拥护共产党，当然是包括对党的性质、纲领的赞同，对阶级斗争、无产阶级专政的理解与拥护的。

恩格斯指出："纯粹量的增多或减少，在一定的关节点就引起质的飞跃。"鲁迅在四一二反革命政变之中和以后一段时间里，思想上的以阶级论为特征的历史唯物主义因素的量积累和猛增，而以进化论为特征的历史唯心主义因素，则由于不断地被纠正、克服而急剧地减少。他越过这个关节点，实现了从历史唯心主义到历史唯物主义的飞跃，从激进革命民主主义者到共产主义战士的飞跃。

在四一二反革命政变发生后两周的4月26日，鲁迅写下了《〈野草〉题辞》。他唱了一支愉悦的歌。对过去已经死亡的生命，他表示"有大欢喜"。对委弃于地的生命长出的野草，将遭践踏、删刈，"直至于死亡而朽腐"，他"坦然，欣然"。"我将大笑，我将歌唱。"他更写道：

> 地火在地下运行，奔突；熔岩一旦喷出，将烧尽一切野草，以及乔木，于是并且无可朽腐。

过去长期存在的忧愤、失望、苦闷、彷徨、疑虑，在厦门时的"淡淡的哀愁"，都不见了，新的思想、新的激情、新的力量，以至新的文风，都在他的笔下喷涌而出。

这是实现了思想飞跃的无可怀疑的实证。

至于作为一个马克思主义者，是否已经达到了成熟和精练的程度的问题，应该看到这时他还需要学习，实践，发展，需要清理自己的思想，总结过去的战斗生涯，需要进一步从批判旧世界中发现新世界，在批判旧思想中创立、丰富新思想。在这点上我们不应苛求，不能在他一实现飞跃时就要求他做到，并且以未做到而否认他的思想的飞跃已经实现。

论鲁迅新文化观的思想基础及其发展

鲁迅是中国文化发展史上的一个伟大的里程碑，他的著作，在中国具有划时代的意义，既居承先启后的地位，又有融汇中西的特色。特别值得提出的是，鲁迅的思想，不仅是中国近代、现代历史和中国现代革命的产物，而且是中西方文化交流的产物，也是马克思主义思想体系与中国优秀传统思想文化相结合的产物。这两个方面又是紧密结合、不可分割的。由于具有这些特点，鲁迅的思想，博大精深，内容广泛，思想开阔，理论深邃，熔政治、哲学、历史、教育、文学、艺术于一炉，具有既深且广的丰富性，是毫无愧色的百科全书。也正因为是这种情况，所以鲁迅的方向，能够成为中华民族新文化的方向。

一

鲁迅一走上战阵，就带着浓重的文化战士的风貌，他与那些活跃在辛亥革命酝酿期的风云人物显然不同。他活动的领域，不是政治、军事战线，也不是一般的思想宣传战线，而是思想文化战线。

正当辛亥革命的领袖们和一大批风云人物劳碌奔波，时而浪迹海外，时而潜入国内，结交英豪，选拔勇士，扔炸弹，挥刀枪，发动起义，忙得马不停蹄，而无暇顾及思想战线上的"起义"时，鲁迅却把主要精力放在这件工作上，以深沉睿智的英俊姿态，走上启蒙运动的战场，他把注意力放到人民群众和他们的思想觉悟上。在他看来，中国是落后的，人民麻木、愚昧。但是，他面对这一现实所得出的结论，却同当时许多资产阶级革命家大不相同。他不是主张抛弃这些"庸众"，由少数英雄豪杰来包打天下；也不是以救世主自居，居高临下，恩赐群众以幸福；或者如另一些革命家所说，群众落后是天生的，只有等待别人来替他们谋幸福。鲁迅一面认为群众处于麻木状态，同时却强烈地认为这种状况应该打破，也可以打破。所以要设法促使他们觉醒，呼唤他们走上斗争的战场，为自身的幸福解放而起来斗争。在这个问题上，鲁迅早期和前期基本上虽然是唯心主义的英雄史观（它的另一面就是"群众落后"论），但是他却具有两个突出的优点：第一，他把注意力放在人的研究上，重视人的力量。因此在这时期，他首先写了《人之历史》，然后，一篇又一篇，都在一般地探讨人性，具体地探讨中国人的国民性。第二，他把希望最终寄托在人民群众的觉醒上；他的期望、呼唤先觉之士即"天才"出现，是希望、要求他们出来唤醒、教育群众。当然，这两个命题都是唯心主义的，带着轻视群众的色彩，但却带着一个突出的优点，即抓住了"人"这个根本。这是鲁迅的一个长期起作用的积极的思想要素，也是他后期能够转变的最初的、最根本的思想酵母。

正是在这个以"人"为根本的思想基础上，鲁迅建立起自己的理论框架。贯穿在他这时期所写的几篇文章中的，有一根红线，这就是人，人性，人性的进化、改造与发展①。人是核心，是主角。他肯定人类"自卑而高，日进无既"，是不可违反的自然规律。他赞颂科学是"人性之光"，能照亮人类进化的途程，并给人类以热和力，发展健全自己的本质。同时，他又提出，除了科学，文学艺术也是"致人性于全"的不可缺少的方面："人群所当希冀要求者"，不仅要有科学家牛顿、哲学家康德，而且要有诗人莎士比亚、画家拉斐尔、音乐家贝多芬。鲁迅在这里列举了文化的几个最主要的方面，认为要以这些学科为手段，来建设人类的精神文明，发展完全的人性。

马克思指出：

> 理论只要说服人，就能掌握群众；而理论只要彻底，就能说服人。所谓彻底，就是抓住事物的根本。但人的根本就是人本身。②

鲁迅正是抓住了"人"这个根本，而使自己的理论带有相当的彻底性。他的深刻，他的可贵，他的高出于当时的思想界，就表现在这里。

---

① 鲁迅这时期所写的论文计有：《人之历史》、《科学史教篇》、《文化偏至论》、《摩罗诗力说》和未完成的《破恶声论》。

② 马克思：《〈黑格尔法哲学批判〉导言》，载马克思、恩格斯：《马克思恩格斯选集》第1卷，人民出版社，1972，第9页。

中国的沉沦凋零，不就是中国人民的苦难吗？要革命，推翻清朝政府，反抗帝国主义，不就是要解人民于倒悬，使人民获得幸福吗？而要实现这个目的，就要唤醒人民群众。这理论不是抓住了根本，相当彻底吗？当然，鲁迅这时的思想也是"倒立"的。他所谓的"人"，是"头脑朝下"的：思想文化成为社会发展的基础了。他也仍然没有能够摆脱他的前人都曾陷入的、用唯心主义无法摆脱的循环圈：今天群众的落后是由于人性之坏，要改变环境，首先要改革人性；但要改革人性，又必须改变环境；只是环境又要由人来改变，然而人却很落后。怎么办？就只有寄希望于"天才""英哲"了。

有人说，鲁迅的思想是生物进化论，有人甚至说鲁迅的人生观是"生物学的人生观"。这显然是不对的，即使是用来说明他的早期思想也是不恰当的。的确，鲁迅自从接触了达尔文的进化论，受到极大的影响，以它为基础而形成了自己的世界观。但是，鲁迅只是接受了他的人由进化而来，还要向前进化的思想，并由此建立了发展的观点，但却从来不把人仅仅看作动物、生物，从来不把人的进化看作与动物的进化等同。在《人之历史》中，他不是就指出了"人类之能，超乎群动"吗？如果说在这里还只不过是说人类超过各种动物，即人为万物之灵，还不足以证明他把人和动物在本质上区别开来，那么，在其他几篇论文中，他都是明显地多方面地说明了人与动物的区别的。在这些文章中，他说到理想、科学、文学、艺术等对于人性的影响和人性具有这几方面的感受能力的重要；他还论述了人性与社会、与文明（物质文明和精神文明）交互影响，共同发展的情况。这都说明，他既把人看作比动物复杂得多、丰富得多，更把人看作社会的动物。而且特别重要和可贵的是，鲁迅总是先从一般地探讨人性出发，然后便具体深入到中国人，特别是20世纪初叶的中国人的国民性问题上来。在他的具体的、生动的论述中，我们可以看到，他的文章中活动着一个幽灵，他哀伤、幽怨、孤寂、彷徨，但要上征，要前进，要改变现状，他痛苦难当，"衷悲而疾视"，"冲决嚣叫，状犹狂酲"。这情状，这形象，当然不属于某种生物之类，也不是抽象的、一般的人，而是中华民族的子孙，黄帝轩辕的后裔，20世纪初叶的中国人。

鲁迅之所以能够这样来看待人，发挥这种既深沉又现实的思想，不是偶然的。首先，它有着深厚的生活基础和感情基础。鲁迅的父亲的病与死，曾经对他日后的生活道路和思想感情打上深深的烙印。姑母的不幸死去①，弟弟的夭折，也曾使他受到过感情上的震荡。其他族人的或堕落或惨死，也曾引起他长久的沉思。他在由于家庭变故到农村避难的生活中，接触了农民，他在家庭由小康坠入困顿的途中，经历了世态炎凉，看清了世人的真面目，同时通过自己的不幸遭遇，再深切地感受农民的不幸，并产生同情。这是鲁迅的感情通向人民的桥梁。所以他说："我很感谢我父亲的穷下来（他不会赚钱），使我因此明白了许多事情。"②他还说，他原来，"看得劳苦大众和花鸟一样"。但后来"逐渐知道他们是毕生受着压迫，很多苦痛，和花鸟并不一样了"③。这都是生活给他的教育。鲁迅看到了人民群众的痛苦与不幸，也感受到他们对于改善不幸生活、摆脱痛苦命运的愿望。无论是阿Q还是闰土，也无论是祥林嫂还是单四嫂子，都是在驾着生活的小舟在苦海中挣扎，曲折地透露出无可奈何的哀怨与隐约的不满。这些艺术形象都来自鲁迅锐敏的生活体察和深厚的素材的积累。这反映了中国人民已经不能再照旧生活下去了，他们在痛苦中呼号、挣扎，在悲愤中反抗、奋斗。他们开始在昏睡与不幸中睁开惺忪的双眼，将要觉醒了。鲁迅的对于麻木的抨击和对于觉醒的呼号，正是反映了人民的苦难的处境和麻木的精神状态，以及摆脱不幸命运的强烈愿望和反抗斗争的无力这样的矛盾。历史进入了革命的暴风骤雨的前夜。鲁迅笔下的"人"的形影和对改变异化了的"人性"的期望，正是民族的、人民的心声的反映。作为年轻的精神界之战士，他反映了人民的愿望，他是人民的情绪的表现者，人民思想的代言人。

二

作为伟大的文化战士和共产主义思想文化的先驱，鲁迅的思想是东西方文化交流的产物，是外来的马克思主义革命的理论体系与中国优秀民族文化传统相结合的产物。它的产生，有着深刻的历史原因并反映着

---

① 与鲁迅感情很好的小姑母死去后，鲁迅曾写祭文悼念并谴责小姑母在重病中所说的来接她的"红蝙蝠"，说："这是神的使者还是魔鬼呢。"事见周遐寿：《鲁迅的故家》，人民文学出版社，1957，第145页。

② 《书信·一九三五年八月二十四日致萧军》。

③ 《集外集拾遗·英译本〈短篇小说选集〉自序》。

时代精神。

　　鲁迅在少年时代，就接触和接受了比较丰富的中国传统文化。由于他的祖父和父亲两辈老人的某种程度上的开明①，还有他的一位叔祖的友谊与影响，他从开蒙时起，一方面固然受到封建思想文化的教育，但同时也比别的台门子弟接触到更多的优秀的民族文化。他从小就幸运地被允许阅读《西游记》《三国演义》以至《石头记》《西厢记》这类小说、剧本，而且也看了一些野史稗书。他从中吸取了我国封建社会文化遗产中的民主性精华。特别值得重视的是，他从民间艺术，包括年画、剪纸、民间戏曲以至民间宗教迷信活动中的"文艺"形式中，受到熏陶，这是他从民族、民间文艺中所得到的最好的营养，这是使他从思想到艺术通向人民的桥梁。在这个时期中，他虽然接受了封建文化的灌输和影响，但却是被动的。对有些东西，如灭绝人性的封建道德说教、枯闷的封建教育方式，他的童稚心灵里，自然地产生反感，因而成为一种不自觉的抗毒素。而另一方面，对于民间艺术，对于通过这种形式所表现的生活与文化知识，他却是打心眼里热爱，始终兴趣盎然的。对鲁迅来说，两者相比，前者的影响要小而容易消除，后者的熏陶，则潜移默化为思想的血肉，其影响历久不衰。

　　当他进入青年时代后不久，便在南京接触到西方的自然科学和哲学、文学。这使他打开了眼界，走进了一片文化新地，开始逐渐形成一个以进化论为标志的新的世界观，从此慢慢树立起以近代自然科学为基础的唯物主义思想。这一强劲的"欧风美雨"，加上康梁维新运动的兴起，从政治思想上打开了他的眼界，使他在少年时代初步接受的文化思想发生了分化：一方面是封建糟粕被逐一清算，直到他感到"绝望于孔夫子和他的之徒"，同封建文化从思想上决裂；另一方面是东方文化的民主性精华和外来的进步西方文化相结合。这时候，鲁迅作为封建社会的最后一代知识分子，已经最终地结束了；而作为一个新的知识分子、未来的先进思想文化战士，他开始打下了把东西方文化结合起来，产生新文化、新思想的初步基础。在日本的7年中，他进一步学习了西方近代自然科学，加深了这方面的基础。在东京的几年中，他以如饥似渴的热诚广泛学习西方人文科学的各个方面。但同时也没有失去对自然科学

---

① 参阅本书《在由小康坠入困顿的途中成长——论鲁迅的少年时代》一文。

的兴趣，仍保持一般的涉猎。他这时对于西方进步文学的爱好和学习的勤奋，引起了日本友人的注意，并给予报道，认为"周氏兄弟"（鲁迅与周作人）是当时留学生中仅有的两位懂得欧洲文学的价值并辛勤阅读的人。从新近公布的鲁迅在东京写的《拟购德文书目》中，我们可以看到那时鲁迅涉猎的广泛，其中包括哲学、美学、文学、文学史、地质学、动植物学、医学和美术等多种学科。鲁迅的这种对于西方学术文化的广泛而深入的学习，对形成他的文化思想具有重大的意义。这使他开阔了眼界，接受了与东方文化迥然不同的西方文化体系，并吸取其精华。但同时，鲁迅又对中国传统文化深入学习，如对《离骚》的热爱，对唐代诗人李商隐等人作品的诵读，还从国学大师章太炎学语言文字学。而且，他还密切注意考察欧美物质文明和精神文明的实际，就近研究和观察日本明治维新以后的发展史和现状。这时的鲁迅，在寻求救国救民的真理的征途上，以深沉的爱国情绪，以"我以我血荐轩辕"的献身精神，以广泛的涉猎和深入的钻研，全面地考察和衡量了东西方文化的利弊得失。他对于这项工作，提出两条原则：第一，要"外之既不后于世界之思潮，内之仍弗失固有之血脉"。第二，反对"近不知中国之情，远复不察欧美之实，以所拾尘芥，罗列人前"①的学人皮毛的做法，要求结合中国的实际，学习西方文化的精华。这两条原则是紧密相连、互为因果的。第一条可以说是总体要求，第二条则是实施方案。为了达到第一条所提出的目标，必须以第二条为确实保证。鲁迅在当时能够创造性地概括出这样两条原则，并且在自己的实践和文章中贯彻实行，表现了他的态度的踏实、思想的深刻、眼光的敏锐。他既与抱残守缺的"死抱国粹之士"划清了界限，又同"言非西方之理弗道，事非合西方之术弗行"的全盘西化论者根本不同。更为可贵的是，鲁迅的根本出发点，一直是为了解救民族的危难，改变国民的劣根性。这是他能够坚持上述原则的根本保证。

鲁迅在以后的战斗途程中，为建设和发展中华民族的新文化而奋斗，一直是坚持贯彻他自己在最初走上战阵时提出的这个根本原则的。当然，随着中国革命的发展，中国以五四运动为历史分界的新文化运动的兴起、前进，同时也随着鲁迅自己的革命实践和思想的发展，他的这

---

① 《坟·文化偏至论》。

个最早确立的原则，也在不断丰富、提高、发展。值得注意的是，就像长江大河的流程虽有曲折回环但总趋势是奔腾向前一样，鲁迅的这一建设中国新文化的思想，也有时表现得似乎离开了自己原订的原则，而其实却不过像是激流中的水上的泡沫一样，是表面的现象，实质上并没有违背这一原则。比如，在五四运动期间的一些文章言论，即有此种情形，而且确也引起了一些误解。但误解只是误解，并不能掩盖实质。这一点，我们将在后面再作详细论述。

当鲁迅的思想发展到辩证唯物主义和历史唯物主义的高度的时候，这个原则也逐渐得到马克思主义的改造。他非常精粹而透辟地提炼成一个词，叫作"拿来主义"。根据鲁迅在《拿来主义》一文中的发挥，特别是他在其他文章中的广泛论述和他的实践，这拿来主义的内涵是很丰富的。主要的有这样几点：第一，既然叫作"拿来"，自然是从本国本民族的利益和实际情况出发，从外国摘取、引进；第二，在态度上是主动的，不是由外国人送来、输入以至侵入；第三，是有所选择的；第四，拿来了要消化、利用。鲁迅曾经多次赞赏汉唐两代引取外域文化营养的恢宏豁达的气魄和能力。总之，他的思想的实质是，既要大胆地、主动地、积极地去吸取外国文化的有用东西，为我所用，又要使之民族化，从而有所发展，有所创新。

我们看到，鲁迅的建设中国新文化的几十年的奋斗史，正是按照这个原则来进行的。这是一个正确的方向，也是中华民族新文化的方向。我国从"五四"以来的新文化运动的方向与主流，成就与经验，都体现在鲁迅的思想著作中，他是主要的代表。我们今天发展社会主义文化和精神文明，所要遵照的原则，仍然是鲁迅所提出和执行的原则，我们所要遵行的方向，也仍然是鲁迅所开辟的方向。当然，长江后浪推前浪，我们在遵照这个方向前进时，不仅在事业的发展上，无论广度和深度都已经超过鲁迅，而且在基本原则方面，也要有所发展，不断提高。正如鲁迅所说要"自卑而高，日进无既"地前进。这是既符合鲁迅的思想，又符合事物的客观规律的。

三

有人说，鲁迅的思想同陈独秀、胡适一样，也是"全面反传统"，他只是对于中国传统中的某些好的因素能有所肯定。这自然是一种误解。鲁迅的思想不仅作为整体来说不是全面反传统，而且无论在哪个时期，也不是全面反传统的。从整体来说，鲁迅文化思想的渊源，是彻底批判了中国传统思想文化中的封建性糟粕，经过严格挑选吸收其中的民主性精华而形成的；后期，他更在马克思主义的基础上，对前期思想进行了加工改造，形成了属于共产主义范畴的思想文化的精华，从而成为中国伟大的共产主义思想文化的一面光辉旗帜。无论在早期、前期或后期，鲁迅都是以改造过的中国传统思想文化的优秀部分为基础的，他从来不是全面反传统。1907 年在日本东京时期写的《文化偏至论》中，他一开始就指出，如果"抱残守阙"，就会"以底于灭亡"。因此，他主张："必洞达世界之大势，权衡校量，去其偏颇，得其神明，施之国中，翕合无间。外之既不后于世界之思潮，内之仍弗失固有之血脉，取今复古，别立新宗。"①这里的"今"就是指西方先进的自然科学与人文科学，所说的"古"就是中国民族传统文化中的优秀部分。这就是说要在中国思想文化的"血脉"基础上，吸收外国进步文化来形成和发展自己的新的思想文化体系。事实上，从当时鲁迅的著作中，已经可以洞见这种思想文化体系的雏形。所谓"全面反传统"，当然不是扫荡一切民族文化，留下"白茫茫大地一片真干净"，而是完全用别的东西来充填。因此它的另一方面的意义就是全盘西化了。这是完全不符合鲁迅思想和行动的实际的。鲁迅早在写《文化偏至论》时，就特别提出了西方当时思想文化的流弊。他根据这种事实，结合对于中外历史的观察，得出了在文化发展的历史长河中，必然产生"偏至"的规律性认识。可见他对已经进入帝国主义阶段的西方文化的弊病，具有何等深刻的认识和敏锐的感受。他写道：

> 林林众生，物欲来蔽，社会憔悴，进步以停，于是一切诈伪罪恶，蔑弗乘之而萌，使性灵之光，愈益就于黯淡。②

从这段评论中可以看到，鲁迅对于帝国主义阶段的资产阶级思想文化的"通病"是抓住了根本，抓住了要害的。他并且根据这种认识，提出了中国既要学习外国，发展物质文明，吸收外国的进步思想文化，又

---

① ② 《坟·文化偏至论》。

要避免这种"社会为之憔悴，性灵之光黯淡"的弊病。当然，鲁迅在追溯产生这种弊病的原因和寻求解决方案时，得出了错误的结论，陷入了历史唯心主义。他以为究其原因，西方文化的弊病是由于物质文明发达产生了"偏至"，因此解决的办法就是"崇奉主观"，"张皇意力"。因此，他郑重提出要避免西方社会已经产生的思想文化弊端的理想与目标，并且设计了具体方案，这就是"掊物质而张灵明，任个人而排众数"。鲁迅提出这个方案的主要根据，自然是中国的社会状况和当时思想界的状况。但也包含了他远察欧美文化之弊端，接受教训而提出的预防措施。在这里，鲁迅显然既不是全面反传统，也没有想要全盘西化。他倒是颇为慎审和警惕的。

鲁迅在五四运动爆发前几年的沉默时期，与在日本时期相反，曾经深入地钻研了中国的历史和古籍。这好像是在对"外"进行了广泛深入的探究之后，回过头来对"内"深研一下中国的传统文化。但不同的是，当初在国外是吸收外国文化的精英为主，也没忽略它的缺陷与弊病，而现在，主要目的却是探求民族衰敝的根由、国民性的败劣的渊源，探索中国固有文明零落的症结所在和摆脱封建思想文化羁绊的途径。但是却也并没有全盘否定，对于它的优秀传统部分，他不仅看到了，而且感情深处是十分珍爱的。这为他当时和以后的实践所证明，虽然在当时他所得出的结论是相当尖锐的。他说：

> 我看中国书时，总觉得就沉静下去，与实人生离开；……
> 中国书虽有劝人入世的话，也多是僵尸的乐观；外国书即使是颓唐和厌世的，但却是活人的颓唐和厌世。
> 我以为要少——或者竟不——看中国书，……①

这倒真是颇有点全盘否定中国传统文化的味道。但是，对于这段话，必须持分析的态度。首先，这篇文章是有感于当时胡适之流以青年的导师自居，开列一大堆书目，把青年引入故纸堆、研究室，使之脱离实际斗争而发的，他讥刺论敌的情绪是很激烈的，充满了愤激之情。第二，这是拿言与行二者孰轻孰重对比来看的，即不读中国书无非是不会作文，而在中国重要的是行动。第三，这段话的确表现了当时新文化运

---

① 《华盖集·青年必读书》。

动中的先驱者比较普遍存在的"好就是绝对的好，坏是绝对的坏"的形而上学观点。但是这篇短文，是直刺封建文化要害和鼓吹"踱进研究室整理国故"的论客的一把匕首，而不是一篇从容、全面、周到、论说的学术论文，它主要的是表现了鲁迅的革命民主主义的激情与坚定立场，表现了他对封建文化的痛恨与对其毒害作用的极度悲愤。

更重要的是，鲁迅这个时期的实践和以后的行动都证明了他不是全面反传统的。有一个十分值得注意的现象：正是在这个时期，鲁迅注意收集整理中国古籍，搜集、抄录、整理、改订，作出了巨大的成绩，在学术上显示了他的独辟蹊径的工作和独到的深刻见解，取得了中国学术界独放异彩的成就。他收集整理了《会稽郡故书杂集》，校核了《嵇康集》《云谷杂记》《岭表录异》等古籍，特别是从大量古籍中搜集了中国古代小说和唐宋传奇，整理成了《古小说钩沉》和《唐宋传奇集》两部中国古小说的集成。同时，他还不惜花费巨资，收集了大量汉画像拓本。更令人称颂的是，他开创性地写出了中国第一部小说史《中国小说史略》。这些实际工作方面的突出成绩，正是他在行动上对传统文化作剔除糟粕、吸取精华的工作的有力证明。这部分颇费时间精力、颇需工力、业绩辉煌的工作，无论如何不能成为全面反传统的证明，而只能由此得出相反的结论。

后来，鲁迅在广州作《魏晋风度及文章与药及酒之关系》的讲演，论述了我国魏晋时代的文学，对曹氏父子、建安七子和竹林七贤都作了深刻的、恰当的、精辟的评价与分析，对魏晋时代的文学在理论、创作上的特色与优点作了充分的肯定。这都表明他对于这时代的文学以至整个中国古典文学有着深湛的研究，独到的见解，这当然都不是一个全面反传统者所能做到的。大家知道，鲁迅一直打算写一部中国文学史，他为此广泛地收集材料，深入地研究，直到晚年仍在坚持进行，甚至都已经有了写作大纲。从这个大纲可以看出，这部文学史如果写出，是颇有特点、见解独到的史学力作。根据许寿裳、冯雪峰、增田涉等的回忆，这大纲是这样的：

（一）从文字到文章；

（二）"思无邪"（《诗经》）；

（三）诸子；

（四）从《离骚》到《反离骚》（汉）；

（五）酒、药、女人、佛（六朝）；

（七）廊庙与山林（唐）。①

这个大纲至今还保留着他的思想与学术价值。这当然更不是一个全面反传统的人所能写出的。

1927年鲁迅写《当陶元庆君的绘画展览时》，提出了对于陶元庆绘画的评价，他指出：

> 他以新的形，尤其是新的色来写出他自己的世界，而其中仍有中国向来的魂灵——要字面免得流于玄虚，则就是：民族性。
>
> …………
>
> 陶元庆君的绘画，是没有这两重桎梏（指传统的旧桎梏与外来的新桎梏——笔者）的。就因为内外两面，都和世界的时代思潮合流，而又并未桎亡中国的民族性。②

这里评价的是绘画，但它却很好地论述了文化上的一般性原则。鲁迅的论点很明确，新文化一方面要合于世界的和时代的思潮，具有"新的形和新的色"；另一方面，又要仍有中国向来的灵魂，"并未桎亡中国的民族性"。鲁迅这时是以很广很深的历史与时代的视野来观察这个问题的。他既感到六面袭来的世界的时代思潮，又看到拘禁着今人的"三千年陈的桎梏"。他高兴地看到并鼓励人们的"觉醒，挣扎，反叛"，指出这是要"出而参与世界的事业"。此时鲁迅表现了文化革命旗手的深邃的眼光与深刻的思想。

鲁迅在后期，掌握了马克思主义，在对待传统文化的态度和如何建设中国新文化的问题上，达到了成熟的马克思主义的高度，至今仍值得我们学习和借鉴。鲁迅指出：

> 因为新的阶级及其文化，并非突然从天而降，大抵是发达于对于旧支配者及其文化的反抗中，亦即发达于和旧者的对立中，所以

---

① 增田涉：《鲁迅的印象》，载鲁迅博物馆、鲁迅研究室、《鲁迅研究月刊》选编《鲁迅回忆录（专著）》下册，北京出版社，1999，第1402-1403页。与许寿裳的《亡友鲁迅印象记》中所记略有不同，中间缺（六），原文如此。

② 《而已集·当陶元庆君的绘画展览时》。

新文化仍然有所承传，于旧文化也仍然有所择取。①

这里，鲁迅非常深刻透辟地指出了新旧文化的关系。首先，他指出，新文化是从旧文化中来的，它不能从天而降，而是从旧文化的基地上生长发育起来的；第二，它对于旧文化是要反抗的，因为两者是对立的，新文化正是在这种对立、反抗中发展起来的。但是，对立不是隔绝，反抗不是销毁，因此对旧文化还是有所承继和择取。要剔除其糟粕，吸取其精华。这里充满了辩证法。根据这种总的认识和基本方针，鲁迅还提出了发展新文化的两条路：

> 采用外国的良规，加以发挥，使我们的作品更加丰满是一条路；择取中国的遗产，融合新机，使将来的作品别开生面也是一条路。②

这同样是两方面的需要与作用都说到了：要从遗产中择取精华部分，并且和"新机"（新的内容、新的生活、新的需要等）融合起来，使新文化别开生面。同时，也要从外国吸取好的东西，并且加以发挥，使新文化更加丰满起来。

当然，旧文化是一个整体，精华和糟粕部分不是像几块积木一样拼凑在一起，用手一掰就分开了的。两方面的东西是错综交织在一起的，所以需要剖析、剔除。这工作不仅是麻烦的，而且要有眼力，有水平，不是轻而易举的。但是在这种混杂中，确实存在着精华，不能把洗澡的小孩同"脏水"一起倒掉。鲁迅对此有一个非常贴切，也非常深刻的比喻：

> 一道浊流，固然不如一杯清水的干净而澄明，但蒸馏了浊流的一部分，却就有许多杯净水在。③

这比喻何等贴切！中国传统的思想文化固然被大量的封建糟粕所污染，像是一池含秽纳浊、毒菌丛生的污水。但是，把污浊的杂质除去之后的蒸馏水，却是干净而澄明的。这正可以比喻新文化之脱胎于旧文化

---

① 《集外集拾遗·〈浮士德与城〉后记》。

② 《且介亭杂文·〈木刻纪程〉小引》。

③ 《准风月谈·由聋而哑》。

而又与旧文化根本不同。

鲁迅作为伟大的文化战士，在言论和行动上，都是既吸收外来文化的"良规"，又继承固有文化的精华的，他正是这样来创造了中国的新文化，开辟了中国新文化的道路。

鲁迅新文化观及他所体现的中国新文化的方向，至今仍然是我们建设和发展社会主义文化和精神文明的方向，是引导我们前进的指针。我们应该认真深入地学习和研究他的遗产，并发扬光大之，这是我们建设高度精神文明所必不可少的工作。

伟大窃火者的足迹与丰碑

——鲁迅与马克思主义

鲁迅曾经把在旧中国传播马克思主义，比喻为普罗米修斯窃火给人间。这火照亮了中国革命前进的道路。而且这又是摧毁反动统治的"炮火"，因此鲁迅又把翻译传播马克思主义，称为给奴隶起义"偷运军火"。对于他自己，他则说，窃得火来，是为了"煮自己的肉"，就是说用马克思主义来改造自己，武装自己。鲁迅的这些话，是他从中国革命和他自己的实践中，得出的对于经验的总结和对于真理的认识。这真理，今天对于我们，不仅保有历史的价值，而且具有现实的意义。

有人把鲁迅说成一开始就是马克思主义者，或者把他的思想转变的时间任意提前；但也有人作着另一种文章，大讲鲁迅接受了马克思主义之后，就"创作力衰退了"云云。这一褒一贬，大相径庭，但却殊途同归，同样都抹杀了历史的事实，歪曲了鲁迅的原貌，是同样有害的。因为，无论前者或后者都否定了马克思主义思想和理论的意义，虽然前者是拥护马克思主义而后者则是反对的。

鲁迅以马克思主义为归宿是历史的必然

事实上，鲁迅一开始并不是马克思主义者。如果从他在日本投身辛亥革命的思想发动工作，开始了自己的革命文学生涯算起，到1927年他成为马克思主义者为止，这中间，是一段横跨两个革命阶段，长达20多年的思想历程。在这20多年中，中国社会和中国革命，正好经历了一个从开始传播马克思主义到马克思主义在中国与工人运动相结合，并产生了中国共产党和这个党所领导的中国革命深入发展的漫长而艰苦的斗争过程。鲁迅的思想发展，正是这个历史过程在一个探求救国救民的道路的真理的思想家身上的具体反映。一颗水珠，反映一个世界。鲁迅所反映的正是马克思主义在中国曲折艰难地发展的过程，正是马克思主义在中国获得越来越多的群众和越来越多的群众（包括知识分子）在马克思主义指引下逐步革命化的过程。这可以说是从"宏观世界"的角度，所看到的鲁迅以马克思主义为归宿的历史必然性。

当然，在这种必然性面前，人们拥有自由选择的权力：或者走历史必由之路，或者相反。从鲁迅的思想发展和个人品性素质来看，走上这条历史必由之路，也是顺理成章的必然结果。鲁迅在个人品性素质上具有一种特别的、突出的优点，这就是他的始终不渝的对人民、民族、祖国的深沉的热爱和不惜为之牺牲的圣洁感情。"我以我血荐轩辕"，既是他矢志不渝的誓言，又是他光辉生平的真实写照。既然如此，他就终生不为个人的利害得失打算，不致因一叶障目而不见泰山，却能够不惜历尽坎坷与艰险，去探求真理服膺真理，向着真理的火炬前进。当然，这种个人的品性素质，也不是天生的，而有着不可忽视的"后天获得性"。在鲁迅的战斗一生中，有三个特点，成为他通向马克思主义的通途。第一，始终深情地关怀人民，人民的解放是他的全部活动和事业的出发点与核心；第二，始终投身于现实斗争，并通过激烈复杂的革命斗争检验各种学说和理论；第三，始终从探索"救世良方"出发，而努力学习、解剖自己，不断前进。这三者，不仅是互相联系的，而且是互相影响、互为因果的。也可以说，三者同出于一源。

鲁迅在很早的时候，即在他的青少年时期，就表现了深切的对人的关怀的感情。他在1903—1907年的数年中，从事民主革命的思想发动工作，所写的几篇重要论文，着眼点就是人。他写了《人之历史》（1907年），追索了人的进化的途程。《科学史教篇》《摩罗诗力说》宣传科学，提倡文艺，从史的角度，以发展的观点，探索了人性发展的途径和前景。他还写了《文化偏至论》来探究人性发展的教训与规律。他的总的愿望与理想就是要把中国这个"沙聚之邦"，变成"人国"；要使"人性"达到"全"（完美）的程度。到了"五四"时期，他揭露了"礼教吃人"的惨剧，发出了"救救孩子"的呼号①。《我们现在怎样做父亲》和《我之节烈观》等文，同样是着眼于人——儿童和妇女的解放。

---

① 按照鲁迅自己当时的解释，"救救孩子"，就是"解放了我们的子孙后代"。

后来，他更是以自己全部的精力，为人民的解放而斗争不息。鲁迅这种思想素质，是同他对人民生活的接触、感受分不开的。"问渠那得清如许？为有源头活水来"。人民生活就是他的思想素质的"源头活水"。鲁迅很小的时候，便接近了农民的生活，了解到他们的命运。特别由于他是在家道中衰更容易与人民的苦难之心相通的时候接触农民生活的，这就在他心里种下了良种。以后，他始终是怀着一颗伟大的人道主义者的心，关注着人民的生活与命运的。鲁迅的这种思想，实际上反映了一种深刻的历史内容：人民深受苦难，渴望翻身解放。他的关注与同情，正是人民这种愿望在一位思想先驱的代表人物身上的反映，也是人民的苦难和愿望的人格化的表现。

当然，鲁迅这种对于人民的关怀，是同他始终参加现实的革命斗争分不开的。在斗争中，他不断接触人民、了解人民，学习他们的优良品德，感受他们的痛苦、命运与愿望，逐渐认识人民的力量。与现实斗争的密切联系，不仅是促使他走向人民的通途，而且是鉴别各种学说和思潮，决定取舍的测试仪。

鲁迅一生接触了各种各样的思潮与学说，广泛地涉猎了古今中外的各方面的知识，他始终在探求人民解放、民族独立、祖国富强的道路与方案，为此，他不断地学习。他是那样的忠实热情，那样的英勇刻苦，那样的坚贞不屈，确实令人惊叹和感佩。

在俄国十月革命之后，中国人民在寻求解放的道路时，发现了马克思主义，并在斗争中学习、在学习中斗争，逐渐懂得了：只有马克思主义能够最深切地表达他们的苦难，能够最透彻地剖析和说明一切苦难产生的根源，因而也就能最科学地阐明怎样来铲除这个祸根，并指出社会发展的光辉前途，以及达到这一光辉前途的正确道路。它是那样放射着真理的光芒，具有磁石般的吸引力，使越来越多的人把眼光转向了它，拿它来作为自己的斗争武器，把自己的理想汇入这个科学的思想体系中。鲁迅正是通过上面所说的三条通途，循着这样一个逻辑的发展过程，走向了马克思主义。作为一个热烈的爱国主义者、诚挚的真理的追求者、伟大的人民的代言人，他是无论如何不能不受到马克思主义的吸引，不能不把自己的心奉献给这个人类历史发展的新阶段所产生的新的思想体系的。

中国自从太平天国运动被中外反动派用洋枪洋炮残酷地镇压下去之后，便结束了连绵起伏达2000年之久的农民起义，而进入完全意义上的资产阶级民主革命的发动与发展时期。从这时期起，中国人民中的爱国的先进人士，便不断探索救国救民的道路，并且把眼光转向西方和日本，从物质与精神两个方面寻求武器。到20世纪初，才开始接触并介绍马克思主义。过了大约十几年，在五四运动时期，终于产生了第一代马克思主义者。从此，开始了一个马克思主义与中国工人运动、中国革命实践相结合的过程，也就是中国人民学习、掌握、运用马克思主义的过程。这种结合，几十年来充满了内部与外部的斗争，经历了失败的挫折，付出了血的代价。但不管如何曲折、艰苦、漫长，总的趋势总是马克思主义一步步在中国的土壤里扎根越来越深，取得的胜利越来越辉煌。在这个过程中，产生了几种不同的代表人物，在他们身上，印着历史的脚步，反映了历史的面貌。鲁迅、李大钊、陈独秀便是这些代表中最突出的人物。

鲁迅与李大钊不同，他不是很快便接受马克思主义，不是中国第一批共产主义知识分子。鲁迅经过漫长、曲折、艰苦的道路，最后终于成为伟大的马克思主义者。鲁迅、李大钊、陈独秀走过的三种不同的道路，对中国知识分子有着重大的意义。鲁迅作为伟大的文学家、思想家和革命家，他的思想经历，深刻地反映了中国革命的发展过程，反映了中国人民革命化的过程，反映了一条历史的必由之路。

鲁迅一直在探索中国革命中几个互相关联的重大问题。这就是：中国革命应该怎样进行？主要依靠的社会力量是什么？革命的目的是要建设怎样一个社会？为了解决这一系列问题，他同时又一直在探索国民性的改造问题。鲁迅的思想发展演变的轨迹，正是循着这样几个革命的关键问题，一步一步地向马克思主义靠近。这道理很清楚：一方面，马克思主义的基本原理与中国革命的实践，一步一步结合，越来越正确地解决了中国革命的方向、道路、方针问题；另一方面，鲁迅在上下求索这种方向、道路、方针的过程中，原来的思想观点中正确的、合理的成分坚持下来并得到发展，不适应的、过时的、错误的则淘汰、抛弃了，同时不断在现实斗争中深切感受到马克思主义的伟大力量，于是逐步靠拢过去。

鲁迅思想的发展，具有两个鲜明的、突出的特点：第一，同中国革命发展的进程相"叠合"，趋向相一致，是这个客观历史过程在一个代表人物头脑中的反映。第二，鲁迅通过总结事实的教训，坚持独立思考，从接触马克思主义，到经过检验而心悦诚服地接受马克思主义，终于成为一个坚定的、成熟的马克思主义者，经历了一个长期的过程。

既然中国革命的发展历程就是马克思主义和中国实际、中国革命相结合的过程，既然鲁迅的思想像一面镜子一样反映着中国革命的这种前进历程，而且，鲁迅前期思想中逐渐积累了许多历史唯物主义的因素，并在探索中不断向前发展，那么，鲁迅思想的发展，以马克思主义为归宿，就不是偶然的、外力所强加的，而是历史的必然，是无可返回、不可动摇的。它反映的正是历史的必由之路。

艰苦的探索与曲折的思想历程

"路漫漫其修远兮，吾将上下而求索"，鲁迅曾经借用屈原的诗句来描述自己探求真理的决心。这很好地概括了鲁迅思想以马克思主义为归宿的发展的长期性与艰苦性。

目前发现的资料证明，**鲁迅早在日本留学时期就接触了马克思主义。**虽然当时的那种介绍不免带着幼稚甚至曲解，但他总算是接触到了。然而，并不像有的论者所说，这种接触给他留下了什么重大影响，以至可以把他的接受马克思主义追溯到辛亥革命时期。事实上，那时他却并未留意，没有"天生"地拥护马克思主义，倒是发生了一种历史的"疏忽"，而对当时起而反对马克思主义和工人运动的尼采哲学，产生了好感，造成一种历史的"误会"[1]。这疏忽与误会，既反映了中国社会生活的落后，也反映了鲁迅的思想还没有接受马克思主义的"内因"。他的思想，在政治上，还是资产阶级民主主义；在理论上，还陷于历史唯心主义[2]。到"五四"时期，李大钊、陈独秀这些具有初步共产主义思想的知识分子开始传播马克思主义；同时，各种思想、学说、主义，纷纷被介绍进来。较之在日本时期，鲁迅虽然对马克思主义接触多了，并且受到了一定的影响，但是，却把它看作诸种学说中的一种而"忽略"了，以至连他所敬重的战友李大钊当时在宣传马克思主义方面堪称主要佳作的文章，他也没有注意。这种忽略，当然一方面反映了马克思

---

[1][2] 参阅本书《辛亥革命时期杰出的"精神界之战士"——鲁迅和辛亥革命》《鲁迅与五四运动》二文。

主义当时在中国的传播还不普遍深入，它与中国革命的结合还刚刚开始，它的正确解决中国革命问题的威力和指导作用尚未充分体现出来；另一方面，鲁迅的一个显著的特点，就是他对待马克思主义，也像对待任何其他理论一样，在他还没有经过亲自实践的考验，并得到证明之前，他是不轻易接受的。他坚持并善于独立思考，而不是不求甚解就匆忙地挂招牌。这一时期，他虽然热情地歌颂十月革命，赞扬俄国人民"所信的主义"和在"刀光火色"中出现的"新世纪的曙光"，但他仍然没有接受马克思主义作为自己的思想指导。这种情况到1924—1926年间，有了很大变化。这主要是因为工人、农民和学生的运动风起云涌，马克思主义与中国革命运动的结合进一步深入，它的正确性一步步为事实所证明。同时，鲁迅在战斗中，不仅看见了、体察了这些事实，而且得出了一些相同的或类似的结论，表现出一种"殊途同归"的状况。比如鲁迅关于"改革最快的还是火与剑"这个结论，同共产党人、马克思主义者对武装斗争的认识；关于群众是革命的基本力量的问题等，都是这种情况。在这个时期，鲁迅曾经经历了苦闷、彷徨，表现了"上下求索"的执着地追求解决中国革命问题的精神与热情。正是在这种苦闷、彷徨与追求的过程中，他更进一步接触马克思主义，许多问题得到深刻的启发，颇有在黑夜摸索前进的人得到指路明灯之感。正是在这个基础上，他说，他思想上不再悲观，并有很大变化。这变化在到厦门以后，便明显地表现在言行之中了。1927年到广州以后，不仅在革命策源地，在共产党的著名人物云集和马克思主义宣传大盛的时候与地方，他更多、更方便、更自觉地阅读马列主义书籍，而且直接从共产党人那里接受马克思主义的宣传，包括口头上的和文字上的。特别是在尖锐复杂激烈的阶级斗争中，他自觉地学习和运用马克思主义来分析形势，观察问题，指导行动。马克思主义照亮了他前进的道路。在四一二反革命政变后的黑暗岁月中，马克思主义更成为他的思想上的火炬。以后，到上海定居的开头几年中（1927—1930年），他更用这火炬来"煮自己的肉"，严格地解剖自己，对自己的思想进行了彻底的清理，自觉地树立马克思主义世界观，终于成为一位伟大的马克思主义思想家，共产主义思想文化的先驱。

　　在这样一个漫长的探索过程中，鲁迅的思想是循着哪几条线索向前发展的？他在长期的探索中，积累了哪些接近以至符合马克思主义基本原理的观点呢？我们认为主要有以下几个方面：

（一）对社会存在决定社会意识这个历史唯物主义原理的认识。

在日本留学时期写的几篇重要论文中，鲁迅十分强调精神文明的作用，把这看作人类进化、社会发展的基因，他对物质文明是轻视的，甚至把它的发展看作由精神、思想所决定的。但是，到"五四"时期，他的这个观点有了改变。他变得十分重视物质基础。他以自己特有的方式，强调了这一点："人类有一个大缺点，就是常常要饥饿。"①他强调肚子饱的人和肚子饿的人，其利益不一致，其议论也不相同。他说：

> 我总觉得人们的议论是不但昨天和今天，即使饭前和饭后，也往往有些差别。凡承认饭需钱买，而以说钱为卑鄙者，倘能按一按他的胃，那里面怕总还有鱼肉没有消化完，须得饿他一天之后，再来听他发议论。②

鲁迅的这个观点，同马克思主义的唯物主义观点是很接近、很近似的。恩格斯曾经指出：

> 人们首先必须吃、喝、住、穿，然后才能从事政治、科学、艺术、宗教等等，所以，直接的物质的生活资料的生产……便构成为基础。③

但应该看到，鲁迅这时的观点，直感的成分较大，而不是一种科学理论的根本论点，如像上述的恩格斯的论点那样，甚至还没有成为他的整个思想的基础而起着重要的作用，而是作为他的一种生活的体验而在立论时发挥作用。不过，鲁迅在这个基础上不断前进，不仅反映了他对生活的观察和体验更为深刻，而且表明他在理论上也不断提高，更向马克思主义迈进。在做了《娜拉走后怎样》之后一年多，再次谈到"吃"这个问题时，他更深刻地指出：

> 因此我们在目前，还可以亲见各式各样的筵宴，有烧烤，有翅席，有便饭，有西餐。但茅檐下也有淡饭，路傍也有残羹，野上也

---

① ② 《坟·娜拉走后怎样》。

③ 恩格斯：《在马克思墓前的讲话》，载马克思、恩格斯：《马克思恩格斯选集》第3卷，人民出版社，1972，第574页。

有饿莩；有吃烧烤的身价不资的阔人，也有饿得垂死的每斤八文的孩子……①

同是吃饭，差别多么大，这里表现的正是阶级的差别。尔后，他又更进一步，在《文学的阶级性》中指出：

在我自己，是以为若据性格感情等，都受"支配于经济"……②

这种表述，已经是马克思主义的了。这说明他已经明确地认识到唯物史观的基本原理了。再后，他在《"硬译"与"文学的阶级性"》中，更生动、具体、深刻地进行了论述：

自然，"喜怒哀乐，人之情也"，然而穷人决无开交易所折本的懊恼，煤油大王那会知道北京检煤渣老婆子身受的酸辛，饥区的灾民，大约总不去种兰花，像阔人的老太爷一样，贾府上的焦大，也不爱林妹妹的。③

这段关于人的阶级性的名言，已经成为我们经常引用的经典论述了。

在《〈艺术论〉译本序》中，鲁迅还概括地论述道，研究艺术问题"须'从生物学到社会学去'，须从达尔文的领域的那将人类作为'物种'的研究，到这物种的历史底运命的研究去"④。这时，他已经是以一个成熟的马克思主义者的姿态，运用马克思主义的术语，但却具有文学家的风格，准确地表述了唯物史观的论点了。

（二）社会的发展是进化的过程，还是靠革命来实现？

对这个问题，大家都很清楚，鲁迅在日本留学时期，在"五四"时期，都是很明白地用进化论的词句来表述的。他说："将来必胜于过去，青年必胜于老人。"他认为生存既是"种族的延长"，更是"生命的连续"，这就是进化。"所以新的应该欢天喜地的向前走去，这便是壮，

---

① 《坟·灯下漫笔》。
② 《三闲集·文学的阶级性》。
③ 《二心集·"硬译"与"文学的阶级性"》。
④ 这里虽然是转述普列汉诺夫的观点，但第一，鲁迅是同意这个观点的；第二，这是鲁迅自己做出的概述。因此，可以看作鲁迅的观点。

旧的也应该欢天喜地的向前走去，这便是死；各各如此走去，便是进化的路。""这是生物界正当开阔的路！人类的祖先，都已这样做了。"①这都是他的典型的表述，是靠"生物学的真理的办法"来解释和论证社会发展的必要性和必然性的。当然，在鲁迅的这些直到"五四"时期仍然鲜明地表现出来的进化论观点中，有几个突出的特点，这就是：第一，用的是生物学的真理，但论证中却充满了社会内容；第二，把"人"明确、尖锐地分为两个对立的集团②；第三，具有鲜明的斗争性。这就使鲁迅的进化论同庸俗进化论和社会达尔文主义划清了界限。这是鲁迅的思想中进步的因素，变化发展的酵母。但是，由于他尚未掌握唯物史观，不懂得阶级和阶级斗争的学说，所以在激烈的阶级斗争和风起云涌的革命运动中，他不能科学地说明社会前进的根本原因和斗争的阶级内容，而使自己陷于在现实斗争中勇猛坚决而在理论上却朦胧模糊的矛盾之中，由此而产生了他的苦闷与彷徨。但是，后来经过辛亥革命后一系列事实的教训，特别是五四运动后女师大风潮、"五卅"、"三一八"等一系列事件，和孙中山在广东筹谋北伐的革命活动等现实的教育，他得出了"改革最快的还是火与剑"的结论，透露出即将冲破进化论思想束缚的消息，体验到革命的必然性和必要性了。到广州以后，亲见了南方工农运动的发展，体察了北伐战争的进展，他做出了这样一个十分重要的论断：

> 其实"革命"是并不稀奇的，惟其有了它，社会才会改革，人类才会进步，能从原虫到人类，从野蛮到文明，就因为没有一刻不在革命。……现在也还没有完。所以革命是并不稀奇的，凡是至今还未灭亡的民族，还都天天在努力革命，虽然往往不过是小革命。③

他这时还把革命分出"大"与"小"来。他称之为"大革命"的是俄国十月革命。这样，他就从关于历史发展的进化论观点，进到马克思主义的革命观点了。

---

① 《热风·随感录四十九》。
② 鲁迅用他自己的语言，在不同的场合，用了不同的说法。压迫者和被压迫者、穷人和富人、绅士和小民、学官和学匪、阔人和狭人、君子和小人等。
③ 《而已集·革命时代的文学》。

（三）进化和革命，主要依靠什么社会力量？

鲁迅对于这个问题，进行了长时期的苦苦的思考、研究与探索，因为这是他从事民族解放和人民革命的过程中必须解决的问题。这个探索经历了漫长的曲折的历程。在日本留学时期，当他以一个青年爱国者的激情参加辛亥革命的准备工作时，他寄希望于"先觉之士"，发出了对"精神界之战士"的呼吁，期望他们出现，来拯救国家民族。在他介绍、论述外国的历史时，也是把赞颂之词奉献给这些英雄与天才。这时候，他把群众看作"庸众"，这当然是英雄创造历史的唯心史观。到"五四"时期，当大批青年知识分子走上斗争的前线，在革命运动中起着先锋和骨干的作用时，他从进化论出发，得出了依靠青年，"青年必胜于老人"的结论，而对于群众，他认为都是冷漠的历史的"看客"。他说："群众，——尤其是中国的，——永远是戏剧的看客。"[1]他说："只好从智识阶级……一面先行设法，民众俟将来再谈。"[2]这种依年龄分优劣的进化论观点，虽然所说的青年的数量已大大超过原来相信的个别的"英哲"，也还反映了当时广大群众尚未发动起来的社会状况；但在理论上，毫无疑问仍属唯心史观的范畴。不过，这时期由于中国革命的蓬勃发展，鲁迅在现实斗争中也看到了青年人的种种不同的表现，因此他同时又说，他知道青年有几种情形，有醒着的、睡着的、颓唐的，当然也有要前进的。这就不是一律看待，抛弃了"凡青年就好"的形而上学结论了。特别值得注意的是，在这时期，他又进一步提出了"天才""是由可以使天才生长的民众产生，长育出来的，所以没有这种民众，就没有天才"这样一个正确命题，肯定了群众的地位与作用，正确地指出了"天才"与群众的关系是花木与泥土的关系。"没有土，便没有花木了。"从而更进一步指出："土实在较花木还重要。花木非有土不可，正同拿破仑非有好兵不可一样。"他赞美"泥土"是"坚苦卓绝者"，它有"伟大的地方"[3]。这都是非常恰当的对于群众的伟大之处的赞歌，对群众的作用做了深刻的评价。这无疑是一个重要的转机。这个发表于1924年初的讲演，说明他已经逼近历史唯物论的边缘。但是，他的思想仍然带着过去的负累的痕迹。他在正确地论述了天才与群众的

123 伟大窃火者的足迹与丰碑

---

① 《坟·娜拉走后怎样》。

② 《华盖集·通讯》。

③ 《坟·未有天才之前》。

关系之后，却接着写道，在当时中国的风气下，"民众是灰尘，不是泥土，在他这里长不出好花和乔木来!"这又表现了从"国民性改造"这个前提出发的对于民众的弱点、缺点的夸大和对群众的轻视了。不过，随着工农群众运动的兴起及其巨大力量的显示，他的思想进一步变化。转过年来，在《学界的三魂》中，他郑重地指出："惟有民魂是值得宝贵的，惟有他发扬起来，中国才有真进步。"①再转过年来，他来到厦门，由于事实的教育，他得出了新的、正确的结论："世界却正由愚人造成，聪明人决不能支持世界，尤其是中国的聪明人。"②这时，他在别的讲演中，还明确地使用工人、农民这些名词并赞颂他们的力量了。到后期，他更称人民群众是"中国的脊梁"，他几次称颂"小民"的"跪香，民变，造反"和请愿；说他们"明黑白，辨是非"，他把自己的全部希望寄托在中国共产党领导下进行革命斗争的工农群众。在这样的发展过程中，其思想一步一步向马克思主义靠拢，发展的轨迹也是十分清晰和稳健的。

同时，在这个前进过程中，鲁迅的阶级和阶级斗争观点，也一步一步地明确起来。他最后总结自己的思想时，前后做了对比，很好地表述了新旧思想的不同：

> 我一向是相信进化论的，总以为将来必胜于过去，青年必胜于老人，……然而后来我明白我倒是错了。……我在广东，就目睹了同是青年，而分成两大阵营，或则投书告密，或则助官捕人的事实! 我的思路因此轰毁，……③

鲁迅在这里把进化论和阶级论相比照而说明对错。以后，他在批判梁实秋的资产阶级人性论和分析种种社会现象时，也都运用了阶级和阶级斗争的观点。他指出社会划分为阶级的事实和不同阶级具有不同利益与不同思想观点的事实，指出"生在有阶级的社会里而要做超阶级的作家"，那是"心造的幻影"；他揭示不同阶级不同的道德标准："被压迫者对于压迫者，不是奴隶，就是敌人，决不能成为朋友，所以彼此的道

---

① 《华盖集续编·学界的三魂》。
② 《坟·写在〈坟〉后面》。按照鲁迅的一贯用法，"聪明人""阔人""君子"都是统治者、压迫者的意思，"傻子""愚人""狭人""小人"都是群众的代称。
③ 《三闲集·序言》。

彭定安文集 4
鲁迅思想研究

德，并不相同。"①

在成为马克思主义者之后，鲁迅最大的不同是懂得了无产阶级创造无阶级社会的伟大历史使命，自觉地把自己的事业以至一切，都与无产阶级的伟大事业融会在一起。他宣布，原来只是对于自己所出身的、熟悉的"本阶级"（即剥削阶级）的溃灭，毫不可惜，而现在则更相信，唯有无产阶级是最有前途的阶级，它担负着人类最伟大的使命——建立没有剥削、没有阶级的共产主义社会的历史使命。

（四）将来建立什么样的国家与社会。

鲁迅早期提出建立一个"人国"。按当时的历史条件和正在进行的辛亥革命的资产阶级民主革命的性质以及鲁迅自己的思想状况看，实质上就是资产阶级民主共和国。到五四运动时期，他又提出建立"第三样时代"的目标，即"做奴隶而不得"和"暂时做稳了奴隶"这样两个不断交替的时代之外的第三种时代。根据鲁迅当时的论述，就其社会内容来看，已经表明了奴隶和主子、统治者和被统治者的区分和对立，并且预期着主奴关系终将彻底改变，因此具有向历史唯物主义过渡的性质。而此后不久，他在厦门大学附设的平民学校开学典礼上讲话时说道：

> ……你们穷的是金钱，而不是聪明与智慧。……你们能下决心，能奋斗，一定会成功，有光明的前途。没有人有权力叫你们永远被奴役，没有命运注定叫你们永远做穷人！②

到广州以后，他更指出了将来要"工人农民得到真正的解放"③。最后，明确了"惟新兴的无产者才有将来"，在将来要建立"无阶级社会"。终于达到了马克思主义的唯物史观的高度。

鲁迅就是这样，经历了20多年的漫长曲折的发展过程，通过在社会改革和人民革命的几个基本问题上的探索，不断接受客观事实的教育，经受革命斗争的锻炼和对自己原有思想的自我批判与总结，达到了辩证唯物主义和历史唯物主义。

鲁迅思想发展的历程，一方面，在客观上反映了中国革命的步履；另一方面，在理论上，反映了马克思主义与中国革命结合的进

---

① 《且介亭杂文二集·后记》。
② 鲍昌、邱文治主编《鲁迅年谱》上册，天津人民出版社，1979，第333页。
③ 《而已集·革命时代的文学》。

程。同时，也是中国知识分子逐步掌握马克思主义的艰苦探索过程的忠实纪录。"中国的马克思主义运动一开始就是知识分子的自我改造运动。"①鲁迅的思想历程正是在深刻意义上体现了这一运动的本质和意义。

鲁迅掌握马克思主义的基本特点

鲁迅几次谈到，他的旧思想的轰毁，"并非唯物史观的理论或革命文艺的作品蛊惑我的"②，而是由于"事实的教训"③。他更详细地说道：

> 即如我自己，何尝懂什么经济学或看了什么宣传文字，《资本论》不但未尝寓目，连手碰也没有过。然而启示我的是事实，而且并非外国的事实，倒是中国的事实，中国的非"匪区"的事实，……④

鲁迅丝毫没有否认理论的作用的意思，而是在理论与事实两个作用力的比较中，强调了事实的作用。他在说到这种事实的教育作用时，还曾经谈到学习马克思主义理论的重大作用，说明通过对于马克思主义文艺理论的学习与掌握，弄清了"先前的文学史家们说了一大堆，还是纠缠不清的疑问"⑤。这就指明了在事实教育的基础上，理论的指导作用。没有理论的指南，仅仅事实的教育，认识不可能深刻透辟，行动难免盲目。我们从上面的"史"的叙述中已经看到，鲁迅每前进一步都是在接受事实的教育的基础上实现的。不断地观察、体验生活，进行深入的思索、探究，然后在理论的指导下，科学地抽象和概括，得出符合事实的、正确的结论，这正是鲁迅学习与掌握马克思主义的最主要的特点。

鲁迅所说的事实的教育，根据他在多处的议论，归纳起来，主要有几个方面：首先，当然是革命斗争的事实，五四运动、"五卅"运动、

① 黎澍：《马克思主义与中国革命·十月革命和中国工人运动》，人民出版社，1963，第56页。

②⑤ 《三闲集·序言》。

③ 《二心集·序言》。

④ 《书信·一九三三年十一月十五日致姚克》。

女师大事件、北伐战争以及四一二反革命政变这一系列重大的历史事件，给了鲁迅以最现实、最具体、最生动的教育，使他看到当时中国社会矛盾的尖锐和严重的程度。其次，工人、农民的革命运动所显示的力量，使他看到了实现中国革命的依靠力量和胜利的保证。第三，马克思主义在中国的传播和对中国革命的指导作用，使他找到了唯一正确的理论和革命的指导方针。第四，中国共产党伟大的领导作用。第五，苏联的存在与发展，使他看清了无产阶级的历史使命与前途。这些事实，综合地反映了中国革命的实质、前进的方向、指导方针、理论原则和革命的主要动力。事实的教育与理论学习结合起来，促进了鲁迅思想的发展。

为了战斗的需要和结合战斗的实际来学习，这是鲁迅掌握马克思主义的第二个特点。他在寻找战斗的武器、前进的方向时，在指导青年的工作中，在整个文学和文化事业的斗争与发展上，总是不断地在寻找正确的指导思想与方针。在"上下求索"的过程中，他广泛地接触了古今中外的各种思潮、学说、理论，包括佛学和尼采思想，也都钻研过。通过比较和战斗实践的检验，他终于认识了马克思主义是唯一正确的科学思想体系，是指导无产阶级革命斗争和文学艺术运动的正确理论。因此，他坚信不移，笃信笃行。理论，在鲁迅那里总是活生生的，是与常青的生活之树结合得紧紧的，总是同战斗的生活血肉相连的，没有半点教条主义或形式主义空论的气息。虽然他从接近到信仰马克思主义的步伐不算快，甚至是缓慢的，但是，却坚实而稳定，一步一个脚印，一经掌握了就付诸实践，而且无反复、不动摇。不仅如此，鲁迅对马克思主义下功夫深，思想根基扎实，因而领会深透，运用纯熟，这方面也是当时许多人所不及的。他的后期的杂文不但是文苑中的耀眼明珠，而且是马克思主义武库中的犀利武器，正是这方面的有力证明。

第三，窃得火来煮自己的肉，这个比喻的说法，非常准确而深刻地表述了鲁迅掌握马克思主义的重要特点。鲁迅时时"更无情面地解剖自己"，这目的并不是一种什么哲人的道德上的自我完成，也不是什么对高度自我修养的追求，而同样是为了战斗。当在战斗中感到自己的思想理论同实践的需要不相适应甚至发生矛盾时，他便寻找新的理论、观点，用来分析、解剖自己的思想，找出病症，予以疗救，毫无顾忌。他说："革命者决不怕批判自己，他知道得很清楚，他们敢于明言。"①他确实是这样做的。在 1924、1925 年，他这样做过，表现在通信、文章和《野草》这部闪耀着思想斗争的火花的、优美的诗情的著作中；在厦门为《坟》（这部书标志他的思想从一个阶段的结束过渡到另一个阶段的开端）写《题记》和《后记》时，他做了更无情面的自我剖析，在四一二反革命政变之后，在收集在《而已集》以及《三闲集》中的一些文章中，特别是《答有恒先生》等名篇中，他更是深刻地、周密地、毫无情面地剖析了自己的思想，总结了自己的战斗历程。每个阶段的自我解剖与总结，都在向马克思主义靠近和深入一步，而尤以 1927 年四一二反革命政变以后的一段时期中的自我批判，很明显地运用马克思主义的观点进行自我解剖，实现了思想的彻底转变。此后直至 1930 年，他更自觉地用马克思主义之火，来"煮自己的肉"，从而使自己臻于成熟了。

伟大先驱者的遗泽

鲁迅这些学习、掌握马克思主义的特点，同时也是优点，是留给我们后人的一笔思想遗产。恩格斯在谈到他与马克思共同创造的马克思主义的根本观点时，曾经深刻地指出：

> 原则不是研究的出发点，而是它的最终结果；这些原则不是被应用于自然界和人类历史，而是从它们中抽象出来的；不是自然界和人类去适应原则，而是原则只有在适合于自然界和历史的情况下才是正确的。这是对事物的唯一唯物主义的观点，……②

恩格斯在这里深刻地批判了教条主义的根本错误，阐明了马克思主义的根本品性。鲁迅强调并且循着"事实的教训"的道路前进，正是体现了这种"唯一唯物主义的观点"。他往往从这种不断出现，又不断被他吸取的"事实的教训"中，抽象出原则和理论观点来，由此而向马克思主义的世界观靠近一步。马克思主义的辩证唯物主义和历史唯物主义的一些基本原理和观点，他都通过自己对于中国的历史和现实斗争的观

① 《三闲集·"醉眼"中的朦胧》。
② 恩格斯：《反杜林论》，载马克思、恩格斯：《马克思恩格斯选集》第 3 卷，人民出版社，1972，第 74 页。

察，对这些事实的思考、探索、研究，结合着对于马克思主义的学习而形成为自己的思想观点。因此，这些思想观点对于他来说，就不是外来的、外在的、易于动摇变化的东西，而是与他一生的战斗经历血肉相连的，因而是坚定不移的。

当然，鲁迅做到这一点，并不是完全自发的，而是在马克思主义的影响和指导下达到的。这有几种情形。马克思主义自从在中国传播以来，有几次明显的宣传与学习的高潮，如"五四"时期、大革命时期以及大革命失败后的文化革命深入时期。在这种传播的兴盛时期，马克思主义在社会上，尤其是在思想文化界，都得到广泛的传播，报刊上论文与译著的出版，都是经常的、大量的，而且，常常围绕中国革命的实际问题展开论争，在马克思主义者同非马克思主义和反马克思主义者之间，展开了结合中国情况的理论争论。这是中国革命的一条重要战线。因此，在这种时期，马克思主义在群众中，在知识分子中的影响都进一步扩大、深入，它对中国革命的指导作用，也进一步加强并显现出来。这正是马克思主义与中国革命逐步结合的表现。在此时期，即使不是马克思主义者，也往往或偶尔运用马克思主义的某些观点来分析、谈论问题，鲁迅也是如此。这是一种情形，也许可以叫作远影响。第二种是近影响，即鲁迅直接从他所购买的马克思主义书籍中，从党的组织送给他的党刊及书籍中，学习和接受马克思主义思想。这种情形，在广州时期是表现得很突出的。第三种情形就是他自己怀着实际斗争中的问题，到马克思主义著作中去寻找答案。比如他说到的在与创造社的争论中，他被"挤"而看了一些马克思主义著作，便是这种情形。通过这几种形式，他接受马克思主义的影响，树立马克思主义观点。这都表现为一种理论的"点化"作用。鲁迅有些观点，从事实的教训中得出之后，常常用自己的语言说出来了，其中许多闪烁着马克思主义思想的光芒，但也夹杂着某些"杂质""不协调音"。而一旦通过学习马克思主义理论，经它"点化"之后，便更深刻，更纯净，更科学了。这从我们前面谈到他通过几个途径逐步接近马克思主义时所举的一些思想发展的情形中可以看得到。

鲁迅也从事实的教训中，看到了其他种种思想学说的不符合自然界与历史的实际，也不符合中国革命的实际，不能解释更不能解决中国革命的一系列根本问题。而同时，则从事实的教训中越来越深地体会到马克思主义是最明快的哲学，是解决中国革命问题的最锐利的武器。由于懂得了它的正确性，从而批判那些不正确、不适用的理论学说，进一步信奉并掌握马克思主义。他在前期曾经那样热衷并借用尼采的某些论点，但后来即指出：尼采的超人是渺茫的。对于前期作为自己的思想武器的进化论，他也指出：只相信它，是一种偏颇。

恩格斯指出：

> 马克思的整个世界观不是教义，而是方法。它提供的不是现成的教条，而是进一步研究的出发点和供这种研究使用的方法。①

鲁迅对待马克思主义的态度正是这样的。用他的话来说，叫作"操马克思主义批评的枪法"。他的后期杂文，便是用这种方法、"枪法"来分析种种社会相，分析文学艺术的、思想文化的现象，并用来揭露、分析、批判帝国主义、反动派及其走狗的反动统治。他这时期的杂文，虽然很少引用马克思主义经典著作的话或者满篇堆积着马克思主义的词句，但却渗透着马克思主义精神。鲁迅的著作从来没有教条气。这是鲁迅留给我们的重要遗泽之一。

国外有一种议论，认为鲁迅在20世纪30年代掌握了马克思主义之后，思想上和艺术上反不如从前了，他们由此来说明马克思主义对作家的创作不利，并证明作家不应该过问政治。这种看法，既不符合鲁迅的实际，在理论上也是荒谬的。鲁迅在掌握马克思主义之后，在思想上和艺术上，都表明他是前进了，而不是后退了；他的创作力是发展了，而不是萎缩了；他是更深刻了，而不是反倒浅薄了；他的人格更伟大了，贡献也更伟大了。首先，他彻底清除了自己思想上旧的积习，解除了负累，因此不仅加快了他前进的步伐，而且思想更坚决、彻底、明朗、清晰，作品更闪耀出新的光华，艺术上更臻纯熟、精当了。鲁迅曾经一再申明自己"从小就受着古书和师傅的教训"②，"中些庄周韩非的毒"。"古人写在书上的可恶思想"，在自己"心里也常有"③，他甚至说："我自己总觉得我的灵魂里有毒气和鬼气，我极憎恶他，想除去他，而不

---

① 恩格斯：《致威纳尔·桑巴特》，载马克思、恩格斯：《马克思恩格斯全集》第39卷，人民出版社，1974，第406页。

② 《集外集拾遗·英译本〈短篇小说选集〉自序》。

③ 《坟·写在〈坟〉后面》。

能。"①这些思想上的负累，自然会给他的作品的内容和艺术上带来不利的影响。这影响，在后期杂文中是不再存在了。其次，他由于上述思想负累而带来的怀疑与阴影也消除了。以前，他常说，怕自己不成熟的苦果，毒害了天真的青年，连自己也不知前途如何，光明来了是否就一定好，所以说话未免吞吞吐吐，表现出迟疑与犹豫，"顾忌甚多"。但在掌握马克思主义之后，这一切也都消除了，他的文章，在思想和艺术上，都是明朗的、坚定的，高屋建瓴、势如破竹，没有丝毫的犹疑。这都是有目共睹的事实，有他的多本后期杂文在。除非是不了解这些事实，或者为不同的立场所左右而不顾事实，否则，是不应该看不到这些彰明卓著的言行的。在我们看来，鲁迅的这种变化，证明了一个作家对于国家、民族、人民的命运的关注，为这一切而奋斗的精神之重要，证明了他的世界观的正确与否极为重要。这应该视为鲁迅为我们留下的又一个宝贵遗泽。

鲁迅在成为马克思主义者之后，便以极大的热情，不顾艰难险阻，不拒斥"小事情"，为翻译、出版、传播马克思主义文艺理论而辛勤劳动。他把这看作为奴隶起义偷运思想上的军火的重大工作。他与他的亲密战友瞿秋白共同领导和从事这件工作，同他的学生和战友冯雪峰等在一起编译马克思主义文艺理论丛书，他自己亲自翻译这方面的著作，那种热情、高度责任心和辛勤的劳作，是十分感人的。他和他的战友们、学生们的工作，是拓荒，是创业，为在中国传播马克思主义文艺理论，建立中国自己的马列主义文艺理论体系，做了大量的工作，打下了坚实的基础，做出了巨大的贡献。我们以后是在他们开拓的基地上前进与提高的。鲁迅这方面的业绩标志着中国马克思主义文艺理论体系发展过程中的一个里程碑。他的遗泽，至今为我们所宝爱、珍重，给我们以教益和力量。

伟大先驱者的足迹和丰碑，永远值得我们纪念，永远是我们前进的基地！

---

① 《书信·一九二四年九月二十四日致李秉中》。

"只研朱墨作春山"

——鲁迅与美术

一

鲁迅的一生与美术不可分。还在幼年时代，他就酷爱美术，爱看图画书。他最爱的《花镜》，既是一部"植物学"的图书，又是一本花卉集。他梦寐以求才得到的插图本《山海经》，既是一部神话、地质、地理等学科的总汇，又是一本想象丰富的图画集。《芥子园画谱》曾给少年鲁迅以首先的美术启蒙。少年鲁迅还曾经细心地描摹过小说绣像，画过"漫画"和小品。美术，既是鲁迅少年时代忧患生活中心灵的甘露，又是他通向广阔的生活世界的一扇明亮的窗口，培养了他的形象思维的能力。20世纪的最初几年，鲁迅留学日本，在东京从事文艺运动，积极筹办《新生》杂志，他设计了封面，选择了西洋画作插图。这也许可算是我国最早的新式封面设计和插图。辛亥革命胜利后鲁迅在教育部工作，他与我国著名的教育家、美育的最早提倡者蔡元培（当时的教育总长）密切配合，提倡美育。他写了《拟播布美术意见书》，到暑期讲习会主讲《美术略论》，他还主持建立发展图书馆、博物馆、美术馆等工作，主持举办美术展览会、调查古代艺术品的工作，复印历代美术作品，联络并组织画家创作。

在"五四"时期，鲁迅不仅关怀美术事业的发展，而且注重书刊的封面设计和插图，他亲自培养了这朵艺苑之花。他与著名画家陶元庆的密切关系和他鼓励陶元庆的艺术创作的事迹，以及他对著名画家司徒乔的鼓励与帮助，已经成为我国美术史上的佳话。

在上海的最后10年的战斗生涯中，鲁迅更不惜心血，惨淡经营，冲破国民党反动派的反革命文化"围剿"，扶植、培养了革命美术事业和第一代革命美术工作者。鲁迅在紧张的战斗和极度劳顿的写作生活中，付出了不少时间和精力来推动革命美术事业，其中特别值得我们追念的是他对新兴木刻的培育。在这10年中，他所写的美术论文和给美术家的信件，他亲自编选的中外画集、亲自主办的展览会，他给一代艺术家的悉心指导，都是十分令人感动、为人永志不忘的。这些都是我国艺术史上的丰碑。

鲁迅在我国新兴美术事业上所做的开拓工作，在我国版画艺术的开创与发展初期的创业工作，以及他对美术家、版画家的思想上、艺术上的指导、培养，对于中国艺术史的论述，等等，都是他对于我国革命文化事业的创立与发展所做出的巨大贡献，表现了鲁迅作为伟大文化革命的旗手与主将的风貌。鲁迅在这方面的贡献和论述，至今对于我们不仅富有纪念意义，而且具有深刻的教育意义。

二

"愿乞画家新意匠，只研朱墨作春山"[1]，这是1933年鲁迅书赠日本画师望月玉成的一首诗中的两句。如果我们不管诗句所蕴含的其他方面的深广的意境，也许不妨看作鲁迅对美术家创作的希望和要求，这就是：新与美。一件艺术品，如果没有内容和艺术上的新的意匠，哪怕是一点点，大概是很少能够有生存价值的。重复是艺术生命的窒息剂。在前人的窠臼里飞不出艺术的金凤凰来。鲁迅曾经为两位画家的作品展览写过专门的评述文章，一位是陶元庆，一位是司徒乔。他称赞陶元庆是"以新的形，尤其是新的色来写出他自己的世界"[2]。他赞赏司徒乔"将他自己所固有的明丽"，"照破"了"黄埃的中国彩色"[3]。这称赞同时也是一种审美评价，他告诉我们，每有所做，要有新意，要有美。

创作的新意与美，是一种思想的与艺术的追求的结果。它不会自然地形成，也不可能轻易地得到。这是一个艰苦的创作过程。鲁迅对这个过程的内涵给予了深刻的揭示。他称赞司徒乔在北京"终日在画古庙，

---

[1] 《集外集拾遗·赠画师》。

[2] 《而已集·当陶元庆君的绘画展览时》。

[3] 《三闲集·看司徒乔君的画》。

土山，破屋，穷人，乞丐……"。鲁迅认为种种的人间事物和生活之中的人的形体，"深红和绀碧的栋宇，白石的栏干，金的佛像，肥厚的棉袄，紫糖色脸，深而多的脸上的皱纹"，这都是"人……和天然争斗"的结果："凡这些，都在表示人们对于天然并不降服，还在争斗。"而画家对这些"人……和天然争斗"的结果的景物和人，给以描绘，又是人进一步与"结果"斗争的结果。他说，司徒乔的绘画便是这样的作品。"我发见了作者对于北方的景物——人们和天然苦斗而成的景物——又加以争斗，他有时将他自己所固有的明丽，照破黄埃。"[1]在这里，鲁迅把画家的表现世界看作一个斗争的过程。这个斗争的内容，就是要认识对象并且能动地反映对象。这就说明，艺术家的反映世界并不是像镜子那样简单地、原样不改地映照出来，而是要赋予自己的理解、判断，有所取舍的。画家所反映的是客观世界，然而在这"反映"中，又有着"他自己的世界"：不仅有他自己的独特的认识和理解，而且有他的审美情趣和艺术技巧，也就是有他的思想的与艺术的意境。艺术家正是要用自己的创作把欣赏者带进自己所创造的意境中去。取得这样的成果是他的最大的欣慰。大概没有一个艺术家是希望自己的作品没有人去欣赏和希望欣赏者见了以后而不成为"知音"者的吧？

鲁迅对于艺术创作过程的这个深刻的见解，是建立在他的总的美学思想基础之上的。他在论述普列汉诺夫的美学观时，曾经作了这样的概括：

> ……蒲力汗诺夫之所究明，是社会人之看事物和现象，最初是从功利底观点的，到后来才移到审美底观点去。……美底愉乐的根柢里，倘不伏着功用，那事物也就不见得美了。并非人为美而存在，乃是美为人而存在的。[2]

从这样的美学思想出发，来看待艺术创作，就不是看作无目的的活动或唯美主义的，而必然包含功利的目的性在内。鲁迅这种美学思想和对于美术的功用的看法，始终占着主导的地位，并且不断地深化和提高，最后达到历史唯物主义的高度。鲁迅在马克思主义美学和文艺学的

---

① 《三闲集·看司徒乔君的画》。
② 《二心集·〈艺术论〉译本序》。

发展史上，是做出了自己的贡献的。早在日本留学时期的1907年夏，鲁迅在为拟办的《新生》杂志选择插图时，就选用了英国画家瓦支（1871—1904）的《希望》和俄国画家威列夏庚（1824—1904）的《英国在印度镇压革命者》等。《希望》的画面上画着一个飘浮于太空中的地球，上面曲腿坐着一个包着眼睛手抱竖琴的诗神。威列夏庚的画则是画着战场上英军把印度革命者绑在炮口上。当时，处在风雨飘摇中的中国，正在酝酿着辛亥革命。这表现了希望的朦胧和革命的遭镇压的画幅，显然很适合正在觉醒和准备斗争的中国人民的需要。这种选择，很好地体现了鲁迅的美学思想和对美术创作的要求。1926年6月，鲁迅在参观司徒乔画展时，购买了他的炭笔速写《五个警察和一个○》[①]。这是画家把在北京亲见的情景，用炭笔画下的一幅粗略的速写。鲁迅购买了它而且把它挂在自己工作室的墙上，正说明他重视这幅速写反映了旧中国的黑暗和人民的苦难的内容，重视画家的这种艺术冲动和创作动机。以后，在上海时期，鲁迅的提倡连环画和倡导、扶持新兴木刻，也都是把美术事业当作革命事业的一翼来看待的。他评价新兴木刻时，就曾深刻地指出：它"决不是葬中枯骨，换了新装，它乃是作者和社会大众的内心的一致的要求"，"它所表现的是艺术学徒的热诚，因此也常常是现代社会的魂魄"[②]。

鲁迅对于美术家，一贯重视思想上的要求。从他的美学思想出发，这是很自然的和必然的。早在1913年，鲁迅在《拟播布美术意见书》中就明确而有力地指出，美术创作活动"一曰受，二曰作"。"受"是任何人都具有的能力："若非白痴，莫不领会感动"；"作"却是"再现"，是"新品"，因此鲁迅认为，"故作者出于思，倘其无思，即无美术。"[③]

这里，鲁迅把作者的"思"，放在了决定性的位置，没有"思"，也就没有美术。鲁迅更进一步指出："美术可以表见文化。凡有美术，皆足以征表一时及一族之思维，故亦即国魂之现象"[④]。这就更从总体上指出了美术反映民族性和人民的思想灵魂的性质。他还进一步指出：

「只研朱墨作春山」

---

① 画中是五个警察在拽拉和殴打一个孕妇，画家在说明中孕妇只画了一个"○"来表示，意境含蓄。一般介绍者常根据画面实际，写为《五个警察和一个女人》，或《……和一个孕妇》。

② 《且介亭杂文二集·〈全国木刻联合展览会专辑〉序》。

③④ 《集外集拾遗补编·拟播布美术意见书》。

美术可以辅翼道德。美术之目的，虽与道德不尽符，然其力足以渊邃人之性情，崇高人之好尚，亦可辅道德以为治。[①]

这里又从美术的功用和社会效果的角度，论证了美术的思想意义。所有这些方面，都要求美术家要努力培育和提高自己的思想能力；一个有成就的艺术家，必须是思想上走在时代前列的人。

到了"五四"时期，以鲁迅的小说《狂人日记》的发表为奠基礼，中国新文学从此蓬勃兴起。然而，新美术事业却稍逊一筹，还处在萌芽期。就在这时，鲁迅写了《随感录四十三》，发表了自己的深刻见解：

美术家固然须有精熟的技工，但尤须有进步的思想与高尚的人格。他的制作，表面上是一张画或一个雕像，其实是他的思想与人格的表现。令我们看了，不但欢喜赏玩，尤能发生感动，造成精神上的影响。

我们所要求的美术家，是能引路的先觉，……我们所要求的美术品，是表记中国民族知能最高点的标本，不是水平线以下的思想的平均分数。[②]

30年代，在上海时期，鲁迅作为伟大的共产主义战士和文化新军的伟大旗手，更加重视美术作品的思想意义和美术家的思想能力。他经常教导青年美术工作者们要"扩大眼界和思想"，"艺术家应注意社会现状，用画笔告诉群众所见不到的或不注意的社会事件"。他说，"要善于利用这种语言（指绘画语言——笔者）"来"传播我们的思想"[③]。

当然，鲁迅并不以"思想"当作评价美术作品的唯一标准，用它来限制或抹杀一切并非直接表现社会生活和思想意义不是很明显的作品。鲁迅从来不抱狭隘的功利主义观点。在他的书账中，记载了他购买大批从汉画像到现代木刻，从《芥子园画谱》到《世界美术全集》的古今中外美术作品。他既从汉石刻画像上了解当时的社会生活，也精印北平笺谱；既爱珂勒惠支·麦绥莱勒的战斗的艺术，也不鄙弃蕗谷虹儿和比亚兹莱的纤细的甚至有些病态的作品；他既劝那些在当时不免有点幼稚的

---

① 《集外集拾遗补编·儗播布美术意见书》。

② 《热风·随感录四十三》。

③ 一九三〇年二月二十一日在上海艺术大学的演讲（见王观泉编《鲁迅美术系年》，人民美术出版社，1979，第46–47页）。

青年木刻家们不要勉强刻只能把读者吓走的木刻，又鼓励广东木刻家们，取有地方色彩的风景、动植物、风俗等来表现。鲁迅的艺术视野是开阔的，胸襟是豁达的。他认为，就像长江大河不拒细流才能汇成汪洋一样，艺术家应该吸取各种艺术的营养来丰富自己。

鲁迅强调艺术家必须了解、熟悉他所表现的对象。他认为，"天物"是美术不可缺少的"三要素"之一。他告诫年青的艺术家们，"学画的人要从事实，从创造出发。"他批评说："抄袭模仿得来的没有丝毫意义。"①他认为，离开了客观世界，"无论怎样说大话，归根结蒂，还是不能凭空创造"。那种"专靠了神思，所谓'天马行空'似的挥写"，虽然看起来似乎能够以意为之，不受拘束，但事实上还是不过"三只眼，长颈子"，"增加了眼睛一只，增长了颈子二三尺而已。这算什么本领，这算什么创造？"②鲁迅曾经一再指出当时青年木刻家的不善于表现人物，认为是对于人还不熟悉的缘故。他反对艺术家去表现自己所不熟悉的东西。他劝导青年艺术家们"一是要练习素描，二是要随时观察一切"③。鲁迅的这些教导，我们今天读了，仍然感到深切实用。

"技巧修养是最大的问题"，"现在的许多青年艺术家，往往忽略了这一点"④，这也是鲁迅反复强调的一个问题。我们有一个时期，讳言技巧，仿佛谈技巧就是单纯技术观点，甚至就是错误。多年来，特别是"四人帮"横行时期，有许多艺术家因为谈了技巧问题而遭到了批判以至迫害。这种现象应该结束了。其实，鲁迅早就指出过，如果缺少技巧，"表现不出所要表现的内容来"，那还有什么艺术呢！鲁迅说，这也像作文一样，"因为不能修辞，于是也就不能达意"⑤。当然，鲁迅所强调的技巧，是指能够表达内容的技巧，而不是抽象的技巧，不是不顾内容的技巧。他指出："如果内容的充实，不与技巧并进，是很容易陷入徒然玩弄技巧的深坑里去的。"⑥当鲁迅把技巧和表现内容联系起来时，我们就能更深刻地理解他所说的技巧修养是"最大的问题"的深意了。人类的任何劳动，都有它的技巧性。这是经验的积累，知识的积累。用高尔基的话来说："在劳动和创造的一切领域内，技巧是文化成长的一

「只研朱墨作春山」

① 陈广：《纪念鲁迅先生的一次讲话》，载《解放军文艺》1957年1月号。

② 《且介亭杂文二集·叶紫作〈丰收〉序》。

③ 《书信·一九三五年一月十八日致段干青》。

④⑤⑥ 《书信·一九三五年二月四日致李桦》。

个基本力量，是文化全部过程的一种主导力量。"因此，高尔基指出："必须知道创作技巧，懂得一件工作的技巧，也就是懂得这一工作本身。"鲁迅对于艺术创作的技巧，正是把它当作"艺术"这一创造性的工作"本身"的一个方面来看的。因此，取消了艺术技巧，也就取消了艺术本身了。

艺术技巧是一种文化素养，它有着长久的历史传统、深厚的民族特性和广泛的知识联系。鲁迅深刻地研究了关于艺术技巧的丰富的内涵，并且指出了它的主要方面，教导艺术家如何来把握它的精华。在谈到陶元庆的绘画时，他以广阔的世界视野、深沉的历史眼光来做出评价，言简意赅，见解科学而又精辟。他说，当时的时代是"世界的时代思潮早已六面袭来"，而中国的一部分人，"还拘禁在三千年陈的桎梏里"。但有人却"觉醒，挣扎，反叛，要出而参与世界的事业———……文艺之业"[①]。鲁迅就是在这样的时代和历史背景下，观察陶元庆的创作，一方面肯定了他运用了"新的形，尤其是新的色"，说明他接受了迎面袭来的世界时代思潮的影响，冲出了三千年陈的桎梏的拘禁，但是"其中仍有中国向来的魂灵———……民族性"。因此，鲁迅称陶元庆一方面"并非'之乎者也'，因为用的是新的形和新的色；而又不是'Yes''No'，因为他究竟是中国人"[②]。同时，鲁迅还指出，陶元庆是用这两方面的结合的技巧来"写出他自己的世界"。这里，就是一个艺术家的"三极结构"：民族传统、外来影响和艺术家自己。必须是这三者的融汇、化合，才能产生既有民族传统，又有创新，具有独特个性的艺术珍品。

鲁迅的这个论述，对于我们今天，具有许多启发和教育意义。如果我们还像十年内乱时期那样闭关自守，以批"封资修"的"革命"口号封闭一切外国的、古代的艺术传统，那我们自然是被拘禁着的，不可能发展。而如果我们一旦站在世界艺术大厦的门前，就忘记了自己民族的传统，一会儿"向埃及坟中的绘画赞叹"，一会儿"对黑人刀柄上的雕刻点头"[③]，今天跪在现代派的画下，明天又倾倒于超现实主义的作品，那我们就不免要既丧失了自己的"民族"性，也失掉"自我"了。

鲁迅指出，"新的艺术，没有一种是无根无蒂、突然发生的，总承

---

①②③　《而已集·当陶元庆君的绘画展览时》。

受着先前的遗产"①。这是泥土，是根基，新的艺术不是凭空生长，也不是从天而降的，必须植根于民族土壤里。对于民族传统，鲁迅指出了它的两方面的意义和作用。他在谈到木刻青年擅长风景而不能很好刻画人物时曾指出，这是因为中国画的传统前者见长的缘故。他说由此可见传统的好的作用，也可见它对后人的束缚。这种见解十分深刻。因此鲁迅在强调学习和继承民族传统的同时，又强调借鉴外国的艺术。他说：

> 要技艺进步，……必须看外国名家之作。②

鲁迅曾经感叹"青年竟无法看见一幅欧美名画的原作"，不能借鉴外国艺术，"都在摸暗弄堂，要有杰出的作家，恐怕是很难的。"③鲁迅主张中西融汇结合创造新的艺术道路。他说：

> 所以我的意思，是以为倘参酌汉代的石刻画像，明清的书籍插画，并且留心民间所赏玩的所谓"年画"，和欧洲的新法融合起来，许能够创出一种更好的版画。④

鲁迅在这里说的是版画，但实际上他为美术以至整个文艺创作提出了一个总的基本原则。他在这方面的论述，也是值得我们今天好好学习的。

---

① 《书信·一九三四年四月九日致魏猛克》。

② 《书信·一九三四年十二月十八日致金肇野》。

③ 《书信·一九三四年三月二十四日致姚克》。

④ 《书信·一九三五年二月四日致李桦》。

鲁迅的《狂人日记》与果戈理的同名小说

　　拿鲁迅的《狂人日记》与果戈理的同名小说做比较研究，不仅为了说明它们之间的思想与艺术上的渊源关系，而且也为了看出它们在这两方面的重大不同；但更重要的是通过比较研究，进一步探求鲁迅的《狂人日记》的思想与艺术上的特质和杰出成就，也许能使我们看到一些我们原来的研究所未能看到的东西，并为争议中的问题找到答案。

俄罗斯狂人的出世与中国狂人的诞生

　　19世纪30年代初，俄罗斯文学界诞生了《狂人日记》。一个俄罗斯狂人，用含泪的、满脸凄苦与无告的卑微小人物的脸神，哀恸哭泣："妈妈呀，救救你可怜的孩子吧！"80多年后，20世纪初期的中国文坛，也出现了同名小说《狂人日记》，一个中国狂人，用站在时代前列的觉醒者的布满忧伤恐惧与期待的脸神，惊惧怒号："救救孩子！"两篇小说，以相同的篇名和类似的立意及艺术构思，像两颗明星一样，突然出现在它们各自祖国的文学星空；今天仍然同是世界文学星空上的亮星。这样两篇作品分别在俄国和中国出现，都决不是偶然的，它们之间有着思想与艺术上的渊源关系。后者的出现，显然得到了前者的启发与影响。但是，后者却决不是前者的仿制品——不管仿制得如何出色，也决不是前者的"民族化"——不管化得多么彻底。后者是本国社会生活土壤里长出的美丽鲜花，而不是拙劣或者优异的艺术舶来品。向来的论者，往往只是指出两者的相同点，指出后者向前者学习了一些什么。但是，两者如何不同，后者如何摆脱和超越了前者，却说明得不够。在这里，笔者愿做一点尝试。

　　俄罗斯的狂人是在什么样的国情下出世的呢？

俄国伟大的革命民主主义者赫尔岑曾经指出，在发生于1825年的十二月党人起义失败后的长达20年之久的岁月中，俄国社会状况的特征是："在官方俄罗斯的表面，'虚有其表的帝国'的表面，只能看到损伤、猖獗的反动势力、残酷无人道的迫害、专制主义的加深"，这是一方面；另一方面，则是"愤怒情绪到处高涨起来"①。果戈理的作品的意义，正在于表现了这种潜藏的、不断增长的愤怒情绪。当然，这位伟大的俄罗斯作家，是以他的《狄康卡近乡夜话》的出版而载誉步入俄国文坛的。这个作品的突出的也是杰出的优点是：它"像爱情之吻一样"，充满"年轻的、新鲜的、芳香的、豪华的、令人陶醉的诗"。这诗情，使得同时代作家普希金在评价时禁不住写道："我直到现在还没有清醒过来。"他称赞说："《近乡夜话》把一道清澈澄净的溪流引入了俄国文学界。"这种对于诗情的赞美，一方面固然正确评价了果戈理惊人的才华和在俄罗斯现实主义文学发展中的作用；但同时也反映了它的作用的性质与范围：在一面是残酷的镇压、一面是愤怒在增长的情况下，作家却只描写了小俄罗斯平原乡村生活的诗情画意。浓厚的生活气息、民族特色与作家才华的光彩，诱人，迷人，给人以美的享受，这固然是一种文学上的成就与贡献；但毕竟未能写出人民的心声与时代的精神。因此，虽然1831、1832两年连续出版了《近乡夜话》一、二集，别林斯基仍然感叹地写道："一八三三年之尾和一八三四年之初，标志出我们文坛的特别显著的死气沉沉，似乎一切都完了——无论书籍或是杂志。"但是，当1835年收有果戈理的《涅瓦大街》和《狂人日记》在内的《小品集》以及稍后的《密尔格拉得》出版后，情况立刻发生了变化。别林斯基欣喜地写道："在文学方面说来，一八三五年实在是天之骄子！……天哪，但愿这一年的开始是我们文学界新的幸运日子的一抹美丽曙光。"②他接着指出，《小品集》《密尔格拉得》的出版，证明了果戈理的"才能不会衰退，却只会逐渐提高"③，并且指出了这两部作品迷醉和抒情的放纵较少，可是"生活描写方面的深度和逼真就更多了"④。这种深度和逼真，主要就在于它表现了那种隐藏的、不断增长的人民的愤怒情绪。这种人民的情绪，已经不再是"默默无言"的了，它通过狂

----

① 季莫菲耶夫主编《俄国古典作家论》上卷，人民文学出版社，1958，第511页。

②③ 别林斯基：《别林斯基选集》第1卷，人民文学出版社，1958，第127页。

④ 同上书，第124页。

人的哀号发出了声音。因此，车尔尼雪夫斯基指出，"批判的因素在果戈理之前，在我们文学中，还是只起次要作用"，而果戈理的功绩就在于"他第一个使得俄国文学坚决追求内容，而且这种追求是顺着坚定的倾向，就是批判的倾向而进行的"①。

果戈理的这种批判的倾向，锋芒直指反动统治阶级。小人物狂人波布里希钦发出了这样愤怒的呼号：

> 老是侍从官啊，将军啊。世上一切最好的东西，全部被侍从官啊，将军啊占去了。你找到一点可怜巴巴的东西，刚想伸手去拿，——就被侍从官或将军从你那儿夺走。

这样，我们看到，包括《狂人日记》在内的果戈理新作品的出现，在政治上、思想上的突出的震撼作用和文学上的突出的划时代的贡献，就是：狂人波布里希钦的出世，喊出了被侮辱、被损害、被摧残的小人物充满心田的不满和愤怒，反映了在沙皇统治下，在农奴制度的桎梏下，俄罗斯人民内心的痛苦与叹息，惊呼与哀鸣。

> 妈妈呀，救救你可怜的孩子吧！把泪珠儿滴在他有病的头上吧！看一看，他们怎样在折磨他啊！你把可怜的孤儿搂在怀里吧！这个世界没有立足的地方！他遭受着迫害！——妈妈呀！可怜可怜你的患病的孩子吧！

一声声，凄婉哀痛。他发出的呼喊，是俄罗斯人民久蓄心中并在增长着的愤怒哀怨之声。这个狂人，是由农奴制统治下的俄国苦难的社会生活所孕育，由人民不可遏止的愤怒所催生，而由伟大作家果戈理亲手创造出来的。狂人的出世，不仅反映了俄国社会生活中的小人物波布里希钦的可怜无告的苦难，而且反映了这种小人物的不满，这种不满已经积蓄到难以容忍的程度了。这个小人物，一方面满腹不满，满腔苦痛，已经难于忍耐；另一方面，又只能发出哀鸣与乞求，并且在梦幻般地耽于自我陶醉中，执着而又无望地追求幻想和奢想，发狂了。人民苦难的深沉与反抗的要求和这种要求的还未成熟，都在这个狂人形象中反映出来了。

这就是俄罗斯狂人在当时出现的历史背景与历史意义。

---

① 车尔尼雪夫斯基：《车尔尼雪夫斯基论文学》上卷，上海译文出版社，1978，第28页。

鲁迅是非常喜爱果戈理的。他后来回忆自己青年时代在日本留学时的情况说："记得当时最爱看的作者，是俄国的果戈理（N.Gogol）和波兰的显克微支（H.Sienkiewitz）。"①鲁迅在当时所写的《摩罗诗力说》中，对果戈理作出了这样的评价：

> 以不可见之泪痕悲色，振其邦人……
> ……惟鄂戈理（按即果戈理——笔者）以描绘社会人生之黑暗著名，与二人（指普希金与莱蒙托夫——笔者）异趣……。②

鲁迅对果戈理的评价是准确的、深刻的，抓住了特点的。以泪痕悲色描绘人生的黑暗，来振奋人民的精神——这就是果戈理创作道路与精神的本质与特色。鲁迅的这个评价，反映了他对果戈理的认识与赞赏。青年鲁迅探求救国救民的真理，并且此时正在以文艺为手段，从事思想启蒙运动，他吸收了异域的思想与文学的滋养。显然，中俄两国的类似的国情和两国人民同样的苦难与愤怒，以及对于以文学反映这种社会生活的相同的要求，使鲁迅对果戈理的创作感受特别深，也最喜爱。这是最初的思想与艺术的渊源。

十年以后，当鲁迅遵革命之命提笔创作第一篇小说时，这粒早就种下的思想与艺术的酵母，在适当的温度下，发酵了。鲁迅构思了一个通过狂人来揭露批判旧社会旧制度，提出革命要求的故事，并用狂人的日记来展开情节的表现手法，成功地创造了一个中国狂人的形象。他甚至直截了当地将小说命名为《狂人日记》。显然，这里有着果戈理对鲁迅的思想与艺术的直接影响。这是中俄文字之交的一个重要篇章。从中国文学的角度来说，这是外来影响的重要表现。如果我们说，中国"五四"以来的新文学与俄罗斯批判现实主义文学具有某种程度的血缘关系，仅从鲁迅的《狂人日记》的诞生来说，也不为过甚之词吧。——当然此外还有果戈理的其他作品的影响。

但是，我们却不能说：中国狂人的诞生，完全来自果戈理《狂人日记》，虽然它们篇名相同，体裁也一样。

诞生于20世纪初期的中国狂人，作为艺术形象，受孕于中国近

---

① 《南腔北调集·我怎么做起小说来》。

② 《坟·摩罗诗力说》。

代、现代社会生活和现代民主主义革命，养育它的则是鲁迅对于中国历史的深入研究和对于现状的深刻认识。当时的中国，已经面临着历史的巨大转折，具有几千年历史和古老传统的民族思想文化，要来一个大变革。在经历了戊戌变法、义和团运动、辛亥革命等近代史上几次大的变动之后，祖国的面貌依然没有根本的改变，帝国主义的入侵，已经使腐朽、溃烂的社会，更加江河日下地堕落下去。而俄国十月革命的胜利，又给人以新的希望。旧的必须摧毁，新的等待迎接。一切都要重新来过。一切都要重新估价，重新认识，重新建设。然而，原有的、陈旧的、腐朽的一切，又正在抵拒、挣扎、反扑。旧的浓雾重重，新的力量跃跃欲动。正在这样的时候，鲁迅的《狂人日记》出现了。这个狂人大声疾呼地指出：中国几千年的历史，就是吃人的历史！

他质问："从来如此，便对么？"

他规劝："你们立刻改了，从真心改起！你们要晓得将来是容不得吃人的人，……"

他惊呼："没有吃过人的孩子，或者还有？救救孩子……"

这个狂人，非同小可。他像俄罗斯狂人一样，也是应运而生，应时而生，但他，却不仅是表现了潜藏于人民之中的愤怒情绪，而且表现了对于旧制度吃人本质的深沉的忧愤；它的攻击的矛头，不仅止于侍从官、将军，而是指向整个旧制度；它不仅止于谴责，而且根本否定；他不是呼吁怜悯、爱抚，而是呼喊反抗、斗争。中国狂人与俄罗斯狂人，不是异国兄弟，而是不同历史条件下的不同产儿。他在思想上高于俄国狂人，在性格上强于俄国狂人。这不是对于果戈理的贬低，而是承认两个作家生活于不同时代的不同国家所带来的差距。鲁迅生活于20世纪初期的东方古国——中国，与果戈理生活的年代相距将近一个世纪。在果戈理创造狂人形象的时候，俄国还处于十二月党人起义之后，反动统治加强，而人民尚在积蓄仇恨酝酿革命情绪的时候。不彻底的农奴制度的改革在19世纪60年代才实行，而1905年的资产阶级革命，则远在六七十年以后。但鲁迅创造他的狂人时，中国已经经历了辛亥革命那样大规模的资产阶级革命，这场革命已经推翻了帝制，并且刚刚过去几年；更重要的是，发生在十月革命以后的五四运动，将由无产阶级来领导，将有广大工人农民参加，已经是新民主主义革命了。这场革命在一年之后便爆发了。鲁迅的《狂人日记》正是作为正在酝酿、已经成熟的这场革命的第一声春雷而出现的。由于历史条件的这种不同，鲁迅不能不站在比果戈理更高的历史阶梯上。他所创造的狂人，也不能不站在较俄国狂人更高的历史阶梯上。两位伟大作家和他们创作的作品的相同点：同样是用真实动人的人物形象，揭露旧社会的弊端，以引起疗救的注意。这反映了他们对社会、国家命运的敏感与责任心和他们的现实主义精神。而两位作家思想及作品的不同，则真实地、准确地反映了两个不同国家在不同时代的不同历史内容。这应看作现实主义的胜利。当年果戈理无法去创造一个完成更高的历史使命的英雄，而是如实地写了一个泪痕满面的卑微小人物渴求妈妈的怜悯的呼喊。而当年的鲁迅，既不是简单地在前人的艺术窠臼里仿造一个无血肉的模拟人，又不是离开现实生活和历史事件，去塑造又高又大的历史巨人，而只是如实地刻画了一个忧愤满腔的被害狂人对于封建吃人制度的揭露与控诉。这个人物的思想感情具有历史的真实性。

艺术形象是社会生活在作家头脑中的反映。它来源于生活，同时又经过作家头脑的加工，也是作家按照自己的思想观点、美学原则和艺术见解塑造出来的。因此，成功的作品，无不既反映了生活的真实和时代精神，又反映出作者的世界观与艺术观。果戈理对于官僚制度与农奴制度充满了仇恨，而对那些受摧残戕害的小人物（小官吏、小职员）则充满了同情。正如赫尔岑所指出的："多亏果戈理，我们终于看见他们抛去假面具，毫无粉饰，……从自己的宅邸和房屋里走出来，……吸食人民的生命和膏血，……。"[1]果戈理于1828年底来到彼得堡。他看到"人民死气沉沉"，他在给母亲的信中诉说道："到处是职员和官吏，人人都在谈论自己局里和部里的事情，垂头丧气，整个社会陷入了清闲而猥琐的工作中，人们就在这些工作里面白白消耗着自己的生命。"但他自己，连这样的差事也找不到，过着穷困的、靠母亲接济的生活。后来他终于得到一个小小的公务员的职务，在封地局供职。他称这是"愚蠢的""无意思的""猥琐的"差事[2]。这一段生活，大概颇刺激了他的思想，使他痛恨这种官僚制度统治下的卑微猥琐的生活，同时，也使他熟悉了这种官僚机构，体验了在这里供职的小公务员的可怜可悲的生活。

① 季莫菲耶夫主编《俄罗斯古典作家论》上卷，人民文学出版社，1958，第537页。
② 布罗茨基主编《俄国文学史》中卷，作家出版社，1955，第507–509页。

果戈理的《狂人日记》和里面刻画的俄罗斯狂人，就是果戈理的这段生活与思想经历的产物。他的反对封建官僚制度的思想和诉说小人物的悲伤苦痛的要求，使他形成了一个由于深受鄙视、耽于幻想而发疯的狂人来现身说法（写日记）的巧妙构思，而他的深沉的感情、幽默的才能，则又形成了他的作品的"含泪微笑"的凄楚哀婉的艺术风格。

鲁迅的《狂人日记》，虽然受启发于果戈理的作品，但它和它里面所表现的中国狂人，却是在作家的另一种思想、生活状况和艺术素养的条件下产生的。

鲁迅早在辛亥革命时期，就已经以一个深沉的爱国者和资产阶级民主主义启蒙思想家的风貌，出现在辛亥革命运动中，写出了居于当时革命思想界最前列、具有文献价值的数篇论文，提出了资产阶级民主革命的思想文化革命纲领。他深入地研究了欧洲资产阶级进步科学文化和现代社会，吸取了欧洲的，特别是被压迫民族和国家的文学滋养。后来他又经历了辛亥革命的胜利与失败，一度陷入痛苦的沉默，过着在寂寞中挣扎、在沉默中探索的生活。这几年中，他深入地研究了中国的历史与文化，解剖了中国的历史与社会，思索了拯救国家民族于灭亡之境的道路与方案。他逐渐受到世界革命风云的影响，吸收了欧洲的思想文化，经受了中国人民的苦难生活、痛苦哀吟与逐渐昂首斗争等一系列的革命洗礼。而当他提笔之时，以《新青年》为战斗堡垒的一批新的革命先行者，已经从事一个时期的宣传鼓动与批判斗争了，而且前来约他一同前行了。鲁迅就是在这样的情况下来从事《狂人日记》的写作和狂人形象的创造的。当时，正处于新的革命爆发的前夕，又一次提出了思想革命的任务。在理论上、认识上需要回答为什么要革命、革谁的命和怎样革命的问题。鲁迅正是为了回答这些相互关联的根本问题，而创作自己的小说的。他的回答既鲜明又尖锐：中国几千年的历史，就是人吃人的历史，吃人者就是封建礼教。他把攻击的矛头明确地指向家族制度与封建礼教。革命，就是要革这个吃人制度的命；革的办法与途径就是"救救孩子"——让他们不再被吃和吃人，而且起来推翻吃人制度。一个民族，人民竟有了几千年吃人的历史，而且仍然在吃着，父母"吃"子女，长辈"吃"晚辈，这是多么惊心动魄、令人忧愤的悲惨世界！而这一世界的吃人惨象所引起的作家的忧愤，又是何等的深广！这怎能不激动广大读者，尤其是正在追求解放的青年的心！

那么，这种认识，这种忧愤，怎样来表现呢？"礼教吃人！"这是惊天动地的呼号，振聋发聩的惊呼。由一个受害者，一个因受迫害而致狂的人来喊出，那岂不是更能震撼人心吗？一方面，保守派、顽固派难于接受、必定反对；另一方面，许多人一时间也未必能很快理解这个结论。当时的习惯是，以"疯子说疯话"来加以否定、贬低或表现不理解。现在，写出这样一个疯子而且表现出他遭迫害致狂的原因，就同时连这种污蔑与误解也一并批驳了。《狂人日记》的艺术构思和狂人的形象，就这样在作家的心中酝酿成熟了。当然，无可否认，在这个酝酿过程中，果戈理的《狂人日记》起了重要作用。它的以"泪痕悲色，振其邦人"的立意，它的用狂人日记的形式来表现人物性格的历史与主题思想，都给了鲁迅以重要的启发。但是，必须指出，这里，主要的作用是发生在艺术形式方面与表现手法上，至于狂人的思想言行，这个丰满形象的素质与内涵，都完全是中国社会生活和鲁迅的思想、生活的产物。鲁迅笔下的中国狂人与果戈理笔下的俄罗斯狂人，是完全不同的两个人，两种艺术形象。

鲁迅创造狂人形象，还有两方面的因素与条件：第一，他有一位表兄弟，曾经得了迫害狂症，由山西来到北京，鲁迅收留他，送他上医院治病，最后雇人送他回乡。这次亲闻亲见的生活经验，使他刻画狂人有了生活凭依。而且这次离他创作《狂人日记》不远的经历，成为他思想上的一个创作契机。第二，他具有丰富的医学知识，懂得迫害狂的症状及病理。

这样，我们看到，鲁迅的《狂人日记》和中国狂人的诞生，是多方面的因素所决定的。首先是中国的社会生活和中国革命的发展，推动作家并给他以创作冲动与素材；其次是作者对于中国社会的认识与观点，给了作品以思想，给了狂人以灵魂；再次是作者的艺术观和生活经历、医学知识，给了他以创作的准备与条件。而在这一切因素中，在这种过程中，果戈理的《狂人日记》在艺术构思上、表现形式上，给作者以启发，给他以可以借取的形式。而且，在这个"形式"（"躯壳"）中，将以上诸因素、诸条件熔铸进去了。

俄罗斯狂人与中国狂人，就是这样在各自的历史条件下产生的。从以上对于产生艺术形象的相同与不相同的条件的分析中，我们可以看到，文学艺术的这种延续性与继承性是会超越国界的。但同时，我们还看到，这种延续性与继承性的作用范围，是受不同国家的不同社会生活、历史条件，作家的不同经历与思想、艺术趣味等主客观条件的制约的。在这方面，都是具有重大民族性和时代性的。

由此我们可以看到，学习、继承、借鉴前人（无论中外）的遗产的重要性和必要性；同时，却又必须懂得，模仿或仿造是不可能产生伟大作品的。"学我者死"，如果只是简单地模仿前人，无论这前人如何伟大、高超，也不管你模仿得多么逼真、巧妙，最多只会制造复制品。鲁迅的伟大也正表现在这里。他大量地吸收了古今中外的思想与艺术营养，但他消化了它们，他"化而用之"，然后又更大胆地革新与创造。由此，他虽然"拿来"者甚多，却又突出地表现了自己的独创性。即使是一篇与前人的小说同名而又用同一表现方法的作品，也是完全独创的。独创性决不是否定前人、外人，更不是与前人、外人隔离，独创性更不可能是简单模仿的产物。

俄国狂人的病历与中国狂人的病情

在俄罗斯，一个专给司长削鹅毛管的小职员波布里希钦，一个卑微的小人物，干着机械的、无意义的营生，过着屈辱的生活。但他竟爱上了司长的小姐。爱心如火。但小姐连斜眼也不瞅他。他感到屈辱。不仅司长、小姐、其他官吏瞧不上他，科长训斥他，连门房见了他也不起身。他连小姐的狗都不如。他难于忍受。他想着自己"也是一个官"，想着自己"出身于名门望族"，更加觉得屈辱难忍，愤愤不平。他昏昏沉沉，疯疯癫癫，耽于梦幻，幻想自己成了西班牙国王。然而，人们根本不把他当国王来奉承，而是老实不客气地当作一个疯子来戏弄，剃光了他的头，打他，往他头上浇冷水。在这种屈辱的生活和冷酷的待遇中，他发出凄苦的哀号：

> 不，我再也没有力量忍受下去了。天哪！他们是怎样对待我的啊！他们往我头上浇冷水！他们不管我，不看我，也不听我说话。我做了什么得罪他们的事情？他们干吗要折磨我呀？他们要从我这个可怜虫那里取得些什么呢？我能给他们什么呢？我什么也没有

啊。我已经精疲力竭了，我再也忍受不了他们的这些折磨，我的头在发烧，一切东西都在我眼前打转。救救我吧！……妈妈呀，救救你可怜的孩子吧！

这是一个卑微小人物由于难忍屈辱，生活中一切都被夺去，便沉溺于幻想，在幻想中去"实现"在现实中所企求不到的东西；于是，更由幻想而入疯狂。他的致狂，反映了环境对他的迫害。

拿这个俄罗斯狂人来与中国狂人相比较，我们便可看到两种不同的情况。

中国狂人所痛苦的不只是个人的苦难，而是痛切地感到别人——全体国人的悲哀：吃人、被吃；而且，更在于他深切地、清晰地看清了这是家族制度、封建礼教的吃人实质所造成的。他指出这个真理，他劝人改过，但是，人们不接受这个足以振聋发聩拯救世人的真理之声。他们说："这是疯话！""他是疯子。"他撕破笼罩着家庭生活的温情脉脉的面纱，露出它血淋淋的真实本质；掀开遮在历史书上仁义道德的伪装，显出它血淋淋的吃人的血腥事实。他因为看见这一切而痛苦、伤心、焦急、忧虑。他的指斥、揭露、批判、劝说，都被当作疯话，他的一切行为，都被看作疯狂和荒唐，他被隔离、看守，禁止与人谈话，他一开口，便被制止、斥责。他更感孤独、痛苦、忧愤。他由此而陷入疯狂状态。就像俄罗斯狂人发狂了还想着司长的小姐一样，中国狂人发狂了，还想着吃人和被吃的惨象。

中俄两国的两个狂人，是多么不同！一个是受歧视、受屈辱的卑微人物；一个是受迫害、受围攻的觉醒者。一个是为被夺去了昔日天堂和今日生活的权利而怨恨，为羡慕上流社会生活而倾倒，以致发狂；一个是为世事的惨无人道而愤怒，为改变古已有之的旧制度旧秩序而呼号，不被理解，反遭迫害，以致发狂。一个是因自己想入非非而致狂，他是真疯实狂，他想的是荣华富贵，实际却卑微可怜；一个是为唤醒世人奔走呼号而被人逼疯，他既是真疯狂，又是真清醒，他说的似是狂语，其实却是真理。一个朝思暮想得到司长的小姐；一个为人在吃人又被吃而日夜焦虑。一个哀告妈妈赶快来拯救自己，他要的是同情、爱抚、温情、个人幸福；一个呼吁拯救未受礼教污染的干净的人之子，他要的是觉醒、转变、反抗、战斗和人类的进步。

这一切是多么不同！

正如前面所说，这种不同是社会生活的不同所造成的。同时我们由此还可以追溯到两位作家思想的差距、世界观的不同。鲁迅正是在这开手第一篇小说中，就充分地表现出他的思想家、革命家的风貌。在果戈理的《狂人日记》中，有一段对于狂人的活灵活现的描写。那是在狂人看见司长的小姐的时候：

> 门开了，我以为是司长，赶紧捧着公文从椅子上站了起来；然而，这是她，就是她呀！我的天啊，她打扮得多么漂亮！她穿一件雪白的连衫裙，简直象一只天鹅，啊，多么雍容华贵！她眼波一转：太阳！真是太阳啊！她弯了弯身子说："爸爸这里没来过？"哎哟哟！多么动听的嗓音！金丝雀！真是金丝雀！"小姐"，我心里想说，"不要叫别人来惩罚我，要惩罚的话，请用您高贵的手亲自惩罚我吧。"可是，真见鬼，舌头不知怎么的竟会转不过来，我说了一句："没来过。"她朝我看了看，又朝书橱那边望了望。无意中掉下了一块手帕。我一个箭步蹿过去，在该死的镶木地板上滑了下来，差点儿把鼻子磕破；不过总算站稳了，捡起了手帕，天哪，这是怎样的手帕啊！极薄极薄的，麻纱的——香水，货真价实的香水！手帕中也散发出高贵的气息。……

这段描写，充分表现了波布里希钦的卑微的心理。果戈理正是写了这样一个被蹂躏、被损害、被侮辱的小人物的凄凉的命运和可怜而又卑微的灵魂。他引起人们对他的怜悯与同情，由此，也就引起人们对于造成这种小人物凄凉命运的社会环境和制度的愤怒与怨恨。作品的积极意义就在这里。但是，这个小人物的逆来顺受的性格，他的灵魂里的卑微轻贱的渣滓，他的不觉醒与毫无反抗，则表现了他的局限性。作品人物的局限性，在这里也同时就表现了作家本人思想上的局限性。

在鲁迅的《狂人日记》中，也有一段生动地表现了狂人灵魂的描写：

> 忽然来了一个人；年纪不过二十左右，相貌是不很看得清楚，满面笑容，对了我点头，他的笑也不像真笑。我便问他，"吃人的事，对么？"他仍然笑着说，"不是荒年，怎么会吃人。"我立刻就

晓得，他也是一伙，喜欢吃人的；便自勇气百倍，偏要问他。

"对么！"

"这等事问他什么。你真会……说笑话。……今天天气很好。"

天气是好，月色也很亮了。可是我要问你，"对么？"

他不以为然了，含含胡胡的答道，"不……"

"不对？他们何以竟吃？！"

"没有的事……"

"没有的事？狼子村现吃；还有书上都写着，通红斩新！"

他便变了脸，铁一般青。睁着眼说，"有许有的，这是从来如此……"

"从来如此，便对么？"

"我不同你讲这些道理；总之你不该说，你说便是你错！"

我直跳起来，张开眼，这人便不见了。

这是一个梦。梦中见真情，梦中见性情。狂人对"某人"真是步步紧逼，逼得他不得不承认吃人是存在、是不对的；并且质问："从来如此，便对么？"说得来人哑口无言，只得蛮不讲理地强硬宣称："你说便是你错！"狂人并不示弱，他"直跳起来，张开眼"，准备据理怒斥。这是一个战士的进击的姿态。他是自信的、主动的、斗志昂扬的。接着，他又分析了年青的来人的思想，是"娘老子先教的"。他又直对自己的大哥，宣传发现的真理。他一直在战斗。他在心理上是强健的，意志是坚决的，精神上是坚强的。他与俄国狂人相比，完全是两种人。

两种狂人的不同，反映了两位作家思想上的差距。

鲁迅的高明处在于，他从果戈理（以及别的欧洲作家）那里，学习了现实主义精神与批判的态度以及艺术技巧。但是，他的思想，却是从自己的时代与社会的"母体"上吸取来的，是民族的，是他自己的。鲁迅在给许寿裳的信中曾说：

> 《狂人日记》实为拙作，……前曾言中国根柢全在道教，此说近颇广行。以此读史，有多种问题可以迎刃而解。后以偶阅《通鉴》，乃悟中国人尚是食人民族，因成此篇。[1]

---

[1] 《书信·一九一八年八月二十日致许寿裳》。

这里，很清楚地说明了作者对于封建礼教制度吃人的实质的认识。在同一封信中，还写道：

> 若以人类为着眼点，则中国若改良，固足为人类进步之验（以如此国而尚能改良故）；若其灭亡，亦是人类向上之验，缘如此国人竟不能生存，正是人类进步之故也。①

这段话，又明白地表示了鲁迅当时用进化论来观察人类社会发展的思想。他的《狂人日记》的基本思想，就是这种进化论观点。认为人类已经由野蛮进到文明，旧的封建家族制度与礼教制度也已经过时，它束缚人性的发展，扼杀人性，在人类进步的长途中，不进则退，不改变、进化，就将灭亡。因此，他要求"真的人"，要求"人之子"。鲁迅在写于1918年的《我之节烈观》中说：

> ……要自己和别人，都纯洁聪明勇猛向上。要除去虚伪的脸谱。要除去世上害己害人的昏迷和强暴。
>
> ……要除去于人生毫无意义的苦痛。要除去制造并赏玩别人苦痛的昏迷和强暴。
>
> 我们还要发愿：要人类都受正当的幸福。②

这里说的"害己害人的昏迷和强暴"，就是对于吃人与被吃的现象的理论语言的表述。而所谓"人类正当的幸福"，便是免去吃人与被吃，便是人类正当的生活和人性的正常发展。鲁迅在《我们现在怎样做父亲》一文中还说到：

> 对于家庭问题，我在《新青年》的《随感录》（二五，四十，四九）中，曾经略略说及，总括大意，便只是从我们起，解放了后来的人。③

这里包含着两层意思：第一，他在这些《随感录》中所谈到的父母对子女的教养问题，就是"家庭问题"，而这"家庭问题"正是《狂人日记》中所抨击的封建礼教的弊端，亦即"吃人"问题。第二，这个问

---

① 《书信·一九一八年八月二十日致许寿裳》。

② 《坟·我之节烈观》。

③ 《坟·我们现在怎样做父亲》。

题的总解决，就是要从我们自己做起，解放孩子。这等于注解了《狂人日记》中的"劝转"和"救救孩子"的本意。在文中提到的《随感录二十五》中，又写道：

> 中国娶妻早是福气，儿子多也是福气。所有小孩，只是他父母福气的材料，并非将来的"人"的萌芽，所以随便辗转，没人管他，……①

> 可是东方发白，人类向各民族所要的是"人"，——自然也是"人之子"——我们所有的是单是人之子，是儿媳妇与儿媳之夫，不能献出于人类之前。
> …………
> 我们还要叫出没有爱的悲哀，叫出无所可爱的悲哀。……我们要叫到旧账勾消的时候。
> 旧账如何勾消？我说，"完全解放了我们的孩子！"②

这些论述都可以说是《狂人日记》的注脚，说明了小说中所写到的思想，就是要解放孩子，让他们在除去了旧的制度的戕害之后，健康地成长，成为真正的人，获得人的幸福。鲁迅的深刻之处在于他对旧制度的抨击、解剖和对社会的改造与新社会的设想，都着眼于人，着眼于人的解放。但局限性却在于，他没有解决制度的改造和人的改造的辩证关系问题，没有解决改造客观世界与改造主观世界的一致性问题。所以，以后鲁迅在总结自己的战斗历程时指出，"救救孩子"的口号是空洞的。

以上的情况说明，鲁迅创造的狂人形象，是他的思想的产物，是他对于中国社会的过去进行剖析的结论，是对于当时如何改造社会和创造什么样的社会的设想。这是他自己独创性的研究与结论，这些，都不是从果戈理处借取来的。同时，我们也还可以看出，鲁迅的小说中借狂人之口所提出的口号，正是他当时改造中国社会的方案。

---

① 《热风·随感录二十五》。
② 《热风·随感录四十》。

从不同的病历看两个狂人形象的实质

果戈理笔下的狂人自述道："我出身于名门望族。"然而，现在是没落了，是个九等文官。然而这段"光荣"的历史，也给他的心灵埋下了鄙琐的种子：他仰慕上层人物的地位与生活，他想得到司长的小姐，并在她面前显出可怜相。前者使他胸中蓄着愤怒，心里感到屈辱，他咒骂司长、科长、门房；他幻想改变现状，后者使他企望爬上去，"想吃天鹅肉"。他的幻想带着卑微的小人物的辛酸与庸俗。他由于幻想失败而陷入癫狂。鲁迅笔下的狂人的"病历"是完全与此不同的。这个狂人，30多岁，家庭出身堪称富有，是个知识分子，少年时候，他就"把古久先生的陈年流水簿子，踹了一脚"，就是说，他反抗过旧的礼教，现在20年后，他更发现了：人们要吃他。而且，他觉悟到人们都在吃人与被吃，从过去一直吃到现在，几千年了。他先觉醒了，看出了封建礼教与家族制度的罪恶：吃人。他指陈、揭露、质问、批判，但家人、师长、亲族都说："这是疯话！""他疯了吧？""他疯了！"于是劝他，吓他，骂他。他不听，并且针对别人劝说的话，继续揭露、批判。于是人们更认为他疯了。人们用对待疯子的办法来对付他：隔离，另眼相看，把他的话都当作疯言疯语，直至禁止行动自由，他感到孤独寂寞，难以忍受非人的迫害，在离群独处的痛苦生活中，他真的精神渐渐失常了，被迫害致狂了。事实上，这正是"大哥"等人"吃"人的一个具体事例。一个被迫害致狂的人，他脑子里经常想的，就是引起他患病的那件事，而且，他继续研究他的发现，于是翻开历史来查，从仁义道德的字缝中，看见了"吃人"二字。

无论果戈理还是鲁迅，在他们的小说中，都给人物（狂人）写了简历和病历——这就是情节史。故事情节就是这样展开的。在这个情节（即"病历"）的发展中，刻画了人物性格，展示了作品的主题。

这里我们要着重探讨的是：从这两个不同国度的狂人的病历中，我们看到了他们相同的"病情"，即情节发展的路径和不同的人物思想性格的内涵。

有人说，狂人是一个战士，那只能是就他的象征意义来说；至于形象本身，他是一个货真价实的、普普通通的狂人。也有人说，他是一个战士，他不是狂人；战士是真、狂人是假，只是被看作狂人罢了。这两者，都把战士和狂人完全对立起来了。其实，两者并不矛盾。从上述的"病历"中可以看到：把两者对立起来是缺乏发展观点，没有看到狂人的"清醒的战士——遭迫害——发狂"这样一个发展变化的过程。因为他是战士，所以他遭迫害；因为他被迫害，所以成了狂人；又因为他是这样发狂的，所以他是这样的狂人：他始终坚持指出"吃人"这一点。我们如果不这样理解，那么，狂人虽身患狂病，但思想却是战士的清醒的思想，狂人不过是一个思想的寄寓体、一个传声筒。这样，这个艺术形象和他的思想意义就是分裂的，就不是融为一体的，因而形象的真实性也就削弱了。这也就失去了艺术的魅力和光彩。因为，他（狂人）不过是一个与思想毫无关连的、偶然说出了真理的替身。主题思想与艺术形象不是融为一体，而是互相分裂、各自游离。这样的作品是不会打动读者的。

有人强调《狂人日记》的象征意义。的确，狂人所说的"吃人"，具有象征意义，但狂人的形象却不是象征性的。而且，"吃人"的象征意义也不是暗示、隐语、双关语，而是把本质用形象表现出来了。

通过对比，我们可以看到鲁迅笔下的狂人是一个曾经清醒的战士，后来被迫害得发狂了。但他发病以后仍旧通过狂言乱语揪住"吃人"的问题不放，而且正是这些"狂言乱语"，把封建礼教和家族制度的吃人本质揭露无遗。

两篇《狂人日记》艺术风格的异同

两篇《狂人日记》在艺术上是有"亲缘"关系的。这一点我们在前面已经谈及。但是，两者的不同点更多于相同点。内容决定形式，这些不同是由思想内容、人物形象的不同所决定的。对于果戈理的小说，"泪痕悲色"确是准确的概括。他以含泪的微笑，来揭露与讽刺官僚社会，也不免带着对小人物的揶揄，但最后却又在"欢乐"（！）——他成了西班牙国王——的癫狂中，凄楚哀鸣，向妈妈发出了呼救声。果戈理在这里以喜剧的形式，表现了悲剧的内容。正如别林斯基所说，总是

"开始可笑，后来悲伤!"①而鲁迅在他的作品中，却以忧伤与愤怒，来指控吃人者，揭露礼教制度的吃人本质。他不仅对于那些高高在上的吃人者予以揭露与抨击，而且，连那些被压迫被损害的人："他们——也有给知县打枷过的，也有给绅士掌过嘴的，也有衙役占了他妻子的，也有老子娘被债主逼死的"，脸色也"这么怕""那么凶"，也曾参与了"吃人"的罪孽。而且连亲人们也不能免，"他们可是父子兄弟夫妇朋友师生仇敌和各不相识的人，都结成一伙，互相劝勉，互相牵掣，死也不肯跨过这一步"，——不肯跨过"自己想吃人，又怕被别人吃了"的这"一条门槛，一个关头"。这是何等深沉的悲哀与苦痛。这悲痛越深沉，那忧愤也就越深广。鲁迅是以悲剧的形式来表现了忧愤的内容。

两种不同的艺术风格，带来了行文与语言的差异。果戈理描绘刻画狂人时，笔调幽默，语含讥讽，略含调侃的意味，又有轻微的戏谑，他写狂人看到司长的小姐，便神魂颠倒，"她的眼睛怎样往左右一瞟，眉毛稍稍一扬，眼珠轻轻一转，……啊，我的天哪！我受不住啦。完全受不住。他干吗要在雨天出门"。狂人看见了狗写的信中把自己臭骂了一通，他便想："胡说，你这该死的小狗！这样的贫嘴薄舌！难道我不知道这是出于忌妒吗？"狂人在咒骂了侍从官、将军以后，想："为什么我是九等文官，由于什么原因我是九等文官？说不定我是一个伯爵或者将军，只是样子像个九等文官吧？"他想象自己一旦穿上将军制服，"那时候我的美人将会怎样对我倾诉衷肠？"……总之，作家以幽默的、流畅的、带着微笑的（其中有几分讥刺）隽永的引人的语言，叙述着这狂人的故事。

然而，鲁迅的《狂人日记》却完全是另一种风格，它的语言是急促的、铿锵的、沉痛的、挑战式的、质问式的，它震撼着人心：

> 想起来，我从顶上直冷到脚根。
> 他们会吃人，就未必不会吃我。
> …………
> 吃人的是我哥哥！
> 我是吃人的人的兄弟！
> 我自己被人吃了，可仍然是吃人的人的兄弟！

---

① 别林斯基：《别林斯基选集》第1卷，人民文学出版社，1958，第183页。

黑漆漆的，不知是日是夜。赵家的狗又叫起来了。

狮子似的凶心，兔子的怯弱，狐狸的狡猾，……

有了四千年吃人履历的我，当初虽然不知道，现在明白，难见真的人！

这种铿锵有力的、沉痛的、饱含深刻哲理与诚挚感情的语言，深深地激动人心。这是中国语言的高度提炼，同时又是创造，它不是脱胎于古文，而是继承了它的精华，摆脱了它的羁绊；但又不是外国语言的硬搬，而是吸取了它的表现方法。它的基础是人民的口语，但又不是它的简单的记录，而是经过细致加工的。这语言，同作品的思想内容、人物形象的内涵，是高度统一的。这里，我们又一次看到，鲁迅在吸收外来影响时，是具有独创性的。

几点启示

在进行了上述比较之后，我们可以看到，对于两篇出现在不同国度、不同时期的《狂人日记》，不同的社会历史条件、不同的国情，决定了它们不同的主题。这两篇作品的主题，都是各自国家的社会生活的反映。由于作品真实地反映了本国的社会生活，创造了栩栩如生的人物形象，表达了人民的思想、感情、愿望，因此，它们具有长久的生命力。这说明，作品主题可以从别国的文学中得到启发，吸取思想和艺术的营养，正如鲁迅从果戈理的作品中所得到的那样；但是，却不能照搬外国的作品，否则，离开了本国的社会条件，脱离了本国的人民，作品便成了无源之水、无本之木，是不会有生命力的。这是我们借鉴外国文艺作品时，值得注意的一点。

一篇作品的主题同时也是社会生活在作家头脑中经过加工后的产物。素材经过作家的思考、分析、"过滤"、提炼、创造，最后成为作品。作家的思想、观点，他的世界观，在对作品的性质、主题的确立，题材的选择、加工上，都起着很大的作用，决定着作品的好坏高下。果戈理的《狂人日记》，无疑在俄罗斯当时的文坛上起到了很大的作用，这一点我们在前面已经谈到了。但是，作家世界观中的矛盾，不免给作品带来局限性。大家知道，车尔尼雪夫斯基曾经指出，一方面，果戈理怀着他所固有的"高贵的愤怒",来揭露、抨击沙皇俄国农奴制统治下的社会中的"丑恶的生活现象",保护"弱小兄弟",但是,却没有能够提高到先进的政治观点①。别林斯基说得好,这对果戈理来说,是"诗人和思想家在他身上发生冲突"。这种弱点,这种冲突,在《狂人日记》中也是有反映的。突出的表现就是作品的泪痕悲色,跃然纸上,但是怨恨多于愤怒,诅咒强于抗议,波布里希钦既有对已经失去的旧时生活的留恋,又有对不能得到的上层社会的生活的羡慕,伤痛盖过抗争,哀号之声引人同情,却不能进一步直接地激起斗争的感情浪花。鲁迅和他的《狂人日记》则根本不同。鲁迅当时站在时代的前列,他明确地从当时正在兴起的革命的需要出发,遵前驱者之命,为了改良人生、疗救社会而创作,他要用小说这种文艺形式来发议论、来战斗。鲁迅的特点与果戈理正好相反,他不是诗人与思想家两种品质在自己身上冲突,而是两者在他身上得到高度的、完美的统一。他既揭露了封建制度统治下的中国当时社会生活的丑恶现象,揭出了它的病苦,喊出了人民的心声,又能以先进的政治观点激起人民的革命激情。因此,他的作品和人物形象是对旧制度、旧生活的彻底否定,对上层社会的深刻揭露,他的揭露是尖锐的,抨击是猛烈的,批判是深刻的,整个作品伤痛与抗争同样深沉而强烈,那抗争之声,振聋发聩,那撕裂人心的呼吁,引起的不是一般的同情,而是激起强烈的斗争决心。两位伟大作家在这方面的不同,难道不是提醒我们,具有先进的世界观、先进的政治观点,对于一个作家是何等重要吗?而且,从这里我们感受到重要的一点:果戈理不失为俄罗斯批判现实主义的先驱和佼佼者;而鲁迅,以他的第一篇作品的思想与精神,表现出他的艺术,已经不是批判的现实主义所能概括的了,而是包含着革命现实主义的因素。

从人物形象来看,两位作家创造出狂人的形象来,不是偶然的。或者说,在19世纪30年代的俄国出现"狂人"这个艺术形象,不是偶然的;在20世纪初期的中国出现狂人,正在兴起的中国新兴文学的第一篇小说的第一个艺术形象是一个狂人,同样不是偶然的。根本的原因在于当时的俄国需要一个能够叫出人民的痛苦和正在积蓄、增长的愤怒的人物;当时的中国,也需要一个能够戳破旧制度的假面,指出它的吃人

① 参阅季莫菲耶夫主编《俄罗斯古典作家论》,人民文学出版社,1958,第544-545页。

本质，并呼唤向它抗争的人物。两位作家的考虑是相同的：用狂人以发狂的形式来表达这种历史的要求，可以表现得更激愤，更强化，更尖锐，更带感情色彩。而这是在最初进行揭露、从事斗争时所特别需要的。因为这在死寂中发出的第一声叹息，在沉闷中响起的第一声呼号，它需要大声疾呼，它要求引人注目，就像鲁迅所形容的，这是要在没有窗户的铁屋子里，把快要从昏睡进入死灭的人们叫醒，形势急促。同时，既然是斗争的第一时期，是抗争的第一声，因此，环境是险恶的，气氛是郁闷的，旧势力是强大的，周遭的压力是沉重的，它往往会对第一批反抗者，甚至只不过是首先发出叹息与怨声者，给予镇压、迫害、摧残。因此，这些首先觉醒者，首先发难者或革命的先驱者，往往被迫走上两条不幸的道路：被杀害或者被逼疯。被害者丧失了生命，而迫害狂却能揭露、挣扎、抗议、斗争。于是狂人，就是最好的可供选择的艺术形象的类型了。至于采用日记的形式，当然是为了以第一人称的形式更便于完成上述的目的，这是最合适的。

由于上述的原因，狂人这种艺术形象，从根本上讲，是产生于社会现实生活的，是从现实生活和人物中提炼出来的，是作家用生活素材，通过典型化手法创造出来的。但是，因为写的是狂人，所以虚构的成分很大，不符合生活的真实的地方很多。比如狗的通信与对话之类，以及狂人的种种“疯相”等。但这和现实主义毫不冲突，它不是拘泥于简单地描摹生活，而正是在本质意义上发扬了现实主义的精神。

不过，两位作家在创造两个狂人时，在艺术手法上，是有不同之处的。果戈理由于表现人物（狂人）的无望与无告，又要刻画他的哀痛失去了已有的、愤恨得不到想要的东西的那种矛盾惶遽心理，以及可笑可怜的命运，而采用了虚构的可笑的情节（人被狗所议论和看不起，梦想当上了西班牙国王，而人们却对“国王”报以打骂），透露着揶揄与调侃。鲁迅为了表现人物（狂人）的觉醒而又被迫害，由他揭出那个“礼教吃人”的真理，便不得不采用了象征主义的手法，使环境、人物、语言都带着象征的意义。但这同样不是对于现实主义的脱离，而是现实主义的巧妙的运用。

鲁迅的《狂人日记》得启发于果戈理的作品，受到它的影响，但不仅在内容上忧愤更深广，而且在主题、题材、人物形象、艺术风格、语言等许多方面，都发生了变异。这变异，就是忠实于生活，忠实于现实主义，这变异也是作家的创造性的表现，这变异也就是发展。这正是鲁迅的贡献。他在艺术上给我们踏出了一条路，开辟了一个方向。艺术贵在创新，无论是向外国学习，还是"继承先人"，应该以鲁迅为榜样。如果囫囵吞枣、生吞活剥和照抄照搬，那就不仅是没有出息，而且是一种倒退；而倒退则导致艺术的衰亡。

附录：关于建立鲁迅学的建议

我谨提出一个建议：创立"鲁迅学"。

现在，创立这样一个学科，既很必要，又具备基础和条件。

一

鲁迅是中国的，也是世界的文化巨匠。他的思想，他的著作，他的事业，他在文化上的作用和贡献，不仅在中国具有承上启下的、划时代的伟大意义，而且具有世界意义。现在研究鲁迅的工作，不仅在中国逐渐开展，逐渐深入，而且，已经是进入世界范围的事了。

鲁迅是中国封建社会的末代知识分子，又是共产主义思想文化的先驱。他对中国几千年来的封建思想文化，进行了不屈不挠的斗争和广泛深入的批判；他又对中国几千年的传统思想文化，进行了剔除糟粕的工作，吸取其精华，继承和发展了中国几千年的优秀文化。鲁迅的思想，是外来的共产主义思想文化与中国固有的优秀文化相结合的产物。鲁迅是几千年文化发展史上的一个里程碑，是中国文化史上的一位划时代的伟人。

鲁迅思想，也是共产主义思想文化与中国社会、中国革命相结合的产物。在中国人民革命的政治、军事、经济、思想文化诸战线上，鲁迅是一个方面军的伟大旗手，他是这个伟大革命在文化战线上的主将。

因此，不懂得鲁迅，就很难懂得中国。不懂得鲁迅，就很难懂得中国文化，很难懂得近代和现代的中国社会，很难懂得中国的反帝、反封建的新民主主义革命和当前的社会主义革命。

因此，研究鲁迅，就是研究中国社会、中国革命、中国文化。

在世界范围来说，鲁迅因世界第一次无产阶级革命和社会主义国家的建立，而改变了自己的思想方向和发展道路。在此之前，他作为中国向西方学习的先进人士中的一员，曾经广泛而深入地学习和研究了西方资产阶级进步文化，吸吮了它的思想文化的乳汁，同时又对开始进入帝国主义阶段的欧美腐朽没落的思想文化持批判态度而加以抵制；在十月革命之后，他则逐步地、踏实地、饱和着自己战斗生涯中的体验和丰富的思想素养，吸收了以辩证唯物主义和历史唯物主义为理论基础的共产主义思想文化的营养。他的这个思想发展历程，与世界共产主义思想文化发展的历程相一致、相叠合，并成为以亚洲为重点的殖民地、半殖民地和一切被压迫民族与国家的革命文化发展的趋势与成果的伟大代表之一。

在无产阶级为摆脱资本主义枷锁而战斗的年代里，鲁迅与高尔基，同为世界思想文化星空上的明亮的巨星，曾经映照、鼓舞、指导被压迫人民，促进他们的觉醒历程，鼓舞他们的斗争精神，激励他们解放自己的意志。1936年，这两颗革命文化巨星的相继殒落，曾经激起世界性的哀悼的波涛，这绝不是偶然的。

鲁迅的出现是与世界革命、国际文化发展史相联系的。

英国的莎士比亚，德国的歌德，俄国的托尔斯泰，法国的罗曼·罗兰，他们各自的国家以至国际文化界，都对他们进行了广泛深入的专门研究，已经形成一个专门学科。鲁迅作为一个中国的和世界的文化巨匠，同样应该建立一个学科"鲁迅学"。

二

当《狂人日记》以它的忧愤的深广和格式的特别，在"五四"前夕的中国旧文苑和新文坛，引起雷轰电击似的震惊时，"鲁迅"这个首次出现的名字，就引起了广泛的注意。而当《阿Q正传》出现，《呐喊》编集出版后，鲁迅就巍然屹立在中国文化界，并且很快就引起国际上的注意，作品有了日文和俄文译本，不久又出现了更加具有国际性的英文和法文译本。从此时起，鲁迅就成为一个文学研究的对象。30年代，鲁迅作为一代革命文豪、文化革命的旗手和主将，受到革命文学界和文化界的竭诚拥戴，得到全国人民的热烈爱戴；以瞿秋白《〈鲁迅杂感选集〉序言》为代表，对鲁迅第一次作出了正确评价和比较全面的分析。同时鲁迅也遭到反动文化界的疯狂"围剿"与迫害，恶毒攻击与诬蔑；也受到同一阵营的战友的误解。或誉或毁，研究者大有人在（毁诬或误解，也是一种"研究"，一种看法，也值得研究者去研究），研究著作和专论，连篇累牍。而后，鲁迅逝世，又进入一个回忆、悼念、研究的高潮。30年代末、40年代初，以毛泽东同志的《新民主主义论》中对鲁迅的评价为标志，对鲁迅的认识与研究进入新阶段。从此，对鲁迅的研究工作更加发展。40年代末、50年代初，随着中华人民共和国的建立，对鲁迅的研究，更进入一个蓬勃发展、广泛深入的发展期，取得了很大的成绩，并逐步形成了一支既有以亲受过鲁迅教诲的鲁迅的战友、学生作为骨干和指导者，又有文学史论工作者参加的庞大的鲁迅研究队伍。从60年代中期到70年代中期，十年浩劫，使鲁迅研究在队伍和工作两方面都遭到摧残，受到影响；"四人帮"严重歪曲鲁迅，以鲁迅为打人的棍棒，把鲁迅研究引入歧途。但是，在此时期，一批热衷于鲁迅研究的正直的同志，在挖掘、收集、整理资料方面默默地工作，却也取得了可喜的成绩。70年代中期至今，以党的十一届三中全会前后思想解放运动为转折，鲁迅研究又进入一个新的历史时期。在研究工作上，不仅冲破了"四人帮"的压制，批判了他们的歪曲宣传，而且，打破了"左"倾教条主义的束缚，恢复了实事求是的学风，使鲁迅研究获得了新生机、新气象，有了新的长足的发展。

总之，无论是从鲁迅研究史的发展来看，还是从研究工作的基础、成绩和队伍来看，都已经具备了建立"鲁迅学"的条件。

当然，到目前为止，鲁迅研究还有许多问题虽已开展研究，但却研究得不很充分，还有不少薄弱环节，有的甚至还是空白。创立"鲁迅学"正可以使对鲁迅的研究更加计划化、系统化、理论化、科学化，也可以使已经开辟的领域的研究工作更广阔、深入、细密，更能开拓新的领域，填补空白，使"鲁迅学"成为一个科学体系。这样，将使我们的鲁迅研究水平更提高一步，从而对鲁迅的宣传也提高一步。这对让我们的人民更广泛、更深入、更科学地了解鲁迅、认识鲁迅、学习鲁迅，将会起到很大的作用。

三

事实上，"鲁迅学"已经规模初具，根据我们已经开辟的研究工作和已经取得的成就，根据鲁迅思想、著作的实际，我们可以设想"鲁迅学"的理论框架，大致可为：

（一）鲁迅生平、传记研究

对鲁迅的生平事迹、革命实践、文化实践、文学创作实践等方面的资料，进行发掘、收集、考订、整理，并进行广泛深入的研究。编写详尽的、有学术意义的鲁迅年谱，编写详尽的有学术价值的鲁迅传记。这样的年谱和传记，可以有多种，各有侧重、各有特点。

（二）鲁迅思想研究

对鲁迅思想作纵的和横的研究。展开对鲁迅生活的时代的政治、经济、思想、文化的研究。为了这个目的，需要有为研究鲁迅而进行的具有专业特色的中国近代现代史，中国近代现代思想史、文化史，中国现代文学史等的分项研究。当然，更重要的是对于鲁迅思想发展的独特路径的研究和对于鲁迅思想与中国社会、中国革命"同步"发展的研究。这种研究工作，既要进行断代的、专题的研究，又要进行综合性的研究。首先可以有计划、有系统地编辑出版鲁迅思想类编的资料专辑和研究专著。

（三）鲁迅著作研究

鲁迅的著作博大精深，范围广泛，是中国历史文化和文学艺术的具有独特性的百科全书。对鲁迅著作展开广泛深入的研究，不仅可以深入了解鲁迅思想、作品本身，而且，能够了解中国的历史文化和新文学艺术。对于鲁迅的小说、散文、诗歌、杂文、学术著作以及翻译作品，都需要作分门别类的专项研究和综合研究；对他的著作的思想和艺术进行深入的探讨。现在，我们在这方面的研究，也是单项独篇的分析研究较多，且成绩显著。但是，综合性的研究，却显得不够。

（四）"鲁迅面面观"的研究

鲁迅是时代的产物，是中国近代现代社会和中国革命的伟大产儿。但他的出现不是一个偶然的现象、突然的现象，他和他的同时代人一起成长发展，他继承中国优秀文化传统，借鉴外国进步思想文化而成长。因此，研究鲁迅，就必须开展对与他直接或间接有关的同时代人（包括中国和外国，连及稍前或稍后于他的人），对与他发生联系的古典文学、外国文学的研究。诸如下列的题目——鲁迅和他的同时代人，鲁迅与古典文学、传统文化，鲁迅与外国文学，都是可以和应该进行专题研究的。而且，这些题目还可以细分出科目来进行分别的研究。在这方面，我们的研究工作还是很不够的，而且连促进研究的知识水平和理论水平也有待于提高，很有大力加强之必要。

（五）鲁迅研究之研究、鲁迅研究史之研究

从五四运动时期起到现在，鲁迅研究已经有了60年的历史。研究者之广泛、文章专著之丰富、观点之杂然纷呈，是足以构成一部史和一个研究项目的。从"五四"到20世纪20年代、30年代、40年代直到80年代，每个时期既相继承又相区别，不断发展前进，"鲁迅观"各有时代特色，反映着研究者的思想观点和时代影响。对这个发展历史、进行史的整理研究和观点的整理、分析、研究，是很有必要的，是我们前进的基础和推动力。

（六）外国的鲁迅研究之研究

国外研究鲁迅的人和著作，都在增加，尤其在日本，研究历史之长、研究者之多、著作之丰厚，都是很值得注目的。在外国的百科全书中，也有对于鲁迅的介绍。这也许可算是各个国家对于鲁迅的研究成果的集成和总结。这些国外的研究，在内容上、观点上具有独特的角度和方式，值得我们学习、借鉴；有些不免显出隔膜，有些不免存在误解。但不管何种情况，都值得我们去了解和研究。"外国人眼中的鲁迅"，对于我们中国的鲁迅研究者来说，是有启发意义和参考价值的。我们要有计划地、系统地翻译出版这方面的著作与资料，把这项研究工作开展起来。

（七）鲁迅研究的文献学

关于鲁迅生平事迹材料的发掘、收集、考订，关于鲁迅著作（包括书信、日记）的收集、考订、注释，鲁迅著作的目录，中外研究鲁迅的文章与专著的索引等，足以构成一个鲁迅研究的目录学、文献学。它是"鲁迅学"中必不可少的基础工作。

以上，不揣浅陋，提出一个建议，未必妥当，有关的论说可能有错误，希望听到鲁迅研究的师长、同行们的批评。

1980年12月31日于沈阳

以上，是我写的一个建议，曾经发表在《鲁迅学刊》创刊号上。这个建议虽然在我心里酝酿很久，但是写成文字时却颇仓促，对于建立学科的必要性虽然尽量作了申述，然而仍然未能说得详尽深透；至于对"鲁迅学"的理论内涵与结构，更是语焉不详，缺乏严密的论述。

《鲁迅学刊》发表这个建议之后，在鲁迅研究界引起了一定的注意。有不少同志口头或在书信中，向我表示了对于建立"鲁迅学"的关心。他们不仅同意我的建议，而且希望付诸实施。陈鸣树同志在《鲁迅学刊》第二期上发表了他的赞同意见；朱文华同志除了表示赞同外，还对拙文提出了补正，并对"鲁迅学"的内涵作了比较详细的论述。特别是，在一些鲁迅研究的学术讨论会上，也有同志介绍了对这个建议的反响。这当然都是令人鼓舞的。

现在，关于这个建议的内容，我没有什么原则性的修改，除了希望能够引起有关方面的更大重视，早日付诸实施外，只想就建立鲁迅学和如何进一步开展这个学科的研究与教学工作，补充几点意见：

（一）把"鲁迅学"普及到群众，特别是广大青年中去

任何科学，都不是"为科学而科学""为学术而学术"的，它的建立、发展和繁盛，都在于它既有实践的基础，又与实践紧密结合。它成为一个高深的、专门的学问了，但同时它也应当更好地为群众所掌握，更好地（在更高的水平上）为实践服务。"鲁迅学"的建立，无疑将使鲁迅研究工作更提高一步、更深入下去、更扩展开去，而同时，它就会，也应该在更高的水平上为广大群众所掌握。建立学科，正是为了拿出更好的科学珍品来为群众服务。更广泛、深入地研究鲁迅的思想作品，发掘其宝藏，阐释其科学的深邃的内涵，这既是一种专门学问，对它本身同时又是一种普及。"鲁迅学"无疑包括着这样的内容：把鲁迅的思想加以整理、阐发，使之系统化，使其各个方面都更明确、更规范化，更易于为群众所了解和掌握。

把"鲁迅学"普及化，这意味着把鲁迅的思想、作品，既科学又通俗地向广大群众宣传，使鲁迅的丰富遗产成为群众的精神财富。这对于青年人，更有深远的意义。每个国家，每个民族，都有她自己的——既有人类文化共性，又具有民族独特性的——思想文化巨匠，他们是发展本民族文化的先驱、大师，又是本民族向外国学习的"跳板""通道"。鲁迅对我们中华民族，正具有这样的作用。因此，我们今天普及"鲁迅学"对于实现社会主义的四个现代化，对于建设社会主义精神文明有着重要的现实意义。

（二）把"鲁迅学""打出中国去"

鲁迅立于世界文化之林，亦不愧为巨匠。鲁迅的产生，主要是一个"中国的现象"，但在某种意义上，也是世界性的现象。这不仅从鲁迅作为伟大作家产生的社会条件来说，中国的近代和现代社会已经进入世界经济、政治、文化范畴，中国作为被侵略的对象，同欧美各国发生了多种联系，而且，就鲁迅本人来说，也是东西方思想、文化交流的产物。因此，我们要把眼界放开阔，"走向世界"，从世界的角度来研究鲁迅和他的伟大的思想、作品的产生；不仅探索他的国际渊源，而且从比较研究中，看出他的独创与贡献。鲁迅这方面的成就和他所达到的高度，不仅是鲁迅的，而且是我们民族的。

另外，从现实性来看，目前日本、欧洲、美国都对鲁迅日渐注目，研究的兴趣日增，认识也日益深化与提高。我们的研究成果，有必要与之交流；我们也有必要学习和研究外国学者的成果。而且，把鲁迅的思想作品系统地、深刻地向国外介绍，也可以增进外国人对中国、对我国的民族文化的了解，有益于增进同各国人民的友谊，推动人类进步事业。

（三）把"鲁迅学"深入到课堂中去

当我们把几十年鲁迅研究的成果系统化、规范化，使之成为一个学科之后，我们将可以在大学的课堂上，开设"鲁迅学"课程，它既可以是大学的共同课，又可以是中文系的专业课。而且，中学以至小学，也可以增加鲁迅作品的选讲。

以上三点，都是关于实践方面的意见，对于"鲁迅学"的内涵方面，在这里暂置不论。

现在，我趁拙著《鲁迅思想论稿》出版的机会，把此建议作为附录正式发表，希望能够引起更多方面的注意，并且就建立"鲁迅学"的理论与实践方面的问题展开讨论，以至将建立这门学科的工作付诸实施。

1982年6月1日于沈阳

《呐喊》全新解读

一、引言

《呐喊》：永不消逝的声波

《呐喊》问世至今已经90多年了。在20世纪初发出的这一声呐喊，人们至今还在谛听。当20世纪末人们以多种方式评选20世纪文学名著的排行榜时，无论是何种规模、何种视角、何种等级的评选，鲁迅的《呐喊》不仅名列其中，而且位居榜首。特别是香港《亚洲周刊》编辑部与来自全球各地的文学名家联合评选的"20世纪中文小说一百强"，鲁迅的《呐喊》也被列为百强之首。这绝不是偶然的。这是百年文学艺术浪潮淘洗的结果，百年社会变迁动荡汰选的结论。只因为那声呐喊的社会底气是那么厚重，文化蕴含是那么丰富，审美素质是那么美妙，人们才会作这样的评价和选择。而且，这范围并不限于中华国土。在亚洲，在东方，在世界范围内，人们也是对《呐喊》给予很高的评价，进行新的解读、诠释和研究。鲁迅研究，已经成为一种世界性文化现象了。

作为中国人，尤其是青年人、学生，是应该读鲁迅、读《呐喊》的。不读，对于了解中国、了解社会、了解人生与人，就会是一种损失、一种缺憾。我们选择《呐喊》作为向人们推荐的读物之一，就是这个缘故。我们希望，今天的阅读，不仅是一般的文学阅读、艺术欣赏——自然，这不仅可以是一个目的，而且应该是一个必须有的目的。一部杰出的文学作品，也自然会在你阅读的过程中，给你这种高尚的享受。但是，仅有这一点是不够的，而且，有了这一步，读者也自然会从中领悟到其他内容。所不同的只是多少与深浅的差异罢了。

在中国现代文学中，鲁迅的《呐喊》，是永不消逝的声波。这里鸣响的中华民族之音，永恒地鸣响在国人的耳畔和心中，也鸣响在全世界，参与整个人类的"文学交响乐"的演奏。

这种民族的文学之音，总是反映着民族的思想、观念、心理、情感，爱与恨的道德分野，生活方式与行为准则。同时，它为民族公众所接受，又塑造着民族文化心理，构筑民族的理性世界、情感世界与审美世界。它们以民族记忆的形式，以集体无意识的形态，赓续绵延，流传久远。在民族内部，是民族自我形象塑造的文化—心理资源；在世界与人类范围内，它是民族形象、特征的标识，是族类识别、了解沟通的凭借。鲁迅的《呐喊》便是中华民族现代灵魂的"资源"、"标识"与"凭借"。阅读《呐喊》，可以认识、了解现代中国，认识、了解现代中国人。

现代中国人，仍在谛听这20世纪初发出的呐喊。

不仅中国本土，而且东方和世界，也都在谛听鲁迅在20世纪初发出的中华民族的呐喊之声，并且谛听着其中蕴含的三个层面的内涵。

日本著名汉学家、鲁迅研究专家竹内实教授说：

> 日本在第二次世界大战结束之后，面对一片废墟。如何从战败中恢复过来，如何重建日本，使它光复！这时候需要一个民族的精神支柱。我们找到了鲁迅！[1]

鲁迅的《呐喊》在东邻日本，居于这样崇高的地位！鲁迅为什么会成为日本复兴的精神支柱呢？在竹内实先生之前，日本有一位鲁迅研究家、中国文学研究家，也是现代思想家竹内好（1910—1977）。他的《鲁迅》一书，篇幅不长，但影响巨大而久远，已经成为鲁迅研究的经典著作之一。他在1947年发表了影响深远的论文《中国的近代与日本的近代——以鲁迅为线索》。在这篇文章中，他以被他称为"重新书写了历史"的鲁迅为线索、为核心、为"依傍"，来讨论日本的现代化，即日本的复兴问题。他认为鲁迅精神的核心是"抵抗"，是实行自我否定，不断指向自身内部：以抵抗为媒介而促进自我更新（"回正"）。而日本，所缺乏的正是这些。[2] 以此，他拿这种鲁迅精神激励日本民族，来"唤醒"日本民族。鲁迅的呐喊之声，就这样为邻邦强国所谛听，成为构筑其新兴民族精神的思想资源与支柱。

与日本隔海相望的韩国，那些社会栋梁、文化精英，同样在20世纪70—80年代，在社会改革和现代化进程中，从鲁迅的思想、作品中吸取力量，求得精神资源和支柱。这里仅以"在韩国社会与知识界具有相当大的影响力"的、有变革运动的思想导师和先驱家之称的两位为例，以为说明。一位是李泳禧，一位是任轩永。李泳禧在青年时代就通过竹内好日译的鲁迅著作，接受鲁迅影响，"从鲁迅的人生历程与思想以及社会实践开始吸取精神营养"。在20世纪60—70年代，他感到，在"资本主义朴正熙军国主义极右独裁治下的大韩民国"，"那不外是'白日的黑暗'"。"但是几乎没有呐喊的人。好像跟鲁迅《阿Q正传》里描写的20世纪初期中国人（社会）一样，令人窒息似的，绝望似的"（李泳禧《三十年代执笔生活的回顾》）。在这里，他使用了鲁迅的话语，他以鲁迅在《呐喊》中所揭示和感受的20世纪初的中国社会与中国人的黑暗与痛苦，来揭示和感受60—70年代他的祖国的类似情状。这是一种透过"鲁迅眼""鲁迅视角""鲁迅世界"的，对于祖国、民族、社会、世界的感受和认识。这是他对鲁迅的接受和获益，也就是他代表韩国公众，从一国一民族的角度反映了东方民族——国家，对鲁迅的接受和获益。鲁迅以其思想和作品，启开了李泳禧的智慧之门、思想之阀和情感的闸门，去感受、理解、分析并揭示本国、本民族的社会之疮、民族之症结和变革之路。我们是否可以说，在今天韩国的经济发展、社会变革、文化进步中，在他们的现代化成就中，有着鲁迅的思想——作品——的滋润和濡化？这也是鲁迅在20世纪初的中国发出的呐喊，在东方他国产生了回应。

另一位参加韩国70年代变革运动的先驱是任轩永。他在上高中时，就读了《阿Q正传》。他非常喜欢鲁迅的《铸剑》（小说，收于《故事新编》）。他现在还将这篇小说作为必读之书，向学生推荐。他说："我个人心目中最理想的小说家就是鲁迅。"他打算以后有时间再着手小说创作，"到时候我想先读鲁迅的《狂人日记》一百次，然后写小说"（任轩永《如何开始文学》）。这里，还只是从文学视界所描述的鲁迅影响，但已经是基础——从文学到思想到行动的基础。他从鲁迅的创作看到了文学对社会改革的作用和意义："但看鲁迅之例，在推进历史变革运动的原动力方面，文学并不亚于政治。他的文学是构成今日中国的精神础石。"他认为，这个"精神础石"能够抵御一切"历史风化"，"这是因为他的文学已成为结合美学上的精巧和锐利的批判意识的完整的艺术典范"（注：任轩永先生给笔者的书函资料）。他进一步指出："给我打破对文学家只能用文学进行斗争的通例，就是鲁迅。"因此，他直接地参与了20世纪60—70年代韩国的变革运动。[3]

这里，我仅引用了日本、韩国的资料，以反映鲁迅的充满批判意识、蕴含挣扎抵抗精神的"呐喊"，如何在东方国家、在20世纪中后期的改革与现代化进程中，发挥了它的警醒、鼓舞和启迪的作用。包含《呐喊》在内，且以它为主体部分之一的鲁迅思想、作品——鲁迅文学，不仅是"现代中国文学—文化文本"，而且也已经成为"东方民族文学—文化文本"之一。它已经成为中国和东方民族广泛阅读的文本，也是西方各国了解东方民族的"民族文本"。

鲁迅的呐喊，不只是中华民族在20世纪发出的呐喊，而且，实际上也成为东方民族在20世纪发出的追求独立解放和步入现代行列的呐喊。

但这呐喊不仅属于过去，今天，在社会发展、文化前进的过程中，人们还会从鲁迅文本中，从鲁迅当年的呐喊中，发掘出新的内涵、新的意蕴，来为当前的新的发展服务。中国会在现代化进程中，在走向世界并参与世界的事业中，在传统文化向现代转型的过程中，从鲁迅文本中，从鲁迅的呐喊中，发现新的意义、新的启迪、新的激情和新的指导。对于整个东方来说，也是如此。正如任轩永先生所说："我相信21世纪的东亚细亚再需要鲁迅。"（《我受到鲁迅影响》）

当然，鲁迅的呐喊，也震响在西方世界。随着中国革命的胜利和新中国的建立，西方世界更重视中国，更要倾听中国的声音，而他们的倾听，就是以谛听鲁迅的声音、鲁迅的呐喊为最重要的方面。"鲁迅研究已经成为一种世界性文化现象"（乐黛云），这一点，从乐黛云教授主编的两本译著中就突出地反映出来了。这两本书是：《国外鲁迅研究论集》（北京大学出版社，1981）和《当代英语世界鲁迅研究》（江西人民出版社，1993）。两本书所收集的，自然仅仅是欧美论述鲁迅的著述的很小一部分，此外还有很多。但这两本书之所论，已经突出地表现他们的解读、诠释、接受鲁迅，具有这样一种递进式的三个层次：（一）把鲁迅作为一个具有世界影响的思想家、革命家、艺术巨匠、中国现代作家第一人来研究和接受；（二）把鲁迅及其作品作为中国的代表、中国现代文学和现代文化的代表，作为认识现代中国和中国现代文学、文化的桥梁，来研究和接受；（三）把鲁迅及其作品作为一种文化象征、文化符号，作为东方民族的文化文本之一，作为东方各族的"民族寓言"，来解读、诠释和接受。可以说，这种三层面的各自的研究，以及三层面浑然一体的研究，仍在发展、仍在深入。

在他们对鲁迅的全部解读、诠释、接受中，《呐喊》是最主要、最重要的一个文本。

《呐喊》已由中国走向东方，走向世界。鲁迅的呐喊，是永不消逝的声波。

综上所述，我们已经说明了，为什么我们今天仍要读鲁迅，读《呐喊》，说明了我们今天与鲁迅、与《呐喊》对话的意义，以及这种对话进行的方向。

那么，为什么《呐喊》具有这样厚重、深沉而久远的能量呢？这需要从它的产生过程，它最初的社会文化效应说起，也需要了解它的全部"生命历程"。

我们这一解读与诠释的全部内容和最后目的，可以说就是试图比较详尽地回答这个问题。不过，在这个引言中，我们先简单概要地作答，以为后面各节的"路引"。

【注释】

[1] 1996年，在全国纪念鲁迅逝世60周年学术讨论会（上海）上，竹内实先生代表出席会议的日本友人致辞，讲了这番话。此处是笔者根据记忆写出的大意。语句或有不准确处，但与原意不会有出入，尤其以鲁迅为精神支柱的提法，丝毫无误。记得当时笔者与竹内实先生是邻座，当他讲完归席时，我曾起身与他握手，表示感谢和敬意。

[2] 参阅竹内好：《鲁迅》（李心峰译，李一航、刘瑞芝校，浙江文艺出版社，1986年版）；孙歌：《文学的位置——竹内好的悖论》，载《学术思想评论》（贺照田主编，辽宁大学出版社，1998年）四辑。

[3] 以上据［韩］朴宰雨：《七、八十年代韩国的变革运动与鲁迅——以李泳禧、任轩永两位运动家为中心》，载《鲁迅研究月刊》2001年第1期。

二、世纪之初：中华民族的一声呐喊

《呐喊》的诞生；它的大体构成与思想内容、社会内涵；它产生的社会背景、时代精神与历史条件；它的价值与意义。

（一）中国狂人："救救孩子……"

1918 年 5 月《新青年》第四卷第五号上，小说《狂人日记》发表了，"鲁迅"这个名字也第一次与世人见面。这名字含有"愚鲁而疾速"之意，而且中国古代周、鲁本是同姓之国。《狂人日记》无论是思想的新奇、尖锐、透彻、深刻，还是形式的新颖、奇特、巧妙，以及语言的简洁、深切、奇崛，都在充分的意义上，达到了振聋发聩的程度。

一个狂人，在他的断断续续的日记中，记下了他的所见、所闻、所感，他的观察、思考与惊惧。他以非常人的眼光，看出了非常人所能见的现象的本质、社会的沉疴、历史的真相、人间的至痛。他揭露，申斥，劝说，惊叫，呼号。

狂人的这种感受、这些结论，自然是作家鲁迅的感受和结论。作家的作品是他心灵的产物，也是他所创造的"第二自然"。而作品中的人物——特别是主人翁，更是他的思想、情感、心灵的凝练、结晶和"人格化"。但作家是民族之子，是时代产儿，他的思想情感、他的作品的内涵以至他的叙述方式、他的话语，都是社会、时代、历史、民族文化的"个体体现"。中华民族，在进到 20 世纪初的阶段，已经到了"统治者不能照旧统治下去，人民群众也不可能照旧生活下去"的时候了，即到了非实行革命，改变旧的轨道、制度、文化不可的时候了。

在这同时，又有两股外来的势力，如浪如潮冲击中国，促进中国人的觉醒和奋起。一是从"一战"中脱身出来的列强，又"腾出"手来了，重新瓜分中国；并且各自扶植一方封建军阀，为其服务。另一股潮流则是西方新的文化潮的入侵。这是随着侵略势力一同侵入的。这两股潮流汇合而成强大的侵略毒焰，与封建军阀政权勾结在一起，形成了陷广大中国人民于水深火热之中的黑暗统治。另一方面，广大人民群众由于遭受到残酷的剥削压迫和愚民政策的钳制，仍然处在落后、愚昧的状态，虽然心里充满仇恨与愤怒，但还没有明确的意识和表达出来的能力。

鲁迅，作为一个伟大的作家，一方面，痛苦地感到了一面是残暴的统治和压制，一面是不觉醒的状态；另一方面，又感受到压在大石底下的小草在呻吟、哀号和深蕴底层的微弱反抗之声。积蓄了这么厚重的历史感受和现实所见，感应了这么深重的民族灾难和生灵叹息，酝酿了这么久的创作激情，因此，当它喷发而出时，便是一声惊世醒人的呐喊：今天（指20世纪初）的中国是一个吃人的黑暗王国；几千年的中国社会是吃人的社会，每一个人都在这"吃人又被吃"的永世循环的悲剧中讨生活。这好比是一间铁屋子，禁锢人、扼杀人，要使全体窒息而亡。鲁迅的呐喊，就是要呼唤人们醒来，看看这吃人的世界，回顾这吃人的历史，并奋起反抗。

他的第一篇小说《狂人日记》，发挥着镜子与灯的作用，反映民族的灾难、人民的不幸与痛苦，又燃起自己的理想之灯，并点燃国民的精神之火，它们汇集成一声高亢而深沉的呐喊，号召人们起来砸开铁屋。

这是反映了民族之心、人民之声的呐喊，也是代表全民族的呐喊，它是中国近现代以来第一声以文学形态、以艺术典型，具有感人力量发出的呐喊。从文学革命来说，这"狂人"的呐喊，也成为新文学奠基的第一块厚重的石材。早在1909年，还在东京从事文学发动时，鲁迅就在论文《摩罗诗力说》的结尾，痛切而期望地写道："而先觉之声，乃又不来破中国之萧条也。然则吾人，其亦沉思而已夫！"现在，狂人的一声呐喊，正是以至诚之声破神州之萧条，打破了"唯沉思而已"的沉寂。这是文苑新声的鸣叫。

（二）喷泉奔涌："一发而不可收"

鲁迅说，《狂人日记》发表之后，他"便一发而不可收了"。的确如此。在发表《狂人日记》的同一期《新青年》（5月5日出版的第四卷第五号）上，他还用"唐俟"的笔名发表了新诗三首（《梦》《爱之神》《桃花》）。此后连续发表小说、杂感录（杂文）等作品。

这年冬，他再次创作小说，写了《孔乙己》，发表于1919年4月5日出版的《新青年》第六卷第四号。紧接着，陆续发表了《药》《明天》《风波》等名篇（1919年5月—1920年9月）。1921年，发表了最重要的代表作《阿Q正传》（1921年12月4日至1922年2月12日《晨报副刊》）。在这同时，随感录的发表也更加频繁了。

这种一发而不可收的创作态势，表现了几种值得注意的情状。从鲁迅个人来说，是一种喷泉奔涌的状态。这是久积而发的表现。一股探寻中国复兴之路、用文艺来唤醒民众、改革中国国民性的思想之泉，一股哀民生之多艰、痛国民之愚弱，而"我以我血荐轩辕"的挚情之泉，从20世纪最初几年，经过深沉的压抑和在"沉默——思索"之中的强化、浓缩与凝聚，如今喷薄而出，便汹涌澎湃，不可阻遏了。

从社会现实和时代条件来说，也为鲁迅创作上的"一发而不可收"提供了社会境遇的充分条件与强烈的需要，新文学、新文化的诞生发展的迫切需要，也催生着中国现代文学的产儿。

（三）鲁镇的故事种种

《狂人日记》和相继发表的短篇小说《药》《明天》《风波》《孔乙己》等，构成了系列性的故事。它们都发生在鲁镇这个虚拟的地方。《孔乙己》描写了一个可怜的士人沦落的故事。《药》是一个更悲惨而令人无限惆怅、慨叹的故事：革命者夏瑜为了解救群众于苦难中而被捕、遭监禁，最后被杀害。而他为之牺牲的劳苦群众华老栓，竟在斩决夏瑜时，买通刽子手用馒头蘸了血来给他患痨病的儿子吃。这是一个包含着极为尖锐、强烈、震撼人心内涵的故事。

《明天》是另一个悲凉凄楚的故事：可怜的单四嫂子，孤苦伶仃，唯一的儿子宝儿又生了重病，她在困守垂危的宝儿时陷入幻梦中，见到儿子长大了，说要挣钱养活她，然而儿子却死在她的怀里，她永远等不到儿子长大的那一天。在这困苦危厄中，医生是冷漠的，邻里和"帮忙"的人也一律冷漠，并且对她怀有非礼的狎邪的恶念。生活是这么艰苦困厄，人世是这样凄凉、冷漠，没有一丝温暖。

《风波》描写了一场全国性的大风波在乡间引起的小风波。故事情节是：1917年7月1日张勋复辟[1]，一个短命的军事政变只存在了12天。这期间，拥护被打倒的皇帝再复位的辫子军，试图恢复已经剪掉了的清朝臣民的象征——每个男子后脑壳上的一根辫子。辫子重新装在那些拥护者、害怕者、求安全者等人的头上。这在乡间引起了巨大的震动，在船夫七斤家里引起了无限恐惧：七斤的辫子已经被人剪去了！而乡绅们又神气起来，渲染着"皇帝坐了龙庭"后的一切旧生活、旧秩序的景况。这场在乡间掀起的风波反映了，曾经发生的辛亥革命虽然推翻了帝制，却未曾搅动乡间的生活秩序和人们的思想。一切依旧。

《风波》之后是《故乡》。这里写的故事，已经是进到民国时代的了。革过命了，皇帝的金冠已经永远地消逝在历史长河之中了。但是情况依旧，生活依旧，农民的贫穷、苦难依旧……

这五篇故事，已经构成了一幅图画，是一幅辛亥革命前后中国社会的图画、历史的写照。这里有过去和现在、苦难与不幸，有社会的不同阶层和不同的人们，有发自社会肌体深层的呻吟、叹息和号叫。鲁迅不同于其他现实主义作家，他没有着力地、具体地、细致地去描写社会生活的画面，刻画社会对立、矛盾的状况，劳苦大众备受剥削压迫的具体状况，以及贫苦生灵冻馁的生活情况，连风景都是疏疏淡淡的几笔勾勒。他所侧重的、注意的、着力的是人的心理、人的精神、"心的受难与乞求"——这是鲁迅创作的特征。

鲁镇，是中国的具体而微的缩影。它也可以是一种象征。作家反映社会现实，总要有他们的依据，要有一个具体的，南方还是北方、山村还是水乡的地点，而他们那"生于斯，长于斯"的故乡，就自然成为他们心目中的目标、描写的对象。故乡是他们的生长之地，也是心灵的故园。他们记得这里的人和事、山和水，知道这里的许多故事。他们的视野，从这里扩展开去，射向外地、全国，以至世界。他们最早的记忆和感性世界与理性世界，都从这里开始建造。因此，他们把故乡作为创作地域背景与社会背景，而映衬、反射出全国、全民族的状况。所以我们说，鲁镇就是中国的缩影。许多世界上伟大的作家都有他们心中的，也是创作上的这种鲁迅的"鲁镇"式的故乡。比如，俄罗斯伟大的作家列夫·托尔斯泰有他的亚斯纳亚·波良纳农庄，美国诺贝尔文学奖获得者福克纳有他的约克纳帕塔法县，日本诺贝尔文学奖获得者川端康成有他的"伊豆"。

（四）不"开心"的阿Q，戴着毡帽走来

1921年11月下旬，鲁迅的学生、《晨报副刊》主编孙伏园，要开一个名叫《开心话》的新栏目，向鲁迅约稿。鲁迅这次答应得很痛快，当晚就起笔写了第一章《序》。因为是用在《开心话》这种栏目中，要切题，就需要滑稽、幽默、隽永。于是鲁迅便用了轻松的、幽默的、讽刺的语言来创作这篇小说。这便是《阿Q正传》。

这是一篇中篇小说，在《开心话》上连载。每周一期，鲁迅随发随写。但是，内容却在展开中，不那么开心了。主人公——那个头戴破旧毡帽、面容苦寂的阿Q，他的行状、生活、命运也并不开心。这远不是寻开心的游戏文字。于是，孙伏园就让它离开了《开心话》这个园地，而转到《新文艺》栏目去了。

这又是一次偶然的触发，引爆了久蓄的"地火"；这又是一次"厚积而薄发"，又是一次最后的一击，激起了灵感的诞生。鲁迅说："阿Q的影像，在我心目中似乎确已有了好几年，但我一向毫无写他出来的意思。"（《华盖集续编的续编·〈阿Q正传〉的成因》）这就是说，阿Q这个典型，在他的心中已酝酿很久了，是他的生活、感受的多年的积累，"呼之欲出"，只是等待那一"呼"了。现在，孙伏园一"呼"，就"脱颖而出"了。

《阿Q正传》以虚拟的、非正规的传记形式，记述了一个农村贫苦无依的流浪雇工的简略、平凡、不幸、苦痛的一生的主要行事。他做短工、进城谋生、行窃过，他受到赵太爷、举人老爷、假洋鬼子等人的压榨、欺凌，也受到王胡、小D以至土谷祠里的庙祝的欺侮。但在辛亥革命到来时，他也稀里糊涂地卷入了革命，在边缘随大流"革"了一回"命"，最后稀里糊涂被杀害了。这就是阿Q的可怜的一生。他的生活是悲惨的，他的生命是轻贱的，他的心境是痛苦的。但他并不安于这种生活、这种命运，他期望改变，期望更好一点的生活，他试图抵制、反抗、挣扎，包括"参加"革命这样的举动。但他可怜无靠、孤寂无依，阿Q只有在心中反抗和企求，主要的手段就是"腹诽"——在心里骂

娘，和他的创造发明——精神胜利法。阿Q的许多愚昧、落后、麻木的行事和精神表现，令人发笑；但人们在笑过之后，就会心头酸楚，并且引起思索。

《阿Q正传》创造了一个名叫阿Q的典型人物，他的性格——更准确地说是他的性格弱点，他身上所表现出来的国民性，具有广泛的代表性和深刻的典型性。

《阿Q正传》一发表，就引起了震动，许多人栗栗自危，按照当时人们对小说作品的一种无知与偏见，以为小说是用化名和遮掩变化的事实来攻击人的，所以有的人就以为《阿Q正传》中的某件事、某个情节、某句话、某种心思言谈，是攻击或影射某某人，甚至是自己的。这当然是一种误解，但却表明《阿Q正传》、阿Q性格的概括性和代表性。但是，当时也有新文学、新文化运动中的有见识的评论者和作家，观察到、认识到其中的深意和社会的、文学的、文化的、批判的意义。

从鲁迅本人的创作历程来说，《阿Q正传》的出现，也是一种自然的结果。开始第一篇《狂人日记》的写作，好像是锋芒初试，将久蓄的话语、思想、认知、情感迸发而出，急速而发，更多的积存有待陆续发出。于是就有前述各篇作品的出现。待到此时，思想已经展开，情感已趋奔放，胸臆已经开豁，艺思已经飞扬，而技巧也已经纯熟而精到了：这一切都表现在阿Q典型的创造和整个《阿Q正传》的创作上。它的成功是水到渠成的，这是艺术创作中的一种自然规律。他的创作至此达到了一个高峰。

（五）中华性格中国人：文学典型里的映照

中国传统小说中，那些杰出的作品，也曾创造了不少不朽的艺术典型，如《西游记》《水浒传》《三国演义》中的众多英雄豪杰、政治精英，《红楼梦》中的贾宝玉、林黛玉等，以及《儒林外史》中的儒生典型等，其性格内涵自然都具有中国文化的特征与底蕴，反映了中国人的民族性格。但是，他们都是部分的、局部的，具有一定的、某个性格范畴的代表性，比如曹操，刘、关、张，武松，鲁智深，李逵等。只有阿Q这个典型，是具有广泛的代表性的，是在总体上、根本特征上反映中国近代国民性格特点的。可以说，中华性格中国人，第一次在阿Q这个典型上得到了表现。其中，深深地蕴含了中国文化的特征，尤其是反映了中国国民性在近代民族屈辱史中所形成的缺点、弱点和劣根性。这是历史的印记、时代的刻痕，以"人格化"的形态，反映了历史、文化、社会的状态。揭示这种扭曲的性格，就是揭示了它的背后、底层中蕴藏的历史、文化、社会内涵；引起对这种民族劣根性的疗救的注意，就是要唤醒人们看到这种民族屈辱的历史事实和社会现实，从而起来奋斗、抗争，改变一切，推翻旧的，建设新的。这就是阿Q这个典型的现实意义和历史价值，这就是《阿Q正传》这部文学作品在高度审美素质基础上产生的意义与价值。

阿Q这个形象自从被创造出来之后，几十年来便一直在中国人的面前游荡。人们在口头上使用他，他成为一种人、一种性格、一种心理的代名词，"阿Q"成为汉语文化中新产生的一个普通名词。人们在心理上、思想上常常面对他，自省以至自嘲道："我是不是有点阿Q?！""这是不是阿Q相!?"人们也常常使用它来进行正义的政治揭露和思想性格上的社会批判与文化批判。阿Q也走向了东方其他国家，走向了欧美。

鲁迅通过对阿Q的悲苦形象的创造，对性格内涵的塑造，并进行了深沉的批判、不留情面的鞭笞和出于挚爱的讽刺，表现出了一种对民族的挚爱，对人民的进步、发展的深切的期盼。他心中有一缕理想的光，这才照亮了这个在黑暗中被黑暗压榨而成的悲苦灵魂的黑暗。这理想之光，同时也照进读者的心里，点燃起他们心中的火苗。

一个民族，能够在一位作家的笔下，产生一个具有民族性概括意义的，在全民族产生影响，在民族精神发展与建设上发生重大作用、巨大影响的文学典型，这是这个民族思想史、民族认知水平达到了相应程度的表现，也是一个民族精神文化、思潮、文学创作达到了成熟程度的表现。鲁迅正是在这个意义上，成为中国伟大的作家和思想家，成为文化大师。

（六）"狂人家族"里的人们

在《呐喊》的多篇小说中，鲁迅刻画了几个生存状态、心理特征大体一致的典型。他们在文学典型的创造领域中和从作家的创作心态与状况来说，可以视为一个"家族"里的不同身份的人物。我将这个家族，命名为"狂人家族"。以后，鲁迅在《彷徨》中，又创造了几个典型，如祥林嫂（《祝福》）、"疯子"（《长明灯》）等，又补充了这个"狂人家族"中的成员。不过，现在只限于介绍和解说"生存"于《呐喊》中的家族成员。

这个家族里的成员，其心理状态与特征有一个共同点，这就是：狂——广义上的狂。

他们之被视为"狂"，并不是都那么疯狂，其抗逆行为都那么外在、暴露、狂烈，而是稍有不同于常规、旧习、戒律，甚至只是"心存微弱的不满"和"怀着改变旧的生活轨道的朦胧想法和微末希望"，就被视为狂人，或被镇压，或被逼成了狂人。

这里提出的是"狂人家族"成员的心灵上的共性，即足以使他们成为一个家族里的人的基本原因。

狂人家族的产生，表明了一个民族的觉醒。作家是民族与时代的产儿，也是国民精神的火把。国民精神中，已经蕴蓄了对于黑暗现实的不满、怨恨和愤懑，已经产生了对旧生活、旧制度的怀疑、反对、抵抗的情绪，已经萌发了改变旧的生存状态的希望与向往，那么，敏感的、热爱人民并具有责任感的作家，就成为他们的情绪、思想、愿望的同情者和凝聚者，并成为他们的思考人和代言人。于是，集而发为文学创作，把思想、认识、情感凝聚在文学叙事和文学形象之中。这样，这种文学作品，便成为民族情感、民族愿望的体现。同时又是点燃它们的火星。鲁迅的"狂人家族"的产生，便是这种情形，也起着这种思想的、社会的、时代的、历史的作用。它的社会与审美价值也正在于此。他把民族性的"狂"性，即对黑暗现实、旧的生活和制度的怀疑、怨愤、不满和改变这些的希望与向往，用文学表现出来了。同时，在另一方面，也表达了这种民族心理、民族觉醒所达到的程度：它还不是那么成熟、那么强烈，还只是一种内蕴的、微末的、自觉性不是很高的不满、反抗和向往。这又表现了鲁迅的深沉的现实主义精神。虽然，如他自己所说，他为了"听将令"而在无边黑暗中添了一点亮色：在夏瑜的坟头增添了那时还不流行（特别在鲁镇这样的穷乡僻壤更是绝无仅有）的花环，也不明确地说单四嫂子未曾在梦中见到她的死去的宝儿，这表现了鲁迅的浪漫主义精神和创作立意；但是，它的适度，恰当地表现了他的理想之笔，而毫不影响他的整体的、根本上的现实主义，倒是现实主义与浪漫主义很好地结合在一起了。

（七）中国近现代社会与现代文学的典型系列

鲁迅在《呐喊》与《彷徨》这两部小说集中，创造了反映中国近现代社会状况的一系列典型形象，他们成为中国现代文学奉献给中国文学典型谱系中的新的出色成员。这一系列典型，见之于《呐喊》的，有阿Q这个不朽的典型，还有狂人、孔乙己、闰土、假洋鬼子、九斤老太、陈士成等。阿Q和狂人这两个形象，前面已经大体介绍过了。其他几个形象，这里也简略介绍一下。孔乙己是一个可怜人。他遭到周围人的冷眼、嘲笑和欺凌，他像一枚小石子投入人世的大海一样，连微微的涟漪都未曾击起，就永远地消逝了。他是一个读书人，读书人而未能考上功名，就落得这个下场。这就是一种"中国的人生"。这种人生，是在一种特定的社会制度中造成的；这种命运的凄凉，是在一种人情世态中产生的。把这种人物命运和"中国的人生"写出来，就是一种公众展示，一种将人生的毁灭揭示给人们看，以引起对于那制度、那人情世态——人性——的认识，并产生改变它的想法。同孔乙己属于同一类人，但其人生和命运根本相同而形式相异的，是《白光》里的陈士成。他也是读书人，也是未曾有半点功名而又无一技之长，靠设馆教书谋生。但他不安于现状，期望发财。他听说家中地下埋着先人留下的银子，于是就开挖。他在已经精神错乱的状态中挖掘家中各处，一无所获；但他在幻想与幻觉中看见了白光，这个虚幻的银子的光芒，把他诱向"天国"——疯狂中的虚幻的世界。他的人生和命运，同孔乙己完全是一样的。就是那个制度、那人情世态戕害了他们，剥夺了他们的人生和幸福。这是鲁迅所写的一类人——一个阶层，即穷苦读书人的命运。

不过，鲁迅倾注了更多同情，描绘更多的还是中国人口中最大多数人——穷苦农民——的生活、不幸命运和他们的心态。在《呐喊》的典型系列中，阿Q是主要的代表，还有一个是《故乡》里的闰土。鲁迅在这里展现了人物先后不同的生活和命运。先前，少年时代的闰土是幸福的、活泼的，生活在一种无忧无虑的少年时光中。后来他长大了，背起了家庭的重担，在租税的压榨下，他变成一个生活的奴隶。他穷困、无奈、忧愁、木讷，对不幸的生活只有摇头，而不会用语言来表达。在这篇作品中，鲁迅用闰土的形象，也以作者的自白，直接表达了对这种人生的不满，以及对另一种人生的期望。

假洋鬼子和九斤老太这两个典型，现在也已经成为一种普通名词、一种代表某一种人的符号了，在人们的口语中和一些作品中，常常被用到。假洋鬼子（《阿Q正传》）是不准革命的典型，因为他在阿Q把辫子盘在头上，宣称自己已经"革命了"的时候，用阿Q称之为"哭丧棒"的文明棍揍阿Q，并说："你也革命！你配革命吗!?"他的这句名言，就留传到后来成为不准别人革命的"警句"了。而且，由此延伸，"假洋鬼子"也成为中国近代社会产生的买办阶级的代名词，直至大凡依靠外国势力、为虎作伥、欺压百姓，或以替外国人服务为荣而瞧不起自己同胞的人，都被称为"假洋鬼子"或令人想起这个文学典型来。中国自海通以来，欧美和日本等国来华经商、传教以及从事其他活动的人越来越多，通商口岸（如上海、汉口等地）的外国租界更是国中之"国"，外国各色居民以至浪人多得很，他们身边总是活动着一批上、中、下等阶层不同的买办、侍从、仆人等。他们就是假洋鬼子的原型。鲁迅正是捕捉了他们的思想、心理特征，勾摄了他们的魂灵，创造了假洋鬼子这个文学典型。

九斤老太（《风波》）是另一种典型。她的口头禅是"一代不如一代"。她每天坐在自己的农家门口，有事无事地念叨着"一代不如一代"，任何事情她都可以用来"论证"她的"理论"："一代不如一代"。这样，她就成为一种把现在的一切都看得不如过去的人的典型。在"五四"以来的中国社会改革和革命的过程中，不断地产生这种反对改革、反对变化、认为新事物总是不好的人物。在各阶层都有这样的人。鲁迅同样是勾魂摄魄，集中他们的特性，为我们创造了这样一个典型。

这样，鲁迅在《呐喊》中创造了一个典型系列。这个典型系列用人物形象、人物性格，集中地反映了中国近现代的社会状况、社会面貌。正是这样的社会舞台，才活动着这样一些社会角色。由于这些典型的概括性强，形象生动深刻，切合实际，所以，他们不仅具有具体性、个性，反映了某个阶层、阶级的特征，而且具有普遍性、共性，其他阶级、阶层中也有这样的人物，揭示了人性的共同性的一面。由此，也就

二、世纪之初：中华民族的一声呐喊

具有了超时代性。在不同的时代，在某个典型的"符号表意"的框架中，人们赋予时代的内涵与特征，继续使用这种典型，发挥它们的认知与揭示的作用。

（八）散文小说：人间忧喜与人性探幽

在《呐喊》中，有几篇作品，在严格意义的文学分类上和"五四"以后的文学分类习惯上都不作为小说，而只被看作散文。它们是《一件小事》、《头发的故事》、《兔与猫》、《鸭的喜剧》和《社戏》[2]，一共五篇。从这五篇作品中，我们不再看到鲜明的典型人物形象，也不见按叙述故事的需要和刻画人物性格的要求而精心组织的叙事结构；我们见到的是叙事中的抒情、写意，直接表达作者的所思、所感。如果说在小说中，鲁迅的思想、见解、创作立意都是潜在的、隐蔽的，是用故事、情节、人物形象来呈现的，那么，在这些我们姑且称之为散文式小说或小说式散文的作品中，则是表述的，是直白地抒发自己的感觉、感情和感想的，是用他的思想、感想来编织事实和情节的。在这些作品中，鲁迅直接地、直白地表达了他对于当时的现实，对中国的现状，对中国国民性以至对于人性的感受和认知。

这里，表现了鲁迅的两个方面的深刻思想：人的追求幸福、追求自由平等的愿望的合理性——社会的合理性和合乎人性本能需求、本质需求的合理性；以及这种合理性的满足或初步的、逐渐的满足，应该不只是"预约给子孙们"，而是也应该给予或部分地给予现在的人们。这不仅表现了鲁迅的个性解放的民主主义思想，而且更为可贵的是表现了他的一贯坚持，是他的思想特质的现实的、求实的、反虚无与虚伪的精神。而中国近代和现代的先驱者、革命者、改革者，却一直犯着这种毛病和错误，用习用的政治术语来说，就是"左"倾幼稚病。

这五篇作品分别以过去的追忆与现实的纪实，写了五个不同的故事、生活场景，但在内容上相通，思想上相融会，浑然一体地揭示了人间的忧与喜、人性的美与丑。事实上，鲁迅在这几篇描写人间忧喜和人性探幽的作品之外的作品中，包括从《狂人日记》《孔乙己》到《阿Q正传》《故乡》等篇，也同样在深层次中揭示、探索了人性的追求和生命意义的真谛，并且是将之纳入社会体系、制度构造中来揭示和追索的。

这五篇作品，尤其是《头发的故事》之外的四篇作品，与《呐喊》中的其他小说相比，有很大不同。它们没有那种痛苦的呻吟、凄切的哀鸣和激越的呼号，表面上似乎是"另类作品"，其创作宗旨和精神实质，似乎都与它们相疏离，是鲁迅在当时开辟的完全不同的创作领域。因此，向来对于《呐喊》的分析解读，都将之与其他小说完全分开来。的确，这几篇作品在《呐喊》中是独特的，与其他多篇小说有很大不同。但是，两者在根本立意和精神主旨上，却是相通而互补的。这不仅因为它们都是同一个作家在同一时期创作的作品，所以精神上多少有些相通之处，而且还因为，它们在"浅露"的、表层的方面，与其他诸篇小说在深层面上，在形而上的意义上，是一致的、相通的，从而是以其各自表现的形态、手法不同而成为互补的。丹纳在《艺术哲学》一书中曾经指出，每个作家的每部作品，都是属于他的作品总体的。鲁迅的这几篇散文式小说，以其形式的特别，而有别于其他小说，但其精神追求、思想实质，是同属于《呐喊》总体的。不过，一个是高亢激越的呐喊，一个是徐缓优雅的倾诉——另一种声调的呐喊。的确，这五篇作品，鲁迅使用了与《呐喊》中其他小说不同的叙事方式与框架，运用了不同的语言，因此具有不同的意蕴。它们是平铺直叙的、夹叙夹议的，也是抒情的，直抒胸臆地表达了、流露了对于小动物、对于生命的怜惜与珍爱，倾诉了他的喜爱的柔情，对活泼生命生长的欢悦，以及对它们之间无奈的互相残杀的悲戚，更对人的自然的生长、人的生命的正常发展，引起忧思与期望。它们是抒情诗，是深沉的人道主义与人文精神的倾诉，是对于人间生命正常发展、人生自然朴素地行进的直抒襟怀的表白。它们表达了鲁迅的思想和作品的一贯的根基核心与素质。这几篇作品是鲁迅全部作品中仅有的，以如此袒露、直白而又纯真、朴质的形态和审美素质构成来表现。在此之前，中国的现代革命与改革还未曾如此时这样展开，矛盾尚在比较潜隐和"单纯"的形态中展开，所以作品还多以论文的逻辑表述和译文的间接借用的形态来体现；在此之后，社会矛盾复杂化、多元化、尖锐化，民族斗争、阶级斗争、社会斗争、思想文化斗争，日益充分而激烈地展开，已经容不得他以这种朴质而沉静的情感倾诉，以"日常生活叙事"的形态来从容地表述，而不得不以尖锐、泼辣、激越的投枪匕首式的杂文来迎击当面之敌了。人生的行进、自然的生长与生命的本能发展的本质，都被日益尖锐、复杂、激烈的社会斗争、民族侵略、阶级矛盾、政治军事杀戮等"悲凉凄惨之雾"所包裹、迷漫和浸透，容不得从容的说理与冷静的申述。因此，这里所反映和表达的，仍旧是社会现实、时代精神与历史面貌。正因如此，我们对它们的解读、诠释与接受，也是多元多层面的。

（九）清醒者的认同与青年们的觉醒

鲁迅的《狂人日记》发表之后，《阿Q正传》继之问世，《呐喊》中的各篇作品陆续在报刊上与读者见面，在文学界与社会上流传，构成了中国现代文学的一道亮丽的风景、电闪雷鸣式的震撼。改革者、清醒者，从它们展开的社会景象、人生状态中，更进一步认清了社会制度的本质和改革之急需。吴虞在读了《狂人日记》之后，即明确指出小说揭露了"礼教吃人"的本质，北大学生、五四运动的先锋分子傅斯年则高呼"疯子领我们向光明走去"。《阿Q正传》问世后，作家、文学评论家茅盾就指出，它反映了辛亥革命的失败，揭示了中国国民劣根性；作家、文学理论家周作人概括说，阿Q表现了中国人的"谱"，即"传统"。这些清晰的认识和准确的解读，代表了中国当时社会公众对鲁迅作品的创作宗旨、内涵意蕴与美学理想的接受，这显然还只是"清醒者的认同"。在广泛的层面上，中国社会的文化落后，"社会文学欣赏与接受水平"的低下，广大劳动人民的文盲状态，使绝大多数国民还不能读到、读到了也读不懂鲁迅的作品，鲁迅的呐喊还未能震动他们的耳鼓，到达他们的心田；但是清醒的先行者们，是他们的"公众思考人"与代言人，代表他们接受了、思考了，也就反映了一种社会的接受、时代的接受、历史的接受。通过这种社会的、文化的"中介"，公众中的青年们或者阅读了这些作品，并从"中介"得到指引与教导，或者未曾阅读，也从"中介"间接接受影响，从而一起走向觉醒之途。他们再成为中介，把思想、情感以至理想传给广大公众，去唤醒他们走向觉醒与为理想而奋斗之路。这就是鲁迅的《呐喊》的社会影响、社会效应和历史价值。

（十）社会现实与历史真实——镜与灯

1918—1922年这个时期，正是20世纪的开头。这个世纪以第一次世界大战（1914—1918年）开始它的行程，反映一种历史的大转折。这就是帝国主义列强内部火拼争斗，对外重新瓜分殖民地。而苏联的诞生，又使世界一分为二，并掀起了东方各被压迫民族的独立解放运动的高潮。在这个时候，中国也趁"一战"期间帝国主义列强内战方烈、无暇东顾之机，得以喘息和发展，民族工业进入一个后来被称为"黄金时代"的繁荣阶段。这种发展，引起了中国社会结构的变化：民族资产阶级的力量增强了，队伍壮大了；工人阶级的力量也增强了，队伍也壮大了。与此同时，城市小资产阶级，包括市民阶层和青年知识分子阶层，也与之相联系地发展了，壮大了。这些新兴的阶级、阶层都有比农民多的文化知识，又生活在城市里，依凭城市的条件，思想观念更开化，对世界与社会事务的了解也更多一些，因此，对客观世界的反应也就更机敏。同时，他们在社会生活和生存要求上，也有了更多一些、更高一些和更远大一些的需要与理想。他们虽然身在城市，但血缘上、社会关系上，同农村、农民还有千丝万缕的联系，在一定程度上了解农民的困苦、农村的凋敝。所有这些汇集起来，在政治上就表现为一种民主要求，一种反抗压迫侵略和追求民族独立、个性解放的思潮。而且在这种要求中，包含着农民的愿望与企求。这样，他们就成为全民族民主要求的代表者和先锋。这就是资产阶级民主革命的基础。

由于时代的不同、历史条件的不同和中国民族状况的不同，这时的中国社会还呈现出另外几方面的特点。从国际方面来说，在苏俄出现了社会主义革命的曙光，大大鼓舞了中国人民的斗志，展现了一种改变旧貌的方向。帝国主义列强在重新分配在华利益之后，又携手加紧对中国的榨取和压迫。在国内，除了上述社会结构与状况的变化之外，更重要的一点是：有一批留学归来的新兴知识分子群体，他们走在革新运动的前列，并同那些人数众多的城市青年知识分子结合起来，尤其一部分激进的革命者，接受了、传播着马克思主义，深入到工人中去，开始了发起工人运动的工作。总之，民主革命的要求，已经在中国大地上像火把一样，燃烧起来了。作为这种全民族政治、经济、社会民主要求的表现，也是敏感的部分，便是文化，其中尤其以文学为最敏感的领域。它好像政治的晴雨表，也有如社会的神经，反映着、代表着、体现着时代的、社会的、历史的要求。鲁迅的《呐喊》就是应这种"时代、社会、历史要求"之"运"而生的文学的花朵与成果。不过，值得注意和研究的是，鲁迅并没有把他的眼光和笔触，主要地倾注到前面所说的新兴的阶级、阶层上面，而是转向了更落后、更愚昧、更沉沦，也更不觉醒的生活在农村的农民。个中原因，当然首先是作家本人熟悉这个阶级，更了解他们的生活困苦和他们的要求与心愿。不过，从客观上来说，也因为，同时也是客观地反映了，城市小资产阶级、市民、青年知识分子以及工人阶级等，还是初步兴盛起来，人数还不是社会的多数，他们的要求和力量也还没有成熟到那么"呼之欲出"的程度，也还没有更"凝练"地汇聚起来。当然还有一个原因，反映了鲁迅思想的深刻与眼光的锐利，这就是他亲自体验了辛亥革命的失败，冷静观察并深入思考了它失败的原因，这便是没有唤醒和发动广大的农民。辛亥革命的领导者们，虽然比领导戊戌变法的君子们"跪着造反"要高明得多，也前进得多了，但他们也还仅限于联系和发动了封建会党这部分社会力量和清王朝的新军，依靠他们取得了武昌起义的胜利。但也因此，虽然皇帝的金冠滚落在地，皇帝的宝座被推翻了，但是那"金冠"和"龙椅"仍然活在许多人的心里，甚至广大农民的心中仍然笼罩着它们的阴影。辛亥革命未曾惊动农村地主乡绅的旧梦，也未曾唤醒广大贫苦农民的理想的新梦。最多，只达到了搅乱阿Q的心思，做了一回"抢东西、夺女人"的黄粱梦的程度。

所有这些客观和主观方面的原因，决定了鲁迅的为中国民主革命而呐喊的小说，会写那样的生活、那样的人物，以及那样来写。而这正是鲁迅的深刻与伟大之处。他的作品真实而深刻、准确而精到地反映了中国当时的社会状况，也具有深沉的历史感：既反映了历史的"来龙"（历史从过去发展过来的脉络和历史的状况），也反映了历史的现实情况，以及历史的"去脉"（历史将向何处发展）。在这方面，《呐喊》的成就达到了当时社会的与文学的最高峰，所有当时的作家无一能及。

所以，《呐喊》起到了一面历史的镜子的作用。不过，《呐喊》作为社会、历史、时代的镜子，它所反映的是思想革命的状况问题和要求。也可以说，鲁迅是从思想革命的视角来反映辛亥革命的问题的，而且提出了今后的要求，他也是从"人的心灵"这个视角与领域来反映国民的现实的、历史的与一般的、基本的状况和问题的。所以，他没有写革命党人扔炸弹、动枪炮浴血奋战的英勇，却写了革命党人浴血牺牲，被拯救的对象却麻木和盲目地蘸革命党人的鲜血来医治痨病。他也没有展开描写地主乡绅如何盘剥压榨贫苦农民，农民如何过着水深火热的生活，而是写了阿Q式的麻木愚昧与自大、闰土式的逆来顺受。他主要刻画的是农民的心理、心灵，期望通过这样的"文学的映照"，把病态社会的病苦揭示出来，以"引起疗救的注意"。

当然，《呐喊》中也写了知识分子形象，他们之中有狂人，也有方玄绰，还有孔乙己和陈士成。他们是同一阶层中的不同社会层面与社会角色的人，他们生活的年代有从近代到现代之别。他们的情况是，如狂人，走在改革的最前列，是先锋与斗士，是代言人；如方玄绰，是由"愤然"到"释然"，在现实中遭挫折而颓丧；如孔乙己和陈士成，是苦人儿而遭社会的歧视冷漠对待。他们都是与农民同命运或命运相通、心相通的。他们是当时的社会构成中，农民之外的一个最贴近他们的阶层：他们或处困境而亟须改变命运，或是先觉正为革新而奋战牺牲。这也是辛亥革命前后到五四运动前中国社会的实况。鲁迅的《呐喊》如实地反映了这种社会状况、社会构造和历史条件。事实上，中国当时的知识分子，确实处于这种状况和起着这样的作用。鲁迅准确地把握了现实，又深刻地反映了它。

另外，那时候的中国知识分子，还处在从封建绅士的阶层向现代知识分子过渡的阶段。他们一方面还带有不少封建性的弱点——在知识上和社会性格上的弱点，另一方面也还没有成熟到具有现代科学知识和社会民主要求的程度。他们的性格具有这种双重性。鲁迅在《呐喊》中，也准确地、真实地反映了他们这种时代的、社会的、历史的和心理的、性格的特征。

这里所说的是鲁迅的作品所起的"镜子"作用。这是一面深刻而伟大的镜子，它那么真实、准确、深刻地反映了生活的真实、人心的真实、人性的真实。但鲁迅的作品不止于镜子的作用。他的作品同时还是一盏明灯，是照亮社会、照亮现实、照亮人们心田的灯。伟大作家的作品，既是国民精神的镜子，又是国民精神的火把。它既反映国民的精神状况，又点亮国民的精神之火。《呐喊》所发出的呐喊声，就是不觉醒、不抗争和要觉醒、要抗争的呐喊，它唤醒人们走出愚昧与麻木，走出黑暗，从昏睡中警醒奋起，一起来打破那铁屋子。

路是人走出来的。"其实地上本没有路，走的人多了，也便成了路"。

（十一）《呐喊》声声遍国中

《呐喊》于1923年8月由北京大学青年文学社团新潮社出版，是新潮社的《文艺丛书》之一种。从这时问世之后，《呐喊》便一再重印，流传全国，真正成为中国现代文学史上出版早、印数多、成就高、影响大、传播广、首屈一指且遥遥领先的小说作品[3]。可以说，这发自20世纪初的一声呐喊，声声远播，遍及中华大地。很有趣的是，在1924年，即《呐喊》出版后的第二年，有一篇出自成仿吾之手评论《呐喊》的文章，它彻底地否定了这部作品，但是评价中却反映了当时《呐喊》的广泛、巨大的社会反响。文章中写道：

> 近半年来的文坛，可谓消沉到极处了。我忍着声音等待震破这沉默的音响的到来，终于听到了一声宏亮的呐喊。在我未曾直接耳闻这一声宏亮的呐喊之先，我先听到了一阵嘈杂的呐喊的呼声……然而我终于听到一声宏亮的呐喊了，这便是鲁迅的《呐喊》一部小说集。
>
> …………
>
> 《呐喊》出版之后，各种出版物差不多一齐为它呐喊，人人谈的总是它……[4]

这本是一篇几乎完全否定《呐喊》的评论，但它却从反面反映了当时人们对于《呐喊》热烈欢迎、评价很高的真实情况。在当时新文学刚刚奠基，对它能够正确认识和能够阅读、接受的人还不是很多的情况下，在文学评论也还不是很开展，也是处于萌生草创阶段的时候，对《呐喊》的欢迎的状况，已可够上"好评如潮"了。其一再加印和出现了盗版书的情况，也够得上现在所说的畅销书了。

《呐喊》于1923年8月出版，四个月后就印了第二版，1924年5月印了第三版，累计印数已达7500册，这在当时新文学作品还基本限于大城市里的青年学生阅读的情况下，已经是很高的印数了。到1930年仅7年间，便重印了13次。因为这次重印时鲁迅抽去了《不周山》（后改为《补天》），所以这第13次重印可以称为真正的第二版。累计印数达48500册。半年后又重印（第14次印行）。到1937年，已印行24版。

以后，有记载的印行还有1942、1943、1945、1947年，印刷地点包括上海、重庆、哈尔滨。中间还有1938年上海版《鲁迅全集》中，第1卷收《呐喊》；1941年，鲁迅全集出版社出版的《鲁迅三十年集》收入《呐喊》为第8种。这样，从1923年至1947年的24年中，印行了26次，平均每年印行一次多。中华人民共和国成立后，1952年人民文学出版社据《鲁迅全集》单行本纸型，重印了新中国成立后的第1版。以后，不断地以各种版式重印。这一系列出版印刷数字，反映了中国读者广泛阅读《呐喊》的热烈情景，反映了全民族文学阅读的聚焦，蕴含着民族精神生活深厚的意义。中华民族在艰苦卓绝的抗日战争中，为民族生存而浴血奋战，他们不息地谛听鲁迅在《呐喊》中发出的抗争之声。对于一位作家来说，对于一部文学作品来说，这是最崇高的评价和奖赏。

与此同时，《呐喊》也逐步走向世界，在国外引起了注意。1925年，苏联人王希礼（原名波·阿·瓦西里耶夫）将《阿Q正传》译成俄文。鲁迅为这个译本写了序言和自叙传略。这个俄译本于1929年在列宁格勒出版。这是《呐喊》之声第一次越出国界，鸣响在处于东西方之间新兴的苏联。1926年，商务印书馆出版了梁社乾的英译本《阿Q正传》；1931年，英国出版的《金龙丛书》又收入了《阿Q正传》的节译本。1926年，留学法国的敬隐渔将《阿Q正传》译成法文，发表在由罗曼·罗兰主编的《欧罗巴》月刊第41、42期上。1931年，在沈阳出版的日文《满蒙》杂志，登载了《阿Q正传》的日译本。1932年，松浦珪三译的《阿Q正传》，附有《孔乙己》和《狂人日记》的日译本，在东京出版。以后，《呐喊》中的主要作品陆续被译成多种文字出版，含有《阿Q正传》等在内的鲁迅作品选集出版，发行甚广，影响较大。

【注释】

[1] 张勋（1854—1923），北洋军阀，1895年（清光绪二十一年）投靠袁世凯。为了表示忠于清廷，他本人及所部均留辫子，他被称为"辫帅"，所部被称为"辫子军"。1913年，奉袁世凯命，率部往南京镇压讨袁军，纵兵抢掠。1916年，袁死后，在徐州成立北洋七省同盟。后扩充为十三省同盟，阴谋策划清室复辟。1917年6月，以调解府院之争为名，率兵入京，解散国会，赶走黎元洪。7月1日，与康有为拥溥仪复辟；至12日，为皖系军阀段祺瑞所击败，逃入荷兰使馆，被通缉，后病死于天津。

[2] 早在1924年，成仿吾就在《〈呐喊〉评论》中指出，这本小说集中有些是散文，而

不是小说。他对此表示"特别不满意"。但这在"五四"时期是一个比较普遍的现象，也是新文学诞生时期和发展初期难以避免的现象。鲁迅作为中国新文学、新小说的开拓者，取得了杰出的成就，但也不免"带着开拓者往往会具有的一些不成熟的痕迹"（林非）。不过，后来人们就明确地将只是叙事抒情论理，而没有严谨叙述故事的结构和刻画人物思想性格的作品，定为散文，而不与小说混为一谈了。

〔3〕据林非：《中国现代小说史上的鲁迅》，陕西人民教育出版社，1996年版，第105页。

〔4〕成仿吾：《〈呐喊〉的评论》，1924年1月《创造》（季刊）第二卷第二期。

三、《呐喊》的艺术世界：素质、构造与赏析

鲁迅《呐喊》的艺术世界及其构造与素质，《呐喊》艺术世界与中国社会现实的对应，中国文学与中国文化现代性的创获。

（一）作家的"四个世界"

围绕着作家，在主观上和客观上，存在着"四个世界"：一是客观世界。这个客观世界对于一个作家来说是具体的、历史的，即作家是生存于一个具体的历史时期，具体的时代的一个国家、一个民族以至其中的一个地区的，也是成长于一个具体家族、家庭的。这个客观世界在宏观上、在基本方向上，决定着作家的成长和创作方向。二是主观世界。这是在"第一世界"的作用、影响下，又在具体的环境（包括家族、家庭、亲人、朋友等人文环境）的具体作用下，再加上作家自身的特性形成的。它包括作家的全部经历所形成的整个理性世界与情感世界，全部思维性质、能力、习惯和心理结构等在内。第三个"世界"是由作家所创作的作品构成的。它可以说是作家以其主观世界对客观世界作出反应与反应后形成的一个虚幻的世界，它并不是客观上实际存在的，而只是可能存在的世界，是作家创造出来的"第二个自然"。第四个"世界"是读者形成的世界。每一部文学作品，都拥有或多或少的读者，都要在读者中接受检验。读者如何解读和诠释作品，有他们的主动权，不完全由作家及其作品决定。读者阅读文学作品，自然会接受作品对他所起的作用。但是，他们也会反作用于作品，在一定条件下，决定作家和作品——第二和第三世界——的命运。

上述"四个世界"是互相渗透、互相结合、互相影响的。我们解释或理解任何一个"世界"，都离不开对另外三个"世界"的了解和联系

起来作整体的、综合的分析与理解。

（二）改良社会、改良人生：《呐喊》艺术世界的基石

每个作家在创作时，都有一种创作激发、创作冲动，这是一种创作心理能量的发动，它决定了一个作品的基本性质。大凡作家的这种创作激发与冲动，基本上是两种性质和状况。一是某件记忆中的或眼下发生的事件、场景、人物活动（包括自己的遭遇在内），触动了作家的情感、兴趣以至心弦，使他强烈地想要表达出来；二是某种社会、人生的思想、观念，触动了作家，使他想要表达出来。两者都有"现实生活的故事、场景、人物"和"作家从其中提炼出来的意义"这两个因素。不同的是，前一种情况是先有"故事、场景、人物"等，然后才明确或朦胧、自觉或半自觉地提炼出意义（创作主旨）来；后一种情况是先明确了立意（创作宗旨），然后"提取"出记忆中或眼下的事实（场景、故事、人物等）来，加以表达。但那"立意"的产生，也不是纯理念的，而是起因于并包含着、裹挟着生活中的故事、事件、人物、场景等活的材料。在创作实践中，这两个过程却是不可分、互相渗透地进行的。

鲁迅的创作状况，属于第二种。不过，他这种创作并不是"主题先行"。因为他的主题，不但是从生活中提炼出来的（不是主观地、抽象地、理性地确定的），而且更重要的是，他在明确了创作宗旨、作品主题之后，又"返回"到"生活"（追记中的"过去"和现正发生的"现实"）中，从现实生活（故事情节、生活场景、人物形象）出发来进行创作，并创造了人物典型，以人物形象为主体来展开叙述。

鲁迅曾说，他的文学作品，是"遵命文学"，是"革命文学"。[1]

鲁迅多次表白过他创作小说以至从事文学工作的初衷，这些可以充分地说明他的创作宗旨。首先，从宏大的视野和广阔的思想领域来说，他是主张启蒙主义、主张思想革命的[2]，主张用文艺的手段来唤醒民众；主张用文艺来为人生，并且改良这人生。这既是他总结辛亥革命失败的结论，又是他从世界思潮和历史发展的总趋势中得到的启示，也是

他的文化观的基础与核心。其次，在这个总体思潮指导下，对于创作小说，他的明确而坚定的目的就是：改良社会与改良人生。他在《我怎么做起小说来》一文中说：

> 我也并没有要将小说抬进"文苑"里的意思，不过想利用他的力量，来改良社会。

又说：

> 自然，做起小说来，总不免自己有些主见的。例如，说到"为什么"做小说罢，我仍抱着十多年前的"启蒙主义"，以为必须是"为人生"，而且要改良这人生。

这同许多文学青年为了当作家、为了一种艺术冲动而从事创作，是很不相同的。鲁迅的立意很高，为大众、为人生的目的很明确。这种基本的创作宗旨和创作冲动，决定了他的创作思维与创作心理：如何选取生活素材、决定表现对象、创造艺术典型，如何叙事，从什么视角、采取什么方式来讲故事，如何讲法，用什么样的结构、情节、场景、语言来讲，等等，都决定于这个总体创作立意。再次，鲁迅选取的是如他在《我怎么做起小说来》一文中所说的这样一种艺术手法、表现形态和审美构成：

> 我的取材，多采自病态社会的不幸的人们中，意思是在揭出病苦，引起疗救的注意。所以我力避行文的唠叨，只要觉得够将意思传给别人了，就宁可什么陪衬拖带也没有。中国旧戏上，没有背景，新年卖给孩子看的花纸上，只有主要的几个人（……），我深信对于我的目的，这方法是适宜的，所以我不去描写风月，对话也决不说到一大篇。
>
> ⋯⋯⋯⋯⋯
>
> 所写的事迹，大抵有一点见过或听到过的缘由，但决不全用这事实，只是采取一端，加以改造，或生发开去，到足以几乎完全发表我的意思为止。

这说明，鲁迅创作的基本方式、方法是写"病态社会的不幸的人们"的生活；注意用"生活"来"传达"自己的意旨；尽量简练地表达，叙事简括，不多描写风景，不写长篇的对话，不要那些不必要的背景和陪衬。但所提取的"生活"不是照搬事实，一切照原型、照"生活"的原生态来表现，而是加以改造，并生发开去；这"改造"与"生发"，目的是使"原型""原生态"能够符合自己的需要，能够表达自己的立意。这样，"生活"的原生态就被提炼了，加工了，改塑了；它的意义与蕴含都被集中了，凝练了，深化了，而且形象地审美化了。

这些，就构成了《呐喊》的艺术世界的基础。

（三）"镜子"与"七巧板"：《呐喊》艺术世界的构造

文学阅读是一个多方面心智活动的过程。在这个过程中，进行着一种双相的（作家和作品/读者）、双向的（"作家→作品→读者"和"读者→作品→作家）互动作用的活动。关于后一"相"与"向"（读者→作家→作品）的活动过程与效应，后面将另章阐述。这里只对前一过程加以说明。在这个作家和他的作品作用于读者的过程中，进行着三个方面、三个层次的作用，也产生三个方面、三个层次的效应，即多方面的认知灌输与效应，思想、道德方面的影响与效应，审美愉悦的产生与效应。当然，这三个方面、三个层次是互相渗透、互相影响，"一荣俱荣，一毁俱毁"的。探讨文学作品的艺术构造时，必须注意到这样三个方面、三种因素。

当然，《呐喊》的艺术世界也是由这样三个方面、三个层次构成的。但是我们需要解析的是这三个方面、三个层次的具体内涵，其性质和水平。如果借用"镜子"和"七巧板"两个比喻来说明文学作品反映现实的功能和如何反映生活的技巧[3]，那么，我们可以从上述三个层次和这样两个视角，两者相融会地来探寻《呐喊》的艺术世界。

1. 叙事视点

鲁迅的《狂人日记》一发表，就因为它的特别的叙事格式，而引起人们的注意。以后诸篇小说，也是如此。作为叙事文学，小说如何叙事、如何讲故事，是一个根本性的问题。中国古代小说向来以章回体的形式来讲故事，因为是从口头文学（评书）转变来的，所以以全知全能的第一人称"我"，向你、向听众讲述事情原委的口气特别突出，起篇必是交代某县某地某人，姓甚名谁，如何如何，然后讲下去。而且这种讲法从头到尾一贯到底。故事本身也是有头有尾，有一个结局。在叙事中，开头或中间或结尾都有一些说教的话语，具体说明讲这篇故事是要向人们宣教什么。到近代，小说用文言写作，故事都是男婚女爱的缠绵悱恻的地主员外家豪门子女的情爱故事。而《狂人日记》却完全是新的故事、新的讲法、新的结构、新的人物、新的语言，而且是新的创作主旨。这是一种全新的小说模式。这种多元性质的存在，就是一种给人以新的审美愉悦的突出因素。以后各篇小说，也都保持了这种新的审美素质。在整体上，它虽然也还是一个全知全能的人（作者或作品中的人物，如狂人）在叙述故事，但不再是从头至尾平铺直叙地讲下去，而是客观地呈现，故事的发展、情节的推进，都是客观地呈现出来，而不是"讲述者"讲出来。故事的发展也不一定都是连绵持续地行进，而是跳跃式的：有中断，有隔离，有删削。

在叙事上，视角是一个基本的、关键的问题。就像拍电视剧一样，摄像人站在什么地方，从什么角度，用什么姿势取什么样的镜头（平视、斜视、俯视或仰视等），是决定拍出来的场景、人物的效果的关键。《呐喊》中的叙事，视角是多样的，不总是一个客观的、外在的、旁观的全知全能者在主观地讲故事，而是多种身份的人的多种视角的客观呈现。比如《狂人日记》就是两重身份的人在叙事：一是一个客观的、旁观的告白者，说明有这么一个狂人写的这样的日记；而狂人现在已经好了，走上仕途了。二是狂人在日记中的呈现，他不是表层地向人讲述，而是深层地展示自己的独白。《孔乙己》则是隐在的讲述者（作者）在展示一个现场的讲述者——咸亨酒店里的小伙计——所亲见的关于一个客人（孔乙己）的故事。《故乡》又是"我"以第一人称在讲述自己和闰土的故事……这种与传统小说完全不同的、崭新的叙事方式，形成一种新的文学模式。这是鲁迅的创造。

我们还可以从现代叙事学的角度，再来深入一步欣赏《呐喊》叙事视点的意义和审美价值。"小说家们当然久已承认叙事方法的压倒一切的重要性。""叙事视点不是作为一种传送情节给读者的附属物加上去的，相反，在绝大多数现代叙事作品中，正是叙事视点创造了兴趣、冲突、悬念，乃至情节本身。""在很多情况中，如果视点被改变，一个故事就会变得面目全非甚至无影无踪。"[4] 这些对于叙事视点在小说创作中重要意义的论述，都能从《呐喊》的叙事艺术中得到证明。上述《呐喊》中的几篇小说，如果改变视点，它们就会变得面目全非，故事本身消失得无影无踪；它们的艺术成就也就荡然无存。试设想，《狂人日记》不是由狂人自己用日记的独白来叙事，而是由别人（第三者）来间接叙述，那狂人的心态，狂人关于"吃人"的斥责、审问、自省与警惧、忧愤的心意以及"救救孩子"的呼号，还会有什么撼人的力量和警觉世人的作用呢？如果《阿Q正传》不是既以全知全能者，以第一层叙事的框架，讲述他的生平事略、生活行状，又以阿Q的"视点"看人看事看世界，并以独白和心理活动的方式，构成第二层叙事，那么故事的结构就不能这样形成，阿Q的典型形象就难以塑造出来。

《呐喊》中种种叙事视点的确立，为它的艺术世界构成了精彩纷呈的图画。

2. 不朽的艺术典型

典型形象的塑造，更是一篇杰出的文学作品集中的、突出的表现和成功之处。鲁迅创造了阿Q这样一个不朽的民族典型、精神典型，这是《呐喊》艺术世界里最辉煌的篇章和最高的成就。而且小说集里还有其他栩栩如生、形象突出的人物典型。这些艺术典型一直活跃在读者的眼前，生活于几十年来的中国社会中，成为人们口头上的、生活中的、思想上的"人物"，足可指称、比拟、揭示和象征某一类人，如阿Q、闰土、假洋鬼子、九斤老太等。这些存活于、活跃于《呐喊》艺术世界里的虚构的人物形象，越出了其"自在"的世界，走出鲁镇，走出未庄，游荡于、活跃于中国现代社会中，并参与了中国现代精神生活。这是鲁迅艺术创造力与创作成功的最有力的证明。《呐喊》的艺术世界凭借这些文学典型的耀眼的光芒，照亮了中国文学界、文化界和精神生活领域。《呐喊》的知识价值、认知价值和审美价值，都凭此而高悬于中国现代文学的上空，为其他作家所不能及。

性格化，是小说人物创造成功的关键。《呐喊》的人物都是性格化的。人物的性格产生了、决定了故事（事件）的发生与发展，而故事、事件的发展也把人物展现开来。这种人物与故事的双相双向作用的展开，就构成了整篇小说的叙事行进和叙事方式。狂人那种看透了现实社会与过去历史的"吃人"本质，以及痛恨"吃人"、执意要改变"吃人的历史"的性格，决定并产生了《狂人日记》的整个故事。而这个故事的展开，也展示了狂人的先觉者的性格。同样，阿Q的遭赵太爷申斥、遭假洋鬼子棒打、向吴妈求爱、"革命"、昏昏然地被拉去杀头还为"圈画得不圆"而遗憾等情节，都是由阿Q的性格产生的，这也就构成了《阿Q正传》的故事。在这故事的展开中，阿Q的性格也就展现出来了。

《呐喊》中的小说，还很巧妙地运用了"给人物命名"的艺术技巧。"塑造人物最简单的方式是给人物命名。每一个'称呼'都可以使人物变得生动活泼、栩栩如生和个性化。"[5]狂人、孔乙己、阿Q、假洋鬼子等人物的命名都是如此。"狂人"明确地标示了他的反抗陈规旧律的狂性，"疯子"正是中国习用的对于反抗旧制、不同流俗的革新者的通行的诬称。"孔乙己"这个名字从小学生描红纸上的"上大人孔乙己化三千……"中取来，正合乎小说中人物的出身、身份，并且形象地体现出来。假洋鬼子，一目了然，揭示本质。阿Q更是奇特而贴近，流浪雇工，无姓也无名，取一个不准确的"桂"或"贵"的拼音头一个字母，而这大写的"Q"字，特别形象地标示出一个留着大辫子的头的后面。这些，都真正达到了一经命名，就使人物变得生动活泼、栩栩如生和个性化，产生思想的和艺术的效果。

3. 深沉的民族"母题"

每篇小说在叙事讲故事的过程中，都有一个最基本的情节因素，它既是一切故事情节构成的内在意义，又是控制情节发生和行进的"枢纽"。而且，它还在小说内涵的心理的、社会的、理论的构成上，起着关键的作用。这一切，形成文学理论上所说的"母题"。[6]《呐喊》中的"母题"都很鲜明突出。这些"母题"具有两方面的含义和意义：一方面，它们都是来自现实生活的实际，是"现实的存在"；另一方面，它们又是鲁迅从生活中提炼出来的，是鲁迅"想象上的虚构"。这种想象、这种虚构，都是鲁迅的思想、情感、创作心理对"现实生活"进行了加工、改塑而成的。这是一种主观的创造。《呐喊》的艺术世界就是这样建构成功的。

在《呐喊》中突出的"母题"是："不正常死亡""隔膜—冷漠""'孤独者'/'庸众'""黑暗"。《狂人日记》中是对于死亡的恐惧和对于还将有许多人被吃（死亡）的恐惧与忧虑；《孔乙己》中是孔乙己的默默死于虐杀和贫穷；《药》中是被杀戮的革命者和被误死的肺病病人；《明天》中是被庸医害死的宝儿；《白光》中是因癫狂而落水淹死的陈士成；《阿Q正传》中是想革命没有革成却被当作"革命党"而稀里糊涂地被杀头的阿Q。[7] "隔膜—冷漠"，这两个相关联的"人间悲凉"，是鲁迅的包含杂文在内的全部作品的基本"母题"之一。在《呐喊》中到处弥漫着它们：情节的展开，产生和播撒这种事实和氛围，这"事实"与"氛围"又延续性地引发后面的情节与氛围。而这种"母题"便在这些绵延的情节和氛围中加浓加色，愈发鲜明突出。正是它们形象地、艺术地、具有审美质素地表达了鲁迅所经常指出的"中国人连自己的手都不懂得自己的足"这种互相极端隔膜，又彼此冷漠以对的精神状况和生存状态。这种氛围弥漫于《狂人日记》、《孔乙己》、《明天》和《阿Q正传》等作品中，它使人感到"隔膜—冷漠"，几乎是《呐喊》中一个"非人的主角"。我们只要想想《孔乙己》《明天》，就能立即感受到这种氛围。鲁迅揭出这种痛苦，正是为了引起疗救的注意。要把这种环境、这种国民性加以改革。

"'孤独者'／'庸众'"[8]，他们的"两极"性的存在，以至对立，他们在根本利益、生存目的的内在一致和表现上的对立，是鲁迅小说创作的更为主要的一个"母题"，同时，也是他以睿智明敏、以深沉思索所把握的民族精神与社会生活中存在的一个致命性的"母题"。改革的先行者、革命的先驱们，往往只顾自己的前行，他们英勇地、无私地为大众利益、民族命运而勇猛前进，呼号奔走，抛头颅洒热血；但是，他们却没有认真踏实地去唤醒民众、发动民众，使他们奋起同行，一起为自己的利益奋斗。而大众们则一直沉睡在愚昧落后中，他们甚至视前行者为疯子，以至"渴饮志士血"地用为自己而牺牲的烈士们的血来治自己身体上的病。

在《呐喊》中，鲁迅在小说里最早地沉痛地表现了这种"母题"。《狂人日记》和《药》最集中突出地表现了这一"母题"。"狂人"与周围所有人对立、作战，人们把清醒者作为狂人来对待。《药》中的夏瑜在牢狱中和赴刑场前后，被庸众们冷漠地嘲笑和"饮血"。《孔乙己》《风波》《明天》等都写了庸众，而阿Q是不觉醒的庸众的代表。这种"'孤独者'／'庸众'"对立的不幸的民族"母题"，在近代史上一再显现，而且延续下来。它是中国近代改革一再受挫、失败的根本原因。鲁迅对这一"母题"的确立，就是从对于中国的现实的观察与思索中提炼出来的。同时，也是他自己内心的感受。他早年留学日本就写过"寄意寒星荃不察，我以我血荐轩辕"的诗句，在沉默地抄古碑的几年间，他也被寂寞孤独深深地啮咬过心，即使在五四新文化运动中，他也有这种感受：既感受到前驱者的寂寞，也感受到自己内心的寂寞，因为，毕竟运动还更多地是在城市知识者群体中涌动和行进，而且还不断发生分化、倒退和背叛。鲁迅曾经痛心地写道："群众，——尤其是中国的，——永远是戏剧的看客。"[9] 因此他提出"'个人的自大'，就是独异"，"对庸众宣战"。[10] 他曾在小说和杂文中表现、揭示和批判这一点。这里固然是直接地揭示这种社会矛盾，以引起疗救的注意：孤独者——"独异者"调整自己的步伐，不要忘记和无视群众的落后；落后的群众要从愚妄中警醒。同时，鲁迅也由此而深入到、提升到人生的、人间的哲学层面来思索这个"人生母题"：如何正视这个社会—人生悖论式的矛盾对立。本是同根生，本是亲骨肉，但却心不通、情相隔，疏离隔膜，冷漠相向！"独异者"如何整合自己与"庸众"之间的思想、情感、心理等的关系，使彼此能有一个美好的人生，或获得人生的美好。

至于"黑暗"母题，是与上述两个母题紧紧连在一起的。"黑暗"的现实内涵之一就是群众的冷漠和"看客态度"。尤其同"'孤独者'/'庸众'"母题相连。它是其他几个母题所组成的总母题，这个母题笼罩在《呐喊》的所有小说中（前述五篇"散文型小说"除外）。它是同鲁迅创作小说，尤其是创作《呐喊》时期（1918—1922年）的作品时的创作立意分不开的。因为，他感受到旧制度统治下的中国，沉浸在弥天黑暗中，这种黑暗是历史上延续下来的，生民在其中哀鸿遍野、痛苦无边；而更使鲁迅痛心和忧心的是，这些被封建道德、伦理、文化整治得麻木愚昧、不许有丝毫松动的民众，仍然在黑暗中昏睡，而志士们、先觉者们又不注意、不懂得这种黑暗的存在与力量，只是自己英勇牺牲。这样，就更加重了黑暗的存在与力量。鲁迅正是要直面这黑暗现实，并不怕人们误解，而"消极"地揭出黑暗、反映黑暗，以"黑暗"为母题，目的就是唤醒铁屋里的人们，看清黑暗、懂得黑暗、面对黑暗，从而起来消灭黑暗。他在杂文中提出"睁了眼看"，批判那种不敢正视黑暗的态度："先既不敢，后便不能，再后，就自然不视，不见了。"他打比方说："一辆汽车坏了，停在马路上，一群人围着呆看，所得的结果是一团乌油油的东西。"[11] 而文人们"万事闭眼睛"，就写出了"瞒和骗"的文艺。鲁迅的作品，直面黑暗、表现黑暗，就是反对这种瞒和骗的文艺。

4. 新的叙述话语——文学语言

《呐喊》是使用一种全新的白话文来叙事的。它不但完全不同于文言文，也不同于中国以前的所有白话文——比如《红楼梦》《儒林外史》等长篇小说中的白话叙事文，以及"三言""二拍"等短篇小说中所使用的语言。《呐喊》中的语言是从现代中国话中提炼出来的，它是一种现代语言，是明白畅晓的、易懂的、生活化的，但又经过加工提炼，简洁、明快、流利，富于表现力、形象化。它用现代语法组织起来，句式不很长，连缀而下，语意连绵行进，构成行进着的叙事，表现着故事的内容、情节，人物的形象、思想、情感和行动，整体上构成一个现代叙事。这种叙事（故事）随着句子的推进、演绎，整段句子的累积，把每个句子的"意义"单元连接、延续、累积起来，构成一组又一组、一段又一段的"意义"区域。这些区域组成完整的叙事（故事）。

在这种叙事中，还运用了象征、隐喻、反讽等语言手段，加强了语言的表现力和形象的表达力。比如这样一些叙述、描写：

> 黑漆漆的，不知是日是夜。赵家的狗又叫起来了。
>
> 狮子似的凶心，兔子的怯弱，狐狸的狡猾，……（《狂人日记》）

> 微风早经停息了；枯草支支直立，有如铜丝。一丝发抖的声音，在空气中愈颤愈细，细到没有，周围便都是死一般静。两人站在枯草丛里，仰面看那乌鸦；那乌鸦也在笔直的树枝间，缩着头，铁铸一般站着。（《药》）

> 单四嫂子早睡着了，老拱们也走了，咸亨也关上门了。这时的鲁镇，便完全落在寂静里。只有那暗夜为想变成明天，却仍在这寂

静里奔波；另有几条狗，也躲在暗地里呜呜的叫。(《明天》)

"过了二十年又是一个……"阿Q在百忙中，"无师自通"的说出半句从来不说的话。

"好!!!"从人丛里，便发出豺狼的嗥叫一般的声音来。

…………

阿Q于是再看那些喝采的人们。

这刹那中，他的思想又仿佛旋风似的在脑里一回旋了。四年之前，他曾在山脚下遇见一只饿狼，永是不近不远的跟定他，要吃他的肉。他那时吓得几乎要死，幸而手里有一柄斫柴刀，才得仗这壮了胆，支持到未庄；可是永远记得那狼眼睛，又凶又怯，闪闪的像两颗鬼火，似乎远远的来穿透了他的皮肉。而这回他又看见从来没有见过的更可怕的眼睛了，又钝又锋利，不但已经咀嚼了他的话，并且还要咀嚼他皮肉以外的东西，永是不远不近的跟他走。

这些眼睛们似乎连成一气，已经在那里咬他的灵魂。

"救命，……"

然而阿Q没有说。……(《阿Q正传》)

时候既然是深冬；渐近故乡时，天气又阴晦了，冷风吹进船舱中，呜呜的响，从篷隙向外一望，苍黄的天底下，远近横着几个萧索的荒村，没有一些活气。我的心禁不住悲凉起来了。

阿！这不是我二十年来时时记得的故乡？

…………

我在朦胧中，眼前展开一片海边碧绿的沙地来，上面深蓝的天空中挂着一轮金黄的圆月。我想：希望是本无所谓有，无所谓无的。这正如地上的路；其实地上本没有路，走的人多了，也便成了路。(《故乡》)

这里不嫌厌烦地摘引了一些段落，供读者品味。这里的语言是多么简洁、精练、纯清，同时，又是那么形象化，那么客观地呈现，还有时运用了隐喻和象征。

"语言是人口开出的花朵。"这里的叙述、描写，虽未曾开口，却是默声"说"出的语言。这是人口开出的花朵，也是思想开出的花朵。每个语词有它固定的意义和韵味，将这些语词用一种特定的语法和句式组织起来，构成一种语言流、一种语境，就既发挥出每个词语原本具有的意义，又产生出"在组织中"的新的意义，总体上又构成一种韵味。它们述说事实、事件、问题、场景、人物，述说这一切背后的作者要表达的思想，要创造的意境，并且让这些呈现出来、显示出来，为读者所见到、所感受，还引动思索。[12]鲁迅在创作小说时所想要表现的、揭示的旧社会、旧制度的痛苦，社会上不幸人的苦难，我们面对的黑暗，以及在这黑暗中生存的人们的情态，等等，都透过这些语言表现出来了。

《呐喊》不但奠定了他自己的小说叙事语言的深厚的基础，并显示了坚实的力量，而且显示了刚刚诞生的新文学的实力，奠定中国现代文学叙事语言的基础与成熟的规范。《呐喊》的成就，也为中国现代文学语素与现代语言做出了实绩，奠定了坚实的基础。

（四）《呐喊》：艺术世界与现实社会

每一位作家，尤其是伟大作家，他所创造的艺术世界都真实而深刻地反映了本国、本民族的社会现实。这种反映，又总是帮助本国人民更清楚、更清醒地认识社会现实、时代精神，并被作家心中的"灯"所照亮，而点燃自己心中的理想之光。《呐喊》在20世纪初问世以来，在现代中国所起的作用就是这样的；并且，其声与光远播异域海外，让他们也借此了解中国与中国人。

《呐喊》中14篇短篇小说，构成一个整体。它在鲁迅选取的视点照射下，反映了19、20世纪交替时期和20世纪初叶中国社会的状况。文学作品反映社会现实，有两个方面是最重要的：一是作品所反映的现实，是不是当时国家、民族的最重要、最典型、最具代表性的部分？而且，这种反映是否不仅具有现实感，而且具有历史感？前者是现实的深度，后者是历史的深度。二是作品是否反映了当时国民的时代精神气质，反映了国民的"时代心态"？前者，是社会的、时代的、民族的实体部分、基础部分，是"民族母体——母题"的主体与实体部分；后者，则是社会的、时代的、民族的精神部分、心理部分、深层部分，是"民族母体——母题"的精神气质与文化心理部分。而且，这样两部分是水乳交融地融会为一体的，而不是外在地、分割地存在的。《呐喊》中的小说，正是将这样两个方面融会为一体地反映在作品中。作品所反映的那个时期的中国，是一个封建的、宗法统治的农业的、半殖民地的、封闭的、落后的社会，是这个社会的末期，人们已经不能照旧生活下去，期待着改变。但在最近几次的变革运动中，包括远期的太平天国、义和团，近期的戊戌变法，尤其是辛亥革命，又特别是辛亥革命成功后的"二次革命"，都是失败接着失败，令人怀疑这古老的帝国，历史的积存太沉重了，它不仅难于推翻、不易改变，而且它消解新事物、外来事物的能力还特别强大。因此，鲁迅称之为"绝无窗户而万难破毁的铁屋子"。当时中国社会人口百分之九十以上是农民，农业生产是社会经济的主体。虽然已经有了一些现代城市和现代工业，但社会结构仍然是上层统治，还停留在封建军阀、政客的独裁政制巅峰，基层则是宗族乡绅社会，保甲、家族、乡绅蛛网一般捆绑着社会肌体。广大农民在这样一个宝塔式的封建宗法军阀统治的罗网之中，动弹不得、艰难度日。《呐喊》中的小说，正是将这样的社会结构和农村生活纳入视野，从这样的视点观照和反映中国社会。在乡村与"宝塔尖"的最高统治者相连接的，是赵太爷、赵七爷、赵贵翁、举人老爷、假洋鬼子这样的封建宗法家族、乡绅力量；在底层挣扎活命的则是"病苦社会不幸的人们"，如阿Q、闰土、单四嫂子以至孔乙己、陈士成等人；而意欲反抗的夏瑜、狂人都被屠杀了，或者被逼成、被视为疯子。

作为这种封建宗法统治的思想基础和精神文化体系的，是以儒家学说为纲的封建伦理道德观念体系。

有过几次变革以至革命，有的失败了，有的成功了，却内骨子没有动，那个封建宗法社会的基础没有动，赵太爷、赵七爷、赵贵翁、举人老爷和假洋鬼子，依然横行乡里。

从未庄到鲁镇，鲁迅在《呐喊》中绘制了这样一幅中国近代社会图画。《呐喊》的呐喊，就是告知国人，社会还是这样的社会，生活还是这样的生活，黑暗如此深重，而愚昧也是这样深重。它也警醒国人，不能再这样生活下去，要起来抗击，追求新的生活。它还告诫革命先驱者与广大民众，必须改变过去的做法，要发现底层人众内心深处不满的火星、反抗的萌动、微末的希望、朦胧的理想，要唤醒他们一起来抗击、斗争。

因此，这20世纪初的呐喊，是发自社会底层、民族丹田的民众心声，是民族心灵的叹息、呻吟，怨声与愤慨之音，怒号与战叫之声。

因此，有人说，不读鲁迅就不能很好地懂得中国。

（五）《呐喊》之"镜"中映照的"中国魂灵"

鲁迅明确地说过，他之创作小说，是要在寂寞的中国画出中国人的魂灵来。这目的也很明确，是要通过这种画国人灵魂的工作，揭示他们身上的劣根性、缺点和弱点，来引起人们的注意，以唤醒国人。这种立意，特别是他在《呐喊》中的这种创作实践和创作成就，使他的小说的内涵和意蕴更深沉、更丰厚，也更越过现实的层面和社会生活的层面，而进入人的文化—心理结构层，进入人的灵魂了。

鲁迅的这种创作立意，可以从他对俄罗斯伟大作家果戈理的评论中，见出深意。他在《摩罗诗力说》这篇论文中评介果戈理时，称赞他，也是肯定他的特点时指出，果戈理是"以不可见之泪痕悲色，振其邦人"，"以描绘社会人生之黑暗著名"。鲁迅深受果戈理的影响，他说自己在学生时代"最爱看的作者，是俄国的果戈理"。以后，着手创作小说《狂人日记》，就用了果戈理的著名小说的同一题名。正因如此，鲁迅在《呐喊》中，也是着力描绘社会人生之黑暗、中国国民的劣根性，他也是要使国人正视社会和黑暗，正视自己心灵的黑暗，想以"泪痕悲色"来警醒国人，振奋国民精神。

把《呐喊》中"不幸的人们"的文化心理结构（他们的心灵）综合起来，即把阿Q、闰土、七斤、单四嫂子以至孔乙己、陈士成等人物的心理状态综合起来，可以归纳出这样几个特征：第一是愚昧落后。他们被剥夺了掌握文化的权利，知识贫乏、眼界狭窄，遭人愚弄，他们挣扎在贫困的泥沼中，思想、观念、意识都很陈旧迟钝呆滞，这是长期的封建制度与宗法思想压抑的结果。第二是麻木冷漠。他们被反动统治的高压、贫苦生活的摧残、封建思想文化的钳制弄得麻木不仁，彼此不了解、不亲近、不同病相怜，表现出令人心寒的冷漠。华老栓父子、单四嫂子、闰土、阿Q、孔乙己、陈士成等，都表现出各种各样的麻木。狂人与家人（包括他的亲哥哥）之间那种心的隔膜，孔乙己周围人们对他的极端的冷漠，夏瑜周围人对他的死的极残酷的冷漠，阿Q与同命运的王胡、小D之间的对立，他周围环境对他的冷漠，以至他自己对自己都在心之深处存在的那种冷漠，是何等使人震颤心寒。第三，揭示得最深刻、最有民族特点的是"精神胜利法"这种在阿Q身上突出地表现出来的精神症状。这种精神的胜利，在各阶层人们身上都存在。清朝统治者曾经在极端封闭落后、处处挨打受欺的情况下，犹以天朝上国自居，打了败仗，割地赔款，还自我吹嘘；在社会上普遍存在死要面子的心理；以未必存在的过去的荣光来遮掩今日的失败。如此等等，不一而足。这种"精神上的虚假的胜利"，遮蔽了事实上的失败，掩盖了确实无疑的缺点、弱点、问题，堵塞了改正、前进、发展的道路。这是中华民族改过自新、革旧图新、奋发图强的致命弱点[13]。"哀其不幸，怒其不争"，在这里，鲁迅正是以其不可见之泪痕悲色，来振我邦人。

鲁迅就像他所赞赏的果戈理，是以其对自己民族的强烈批判而被视为热烈的爱国主义作家。在这种激情的含泪的批判中，表达了他的崇高的、热烈的、深沉的爱国至诚。他的这种"民族自我批判"，成为中华民族在20世纪之初的民族觉悟的个体表现，——在一位伟大作家身上的表现。他在《摩罗诗力说》的结尾处，曾经深情地说："今索诸中国，为精神界之战士者安在？有作至诚之声，致吾人于善美刚健者乎？有作温煦之声，援吾人出于荒寒者乎？"又慨叹道："而先觉之声，乃又不来破中国之萧条也。然则吾人，其亦沉思而已夫，其亦惟沉思而已夫！"此文作于1907年，十年后，他开始写《狂人日记》，以后《呐喊》结集出版，这正是以中国精神界战士之姿，作致诚之声、温煦之音，援救吾人出于荒寒，来破中国之萧条。《呐喊》以它的呼号，震醒国人、振兴文坛，以文学的批判力量，针刺一般，刺中、刺痛、刺醒中国人。

这至诚之声，这针刺，今天仍然使我们警觉惊醒。

由于深刻地揭示了中国国民的劣根性，鲁迅更由此而深入到揭示了人类的共性、人性的共同表现。那种对于亲情的依恋和失去它而彼此隔膜、冷漠相对的悲哀，表现了人性的天然，发自生命的自然需求；那种遮掩自我缺点、缺陷，寻求自我满足、精神自慰的心理，也为各国人民所共有，只是由于民族文化与性格的差异，表现的形式不同而已。《呐喊》以及鲁迅其他小说所构成的这种"心灵之镜"，在长久的历史进程中，其作用与意义甚至超过了它在社会、政治层面上的分量，其价值因历史的发展、社会的变迁而更突显出来，获得超越现实、超越历史、超越民族与文化的意义。这也是鲁迅研究现在成为世界性文化现象的原因。

（六）"中国文学现代化"的创获

文学总是一面反映着现实生活的状态和发展趋向，一面又在这种与现实的"对应"性反映中，改变着、发展着自身的内涵、形态与技巧。中国"五四"时代的文学，经过了近代文学的变化与革新，经历了从"近代"向"现代"的转换，到这时，在现代文化如潮涌般奔至之时，为了反映现代化的社会浪潮，为了适应整个文化思潮的奔进，自身也需要一种现代性的创造。正是适应这种社会的、文化的、文学的现实潮流的需要——这种需要体现为鲁迅所说的五四新文化运动的先驱者和主将们的"将令"——鲁迅创作了他的第一批小说。这批后来收集在《呐喊》中的小说，充分显示了它们的现代性。这种"现代性"首先体现在思想内涵上。在五四新文化运动兴起的那个时期，发起了向传统攻击的浪潮，提出从西方思想文化武库中选取的民主与科学两个口号、两面旗帜，青年们提出了婚姻自主、个性解放的要求。传统受到严格的批判与检验，人们向着现代化的目标行进。正是这个时期，在这种条件下，鲁迅以他在中西文化方面的丰富深沉的装备，思想上近察中国之现实、远观世界之思潮，在沉默与孤独中深思熟虑的充分准备，"高举义旗"，发出呐喊，第一次用虚拟的狂人的眼光、狂人的心理，观察、反映现实和历史，将一切"颠倒"过来：合理的成为不合理的，正确的成为荒谬的，自然的成为悖误的，天经地义的成为诛杀天良的。无论历史还是现实，他都归之为两个字："吃人"。他发出了历史之问、时代之问、人性之问："从来如此，便对么？"传统在这个责问面前赧颜低首，等待检验，接受批判。这是一股冲决的力量。他早已悟出一个道理："中国人尚是食人民族。"他记得他欣赏并翻译过的尼采的《查拉图斯特拉如是说》中，查拉图斯特拉说过："你们已经走了从虫豸到人的路，在你们里面还有许多份是虫豸。你们做过猴子，到了现在，人还尤其是猴子，无论比那一个猴子。"[14] 而果戈理也早已写过《狂人日记》。鲁迅吸取了这些外来的先进思想与艺术资源，经过自己的思想的发酵、酶化，成为自己的、中国的、民族性的，针对民族文化心理的现代思想、观念和意识。新的价值观、新的心理构造贯穿全篇。这成为不仅是《狂人日记》的，而且是贯穿整个《呐喊》的基本思想、核心观念。这也成为"五四"时期的新的思想、观念，成为中国文学现代性的最佳创获。

本着这个现代思想，立足于这个现代思想基地，鲁迅确立他的叙述视点来构筑他的艺术世界。他从"病态社会的不幸的人们"中取材，来"暴露家族制度和礼教的弊害"，他"依了自己的觉察，孤寂地写出'他'眼里所经历的中国的人生"[15]。这样，他便用他的小说的艺术世界，反映了一个中国近代、现代的现实社会的世界。这个"现实世界"是通过鲁迅的"现代思想视界——视点"映照出来的，也可以说《呐喊》的艺术世界是从这种映照中反映出来的。这是一个"现代文学的'文学视界'"所反映的传统社会、现实世界。这便使《呐喊》创获了鲜明突出的现代性。正如当时即有评论者指出的，鲁迅的小说，令人读后感受到："我们譬如从薄暗的古庙的灯明底下骤然走到夏日的阳光里来，我们由中世纪跨进了现代。"[16]

鲁迅所做到的这一点，他所达到的思想高度、历史深度与文化含量，是当时他所有的同辈作家和后起的年轻作家所未曾达到的。而且，不得不承认，迄今的作家们的作品，仍然未曾有与之比肩的佳作。

这种现代现实主义精神，即包容性更广大深沉的现实主义精神，决定了鲁迅的独特的艺术思维和创作心理。中国传统的文学观、小说观，一方面轻视小说，认为它是不能登大雅之堂的；另一方面，又让它承担教化任务。西方的文学观虽然重视小说反映社会现实的性质，但"文以载道"的观念却不很强烈。鲁迅糅合融会中外文学观、小说观，在艺术思维中，充分发挥了小说反映社会现实的性质，并以之为批判现实的精神手段，体现了已经发展到顶峰的批判现实主义精神；同时，又发扬中国传统文学精神，用它来改良人生，更在其中贯穿描绘和刻画人的心灵、人的灵魂的作用。

但鲁迅从社会—历史现实生活中提炼出来的主题，又不是抽象理念式地注入作品之中的。他的出发点和立足点都是生活场景和人物形象，是用形象来思维和用形象来构思，它的思想、理念、主题，都是蕴含于形象之中，又用形象来体现的。这些生活事件、故事的场景和活动于其中的人物形象，都是烂熟于他心中、活跃在他思想中的。他说："我在年青时候也曾经做过许多梦，后来大半忘却了"，当然，还有一部分未曾忘却，这未忘却的旧梦在心里生根、滋长，在思想—心理中，加上思想与心理的汁液，经过思想、意念的提炼、加工、改塑，经过思想之光的照射，升华出"意义"。于是，"这不能全忘的一部分，到现在便成了《呐喊》的来由"[17]。他又说："后以偶阅《通鉴》，乃悟中国人尚是食人民族，因成此篇。"[18] 这是《狂人日记》思想认识上的创作动因。他还说："阿Q的影像，在我心目中似乎确已有了好几年……"[19]"阿Q的像，在我的心目中流氓气还要少一点"[20]，这是形象原型在脑里存活，并不断地被加工、塑造。"我记起我自己曾经写过这样一个人，他身边什么都光了，时常抽开抽屉看看，看角上边上可以找到什么；路上一处一处去找，看有什么可以找得到；这个情形，我自己是体验过来的。"[21] 这是自己亲身经历的体验，转化到小说中人物身上去了，但增加了作家所赋予的另样的生活内涵。

总之，鲁迅的艺术思维与创作心理中，具有中西文化的涵养，充满着过去生活的形象记忆与情绪记忆，活跃着生活的场景、人物形象与心理体验，这些，又经过思想乳汁的哺育与酶化，产生了"意义"。而当他产生创作冲动时，他的这种艺术思维与创作心理便活跃起来，充满了、活跃着形象的飞舞翩跹、意象的象征性和现象的创造性。这才是真正的现实主义的、艺术性的思维与心理的活动和创造。而且，在这中间，还裹挟着、蕴藏着浪漫主义的思想与情意、象征主义的技巧与手法，以及现代主义的启示与通感。

李欧梵在论述鲁迅的"现代技巧"时，曾经概略地列举了《呐喊》各篇的要点：

> 仅仅把鲁迅各篇小说中的试验开列出来，就给人以十分深刻的印象。在《狂人日记》中他将日记形式转为几乎是超现实主义的文本，后来的各篇又进行了不相同的试验，如人物描写（《孔乙己》和《明天》）、象征主义（《药》）、简短复述（《一件小事》）、持续独

白（《头发的故事》）、集体的讽刺（《风波》）、自传体说明（《故乡》）、谐谑史诗（《阿Q正传》）。[22]

鲁迅就是这样，在《呐喊》中，以高层次的，与20世纪初世界新思潮和现代主义文艺思潮相通的现代思想、现代艺术思维与艺术技巧，创获了中国现代文学的现代性成果，为中国现代文学的发展奠定了坚实的基础，开辟了前进的道路。

《呐喊》以其远走在时代前列的现代文学成就，创建、传播了中国文化现代性的第一批杰出成果，为中国文化的现代化贡献了最初的奠基性成果。同时期，他还创作和发表了短小的随感录，后来发展成为成熟的杂文，一面进行了他自己所提倡的社会批评与文明批评，对旧社会、旧制度、旧文明进行了猛烈、尖锐、深刻的批判，一面又宣传和创建了新思想、新文化。这些思想、文化成果，同《呐喊》一起，以不同的作用方式，更全面、广泛地为中国文化的现代性创获，为中国现代文化的建设，奠定了最初的、坚实的基础。

经济—社会的现代化，是中国20世纪的民族母题、时代主题。而文化的现代化，则是它的前锋和反映，同时又是它的基础。没有文化的现代化和被现代文化所装备的人的现代化，就不可能有经济社会的现代化。鲁迅毕生为之奋斗的总目标，就是创获中国文化的现代性和建设发展中国现代文化，他的主要贡献和贡献的主要意义，也就在于此。

【注释】

[1]《鲁迅全集·南腔北调集·〈自选集〉自序》："我做小说，是开手于一九一八年，《新青年》上提倡'文学革命'的时候。这一种运动……无疑地是一个革命的运动。""我的作品在《新青年》上，步调是和大家大概一致的，所以我想，这些确可以算作那时的'革命文学'。""这些也可以说，是'遵命文学'。"

[2]《华盖集·通讯》中，鲁迅写道："我想，现在的办法，首先还得用那几年以前《新青年》上已经说过的'思想革命'。"

[3]"本文试图对比简略概述当前中西流行的两种差异极大的批评方法或倾向：其中一种我想用镜子来标志，另一种利用七巧板来标志。""中国批评家所专注的是反映在作品中的生活，而西方批评家则观照作品本身，不属于探究作品的'外部因素'。前者大致与韦勒克教授归类的外部研究相近，后者则近似于内部研究。"（杨周翰：《镜子和七巧板》，中国社会科学出版社1990年版，第23页）本书借此意而用之，并且进行"外部研究"和"内部研

究"两个方面融会合一的解析。

[4]〔美〕华莱士·马丁：《当代叙事学》，北京大学出版社1990年版，第158—159页。

[5][6] 韦勒克·沃伦：《文学理论》，三联书店1984年版，第245、243页。

[7] 参阅〔美〕夏济安：《鲁迅作品的黑暗面》（载乐黛云主编《国外鲁迅研究论集（1960—1981）》，北京出版社1981年版。文中指出："丧仪、坟墓、死刑，特别是杀头，还有病痛，这些题目都吸引着他的创造性的想象，在他的作品中反复出现。多种形式的死亡的阴影爬满他的著作。有的出于一种难以捉摸的威胁，如《狂人日记》中死的想象的恐惧；……有的源于恐怖的现实，如《药》中被杀头的殉道者和肺病病人；还有《白光》中追求虚幻'白光'，终于淹死在湖里的老秀才；……至于《阿Q正传》中的'大团圆'，对一个无知的村民来说，死亡的来临或者倒有其幸运的一面。"（第373页）

[8] 李欧梵：《铁屋中的呐喊》（岳麓书社1999年版）第81页："把'独异个人'和'庸众'并置"，"这一哲学思想出见于鲁迅的小说，是他小说原型形态之一。事实上，'独异个人'和'庸众'正是鲁迅小说中经常出现的两种形象。我们完全可以为他们建立一个'谱系'（genealogy），从而寻找出在鲁迅小说叙述的表层下面的'内在内容'"。

[9]《鲁迅全集·坟·娜拉走后怎样》。

[10]《鲁迅全集·热风·随感录三十八》。

[11]《鲁迅全集·坟·论睁了眼看》。

[12] 德国现代哲学家海德格尔关于语言的论述，可供参考："'说'指显示，让出现，让被闻或被见到。""吾人开口说话时，获得发言权的不是语言，而是我们正在谈起正在论及的东西：一个事实，一起事件，一种问题，一桩关心的事业。"《人，诗意地安居——海德格尔语要》，上海远东出版社1995年版。

[13] 鲁迅收在《热风》中的杂文《随感录三十八》中，列举了种种"爱国的议论"，揭示了"精神胜利法"的精义和具体言论："甲云：'中国地大物博，开化最早，道德天下第一。'这是完全自负。/乙云：'外国物质文明虽高，中国精神文明更高。'/丙云：'外国的东西，中国都已有过，某种科学，即某子所说的云云。'这两种都是'古今中外派'的支流；依据张之洞的格言，'以中学为体，西学为用'的人物。/丁云：'外国也有叫化子，——（或云）也有草舍，——娼妓，——臭虫。'这是消极的反抗。/戊云：'中国便是野蛮的好。'又云：'你说中国思想昏乱，乱到子孙；从过去昏乱起，直要昏乱到未来。……（我们是四万万人）你能把我们灭绝么？'这比'丁'更进一层，不去拖人下水，反以自己的丑恶骄人；至于口气的强硬，却很有《水浒传》中牛二的态度。"（《鲁迅全集·热风》）。

[14] 此处见鲁迅译文。见《鲁迅全集·且介亭杂文二集·〈中国新文学大系〉小说二集序》。

[15] 以上引号中的文字，分别引自《鲁迅书信集·致许寿裳》《且介亭杂文二集·〈中国新文学大系〉小说二集序》《集外集·俄文译本〈阿Q正传〉序及著者自叙传略》等。

[16] 张定璜：《鲁迅先生》，原载1925年1月24日《现代评论》第1卷第7期。

[17] 引文见《鲁迅全集·〈呐喊〉自序》。

[18]《鲁迅全集·鲁迅书信集·致许寿裳》。

[19]《鲁迅全集·华盖集续编·〈阿Q正传〉的成因》。

[20]《鲁迅全集·鲁迅书信集·致刘岘》。

[21]《鲁迅全集·集外集·文艺与政治的歧途》。

[22] 李欧梵：《铁屋中的呐喊》，尹慧珉译，岳麓书社，1999年版，第64页。

三、《呐喊》的艺术世界：素质、构造与赏析

四、艺术之花如何绽开

《呐喊》：从生活到艺术

鲁迅的生平经历、人生阅历、教育历程；鲁迅的艺术思维与创作心理；中国——世纪的时代精神与文化语境状况。

鲁迅是一位大器晚成的作家。1918年《呐喊》中的第一篇小说《狂人日记》发表的时候，他已经38岁了。他是带着充分的思想文化装备、生活储备与高层次的艺术素养，登上文坛的。特别是，他不仅已经具备了发展到很高水平的独特的艺术思维、创作心理，而且他的创作激发、人物形象酝酿，也已经相当长久、非常成熟。比如阿Q这个不朽的形象，就在他的心里活跃多年了。这些，对于一个作家创作的成功来说，是极为重要的。鲁迅的一鸣惊人，是水到渠成，绝非偶然。因此，我们在历述、讨论了《呐喊》的各个方面之后，来追溯作家自身的种种状况，探索这朵民族艺术之花是如何绽开的，就显得非常必要。我们从中不仅可以了解鲁迅的生平、他的成长过程，而且还能大体知道一些文学创作的规律。这反过来，又对我们深入理解《呐喊》，会有很大帮助。

（一）"蚌病成珠"：在"从小康坠入困顿"的家庭中成长

鲁迅1881年9月25日出生于浙江绍兴。原名周树人，字豫才，小名樟寿。他的家族、家庭是绍兴一个叫作台门周家的望族。他祖父这一支是新台门周家。他出世时，家庭状况还可称小康：祖父在京城做官，担任翰林院撰修这样的职务，家有四五十亩水田。童年时光在家庭温馨和眼观世界中度过，智力和情感在其中增长发展，无知中建立着一个童年的，也为未来奠基的情感世界与理性世界。

他很爱看逢年过节的迎神赛会，有各种化了装的，装扮成许多神话、传说故事中人物的巡行表演。他还曾到外婆家安桥头，同农民的孩子一起游玩，享受到天真真挚、亲情友爱的温馨甜美，尤其是和小朋友们一同看社戏，看目连戏。他最喜爱的是迎神赛会中的活无常和社戏中的女吊。

在同民间文艺的接触中，他喜爱并接受了中国传统艺术精神，接受了劳动者的思想情感，培育了审美情操，特别是培育了想象力，在自己心中潜移默化地构筑了一种想象中的鬼魂世界，也是活跃着具有鲜明个性、亲近人民的鬼魂的想象世界。这是鲁迅的艺术思维与创作心理的最早的积淀，是他日后的文学创作通向人民、通向中国传统最早建立的渠道。

他还接触了图画书，并由此走向绘画艺术和想象世界。在学校里他喜欢描画小说绣像，他爱读《尔雅音图》《毛诗品物图考》《点石斋丛画》《诗画舫》等有图画讲知识的图书。尤其在叔祖玉田公那里看到一本《山海经》，非常喜爱，后来保姆长妈妈给他买了一部，于是，这部虽然是讲地理知识却充满神话传说、充满幻想的书，把他又引入一个更丰富、更奇特、更有文化含量的想象的世界。无疑，这些图画，又把他带入一个更广阔更美好的想象世界，调动了他天真稚嫩的想象力，勾起他的更丰富的理想，训练了他最早的艺术想象力与创作力。

7岁（1888年）起他进了三味书屋读书。这是一个禁锢的世界，但也给他灌输了文化知识的甘泉。在这里留下的美好回忆，只是在先生读书入迷时画画儿了。他用一种叫"荆川纸"的，蒙在小说绣像上描画下来，积长久时日，《荡寇志》《西游记》的绣像，竟画了一大本。这同样培育了他的艺术思维和想象能力、艺术素质。

但是，这样美好的岁月，终于要结束了。这不幸日月的开始，是曾祖母的逝世。那年是1892年，鲁迅已经11岁。这年临近年终的时候，曾祖母去世了。为了遵从封建礼教的规定，在北京做官的祖父奔丧回家。

祖父向来脾气很不好，又为人耿介，直言快语。家中子侄辈都畏他几分。什么四七、五十等人都是台门不成器的东西。祖父常痛斥他们抽鸦片、游手好闲。不太平的空气弥漫在日渐衰落的新台门周家。

转年秋天，更发生一桩家庭地震似的大事件。祖父守孝在家，几位亲友子弟，包括后来也加进去的鲁迅父亲周伯宜在内，要参加乡试，托祖父通关节，不料事情败露。科场代人行贿，这在当时是司空见惯的，虽然一旦败露时会要严究。鲁迅祖父的事情却赶上了档口，光绪皇帝要表现励精图治，拿严惩这件科场舞弊案做样子，又加上主办此案的官员都是鲁迅祖父得罪过的人，他们从中做伐子，两面夹击，就给案犯一个"斩监候"的判决。

以后，祖父投案自首被关在杭州狱中，每年秋季等待问斩，要花许多银钱打点，才讨得一个"候斩"令，度过一年，明秋再照样行事。这样，家境就迅速衰落了。

在这种情形下，家里自然笼罩着愁云惨雾。鲁迅的父亲周伯宜因为父亲行贿下狱也有自己的一份罪责，心感愧疚；而自己的秀才功名也因此被革，家境又越来越坏，因此心情沮丧，脾气也变坏了。他又是喝酒，又是发脾气骂人，又是生病，后来竟因吸鸦片治病，久而上瘾。家庭的状况，更加悲切凄凉了。

在这种时候，作为长媳的鲁迅的母亲和作为长孙的鲁迅，感受到的苦痛忧伤，又是格外沉重的。在祖父案发时，鲁迅的父亲和鲁迅、作人兄弟都外出避难。鲁迅兄弟来到皇甫庄舅舅家。作人年岁小一点，悠游嬉戏，觉得是一件愉快的事；而鲁迅已经13岁了，感受到深深的苦痛，他到后来还记忆犹新，余痛尚在，回忆道："到我十三岁时，我家忽而遭了一场很大的变故，几乎什么也没有了；我寄住在一个亲戚家里，有时还被称为乞食者。"以后的事情，就更艰难、更苦痛，也更令人伤怀而所感所思良多了。父亲的病日渐沉重，鲁迅常常要忙于请医生、买药、典当，在药铺和当铺之间奔忙。母亲艰苦支撑家庭生活，父亲终于一病不起。族人中还有欺侮孤儿寡母者。人情冷暖，世态炎凉，其情其苦鲁迅深深地感受到，并被深深地刺伤了。他后来说："有谁从小康人家而坠入困顿的么，我以为在这途路中，大概可以看见世人的真面目。"看见世人的真面目，这是何等深沉的感叹！这就是说，他开始懂得社会、懂得人生了。这是一种人生觉醒。睁开眼睛看人世，并且获得了自己的视角、自己的感受、自己的思索。这对于一位未来的作家来说，是具有决定意义的。这成为他未来艺术思维与创作心理的坚实基础。

还有很重要的一点便是，这样的人生经历、这样的心境，很容易使他的心通向劳动人民，通向"病态社会的不幸的人们"。

少年时代，就在这样的以痛苦为基调的生活中，开始懂得人生、思索人生的境遇中，结束了。他完成了他的人生觉醒、艺术觉醒的最早而且最可贵的基础建构。海明威说过："痛苦的童年是作家最好的学校。"鲁迅不幸而拥有这样的童年，就读于这样的"作家学校"，而且所获丰厚。

一粒微尘落入蚌壳，使蚌染病，蚌以身体中特殊的汁液包裹它，一层又一层，最终却成了一颗光泽明亮的珍珠。"蚌病成珠"，这就是鲁迅童年的结论。

（二）碧落黄泉两茫茫：南京的革命洗礼与文化改塑

鲁迅17岁这一年（1898年），来到南京求学，进入江南水师学堂。第二年，又转入江南陆师学堂附设的矿路学堂。因为家境贫寒，只好上这样的不要学费的学校。但成长了的鲁迅，也是为了"走异路，逃异地，去寻求别样的人们"才离开故乡来到南京的。

来到南京，鲁迅不仅是从一个县城来到了通都大邑，而且是从一个越府古城来到了六朝古都，文化的接触与熏陶，其广度、深度、气度和层次，都大不相同了。这是一种重要的文化转换。但尤其重要的是，他进了属于洋务运动范畴的新式高等学堂，学习从未见过的课程，如格致、地学、金石学（即现在的博物学、地质学、矿物学）等，还学习英语、德语。这就是学习西方近代自然科学与技术科学知识，也是学习不同于中国传统的自然科学世界观，同时也"顺便、夹带"地接受西方近代人文科学知识。还有重要的一点是，康有为、梁启超发动的维新运动此时正在兴起，新的书刊风行一时，《天演论》《时务报》《译学汇编》在新式学堂里都能读到。这又在思想上、政治上、文化上开辟了一个新天地。尤其给鲁迅以巨大深刻影响的是赫胥黎著、维新派严复译述的《天演论》，"物竞天择"的规律、进化论的思想，给了鲁迅一个新的世界观基础，并且作为思考探寻正在维新的中华古国出路的指针。

鲁迅在南京的三个年头里，在思想正在走向定型的年岁里，进行了自觉的文化改塑，他具有了新时代、新的知识分子的文化心理结构的雏形。

（三）"翘首东云惹梦思"：日本"桥"上的文化接受

1902年，21岁的鲁迅赴日本留学，到1909年28岁时回国，在日本居留七年之久。这是他的非凡的年岁，是在一个民族的非凡的年代（从日本维新运动到中国辛亥革命的发展时期），在维新改革取得成功的异域他邦，孜孜以求、不倦学习、深入思索的七年。这也是一个伟大思想家、作家、文化大师，大致完成他的思想装备、文化储备和创作准备的七年。这期间，他还在思想文化论著方面初试锋芒，在翻译外国科学文化文艺作品方面倾注心血，并进行了中国现代文学运动的最早的"海外发动"。而且他还经受了失败的挫折、寂寞的考验。

初到日本，鲁迅先就读于属于语言培训的弘文学院。在短短的两年中，他除了学习、掌握语言工具，阅读大量报刊和哲学、历史、科学、文学等著作，来构建自己的新的知识结构之外，还编撰和翻译了不少论著。其中有《中国地质略论》《中国矿产志》《斯巴达之魂》《说铔》等；还翻译了法国著名科幻作家儒勒·凡尔纳所著《月界旅行》和《地底旅行》。从这些译著中可以看出，他当时的思想更多的是倾注于科学。

同时，他也像当时云集东京的许多留学生一样，"赴会馆，跑书店，往集会，听讲演"，参与当时的反清爱国活动。最值得注意的是，他这时候就常常和同学好友许寿裳讨论三个相关的重要问题：第一，怎样才是最理想的人性？第二，中国国民性中最缺乏的是什么？第三，它的病根何在？也就是在这个时期（1902或1903年）他写下了那首著名的《自题小像》诗："灵台无计逃神矢，风雨如磐黯故园。寄意寒星荃不察，我以我血荐轩辕。"他的这首献身诗和所研究的三个问题，表明他抱着一腔爱国热血，意欲献身祖国；他所注目属意的，不是当时多数留日学子所热衷的警察法政、声光化电，以为"黄金黑铁足以救中国"。他注意的是民族本体，是人的素质。

正因如此，他决定到仙台医学专科学校去学医，原因是想学日本明治维新的做法，用新的医学来推动维新运动；同时，平日用新医术来救治像他父亲一样被庸医害死的人，战时就去当军医。这种想法，总体上还是处于科学救国的范畴，但他的着眼点是人这个根本。这是鲁迅的深刻处。

在仙台医专，他的学习成绩本算中等，可以继续学业；但是，那个著名的"幻灯片事件"，改变了他的救国抉择和人生方向。有一天在课堂上，老师为了利用剩余的课时，放映了一部幻灯片。《呐喊·自序》中说：

> 其时正当日俄战争的时候……我竟在画片上忽然会见我久违的许多中国人了，一个绑在中间，许多站在左右，一样是强壮的体格，而显出麻木的神情。据解说，则绑着的是替俄国做了军事上的侦探，正要被日军砍下头颅来示众，而围着的便是来赏鉴这示众的盛举的人们。

这很使鲁迅震惊而伤感，并且得出思索的结论：原来人的身体强壮与否倒是次要的，重要的是去除愚弱，去了那"看客"态度，否则"只能做毫无意义的示众的材料和看客"。因此，第一要务就是改变他们的精神。怎样来改变呢？"而善于改变精神的是，我那时以为当然要推文艺，于是想提倡文艺运动了。"[1]

于是，鲁迅于7月离开仙台医专，停止学医，来到东京从事文艺运动的发动和实际工作。他更为广泛而有目的地研习欧洲的思想、文化、科技，研究19世纪到20世纪初的思想文化思潮。为了更好地学习欧美和俄罗斯思想文化科学知识，他学德语、学俄语。如果说，以前他偏重于自然科学，那么，现在他明显地偏重于社会科学，特别是人文科学，更侧重于文艺了。在文学方面，他更注目于欧美浪漫主义，更倾向俄国和东欧被压迫民族的作品。同时还与几位同学一起，听革命家、国学大师章太炎讲小学（即文字学）。在此时期，他还结识了辛亥革命的骁将徐锡麟、秋瑾、王金发、陶成章等，并且参与了他们的活动。

他的文艺运动的第一步，是与弟弟周作人和另外几个朋友筹备出版《新生》杂志，刊名取"新的生命"的意思。后来因为经费和人手两缺，夭折了。于是他同弟弟作人合译了收有英、美、法、俄、波兰等国作家的小说16篇和其他作品的《域外小说集》一、二两集。鲁迅这时的筹办文艺杂志和翻译外国小说并结集出版等活动，可以说是中国现代文学的第一次自觉的尝试和海外发动。但是，他们的活动距离五四新文化运动发起还差八九年，条件还不够成熟。走在前列的进军，只能遭到如入生人之境一样，无人赞成也无人反对，"如置身毫无边际的荒原"，他不能不感到悲哀和寂寞。

但他并没有停步在荒原。他花力气撰写了几篇论文，计有《人之历史》、《科学史教篇》、《文化偏至论》、《摩罗诗力说》、《破恶声论》（未完）等。他广泛、全面、深刻地论述了西方近现代文化、科学、文学的发展状况与重要思潮的演变轨迹，论证了文学对于一个国家民族的复兴振拔的巨大作用，并且以热情和至诚揭示了中国的荒凉寂寞，呼唤诗人哲士、精神界战士之出现。但是，他的这些论文，在当时由于与上述《新生》失败、《域外小说集》遭冷遇同样的原因，并没有引起太大的反响。鲁迅心头，应该是感到同样的悲哀和寂寞吧。然而，这些文章却成为最宝贵的历史文献和重要的思想文化资源，而受到后世和今天的研究者及读者的珍爱与重视；并且我们今天仍然能从中取得有益于今世社会文化发展的启示。

在遭到这一系列的失败和冷遇之后，鲁迅还曾同朋友计划几件小事，都失败了；又曾计划去德国，也失败了。这时候，正好母亲及已经在日本结婚的周作人都需要经济帮助，鲁迅便辞别在此生活了七年之久，并奠定一生思想文化基础的日本，回到久别的祖国。

（四）回顾古代，沉潜思索：辛亥革命的沉痛刻痕

1909年8月，鲁迅回国，先在杭州浙江两级师范任教，讲授生理学和化学，担任日籍植物学教授的翻译。课余，开始进行《古小说钩沉》和《会稽郡故书杂集》的辑录整理工作。

次年（1910年）7月，他辞去浙江两级师范的职务，应蔡元培的邀请，回故乡任绍兴府中学堂学监（教务主任）兼博物学、生理卫生学教员。这时，他开始了搜集、整理、研究古文物的工作，亲自拓印石刻碑文。1911年夏，辞去绍兴府中学堂的职务。

1911年10月10日，武昌起义爆发，打响了辛亥革命第一枪。

1912年3月中旬，到新成立的南京政府教育部工作。4月，随教育部迁往北京。从1912年开始，到1918年创作《狂人日记》时为止，共计6年时间，习惯上笼统地称为鲁迅的沉默期。但事实上，这6年时光中，鲁迅的思想，在总体沉默中是不断在发展变化的。

鲁迅这时期抄古碑、读佛经、辑古籍，是研究思想史的规律、探寻

人生的意义，是要从"古泉"中寻取新源。他的重点与方向，一个是古代小说，他认为小说出于稗官闾里，是"国人所白心""思士之结想"，反映了国民之心声、民族之精神；另一个则是反映故乡"贤俊之名，言行之迹，风土之美"的故书，它可以使后人"不忘于故"，继承这种积极的古代文明精神。还有则是《嵇康集》，嵇康被鲁迅称为"文学的自觉时代"的魏晋名士，是反传统、反世俗的反抗精神的代表。同时，还开始大量收集汉画像拓本，注意到一向不为人所重视的碑文头上的雕像。这都是具有朴质雄浑气势和极高艺术价值的作品。总之，鲁迅的这种回到古代去，正是在发掘、整理中国古代文化精神的积极方面，为尔后的民族文化、民族精神的重塑与建设做扎实的工作。

1916年以后，国际国内的形势不断变化，鲁迅的精神生活也发生着变化，是一种"逐渐从沉默中抬起头来"的向上的、积极的趋势。他寄《青年》杂志、《新青年》给弟弟周作人、好友许寿裳，表现了对于新文化运动的热情与关注；他与教育部同事共同上书当局，反对"祭孔读经"；他从日本购读《露国（即俄罗斯）现代之思潮及文学》《文艺思潮论》等著作，表现了对于国外文学思潮的关注。这一切，都为他日后被钱玄同（金心异）的催促他创作，从而"一发而不可收"的行动准备了条件。

"山雨欲来风满楼"。中国社会新文化运动之风已经"满楼"，山雨即将来临。鲁迅心中也已是风满楼、雨欲来了。

不久，钱玄同来约稿；他同意写，便创作了《狂人日记》，从此一发而不可收。

（五）伟大战士、文化大师民族魂：《呐喊》以后的岁月

前面主要为了追溯鲁迅创作《呐喊》的时代背景、社会状况、历史条件，而追述鲁迅本人生平经历和思想发展历程。我们简述了他从出生到1918年《狂人日记》发表前的人生历程与思想脉络，以及艺术思维、创作心理的发生、发展过程。现在，姑且放下这条线索，而简述鲁迅在《呐喊》出版之后的生活历程，以对鲁迅生平有一个全面的了解。

在鲁迅发表了小说《狂人日记》《孔乙己》之后的1919年，5月4

日，学生在天安门集会，示威游行，要求军阀政府拒绝在丧权辱国的巴黎和约上签字，惩办卖国贼。著名的五四运动爆发，为中国的民主革命和社会发展开辟了新的道路。中国的经济、政治、文化从此全面走向现代化之途。新文化运动也更加蓬勃地向前推进。

但是，1921年，运动高潮刚刚过去，新文化阵营就发生了分化。与此同时，反动军阀统治，反对改革、主张保存国粹的文化保守主义派，一个压制、一个反对新文化运动的发展。鲁迅一直坚持"五四"精神，继续主张思想革命，勇猛地向反动势力及其文化代表展开斗争，向文化保守主义进行论争。

《呐喊》出版之后，鲁迅成为著名的作家、文坛公认的泰斗。同时，他又在北京大学、北京女师大和世界语学校等校任教，讲授中国小说史课程，后来出版学术著作《中国小说史略》。这是他多年辑录、研究古小说的理论成果，是中国第一本小说史，其学术成就独步当时学术界，而且至今仍为人们所重视。他以他的作品，以他在大学校园里的影响，以他对文学社团、文学青年的关怀和支持，受到广泛的欢迎。他的思想和人格更加受到青年人和各界人们的崇敬。"思想界的权威""青年导师"是人们发自内心的赞颂。他的家是当时文学青年和青年学生乐于访问的作家与教授之家。

1924年11月，北京女子师范大学发生了驱逐校长杨荫榆的"驱羊运动"，遭到压制，学生的反抗更加激烈。鲁迅与许多教授热情支持学生的教育改革、文化进步的行动。虽然因此遭到教育总长章士钊的免职，但他仍不退却。

1926年，发生了"三一八"惨案。起因是学生反对日本侵略者和各帝国主义国家的侵略胁迫行径，要求政府采取有力对策。但学生的爱国行动竟遭到军阀政府的镇压，死伤200余人。女师大的学生刘和珍、杨德群等，也牺牲在枪林弹雨中。段祺瑞执政府密令严厉惩办李大钊等五位运动领袖，并传出通缉名单，包括鲁迅在内的50多名教授、学者、文人名列其中。鲁迅不得不离家避难。但他在斗争、流离中仍然写出一篇篇杂文，揭露、抨击、批判反动军阀统治及其帮忙帮闲文人。他称3月18日这一天是"民国以来最黑暗的一天"。他写了《记念刘和珍君》这篇挚情深沉的名文。他指出："真的猛士，将更奋然而前行。"鲁迅的斗争杂文的揭露与批判力量和他在青年中的崇高威望与思想导师的地位，使军阀统治更加畏惧与痛恨。由于军阀统治压迫的强化，而革命的中心在南方，同时，还因为与许广平的恋情，他必须冲破守旧社会舆论的影响和封建礼教的束缚，鲁迅接受了厦门大学的聘请，于1926年8月与许广平一同离京南下。

从1918年到1926年这八年，是鲁迅创作最旺盛、最丰收的时期。他在文学领域（小说、诗歌、散文、散文诗、杂文，诸多新文学体裁与艺术形态）可说是全面地展开，为新文学奠定了坚实的基础，开辟了前进的道路，为中国文学的现代性创获奉献了最优秀的成果和典范之作。同时，他还翻译了大量的外国文学创作、文学理论作品，为中国现代文学吸取异域佳果的营养，为中国现代翻译文学的创建与发展，筚路蓝缕，做了开辟道路和实际示范的工作。在学术研究领域，也为中国现代学术的建设与发展做出了巨大贡献。一部《中国小说史略》，至今辉耀学坛。

这期间，他创作了后来收在《彷徨》中的11篇短篇小说。其中《祝福》《孤独者》《伤逝》等均是不朽之作。他这时期所写的杂文后来结成杂文集出版的，计有《热风》、《华盖集》、《华盖集续编》和《坟》中的杂文。他还写了23篇散文诗，后来结集为《野草》出版。这是中国散文诗最早的作品，是艺术成就最高的作品，也是中国现代文学全部作品中最具有现代性，能与当时世界现代主义开山作品沟通媲美的杰作。

鲁迅在这个时期所写的杂文中，对封建军阀统治进行了公开的无情的挞伐和批判，对尊孔读经、提倡封建礼教的思想逆流也进行了深刻的无情的批判，并且进行了他所说的"挖祖坟"的工作。对于那些保存国粹、反对文化革新的文化保守主义者，也开展了原则的论争。特别是，他这时期所写的杂文中，用理论的、逻辑的、批判的语言，表述了《呐喊》中的小说用形象呈现和表达的思想、观点、观念。

在《热风》中，他主要以短小精悍的随感录提倡改革，批判守旧保守和落后的社会现象。

收在《华盖集》及其续编中的文章，已经从"随感"发展到杂文了：产生了一种新的文体，它更贴近现实，面对当面之强敌，也更展开、更深入、更尖锐，具有更丰富、深厚、精锐的思想和文化内涵。

他指出："不能革新的人种，也不能保古。"他号召："世上如果还有真要活下去的人们，就先该敢说，敢笑，敢哭，敢怒，敢骂，敢打，在这可诅咒的地方击退了可诅咒的时代！"他指出："我们目下的当务之急，是：一要生存，二要温饱，三要发展。"[2] 他总结中国的历史说，它总是两种时代的循环："一，想做奴隶而不得的时代；二，暂时做稳了奴隶的时代。"他指出："而创造这中国历史上未曾有过的第三样时代，则是现在的青年的使命！"[3] 他分析、解剖中国传统的社会与等级的制度是"有贵贱，有大小，有上下。自己被人凌虐，但也可以凌虐别人；自己被人吃，但也可以吃别人。一级一级的制驭着，不能动弹，也不想动弹了。"[4] 这样的社会，这样的民族，是不能前进的。因此，他批判地指出："所谓中国的文明者，其实不过是安排给阔人享用的人肉筵宴。所谓中国者，其实不过是安排这人肉筵宴的厨房。"[5] 因此，他在《灯下漫笔》中号召：

> 这人肉的筵宴现在还排着，有许多人还想一直排下去。扫荡这些食人者，掀掉这筵席，毁坏这厨房，则是现在的青年的使命。

这些杂文，对中国传统社会制度与文明进行了尖锐深刻的批判。而且，我们看到其中有在《呐喊》中的小说所表达的思想、主题。这是鲁迅用杂文的形式，直白地说出来的。这些杂文，可以说就是《呐喊》中小说的注解和诠释，它们互相依存，相得益彰。

在这两年中，在鲁迅的生活中，还发生了两个重大事件：一是由于弟媳羽太信子的挑唆，鲁迅与弟弟周作人决裂；二是与学生许广平的爱情。这两件事，对鲁迅的生活、思想、创作影响至深。不过，从"历史的结算"上看，前者的后果是，他失去了自小"兄弟怡怡"的作人，失去了大家庭的欢乐，内心留下永恒的痛楚和不灭的伤痕；但周作人却如许寿裳所说"失去了乃兄的帮助"，这不能不说是他后来沦为汉奸的外在重要因素之一。后者，则使鲁迅摆脱封建不幸婚姻的痛苦，获得许广平的真情挚爱，得到此后十年的幸福生活。

鲁迅在厦门只停留了四个月，就因为与校方意见不同和感到环境不适于己，同时许广平在广州，广东又已成为新的革命中心，于是便于1927年1月，就任广州中山大学教务长兼文学系主任。1927年4月，国共分裂，广州发生了四一二反革命政变，国民党大肆逮捕、关押以至屠杀共产党员和进步学生，鲁迅因营救无效，愤而辞职，在广州暂住。在经过多方考虑之后，终于决定与许广平同赴上海。10月，到达上海后，他婉拒了多所大学的聘请，决定以写作为生，做在风沙中搏斗奋击的战士，而不当能过安稳生活、享平静安详之福的学者教授，从此定居上海，直至逝世。

寓居厦门、广州时期是一个思想与生活以及创作的重大转折期、过渡期。这时候的战斗与思想，都记录在《而已集》《三闲集》这两部杂文集中。

定居上海的十个年头（1927年10月—1936年10月），是鲁迅斗争最辉煌、思想更发展、创作达到新高峰的时期。中国社会与中国革命在这十年中，都经历了迅猛的变化、艰苦卓绝的斗争和广阔深入的发展。十年中，由于日本侵略者向中国南北大举进攻，而国民党则实施对外妥协退让，"攘外必先安内"的政策，抗日救国成为中华民族生死存亡的第一主题。文学的文化的斗争的发展，也以这一主题为不二母题。鲁迅在这时期，除了几篇历史小说的创作和对新文学、新艺术事业以及新一代文学艺术家的推进、支持、扶植之外，他的创作活动以杂文为主体。他以犀利的杂文，揭露、批判日本侵略者，揭露国民党反动派及其妥协投降政策，揭露反动统治对坚决发动全民进行抗战的中国共产党和其他爱国进步团体的压迫与杀戮。同时，对于国民性的批判也在同现实生活、日常思想行为和社会风情等的结合中，进行了深刻的揭示与批判。特别对于中国当时唯一的现代都会上海所表现出来的，在封建传统基础上，加上买办洋奴"新料"，接受外来影响而形成的现代病症、新的"中国现代国民性"，也给予了及时的深刻揭露与批判。正如他自己所说，"杂文"有时确很像一种小小的显微镜工作，也照秽水，也看浓汁，有时研究淋菌，有时解剖苍蝇。[6]

他的杂文，确实是"对于有害的事物，立刻给以反响或抗争，是感应的神经，是攻守的手足"[7]，"是匕首，是投枪，能和读者一同杀出一条生存的血路"[8]，在总体上，真正是"'中国的大众的灵魂'，现在是反映在我的杂文里了"[9]。而且，他的杂文是形象思维与逻辑思维的高度结合，是思想与艺术的完美统一，"它也能给人愉快和休息……它给人的愉快和休息是休养，是劳作和战斗之前的准备"[10]，具有高度的审美素质与价值。

鲁迅的后期杂文集，主要有《二心集》《南腔北调集》《伪自由书》

《花边文学》，以及《且介亭杂文》一集、二集、末编。关于鲁迅后期的杂文，有一位学者的评论尤为精当。他说：

> 过去我最喜欢的是《热风》和《坟》，喜欢那种对于中国文化猛烈而庄严的批判乃至宣判；而对于后来那种卷入具体人事的笔战文章却略有微词，认为它们不免有些琐碎和不值得。这次阅读印象恰恰反过来，觉得那些笔战才更有人气和烟火气，才更真实因而也更深刻，反是早期那些面对整个文化作战的文章相比之下稍嫌浮泛了。一个大抱负者如鲁迅能不惜一身而卷入身边的人事之中，在最日常、最细微的事件中为自己的信念而斗争，不嫌敌人的渺小，这才真正称得上是得道之人，这里面我甚至觉得有几分禅机。[11]

在这最后的十年中，鲁迅以他的思想光芒、创作成就、斗争业绩，以及在进步的、革命的、先进文学艺术和文化事业发展上的巨大贡献，自然地成为全国公认的文化界的领袖与导师，他的思想言论和事业，导引和影响着广大群众。

1936年10月19日，鲁迅逝世。上海各界举行了自发的、隆重的祭奠与葬仪。全国各地与世界主要国家的报刊，登载了大量文电悼念，追述、评论他的伟大人格与伟大贡献。上海民众以书写了"民族魂"三字的旗帜，覆盖在他的棺木上。这是对他的最崇高、最恰当的评语。

【注释】

[1]《鲁迅全集·呐喊·自序》。

[2]《鲁迅全集·华盖集·忽然想到（六）》。

[3]〔4〕〔5〕《鲁迅全集·坟·灯下漫笔》。

[6]《鲁迅全集·集外集拾遗补编·做"杂文"也不易》。

[7]《鲁迅全集·且介亭杂文·序言》。

[8]〔10〕《鲁迅全集·南腔北调集·小品文的危机》。

[9]《鲁迅全集·准风月谈·后记》。

[11] 李书磊：《杂览主义·读鲁心史》，中央编译出版社，1996年版，第109页。

彭定安文集 4
鲁迅思想研究

五、《呐喊》：历史的解读、诠释与当代阅读

历来人们怎么解读《呐喊》，形成了怎样的诠释框架与体系？对《呐喊》中的不朽典型、艺术形象如何认识，怎样评价？当代社会如何接受《呐喊》？对《呐喊》的比较研究与比较文学研究。

《呐喊》在几十年的被阅读的历程中，经受着读者接受过程的考验，从它固有的"含义"中，被不同时代、不同历史条件下的不同读者群创造出不同的意义来。探讨这种垂直——历时性接受的过程，对于深入了解《呐喊》具有重要的价值。

（一）"疯子领我们走向光明"（"五四"时期的接受与诠释）

《狂人日记》一发表，立即受到当时还不很发达，也还不十分自觉的文学评论的注目与好评。新文学运动中的活跃人物、被胡适称为"只手打倒孔家店"的骁将吴虞，看了《狂人日记》之后，就写了一篇专文——《吃人与礼教》，指出："我觉得这日记把吃人的内容和仁义道德的表面，看得清清楚楚。那些戴着礼教假面具吃人的滑头伎俩，都被他把黑幕揭破了。"[1] 青年大学生傅孟真，在他的《一段疯话》的评论中写道：

> ……又譬如鲁迅先生所作《狂人日记》的狂人，对于人世的见解，真个透彻极了；但是世人总不能不说他是狂人。哼哼！狂人，狂人！耶稣、苏格拉底在古代，托尔斯泰、尼采在近代，世人何尝不称他做狂人呢？但是过了些时，何以无数的非狂人，跟着狂人走呢？文化的进步，都由于有若干狂人，不问能不能，不管大家愿不

愿，一个人去辟不经人迹的路。……疯子是乌托邦的发明家，未来社会的制造者。……

中国现在的世界，真是沉闷寂灭到极点了；其原因确是疯子太少。疯子能改换社会……

……………

我们最当敬崇的是疯子，最当亲爱的是孩子。疯子是我们的老师，孩子是我们的朋友。

我们带着孩子，跟着疯子去——走向光明去。[2]

这是在社会历史的政治层面上解读了《狂人日记》，正确地指出了它的直接批判封建礼教的锋芒，也肯定了"狂人"的"未来制造者"的价值，并将"狂人"的存在同耶稣、苏格拉底、托尔斯泰、尼采联系起来，认定他在人类文化进步上的意义，指出我们应当崇敬疯子，跟着疯子走，去创造未来的光明。这一解读，几十年来一直为人们所接受、认可，并以之为诠释的基础。

《阿Q正传》才发表了四章时，《小说月刊》编者雁冰（茅盾）即作出了最早的中肯的评价。他写道：

至于《晨报附刊》所登巴人先生的《阿Q正传》虽只登到第四章，但以我看来，实是一部杰作。阿Q这人，要在现实社会中去实指出来，是办不到的；但是我读这篇小说的时候，总觉得阿Q这个人很是面熟。是呵，他是中国人品性的结晶呀！我读了这四章，忍不住想起俄国龚伽洛夫的oblomou了！（现通译冈察洛夫的奥伯洛莫夫——引者注）而且阿Q所代表的中国人的品性，又是中国中上社会阶级的品性！细心的读者！你们同意我这话吗？[3]

雁冰这一段话，意义很丰富。他是鲁迅的第一个真正知音。首先他品味出了《阿Q正传》的"讽刺"背后的深沉的内容，不是一般搞笑逗人的滑稽之作。但更重要的是，他体察到了作者的真实的、具有深意的用心：阿Q是中国人品性的结晶；作品是写中国人的魂灵的。而且，他没有狭隘地依照作品的表层意义，将"阿Q精神"固定在一个流浪雇农身上，不只把这种"中国人品性"看作穷苦人身上的痼疾，却看出这"又是中国中上社会阶级的品性"，即民族的通病。这种评论表现了他眼光的锐利，见解的通达深刻。同时，他还指出了"文学典型"和"现实人物"的区别，我们不能在现实生活中找出一个阿Q来。艺术典型是现实的更集中、更高、更完全、更突出，甚至变形的表现。这种审美的观念和批评原则，在20世纪20年代初，还不是社会上普遍具有的。雁冰之所见，远高出当时一般审美水准。

雁冰的评论发表后不久，北京的《晨报副刊》上，又发表了仲密（周作人）的评论。他首先肯定"《阿Q正传》是一篇讽刺小说"。这一论点，是在新文学理论的基础上，把"讽刺"纳入审美范围中，来加以评价与论证的。

接着，作者还指出，对于恶的"揭发"，就是相对应地"扶植一种美"；热烈燃烧的心，在反对邪恶时，那"热"就是融化在"哀怜与恐惧"里，这就变成"冷"了。这种"在善人里表出恶的余烬，在恶人里表出善的微光"，"只有真伟大的写实家才能够做到，不是常人所能企及"。周作人关于讽刺文学的论述，对于论定《阿Q正传》的性质与价值，对于《阿Q正传》的正确解读与诠释，很有指导意义。他确定了"因袭的讽刺文"与"理智文学"中的讽刺文学的区别。前者是消极的、伤感主义的、冷的，止于嘲骂、讥刺、谴责；而后者则是积极的、理想的、热的，是通过揭示恶而扶植善，冷产生热的结果，憎里面含爱，"在嫌恶卑劣的事里鼓舞我们去要求高尚的事物"。而当时中国"昏迂的社会"，最需要的正是这种理性的、热的、爱的讽刺文学，用讽刺之刺去刺激、去惊醒，去启迪善、热、爱的产生与追求。

作者接下来的论述更为重要，也更为可取。他把鲁迅的讽刺艺术所要表达的意见、情感、理想等，特别是它的根本之点，明确而正确地指出来了。他这样写道：

> 阿Q这人是中国一切的"谱"——新名词称作"传统"——的结晶，没有自己的意志而以社会的因袭的惯例为其意志的人，所以在现社会是不存在而又到处存在的。
>
> ……阿Q却是一个民族的类型。他象神话里的"众赐"（Pandora）一样，承受了恶梦似的四千年来的经验所造成的一切"谱"上的原则，包括对于生命幸福名誉道德各种意见，提炼精粹，凝为个体，所以实在是一幅中国人品性的"混合照相"，其中写中国人

的缺乏求生意志，不知尊重生命，尤为痛切，因为我们相信这是中国人的最大病根。[4]

这里指出了阿Q是一个民族的类型，是中国人品性的"合照"，他的这种性格是中国一切传统的结晶，承受了四千年经验所造成的规则，形成了中国人最大的病根。并列举这病根、品性、传统、"谱"的主要表现是：缺乏求生意志，不知尊重生命等。他还进一步指出，这种揭露、这种讽刺，表现了小说作者对这一切传统、病根的"不客气地表示的憎恶"，这是给中国社会的一服苦药。这些评论都是颇为深刻、颇有见地的，符合《阿Q正传》的实际和鲁迅的创作宗旨与创作心理。这一切，表现了当时中国人对《阿Q正传》的民族性解读与接受的基本认识、基本态度。这是一种公众性的民族阅读，是对于一个民族文本、民族寓言的解析。"五四"时期的中国对《阿Q正传》的民族解读，只能如此。这是当时新文化运动中，批判传统，反对旧文化、旧道德、旧制度，对民族的历史、性格都进行民族性反思的时代，所必然产生的阅读热点、理解热点。这表现出社会现实、文学创作、文学评论（社会解读、诠释、接受）的一致性。

这一评论，成为以后几十年对《阿Q正传》解读—诠释的起点与基础。

周作人在文中还指出一个值得注意的观点。他指出，在《阿Q正传》中，"著者本意似乎想把阿Q痛骂一顿"，但是，写着写着，"临了却觉得在未庄里阿Q却是唯一可爱的人物"，"比别人还要正直些"，然而，却"终于被'正法'了"。周作人评论说，这正如托尔斯泰评论契诃夫所说的："他想撞倒阿Q，将注意力集中于他，却反倒将他扶起了。"他总结说："这或者可以说是著者的失败的地方。"这里，值得注意的是，揭示了一种艺术创作的规律，小说作者原意是痛骂、撞倒阿Q，但是，创造成功的艺术典型，被创造出来之后，便具有了独立的人格，具有自己行动的规范，他按照自己的性格与意志在小说所创造的世界里行动，而不听作家主观的摆布。阿Q就是这样行动的。这说明他是一个作家创造得极为成功的典型，具有了自己的独立的人格与性格。同时，鲁迅对于自己笔下的阿Q，虽然是痛其落后、愚昧，而予以深刻的揭露、尖锐的讽刺、猛烈的批判，但内心又是热爱他的，看到他正直的一面，他比未庄的人们更好的一面。这一切，证明了鲁迅的深刻的、充分的现实主义精神。《阿Q正传》的成功，阿Q这个形象的成功，都是现实主义的重大胜利。至于说"这是著者的失败"却不恰当，最多只能说在目的是要"撞倒阿Q"得到的结果却是"扶起"这样的主客观背离上，是失败了吧。可惜，在以后几十年的解读与诠释中，人们并未注意这一艺术规律的发现，更未予以发展、充实。

1922年，胡适著《五十年来之中国文学》一文，其中特别写道：

> 第二，短篇小说也渐渐的成立了。……但成绩最大的却是一位托名"鲁迅"的。他的短篇小说，从四年前的《狂人日记》到最近的《阿Q正传》，虽然不多，差不多没有不好的。[5]

这篇文章，把《阿Q正传》等小说放在1872—1922年这半个世纪，包括政论文、学术论著等在内的广义的文学概念的范围里来作评价，而作出了"差不多没有不好的"的结论。这反映在《呐喊》出版前夕，它在中国近代和现代文学史上的地位，便已经由一位新文化运动的健将、历史学家予以论定了。

从1923年8月《呐喊》出版后到1925年，文化界评论界对《呐喊》和鲁迅，发表了几篇重要的总体性的评论。它们较之前一时期的解读与诠释更详细了，更展开了，也有了新的论证、新的评价。总括起来，这些评论有六个方面的内容。

（1）除了肯定前期评论中对几篇重要小说的评论外，对《呐喊》中的小说，对鲁迅的创作，作了总体性概括性的评价与论定。雁冰在《读〈呐喊〉》中评论说，看了《狂人日记》"只觉着受着一种痛快的刺戟，犹如久处黑暗的人们骤然看见了绚丽的阳光"，"中国人一向自诩精神文明第一次受到了无赖的怒骂"，"传统的旧礼教，在这里受着最刻薄的攻击，蒙上了'吃人'的罪名了"。《孔乙己》《药》《明天》《风波》《阿Q正传》等作品，"都是旧中国灰色的人生的写照"，"尤其是出世在后的长篇《阿Q正传》给读者难以磨灭的印象。现在差不多没有一个爱好文艺的青年口里不曾说过'阿Q'这两个字。……我们不断在社会的各个方面遇见'阿Q相'的人物，我们有时自己反省，常常疑惑自己心中也免不了带着一些'阿Q相'的分子"。雁冰甚至指出："我又觉得'阿Q相'未必全然是中国民族所特具。似乎这也是人类普遍弱点的一种。至少，在‘色厉而内荏’这一点上，作者写出了人性的普遍的弱点来了。"[6]

署名"Y生"的在《读〈呐喊〉》中说："近年文艺界中，……有独树一帜特殊作，收效最大，最受我们满意之作，就要首推一位化名‘鲁迅’君新近出版的《呐喊》了。"又说，《呐喊》中许多篇作品，"多为赤裸裸的写实，活现出社会之真实背景"。他总结性地写道："因此，我觉得《呐喊》确是今日文艺界一部成功的绝好的作品。有左右文艺思潮倾向的魔力，其中正因他有‘特殊的面目与不朽的生命力的存在’。"[7]

杨邨人在《读鲁迅的〈呐喊〉》中，将它与《水浒》《儒林外史》相比，认为"谓之差不多，大约也就没有什么语病罢"[8]，则是把《呐喊》纳入古典小说系列，在比照中论定它的成就。并且指出："鲁迅小说，却可说是在那沉寂的文坛中，零碎不续的所听见的惊人的声响。""对于中国民族性的弱点，特别地描写得十二分的真切。"[9]

（2）将《呐喊》中的主要篇章，作为辛亥革命的文学反映，来予以肯定。雁冰在《读〈呐喊〉》中指出："中国历史上的一件大事，辛亥革命，反映在《阿Q正传》里的，是怎样叫人短气呀！乐观的读者，或不免要非难作者的形容过甚，近乎故意轻薄‘神圣的革命’，但是谁曾亲身在‘县里’遇到这大事的，一定觉得《阿Q正传》里的描写是写实的。""我们现在看了这里的七八两章，大概会仿佛醒悟似的知道十二年来政乱的根因罢！""Y生"在《读〈呐喊〉》中也说，《头发的故事》《风波》《白光》《孔乙己》《阿Q正传》等作品，"描写辛亥革命时，下级社会人的心理，与科举的余毒，为最深刻"。杨邨人在《读鲁迅的〈呐喊〉》中评论《风波》时指出："大概是因为思想张勋复辟的往事，……所以这篇的价值，便是在表现张勋复辟，那时民间的心理，真实而且确切。"[10]

（3）注意到鲁迅在《呐喊》中所表现出来的，对于群众落后和由此而来的悲观。雁冰在《读〈呐喊〉》中用了不太肯定的语气，指出这一点："鲁迅君或者是个悲观主义者。"接着又说，在《端午节》里表现了"比较的隐藏的悲观"，而"差不多说"，"就是作者所以始终悲观的根由"。"而且他对于‘希望’的猜疑也更深了一层。"鲁迅的学生，也是鲁迅不少作品的催生者与编者的曾秋土（孙伏园），在《关于鲁迅先生》中表示《药》是给他印象最深刻的作品，他写道：

你要吃群众的肉，群众便为你祝福；你要为群众求福，群众便吃你的肉。这是人类的大悲剧，大概一辈子没有明白的日子的了。文学上描写这一点的也有过好几回，例如屠格涅夫的《工人和白手的人》，而鲁迅先生的《药》尤其是带了中国人的特色的。鲁迅先生对于世界，对于人类，对于中国，似乎都很悲观。……所以《药》有永远的价值，也是人们永远说不出的悲剧。

（4）对《呐喊》中的各篇作品进行细读，作了比以前更为细致的艺术思维与创作技法方面的分析。对总体上的风格与具体作品的格调，都进行了一定的分析。雁冰在他的《读〈呐喊〉》中，总体概括说："在中国新文坛上，鲁迅君常常是创造'新形式'的先锋：《呐喊》里的十多篇小说几乎一篇有一篇新形式，而这些新形式又莫不给青年作者以极大的影响，必然有多数人跟上去试验。"他还指出，《狂人日记》"冷隽的句子，挺峭的文调，对照着那含蓄半吐的意义，和淡淡的象征主义色彩，便构成了异样的风格"。1923 年出版的《小说年鉴》，对《呐喊》的作品几乎逐篇予以点评。如点评《兔和猫》："这是一页进化论的缩写。作者的小说，向来理智胜于热情，所以冷酷的、明晰的批判，充满了篇幅中间。"称赞《不周山》说："这是一篇带有象征意味的作品。""丰富的想象，和得力的描写，处处可以显出他的创作的天才。"评论《白光》时指出："篇中的陈士成当然是旧思想的代表。"认为上半篇有些像《儒林外史》，"但是深刻的心理解析，和冷刺的口吻，又毕竟和《儒林外史》不同"。对《故乡》，称是"很有名的作品"，它"不但气氛清隽，地方色彩也非常明显。最出色的，尤其在初见闰土一节。读了之后，觉得有一个驯良安全的乡人，活现在眼帘前面"。在评论《鸭的喜剧》时说："作者的作风，向来是节奏轻婉，而且带有讽刺的气氛的，在这一篇里，依旧非常明显。"[11] 这里既有对于各篇的评论，也带有对《呐喊》与鲁迅的总体艺术风格的概括。杨邨人的《读鲁迅的〈呐喊〉》对《呐喊》进行了逐篇的、较详细的评论，对《狂人日记》在作了长篇评述后，总结道："……好处有两点：1. 很能够把狂人的心理，真实的分析而表现出来。2. 对于过去的历史和未来的社会，诋毁、咒诅，确切中肯。"称赞《风波》为"再经济没有的艺术"，"再高妙没有的艺术手腕"。特别是对九斤老太的刻画，"使我们佩服"。[12] 玉狼（胡梦华）

指出《呐喊》的两个"特异的地方是：（一）讽刺性质，（二）地方色彩"[13]。天用（朱湘）指出《呐喊》的三种创作方法是：姓名的制作；背景的烘托；人物的刻画。[14]

（5）进行初步的与古典文学作品的比较和属于比较文学研究的影响研究。一些文章，将《呐喊》与《水浒传》《儒林外史》等古典长篇小说进行了一点比较。又如雁冰对"阿Q相"与梭罗古勃的"丕垒陀诺夫相"的两相比较。玉狼（胡梦华）说鲁迅小说的特异，使他想起了英国作家斯威夫特和高尔斯华绥。当然，这些都是极为初步的比较研究，只是一种滥觞而已。

（6）体察到《呐喊》中的现代文学气息和现代主义倾向。雁冰称《狂人日记》是"前无古人的作品"；"Y生"说，"《兔和猫》、《鸭的喜剧》、《不周山》及《自序》一篇"，又含有"不可解说的神秘的理想"；张定璜在《鲁迅先生》一文中拿《狂人日记》与几年前发表的《双枰记》《绛纱记》《焚剑记》比较，指出从这些作品的发表到1918年《狂人日记》问世，中间不过四年时间，然而，"他们彼此相去多么远"，"两种的语言，两样的感情，两个不同的世界！""读了他们再读《狂人日记》时，我们就譬如从薄暗的古庙的明灯底骤然飞去到夏日的炎光里来，我们由中世纪跨进了现代。"[15]

综上所述，可以看到应注意的几点。第一，在文学评论还在建设的初始阶段，文学批评还不是很开展的情况下，对于《呐喊》的评论就已经相当多、相当突出了。而且有的评论，已经具有相当的规模，对其进行了一定的分析。第二，评论主要集中在三点上：一是对国民性的落后的揭露；二是对辛亥革命的反映；三是对《呐喊》的艺术成就的肯定。

傅孟真在评论《狂人日记》时所说的"疯子领我们走向光明"，也许具有一定的象征意义。中国新文学的第一声呐喊，出自一个狂人之口，反映了中国历史的特点。而狂人对于弥天黑暗、吃人历史的揭露，正是为了今后人们走向光明。《呐喊》中《狂人日记》以后的作品，也都蕴含着这样的共同主题和"母题"：通过揭露黑暗，揭示群众的落后，通过对病态社会不幸的人们的"病态生活与病态精神"的揭露，来唤醒人们起来疗救，追求和创造光明。我们可以说，20世纪20年代初中期对《呐喊》的解读、诠释与接受，已经基本上反映了《呐喊》的主要内涵、主要精神和主要思想与艺术成就，建设了对这部杰作的最早的接受框架。因此，我们花了这么长的篇幅来加以介绍。

（二）"呐喊"：民族之声

在以后长时期的鲁迅阅读与接受和中国文学的阅读与接受中，小说集《呐喊》一直是重要的部分。20年代初期的诠释与接受，基本上流传下来。狂人、阿Q、闰土、假洋鬼子、九斤老太以至豆腐西施等小说里的人物，已经活在人们的口头，流传于全国各处，成为一个日常使用的普通名词。尤其是阿Q，更是成为一个普遍使用的民族典型。他是一面镜子，照着中国社会与中国人。人们用以评人，也用以律己，"阿Q的精神胜利法"已经成为中国人缺点的代名词。一部作品，具有这样的全民族认同性，具有这样广泛长久的影响，足可证明它的成就之大，它的意义之深，也证明它的不朽的艺术魅力和深厚的审美素质。

但是，阿Q形象的这种被广泛接受，主要的不是一种民族的自我讥讽、自我嘲弄，不是一种民族失败主义的叹息，而是由揭露走向肯定、由撞倒走向扶起、由消极走向积极、由反面走向正面的艺术教育作用的表现。它同《呐喊》中的其他作品一起，构成一种发自民族肌体深层的呐喊：要改变黑暗环境，要革新传统文化，要改造国民性，如此来振兴民族。

也曾有否定的意见和不同的声音，比如成仿吾的全面否定；西谛（郑振铎）的阿Q革命是不符合他的本性的，否则就是两重人格，阿Q时代已经死了，阿Q和《阿Q正传》的作者鲁迅，都是过时的人物；如此等等。对于这些评论，鲁迅有的作过答复，表达了自己的不同意见，如对成仿吾和郑振铎。但从社会接受来说，这些评论当时就处于少数地位，既受到过同时代人的反驳，后来，实践也证明他们的意见被时间和公众接受所淘汰，没有成为一种垂直接受——历时接受的资源被人们所吸收。这反映了历史的和群众的公正的汰选。

历史事实证明，《呐喊》成为一种民族觉醒的"呐喊"表现，同时又成为唤醒未醒者和未来者的呐喊。一代又一代青年因读了《呐喊》而认识了我们的民族，了解了我们的社会，理解了中国的人生，也明白了民族的命运和如何挽救它。一代又一代青年，在《呐喊》的警醒下，走上革命的道路，走上献身人民的道路。

《呐喊》唤醒的不仅是一代又一代人的民族觉醒、社会觉醒和人生觉醒，而且唤醒了人们的审美储能。许多现代和当代作家，是在《呐喊》和鲁迅的其他作品的启示下，绽开了艺术思维之花，走上文学创作之路的。而当他们已经走上创作之路后，仍然受到《呐喊》的影响和启迪。在许多中国现代作家和当代作家的回忆录和文章中，有许多这方面的记述。

（三）走出国门的阿Q

1925年4月17日，一位在中国工作的苏联人王希礼（B. A. Vassiliev），给中国的翻译家曹靖华写了一封信，表达他对《呐喊》和鲁迅的高度评价。他在信中说，他以前读的都是中国古代文学作品，"描写什么贵族的特殊生活，对于民众毫没有一点关系"，"我读了以后，对于中国的国民生活及社会心灵，还是一点不知道"。可是：

> 读了鲁迅先生的《呐喊》以后，我很佩服你们中国的这一位很大真诚的"国民作家"！他是社会心灵的照相师，是民众生活的记录者！
>
> 他的取材——事实都很平常，都是从前的作家所不注意的，待到他描写出来，却十分的深刻生动，一个个人物的个性都活跃在纸上了！他写得又非常诙谐，可是那般痛的热泪，已经在那纸的背后透过来了！他不只是一个中国的作家，他是一个世界的作家！[16]

王希礼决意翻译《阿Q正传》，并请鲁迅写一自传，鲁迅应邀写了《俄文译本〈阿Q正传〉序及著者自叙传略》一文。文中除自述创作意旨之外，还特别表示："这一篇在毫无'我们的传统思想'的俄国读者的眼中，也许又会照见别样的情景的罢，这实在是使我觉得很有意味的。"[17]不过王希礼译俄文本《阿Q正传》到1929年才由列宁格勒出版社出版。

紧接着1926年3月，《京报副刊》又空谷足音似地发表了来自更加毫无中国传统思想、与中国更为隔绝的欧洲的评论。这个对《阿Q正传》的评论出自法国著名作家罗曼·罗兰之口，虽然极简短，但是很重要。事情的原委是留法的中国学生敬隐渔将《阿Q正传》译成法文后，寄给罗曼·罗兰审阅，罗曼·罗兰乃得读《阿Q正传》，在回信中他评论说："这是充满讽刺的一种写实的艺术。……阿Q的苦脸永远的留在记忆中的。"[18] 阿Q带着忧伤而愚钝的苦脸，走向欧洲。这是中国现代文学典型，第一个走进欧洲，而且截至目前，他还是唯一的一个。

梁社乾（George Kin Leung）英译的《阿Q正传》，于1926年由上海商务印书馆出版。这是《阿Q正传》的最早外文译本。同年5月6日，敬隐渔的法译本《阿Q正传》在《欧罗巴》杂志发表。阿Q就更广泛地与欧洲读者见面了。

1928年，井上红梅译的日文本《阿Q正传》发表在《上海日日新闻》上，算是与在上海的日本读者见面了。第二年，就在日本出版的《奇谭》杂志上发表了，题目却改成了《支那革命畸人传》。这也许有利于日本读者接受，但与鲁迅的原意却相去甚远了，也不能概括《阿Q正传》的内容和阿Q的性格。1931年，长江阳译的《阿Q正传》在《满蒙》杂志（中国，大连）1—5月号发表；9月，日本又出版了松浦珪三的日译本《阿Q正传》；10月，又出版了林守仁（日本译者山上正义的中文笔名）的译本，这是鲁迅校阅过的可靠日译本。1932年，鲁迅的及门弟子增田涉（他于1931年在上海每天去鲁迅家听讲《中国小说史略》）的译本，收在《世界幽默全集·中国篇》和《鲁迅选集》中出版。

1936年，捷克的中国学学者普实克译出《阿Q正传》（收在他所译的《鲁迅小说集》中），鲁迅为他写了序言。译本于1937年出版。鲁迅已经逝世，未及看到这个他一向同情而爱其文学作品的中、东欧国家的译本。[19]

鲁迅逝世后，各国纷纷出版《阿Q正传》的译本，包括东方各民族语言的译本，多种新的日译本，东欧的波兰、匈牙利、罗马尼亚等国译本，美、英、德、法、意、西班牙、瑞典、冰岛的译本，拉丁美洲各国译本，还有20多种苏联各民族文字译本。阿Q就这样走向全世界。[20] 他不仅带去了中国与欧、亚、美各国的文字之交、文学之交、文化之交，而且使各国人民借此了解中国，了解中国人。一个具有深刻自我批判勇气和能力的民族，产生了这个民族自我批判的杰出文学作品，表现、证明了民族的觉醒。

阿Q的形象，还在国外舞台上出现了。苏联在30年代初上演过《阿Q在广州的街垒上》，日本上演过田汉改编本《阿Q正传》，法国在

1975年上演让·儒尔德伊尔和贝尔纳·夏尔特勒改编的话剧《阿Q》。[21]

《阿Q正传》不仅被译成世界各国文字，与世界人民见面，而且得到普遍的认同，国外发表了许多赞扬的评论。日本的中岛健藏于1954年编《二十世纪前半叶的世界十大小说》，将《阿Q正传》列入其中，介绍了其内容梗概，并有专门论述。法国的罗曼·罗兰除了前引信中的评论之外，在同一信中还说："在法国大革命的时期，也有类似阿Q的农民。"日译者山上正义指出了阿Q的普遍意义：

> 阿Q这个名词，目前也不是一个固有的名词，甚至已成为一个通俗的普通名词，阿Q同张三、李四一起，已成为日本的太郎、长松相类似的一个普通名字了。[22]

阿Q已经不只是走进了中国的"张三、李四"群，成为人们口头语中的普通名词，而且走进日本的"太郎、长松"群，成为日本口头语的普通名词了。

特别值得指出的是，在外国的百科全书中，不仅有鲁迅的条目，而且有《阿Q正传》的条目，其中自然也有对于阿Q的评语。1979年，《不列颠百科全书》中这样评介《阿Q正传》和阿Q：

> 《阿Q正传》是鲁迅的代表作。这是幽默和怜悯同情的混合物，它是对旧秩序的否定；它在中国现代语言里加进了"阿Q主义"这个字，这个名词特征出了中国人对"精神胜利法"偏爱的合理的失败。[23]

进入许多国家的大百科全书，成为条目，这说明《阿Q正传》已经进入世界文化的总汇之中，进入人类文化的总积淀之中了。

（四）阿Q是怎样一个典型

阿Q是怎样一个典型？向来在这个问题上，有不同的解读与诠释，因此也就有许多争论。

有一种意见认为，阿Q是一个农民的典型。这有几种具体的说法，如"一个雇农的典型"，"一个辛亥革命时期农民的典型"，"一个落后而不自知其落后的农民的典型"，还有的说是"农村无产者的革命性"的典型，等等。这种种说法自然有着作品实际的依据，因为作品里明明写着阿Q是怎样一个居无定所、到处帮工谋食的雇农，他的生活就是这样一个雇农的生活。这本来是没有疑问的。不过在新中国成立后，这种论点受到严峻的挑战。因为农民的政治地位大大上升了，对农民的评价特别高，工农联盟是国体、政体的基础，农民是社会栋梁，甚至出现了"中国农民比欧洲工人还要进步"的说法，还出现了知识分子、知识青年到农村去接受贫下中农再教育的社会运动。尤其雇农，是农村无产阶级，是最革命的力量，是革命的主要动力和依靠力量，怎么能允许他们之中出现阿Q？阿Q怎么可以是他们的典型代表？

又有的作者指出，鲁迅是国民性的代表，或者说是"国民劣根性"的代表，是中国人性格的代表；有的说是精神性代表，有的说是阿Q精神的"寄植者"。这个说法遇到的最大挑战和难题是：人都是有阶级性的，社会分裂成几个阶级，基本的有人民大众与相继"变换"的剥削阶级、统治阶级（奴隶主、地主、资产阶级），怎么会有超阶级的典型呢？怎么会有全民性的典型呢？同时，文学典型也都是分属不同阶级的，也要定阶级、划成分的，怎么可以有本属最纯的被压迫、被剥削阶级的人，身上却有压迫阶级、剥削阶级的缺点、特点？这是绝对违反阶级论的。因此，这种说法在政治上由此也就在艺术理论上站不住脚。

还有的论者则提出，阿Q是"精神胜利法的'共名'"，就像诸葛亮是"智慧"的共名，堂吉诃德是可笑的主观主义的"共名"一样。而且说"阿Q相"并不是旧中国一国的特有现象，而是在走向没落的失败的剥削阶级和落后的还没有觉醒的人民中间，都会产生阿Q精神。这种"共名说"的首先的和主要的危险自然也是与阶级论抵触，抹杀了阿Q的阶级性，把剥削阶级身上的缺点、"可耻"的现象，也"共"到阿Q身上去了，共同处在"精神胜利法"中。

所有这些论述，都各有它成立的道理，足以说明、解读阿Q的典型性，也都各有其不足和缺点。而这些问题的产生，也带有时代的局限，打上了各个历史时期的精神气质和批评气质的烙印。

新时期以来，由于第三次思想解放运动的推动，改革开放时期的更开阔宏放的时代气质和文艺理论批评观念的变化，在这一问题的认识上不那么狭隘、绝对化和教条主义了，能够有一种宽容多元的文化态度和审美观念，对于以前论辩中的各种观点，能够吸取精华而去其偏颇，取其正确的而去其由于时代局限而带来的不全面的地方。

现在有的论者还提出，阿Q是一种精神典型。阿Q最成功地表现了人类易于逃避现实、退入内心、寻求精神胜利的弱点。阿Q与世界文学中的那些屈指可数的精神典型，是人类最宝贵的精神遗产，其中包含着"人类心灵方面的新发现"[24]。

其实，要把握、理解阿Q典型的真实意义，鲁迅自己的表白是很重要的，这应该是最主要、最基本的依据，我们仔细、认真地体会他之所说，是根本的解读依据。——当然，有的作家主观自述的创作立意，与作品的实际会有出入，或者是没能达到或者是恰好违背了原意与初衷；但鲁迅所创作的《阿Q正传》不属于这种情况。这里，我们且抄录几段重要的鲁迅自述，以供读者品味。

> 我虽然已经试做，但终于自己还不能很有把握，我是否真能够写出一个现代的我们国人的魂灵来。
>
> …………
>
> 要画出这样沉默的国民的魂灵来，在中国实在算一件难事，因为，已经说过，我们究竟还是未经革新的古国的人民，所以也还是各不相通，并且连自己的手也几乎不懂自己的足。我虽然竭力想摸索人们的魂灵，但时时总自憾有些隔膜。在将来，围在高墙里的一切人众，该会自己觉醒，走出，都来开口的罢，而现在还少见，所以我也只得依了自己的觉察，孤寂地姑且将这些写出，作为在我眼里所经过的中国的人生。[25]
>
> 十二年前，鲁迅作的一篇《阿Q正传》，大约是想暴露国民的弱点的，……[26]

根据鲁迅以上的自述，以及鲁迅其他一些关于创作《阿Q正传》的经过、设想和技法的记述，我们试从创作心理与创作心理运行过程的角度，来推断《阿Q正传》的形成过程以及阿Q典型的形成及其意义。

鲁迅说，阿Q的影像在他的心目中已经有好几年了。这个"阿Q的影像"可以肯定不是后来在《阿Q正传》中形成的阿Q，而只是一个"阿Q典型"的雏形，基本的性质与模样已经有了，但还不是那么完整、充实、丰厚。这"基本形象"，就是他的老家台门周家的住户阿贵。作为现实主义大师，鲁迅的创作是从生活出发、从实际出发的，创作《阿Q正传》和阿Q典型，起步、基础、原型就是阿贵。也是阿贵这个原型，激发了他的创作想象。但同时，鲁迅又是一位文学家、思想家、革命家，他的思想里蕴藏着、活动着、思索着对于中国命运、民族复兴的课题，探索着民族解放的出路，由此连及群众的愚昧、冷漠、落后等表现及问题，观察到许多国民性的缺点，包括落后农民中的、统治者中的，以至和他一同在日本留学的学生中的，种种落后的、可笑的、令人痛心的表现（如清朝统治者明明吃了大败仗，还要充胜者、充天朝大国；留学生的印了许多中国历史上的胜迹，表明"我们过去如何阔"；等等），这些零碎的、紊乱的、纷繁的、花色多样的社会—人物—现象，都在他脑子里活动、跳跃，而逐渐地吸附到以阿贵为原型的一个具体人物身上；而当他在创作过程中不断丰富阿Q的形象时，这方面的材料也被调动起来，注入阿Q体内。从另一方面看，鲁迅立意要暴露中国国民性的弱点，但小说不能抽象地来列举，而要想象出一个人物来，阿贵入选，于是又自觉地将其他中国人的弱点注入其中。当然，这种"注入"不是外科手术式的，而是精神性的、"化学反应"式的，即鲁迅是立足于阿Q原型的特点，又按照他的生活、思想、情感、思维与行为方式准则，主动去融进各种中国人特点，使其成为自己的精神内涵。也就是说，是以一个南国农村流浪雇农的思想、心理、行为方式去融会吸收的。鲁迅说阿Q应是30岁左右，生活在中国南方水乡，"样子平平常常，有农民式的质朴、愚蠢，但也很沾了些游手之徒的狡猾。在上海，从洋车夫和小车夫里面，恐怕可以找出他的影子来的，不过没有流氓样，也不像瘪三样"[27]。鲁迅甚至说："只要在头上给戴上一顶瓜皮小帽，就失去了阿Q，我记得我给他戴的是毡帽。这是一种黑色的，半圆形的东西，将那帽边翻起一寸多，戴在头上的；……。"[28]他还说："阿Q的像，在我的心目中流氓气还要少一点，在我们那里有这么凶相的人物，就可以吃闲饭，不必给人家做工了，……。"[29]从这些记述，可以想见鲁迅对于阿Q的形象和形象的内在思想、情感想得多么细致，规定得多么具体。阿Q实实在在，必须是一个穷苦、质朴而又有些狡猾，但不是流氓瘪三的流浪雇农。

这就决定了阿Q首先不是别的阶层的人，但他又有别的阶层的人们身上的缺点、弱点、性格特征。而同时，他又必须担负其他"任务"，他要体现作家的创作意旨，在他身上，作家要达到自己的创作宗旨。鲁迅不是一个普通的写实作家，不能只满足于把他在现实生活中熟悉的一个农民的形象，在艺术和叙述上加工一下就写出来，完成一个"写实"的任务就行了；他要在思想上、精神上加工、提炼、提高这个原型，使他具有民族的代表性。

阿Q就是这样诞生的，被创造出来的，他"命定地"（作家要求他）成为暴露国民弱点的典型，成为具有"现代中国人之魂灵"的典型。

这里，有着丰富、深沉的创作经验、艺术技巧与典型创造的思想的、艺术的、审美的成功宝贵经验。

（五）"阿Q精神"的分析

阿Q作为一个产生于20世纪之初的中国文学典型，作为一个中国国民性弱点的表现的文学典型，以及作为其高度与深度都达到表现了人类共性的某一点的中国文学典型，他的精神世界应该是多元的、丰富的、复杂的，具有内在矛盾的，也应该是以它的"原生态的存在"，而可以在不同时代、不同地区、不同阶层的人们中，看到不同的表现、不同的内涵，其中有的是作家自己在创作时也未曾想到和预计到的。如果说"一千个人中就会有一千个哈姆雷特"，那么就可以说"一千个人中就可以有一千个阿Q"。我们现在试着来探讨其精神世界的几个主要的方面、范畴、内涵。

1. 封建治绩造成的愚昧

阿Q是愚昧的。他不识字，他自以为是，许多事情他不懂还要装懂，他还好以自己的愚昧嘲笑别人，比如笑城里人的葱花切得太细和把板凳叫条凳之类。但他绝不是天生如此，他是被封建统治者、剥削压迫他的人们整治的。他的愚昧是封建统治的"治绩"。反动统治者是害怕人民的"不愚昧"的。鲁迅说，我们的圣人把人分为十个等级，一级治一级，现代人虽然旧时的等级名目不用了，"但那鬼魂却依然存在，并且，变本加厉，连一个人的身体也有了等差，使手对于足也不免视为下等的异类"[30]，这样就使一个人不能感受到别人肉体上和精神上的痛苦。再加上，难认的方块字，剥夺了人们说话和交流的权利，而只能听到几个圣人之徒的意见和道理。因此而永远地愚昧下去。

愚昧是阿Q精神世界的主要和首要的成分。这是阿Q精神的主要特征之一。揭示他的愚昧，"怒其不幸"，就是要改变他的这一品性，而改变之道就是改变旧制度（等级制度等），改变文化（首先是语言文字），改变环境，把国民从致其愚昧的环境中解放出来。

2. 抵御弥天黑暗的麻木

阿Q是一个精神麻木的典型。人类的灵性似乎已在他身上消失。他对于许多世界上的事情都是木然无知、无所反应，甚至于发生在自己身上、与自己有关的事情，他也茫然无所知，反应很慢或者没有反应。他向吴妈求爱，遭到秀才痛打，走开之后他立即忘掉，没有事儿似的舂米去了。听到吴妈在那边寻死寻活，大家劝说、人们去看热闹，他竟也去凑热闹，觉得有趣，不知道把这件事和自己闹的乱子连起来，心想"这小孤孀不知道闹着什么玩意儿了？"他甚至死到临头也是麻木的。官府抓起他是因为他参加了革命党，审问他时倒以为是革命党抓了他，说自己早想来投，可是"假洋鬼子不准我！"画押时，惴惴于自己画得不圆；押赴刑场时，他不明白在将他游街示众；面对众看客，他后悔没有唱几句戏文。总之，连面对死亡，他也是糊糊涂涂、麻木不仁的。

阿Q这种麻木是由极端贫穷的生活、社会层层的高压、人们彼此冷漠，从物质世界到精神世界的弥天黑暗所造成的。然而，这只是一方面，另一方面，这麻木又成为他抵御黑暗的一种精神上的盾牌。不如此，他就无法活下去，他就会死在稍稍苏醒一点的敏感与机灵之中。

对于这种病症的治疗，首先就是狠狠地刺激，使其产生一点感觉。鲁迅在《阿Q正传》中运用夸张的手法，运用讽刺，就是这个目的，想通过强刺激使麻木的国民觉醒，使每个麻木的个体彼此沟通。

3."沙聚之邦"里的冷漠

鲁迅在日本留学时所写的论文《摩罗诗力说》中说，中国几千年来的封建统治，造成了人们成为一盘散沙的"沙聚之邦"，每个人是一个孤独的世界，精神上、情感上互相近乎自我麻木和相互冷漠，没有交流、没有关怀，没有同情、没有恻隐，对于他人的生命以至自己的生命都是漠然看客的冷漠，连救助自己的人为救助自己而牺牲时，也是冷漠以对。这也是一种精神的炼狱，使人的精神禁锢、凝固，悄悄地死去。

阿Q对于人们关于"看过杀头么"的问题，回答是："咳，好看。杀革命党。唉，好看好看。"冷漠从他的内心溢出，竟以"欢乐"的语气与情绪出之。而当他被绑赴刑场时，他自己又被无边的冷漠所包围。人们的喊"好"声，人们那"又纯又锋利"的、比追逐人们的狼的鬼火似的眼光还可怕的追逐的眼光，使他被无边冷漠所包围、所惊吓，感到灵魂在被噬咬。甚至，他"伏法"之后，城里的人们还觉得不满足，"以为枪毙并无杀头这般好看"。对于人、对于自己的同胞，对于生命，都是这么近于残酷的冷漠。对于这种冷漠精神和精神中的冷漠的揭示，就是要使人们从对于"冷漠"的感觉中惊醒过来，互相沟通、理解以至相助相爱。

4. 大石重压下衰草的挣扎

阿Q的生活和生命，都像是一棵压在巨石下面的小草，而且由于环境、条件都很恶劣，这小草已衰败、在衰败，是一株衰草了。但是，人总是要活的，无论怎么可怜，生命总是趋向生存的。于是只能曲折地生长、存活。阿Q就是这样地挣扎着生活的。他到处流浪，无家可归，不知父母，无有亲人，靠卖苦力为生，在麻木中度日，在冷漠中生存，没有欢笑，没有爱。精神也是在荒凉中挣扎。他想过许多方法，寻求不少地方，做了许多努力，但没有效，依旧只能挣扎。挣扎，是他的生存方式。而挣扎也是他的精神世界的依托、他的精神支柱。这不仅是一种消极的活法，而且有一点积极的精神因素和精神成果在里面。不管怎么麻木、怎么冷漠，只是挣扎。挣扎是精神上的一点亮光。对于这挣扎精神，作者不是讽刺而是肯定。这是压迫与黑暗所产生、所逼出来的一点心灵的火花。

5. "社群孤独"的自我拯救

在弥天黑暗中，在大石压制下，在冷漠包围中，阿Q深深感受到一种社群孤独。而人是需要在群体中生存的社会动物，人先天地存在一种依赖社群和被社群接受的需要，这是一种生命需要、一种心理需求。为了摆脱这种社群孤独，阿Q寻求慰藉，包括向吴妈求爱。但他失败了。但他又以麻木对付过去了，使失败与失望在心理上消失。这是一种自我拯救。不靠自己救自己，如何活下去？这也是他心中的一点点积极的，但却是可怜的精神成果。用了种种方法，包括麻木、自慰、自叹和自我肯定，来实现自我拯救。

（六）"精神胜利法"蕴藏的心理内涵

阿Q精神的主要特点、精髓，是精神胜利法。鲁迅提炼出、归纳出这样一个精神现象、心理症状的名称——"精神上的胜利法"，这本身就是一个很大的贡献；在对现代中国人的，在对中国国民性的认识上，以至在对人的精神—心理现象的认识上，都是如此。这在思想史上、文化史上都是一个贡献。而他用文学形象人格化地表现了这一现象和这种人物，则在文学上、在艺术创造上，以至在美学上，也都是一种十分有意义的贡献。

鲁迅具体地创造了一个流浪雇农阿Q的形象，具体地呈现了他的社会生活、他与各种人物（上层社会与底层社会）的关系，以及他的思想、情感、言行与心理。这就从外在到内在，从个体到群体，从物质层面到精神层面，表现了也说明了阿Q和他的精神胜利法的历史的、时代的、社会的、阶级与阶层的根源，并且借此反映了社会的面貌与时代的精神。

精神胜利法最直接、最表层的释义，自然就是事实上失败了，却在精神上自认为胜利了。比如阿Q被人打了，本是失败了，但转念一想，"我总算被儿子打了"，"于是也心满意足的得胜的走了"。这种"胜利"得来的关键是阿Q的那"一想"，在于他的主观情态。只要他能找到一种说法来说明他是胜利的，他就是胜利者。而这种"理由"总是能够找得到的，即使找不到，也可以主观地创造出来。比如他承认自己是虫豸，很自贱了，而自己就成为世界上"第一个能够自轻自贱的人"，这不又成为"第一"而胜利了吗？

这样，我们痛心地看到，这种永久的、精神上的胜利，就堵塞了永久的事实上的进步之路、改革之途。因为，他胜利了，他满足了，他不必改进什么、丢掉什么、取得什么。一个民族，它的精神的肌体上，留着这种劣根性，是决不会进行改革、获得进步的。在鲁迅揭示出这种精神现象和心理病症时，正是中国上上下下，即从统治阶级、上层社会到劳动群众、下层社会，普遍存在这种问题。在近代和现代，中国由强到弱，备受列强欺凌，无论社会制度、传统文化还是经济发展、生产水平，都落后于时代，需要改革，急起直追；但是，从上到下、从官到民、从劳动群众到士大夫们，却仍是抱残守缺、唯我独尊，反对新思想新文化，死抱国粹不放，认为古老的精神文化如何优于西方的科技工商，如此等等。这正是一种精神胜利法的典型表现。鲁迅也正是总结、集中了这种社会现象、心理症状、文化品性，也是民族文化—心理结构中的劣根性，又是针对这种国民性，创造了阿Q这个文学典型，用来针砭时弊、惊醒民众，为五四新文化运动，为新的改革运动，开辟精神道路。

当然，作为社会关系总和的人，作为中国近现代社会的"时代的人"和作为一个流浪的雇农的阿Q的性格、文化—心理结构，积淀了和承载着众多民族的、社会的、时代的、历史的、文化的内涵，它们既复杂多元又融会汇合，既矛盾多样又统一凝聚，质的多元性、功能的复杂性、"系统"的构造性，形成了一种庞杂混乱但又融合统一的性格系统。精神胜利法是汇合这一切的聚焦点，是表现这一切的突出特征，也是展现这一切的窗口和发泄这一切的渠道。也可以说，精神胜利法既是具体的，又是一个符号、一种象征。因人而异，因阶层而异，因时代而异，可以"充填"以各种各样的社会、历史、时代、文化、阶级阶层以至个体性的内涵。

我们分析阿Q这个具体的"精神胜利法"者时，自然应该顾到他的个体性，顾到他是一个乡村流浪雇农。他所遇到的事情，他的生活内涵，他的社会处境和由此而来的他的思想、感情、心理、性格，都有其社会性和个人特点，这就是舂米、打零工、进城、偷盗、受欺、挨打、孤苦无告、生活无着等。因此，他的精神胜利的具体社会内涵与心理内涵，都是这一切实际生活的反映、反应、反馈和反拨。这样，从阿Q的实际出发，我们就不能不得出结论说，阿Q，依凭精神胜利法，来苦苦地生活，艰难地生存，可怜地舒泄。他依靠精神胜利法，来抚慰自己，当被骂挨打之时，他抚摸身体和心理的伤痕，心想"儿子打老子"，"他是第一个能够自轻自贱的人"，用精神的手制造出虚假的心理上的胜利，来抚慰自己的心灵。

但是在这种自慰与自贱中，又透露了他心灵深处的自尊。他劝慰自己，说这是儿子打老子，"他是第一个能够自轻自贱的人"，那出发点正是自尊。他需要自尊，但他无法自尊。然而他从"自轻自贱"中转化到"第一个"，"儿子打老子"，便从自卑自贱的"儿子"转化到"自大自尊"的"老子"，于是从自贱中转化为自尊。他这样曲折地"得到"了自尊。他是怎样地打心眼里需要自尊和维护自尊啊。

阿Q奉行精神胜利法，这就表明他虽然总是处于失败的地位，但是，他的内心却存埋着胜利的愿望。他甚至在事实上已经失败了的时候，也在思想上将"失败"转换为胜利，得到一种精神上的慰藉和满足。这就说明，第一，他是不甘心失败，希冀着胜利的；第二，他不能忍受失败的痛苦，甚至麻木中也能遭到失败痛苦的侵袭，因此他就用精神制造了胜利，维护了自己的可怜的尊严。这种对于胜利的期望与追求，是他心中的一种自我补偿的手段，还是他心中的亮光，是他要起来改变自己失败命运的起点。这亮光是那么微弱，那起点是这么渺小，但究竟是亮光与起点。这是阿Q身上的积极因素与潜存力量。

因此，阿Q的精神胜利法，是流变的，不是凝固的；是各种因素汇融的，不是单一单向的。重要的是环境和条件。得到良好的环境和有利的条件，就能向好的方向转化。

（七）"阿Q的革命"问题

"阿Q的革命"问题，包含多重相关联的意义。阿Q会不会去革命？阿Q会怎样去革命？革命胜利了，他会怎样？会做什么？

阿Q会不会去革命，做革命党？鲁迅对这个问题的答案是肯定的。有人曾怀疑阿Q做革命党，认为如果这样，他的人格就是两个。鲁迅结合他的创作过程，明确地回答了这个问题：

> 这样地一周一周挨下去，于是乎就不免发生阿Q可要做革命党的问题了。据我的意思，中国倘不革命，阿Q便不做，既然革命，就会做的。我的阿Q的运命，也只能如此，人格也恐怕并不是两个。[31]

这就是说，从客观形势说，小说故事的发展，必然出现革命，会有革命党产生；从阿Q的处境和性格发展说，他一定会去革命，做革命党。阿Q内心是充满了哀愁、不满、痛苦和怨恨的，也有反抗情绪，也希望胜利，这都是他去做革命党的原因和动力。问题是，阿Q会怎样去做革命党和做了革命党以后会怎样？

在《阿Q正传》中，有这样的描写：阿Q本来是对革命党"'深恶而痛绝之'的"，因为他认为革命就是造反，造反就是与他自己为难。这说明他的社会觉醒很低，不懂得自己的利益所在；他对革命党的认识也是错误的。但是，当他看到举人老爷那样怕革命党，他就"神往"了：

> "革命也好罢"，阿Q想，"革这伙妈妈的命，太可恶！太可恨！……便是我，也要投降革命党了。"

这就很明显，阿Q的转向革命党是因为他所恨的举人害怕他们，这说明他有一种反对剥削者、压迫者的本能，也就是朴素的阶级感情吧，所以他决定投降革命党。他既不是说投奔，也不是说参加，而是说"投降"，阿Q就是这样做革命党的！

阿Q还没有真的做革命党，就已经做起了美梦，如何报私仇，如何抢金银财宝，还有女人，等等。而他的实际行动，除了盘上辫子，到尼姑庵去"革命"，就是到假洋鬼子那里去投革命党了。

阿Q只能这样做革命党。阿Q肯定会做革命党，因为他有对于旧制度、旧生活的代表者如举人老爷等人的仇恨，有"朴素的阶级感情"，这是好的，应该肯定的。但是，他头脑里旧的东西又太多了，他身上蕴含着的破坏因子也太多了，他做了革命党，他胜利了，就只会做那些事情。

鲁迅对于这种阿Q式的革命和阿Q式的革命党，是认识很深的。其实，早在1926年，国民党正欲夺取全国政权时，他在《〈阿Q正传〉的成因》中，就明确地说过："民国元年已经过去，无可追踪了，但此后倘再有改革，我相信还会有阿Q似的革命党出现。我也很愿意如人们所说，我只写出了现在以前的或一时期，但我还恐怕我所看见的并非现代的前身，而是其后，或者竟是二三十年之后。其实这也不算辱没了革命党，阿Q究竟已经用竹筷盘上他的辫子了……"

鲁迅的话说得多么准确，多么具有历史远见！

鲁迅所写的阿Q的革命是非常深刻的。

（八）阿Q的现代接受

阿Q诞生已经90多年了，对它的公众接受、社会接受，已经发生了很大的变化。以前是中国国民的不觉醒，精神胜利法成为他们摆脱愚昧与落后的障碍，成为他们安贫守愚的心理屏障。它所显示的是锐利的批判光芒。

然而，时世变换，中国人民已经觉醒，已经站起来了。问题发生在另一些方面。也许会如早在20年代钱杏邨就说过的"死亡了的阿Q时代"到了。然而事实却证明，阿Q并没有死。精神胜利法和阿Q式的革命，仍然有用和仍然发生。当然，情况变化，从形式到内容也都有了变化，但是，鲁迅的作品所提供的"含义"和"基核"仍在。这证明了作品与典型自身的不朽。

1. 埃德加·斯诺："阿Q还那么多吗？"

早在30年代，鲁迅接受美国记者埃德加·斯诺的访谈，在谈到阿Q时，就曾说："民国以前，人民是奴隶。民国以后，我们变成了奴隶的奴隶了。"

斯诺问："既然国民党已进行了第二次革命，难道你认为现在阿Q依然跟以前一样多吗？"

鲁迅大笑道："更坏，他们现在管理着国家呢。"[32]

鲁迅在《阿Q正传》中根据阿Q的性格发展，预言他将那样革命和革命后会去掠夺人民的财物。到30年代，他根据国民党政府的现实表现，断言他们是一群阿Q，因为他们在掠夺人民的财物，证明他们当初的革命就是阿Q式的革命。

现在的情况已经根本不同，我们是人民的政权。不过，在这个政权里面，有少数人，比如那些巨贪官员们，却仍然是"阿Q式的革命者"，他们利用手中的权力，侵吞和掠夺人民的财产。他们是得了势的阿Q。

现在的农民，也已经早就不是阿Q时代的农民了。但是，农民中的那些犯罪分子，不是恶性地发展了阿Q身上的消极的东西吗？他们为了自己的小小的私利，竟然去毁电讯线路、偷铁路钢材、拆走建筑材料，等等。那种"现代性"的麻木、愚昧、落后，充分显示出一种阿Q式的魂灵，他们不愧为阿Q的子孙。

在其他阶层中，难道就没有阿Q了吗？就拿知识分子来说吧，他们有知识，甚至有学问，他们比阿Q高得多。他们并不麻木、愚昧、落后。不过，他们之中有的人，却有另一面的阿Q相。他们灵魂深处的冷漠有时是存在的。他们自视甚高，睥睨一切，唯我独尊，不关心他人，无视民族利益。他们的作为，是另一种"阿Q心态"的表现。"有文化的阿Q"，不像阿Q那样的麻木、迟钝，他们是"机灵的阿Q"，也许这比"农民"式阿Q更坏。

2. 唐德刚教授："我就是一个阿Q!"

然而，阿Q的性格是复杂的，作为中国人的国民性的一个方面，以至作为人性的一种表现，他的性格中的某些因素，在本质上具有一定的积极意义，或者，在一定条件下，有些因素会向积极方面转换。比如，作为对自尊的维护、对自强的向往、对自卫的坚持的性格因素与表现，就是如此。还有，作为对自身状况的改善的希求和用精神安慰抚慰自我的不幸、痛苦与沦落，"精神胜利法"在某种条件下，会积极地转换。

这是一位美籍华人学者的自白：

> ……阿Q并无其人，阿Q的故事也是百分之百的虚构。……历史上哪有个真阿Q呢？

> 可是问题又出来了——至少在讲台上就站着个阿Q，那就是我自己。我就时时在做阿Q，或做具体而微的阿Q。举一个我个人社会行为的切实例子。

> 侨居美国四十年，我前二十多年是在哥伦比亚大学度过的。在那第二十三四年时，我在哥大做个教中国文学史的兼任副教授，并做了全任中文图书部主任。……

> 然而虽然我恪尽职守，职位也不高，却忽然被免职了。面临生存危机。"……气愤、绝望、自卑交织于怀，不知如何是好。"此时，碰到了"老朋友阿Q"，"阿Q的关怀，才又使我打起勇气活下来"。

> 这一晚我听老友阿Q之言，听了一夜，终于想通了。我想："哼，汉学！上自文武周公仲尼，下至康梁胡适冯友兰……

诗词歌赋，平上去入，经史子集，章草篆隶……上至殷商甲骨，下至当今的简体字……谈现代史论蒋宋孔陈……写朦胧诗、看现代画……如此这般……这批毛子哪个比得上俺阿Q呢……他们开除我……哼，他们加在一起再搞十年，也比不了我阿Q一人……奶奶的，老子被儿子开除了……"

做了一夜的阿Q，思想搞通；手之舞之，足之蹈之，不禁大乐——问题全部解决，与"赵老太爷"又和好如初。……这儿分明就有一个大阿Q嘛！

那晚我也在苦索丁文江博士，却遍找不着。我那晚如找着了丁文江博士，而错过了阿Q先生，我就活不到天亮了。

……历史上、社会上并无阿Q其人，其实它的社会代表性，却远超过丁文江博士呢。[33]

这是一个"夫子自道"的实例。它表明阿Q的精神胜利法的积极意义与作用。这可能不是鲁迅所能想到的，也不是他创作《阿Q正传》的初衷。他着眼和着力于猛烈而深沉的批判。但是，伟大的文学作品和不朽的艺术典型，却能因为它的包容性大，它的丰富、深厚、多元、复杂的内涵，以及它的人物形象的"生态复杂性"，而能让接受者从"形象的内在意义层"，从它的"原意"中，经过自己的联想、想象、发挥、重塑，经过罗兰·巴特尔所说的"读者的工作"，而创出新的"意义"来。这是符合艺术规律的。

唐德刚教授这样的发扬阿Q精神，运用精神胜利法，是在异国他乡，是不承认自己的"国学"（中国学）水平不如那些洋人的中国学水平。虽然他在文中采取了一种夸大的幽默说法，而实际上他的国学水平，在总体上，应该说是肯定确如他自己所说，是高于洋人学者的。他这种精神胜利法虽说是得自阿Q的神授，但并不是如阿Q一样，没有根据地自大，更不是别人打了自己，说是儿子打了老子，或是自己打了自己而以能自轻自贱为荣。这里，就是发自作品的"含义"的转移，由接受者的主观所产生的"意义"了。

3. 丁玲说："我们都是阿Q！"

已故著名革命作家、诗人聂绀弩虽有诗句云："嵩衡泰华皆0等，庭户轩窗且Q豪。"[34] 收入此诗的《散宜生诗》一书中，有朱正写的此书《附记》，其中说：

> 这些诗显示出来的是怎样的精神状态呢？胡乔木同志在序中指出："作者虽然生活在难以想象的苦境中，却未表现颓唐悲观，对生活始终保有乐趣甚至诙谐感，对革命前途始终抱有信心。"作者认为这种评论"不仅知诗，而且知人"，大约他也正是这样看待自己的诗的。不过他评论自己的诗作，却不能说得如此冠冕，而将这种精神状态归结为阿Q气。后记中，绀弩同志谈到自己一些诗句之后，自评道："何等阿Q气，岂只诙谐、幽默、打油而已哉！阿Q气是奴性的变种，当然是不好的东西，但人能以它为精神依靠，从某种情况下活过来，它又是好东西。"

这里，聂绀弩因为自己以阿Q的精神胜利为"精神依靠，从某种情况下活过来"，所以称"阿Q气""又是好东西"。

这是一些身处逆境的作家、知识分子的真实心态。他们自觉地（！）接受阿Q，运用精神胜利法来帮助自己度过精神危机。当然，这已经不是阿Q的精神胜利法的"古典形态"，而是在它的精髓的基础上，敷以现代的、文化的，甚至革命的内涵，并作了现代处理。他们内心里不是如阿Q那样卑微猥琐，而是有理想、有信仰、有自信的，只是客观环境却否定了他们的一切，而将之打入了另册，视为异类；而他们为了维护自尊、实行自卫、坚持自强，以精神胜利法抵御了周遭的冷眼、歧视与荒寒。

虽然如此，我们还是可以看到，《阿Q正传》提供了"原型"，提供了"精神胜利法"这个精神法宝，提供了"含义"中原本就有的"合理的思想内核"。这一切自然是鲁迅所没有想到的。他绝不可能预计到尔后几十年的社会的变化。但是，他所创造的艺术典型阿Q的内在文化蕴含的丰厚深沉，的确显出了它的丰富与不朽。

（九）《呐喊》：艺术构造的特征与源泉

至此，我们可以并应该在总体上来介绍《呐喊》所构造的是怎样一种艺术世界，它的主要特征是什么，它达到了怎样的思想与艺术的成就高度，它在中国现代文学史上居于何种地位。

1. 思想光芒照射创作过程和作品整体

鲁迅的创作心理和作品整体，一个突出特点，就是思想的光芒闪射光华。而这思想的光芒又具有时代特点、历史内涵、哲理深度与个人特色。这是鲁迅及其创作的特点和优点，也是其他"五四"作家所远不及的。《呐喊》中的作品是他的这一艺术特征的最初体现和第一批成果。鲁迅是以一位思想家的身姿进入文学创作领域的。他的"改造国民性"的思想，是他的救国救民思想的原点和核心，是他创作的起点。《呐喊》中的作品，绝大多数都是在这一思想照射下创作出来的；而其中所有的作品都闪耀着锐利而深沉的思想光芒。关于礼教吃人，关于精神胜利法，关于"孤独者与庸众"[35]的对立，关于中国群众总是看客，关于人与人的难于相通，关于勇于面对现实、面对黑暗，等等，都是从中国的历史和社会生活中提炼出来的，都是切中中国国民性要害的，也都是中国社会改革中遇到的重大问题。这些问题，都是鲁迅自己独立思索的结果，是他独自提出来的历史与现实相结合的命题和民族母题，具有他个人的原创性。

当然，更重要、更可贵的是这些思想不是外在地存在的，也不是从外面灌到作品里去的，而是形象地表现出来，是与典型人物的形象结合，是他们自身合理地产生的思想，而且，作品的整个叙事都蕴含着这种思想的"粒子"、成分和氛围。狂人、阿Q、九斤老太、N先生，都在自己的言行中表现出各自的思想，他们是某种思想的自觉主体、承载者和"生成者"，而像孔乙己、华老栓、单四嫂子、闰土等，则都是以他们的行动"演绎"出某种思想，他们是某种思想的构成部分。思想与形象的结合，思想由人物、事件、故事有机地体现出来，这才是优秀文学作品的关键。

2. 富有时代特征和个人特色的现实主义精神

鲁迅是伟大的现实主义作家。他的现实主义精神，表现在他的作品的主题、题材、人物都来自中国的现实生活，都是他通过自己的生活经历、观察与体验，又用思想的汁液浸泡过，经过"思索"的提炼、升华、结晶而成的。进入《呐喊》作品中的，都是19世纪末20世纪初的中国社会生活与中国人，而且在《呐喊》中，他特别关注刚刚过去的辛亥革命的现实，其影响和效应正在现实生活中发生重大的和根本性作用。《呐喊》的取材和其中的主要典型，都是农村和农民。这是当时中国社会结构的主体和社会生活的主体。总之，一切都是19、20世纪之交的中国的。

《呐喊》现实主义精神的深刻处还表现在，鲁迅以深邃、锐利的思想，以充满挚爱与热情的批判精神，用形象、典型人物，进行了民族的自我批判，而且这种批判是中肯的、切中要害的、深入的、锐利的，"泪痕悲色"，忧国忧民。它的批判的广度和深度，都高出于当时现实主义世界文坛达到高峰的批判现实主义。这在《狂人日记》、《药》、《明天》和《阿Q正传》等作品中表现得尤为突出。

3. 创造性的心理现实主义

《呐喊》作品中，充分体现出心理描写的深刻和成功。这一点，我们在分析《阿Q正传》时详细说到了。《狂人日记》，几乎是用狂人心理来构成全部叙事，并准确地表现了狂人心理。他的心理描写都达到"心理学理论上的准确"。心理描写向来是中国传统小说的弱点，而西方（包括俄国）的小说，则长于长篇大论和细致入微的、客观化的心理描写（叙述者对于作品人物心理的叙述、介绍）。鲁迅的心理描写，又不同于它们。他的心理描写是精练的、简要的，心理与行动紧密结合的，而且不少是一种准确精到的意识流描写。《狂人日记》《药》《明天》《阿Q正传》《白光》中，都有许多这方面的精彩篇章。我们只要稍一检视这些作品的某些片段，就可以具体看到和感受这种成功的心理描写。

4. 象征主义

鲁迅主张使用广义的象征主义，在《呐喊》中他就是这么做的。象征、意象、隐喻，在文学作品中，具有十分重要的作用和意义。象征能在个性中反映种类的特性，在个别中反映一般，在短暂中反映永恒；意象之中蕴含着丰富复杂的内涵，可视的形象使人勾起许多的联想和想象。愿意并善于使用象征、意象和隐喻，是作家擅长形象思维的表现，是用形象来思维、来表现的重要能力和方法。《呐喊》中这种成功的范例很多。《狂人日记》中的月亮、陈年流水簿，《药》中的"人血馒头""坟堆""花环"，《明天》中的"暗夜""明天"，《故乡》中的"路"，《白光》中的"白光"，都具有象征的意义。人名和地名也表现出象征的含义，《狂人日记》中的"古久先生""狼子村"，《药》中的夏（瑜）与华（老栓），《明天》中的"单（与"孤单"的"单"是同一字）四嫂子"等都具有象征的意味。而《狂人日记》《药》《明天》则在总体上都有一种象征的意义。

5. 悲剧意识与悲剧美

鲁迅的创作心理中具有浓厚深沉的悲剧意识，他的作品具有一种悲剧美。他的生活经历、时代的精神、民族的灾难、人民的苦难与不觉醒，以致改革者前赴后继的牺牲，改革与革命连连失败，都带有深刻的悲剧性。鲁迅作为伟大的爱国者和"我以我血荐轩辕"的献身民族的伟大作家，将这一切内化为自己的思想情感的基本素质，而形成了自己内在的悲剧意识与悲剧审美观。他欣赏果戈理的"泪痕悲色，振其邦人"的艺术特色。他认为，这种悲剧色彩、悲剧内涵，足以震动人心、鼓舞人心，促国人之觉醒。他在《自言自语》中描写过"火的冰"和"火的冰的人"，那是一种炽热的火，被客观环境所冻结了。为冰所包裹，这是一种热烈、振奋、跃动的内核却被冰冷的凝固所包围，这是一个悲剧性的写实和形象化；这种"火的冰的人"则是一位热情如火、挚情似火而被冰冷的环境现实所裹胁的人，内心炽热，外表冰冷，悲天悯人，悲剧意识跃然纸上。

这种悲剧意识与悲剧美，在《呐喊》中表现得尤为突出。《孔乙己》为悲惨命运和周遭的凉薄氛围，构成沉重的悲剧色彩。《狂人日记》整篇笼罩着一种热烈而孤独地发出惊人警世诤言的狂人，在冷漠境遇中奋战的悲剧氛围。《药》的浓重的悲剧性体现在夏氏的悲凉牺牲与华氏的愚昧麻木的对立之中。《明天》中单四嫂子的失子，特别是在悲凉境遇中的孤苦无靠，渗透着深邃的人生悲剧。《阿Q正传》更是一部深沉、深刻的悲剧作品，一种带有民族寓言性的大悲剧。阿Q自身的命运的悲剧，阿Q的愚昧、落后、不觉醒、精神胜利法所体现和暗示的民族性的悲剧，以一种含而不露的幽默讽刺流露而出。越是看似冷冷地讥讽，越是显出作家内心的炽热。爱之弥深，斥之越痛。"悲为美"（钱钟书），悲剧意识与悲剧美，为《呐喊》增加了更多更美的艺术价值。

6. 语言的功能、力量与美

"语言是存在的家园"，作为语言艺术的小说——尤其是短篇小说，语言也是它得以"存在"的家园。鲁迅在《呐喊》中，便建造了一个美丽的"语言家园"，将他的"为改良人生"的艺术，将他的思想之光、现实主义、象征主义、悲剧美等，都注入这个"语言家园"之中，也都凭这个"语言家园"而存在，而发光显彩。鲁迅的语言是独创的，前无古人、后无来者。他有很高的文化素养，有很深厚的中国古语造诣，有外国语言的训练与吸纳，更从书面与口头、从民族和民间文学中，吸取有益的成分，综合地、融合地构成了他的独特的叙述语言，不仅凭此创作了《呐喊》中的作品，也为五四新文学的叙述语言奠定了基础。

他的叙述语言，是简洁的、明快的，富于表现力的，具有象征力。《呐喊》中的叙述语言不是"告知"，而是"呈现"；它富有写意性、象征性、意象性和隐喻与反讽。《呐喊》的叙述语言，是通俗化、大众化的，是活在现代人口中的语言，它不同于传统俗文学中的话，它是适于表达现代思想、人物与生活的现代语言。但又是日常语言的提炼、"美化"，是经过加工的文学语言。《呐喊》为中国现代文学建立了现代叙事的语言规范。他的反讽技巧 [36] 表现在"不动声色"，但内心激励地以幽默的语言以至词汇，来表现悲惨、凄切和使人愤恨的人和事。

7. 新泉涌于渊深

《呐喊》是鲁迅创造的中国文化与中国新文学的一股新泉，它是五四新文学涌出的第一股最佳的新泉。这新泉的渊源是很丰厚、很深远的。这里有鲁迅少年时代所吸收的中国古典文化、古典小说、笔记野史的文化与文学艺术的民族文化汁液，特别是吸吮的民间艺术、民间文学的营养；这里还有鲁迅在从日本回来后，对中国古小说、传奇小说等的收集、整理与研究，对《小说旧闻钞》《古小说钩沉》《唐宋传奇集》等的辑录整理，以及《中国小说史略》的撰写，具体表现了他在这方面的功力和成就。总之，他的《呐喊》的思想与艺术之泉源远流长，富有民族文化与文学艺术的深厚根底。他强调他的创作小说，看重中国白描——文学上的和艺术上的白描，看重农村过年用的画纸（年画）上的技法，看重不多写风月，对话也不写一大篇，等等，都说明他从民族文学艺术与文化源泉中所得到的甘泉佳液。这是《呐喊》的艺术成就的根基。

《呐喊》所继承的民族传统，更重要的是民族的艺术精神、民族的文化精神。中国传统审美观念中，重"文以载道"，重文学的为人世之用、为教化立言，这是鲁迅"文学为改良人生"的基本思想的民族渊源。中国审美理想重表现，重写意，重象征与意象，这都是中国从《离骚》到唐诗宋词以至戏曲的审美特征。《呐喊》中，正是在叙事文学中继承了这种民族艺术之泉。

当然，他不是单纯地继承，而是有扬弃，有革新，有创造以至"背叛"。中国文化与文学传统中，以小说为末事，是不当作文学看的。但鲁迅背叛了它。他说："在中国，小说不算文学，做小说的也决不能称为文学家。"但是，他既收集整理古小说，一本又一本，又自己来创作文学，并以极严肃的态度，以之为"改良人生与改良社会"的武器。他的《呐喊》从主题立意到艺术形式，从人物到语言，都是新的，不同于旧的小说。《呐喊》中的小说，完全打破了中国传统小说的单线条、纵向发展、头尾相接的"单结构的叙事形态"，而是根据不同的主题与题材，采取了多种多样的形式：或截取生活的一个片段，纵剖面地横向展开，如《药》《明天》等；或以纵向发展为主而插入横向展开，纵横结合地展开的模式，如《阿Q正传》；或以纵向的自我叙述为主，以横向展开为辅，如《狂人日记》。

鲁迅曾谦逊地说，他的创作小说，"大约所仰仗的全在先前看过的百来篇外国作品和一点医学上的知识"[37]。的确，他的艺术创造的渊源中，外国文学是重要资源。他喜爱俄国和东欧被压迫民族作家的作品，他提到的有俄国的果戈理和波兰的显克微支；日本作家中，他喜欢夏目漱石和森鸥外。《呐喊》中的小说，不少可以寻觅到它们所借鉴的外国作品，以及在思想上特别是艺术上的外国文学的其他渊源。例如《狂人日记》与果戈理的同名小说；《阿Q正传》的技巧，有果戈理和显克微支的影响在，它与显克微支的《炭画》《胜利者巴特克》一样，使用了一种反讽语调："叙述者用超然的讥讽语调来讲述乡村生活中最可鄙的人物。"[38]鲁迅喜欢的日本作家夏目漱石在个别词句和修辞上，也给了鲁迅一定的影响。许多研究者指出过《呐喊》中的《药》《明天》《阿Q正传》等主要作品在艺术上与外国小说的联系。这些说明了鲁迅对外国文学的借鉴。

当然，鲁迅在借鉴外国文学作品方面，更是主动的、积极的，有目的、有选择、有批判的。他不是照搬、袭用，而是依据国情、依据题材、依据创作主旨和人物特点，来滤过、吸取、发展、改塑。如他的

《狂人日记》中的狂人，与果戈理的《狂人日记》中的狂人就是完全不同的：后者是真的发了狂的小人物，在日记中发出他的呻吟、哀叹之声；而鲁迅笔下的狂人，却是传达真理的觉醒者，发出的是觉醒的声音、反抗的呼号。

（十）中国现代文学最高峰与中国现代作家第一人

《呐喊》中作品的陆续发表，当时就得到很高的评价，五四运动的领导者们如陈独秀、胡适都公开为文或在书信中给予全面肯定和高度评价，为中国现代文学评论的发展开辟最新园地。堪称中国第一代文学批评家的周作人、茅盾等也给予了高度评价和中肯论述。《呐喊》的出版标志着中国现代文学成熟了，进入一个新的阶段，奠定了今后发展的基础，开辟了今后前进的道路。以后，一代接一代的作家，直至当代活跃的青年作家中的一些人，都得到《呐喊》的启迪，受到一定的影响，有的甚至是在《呐喊》哺育下成长起来。

（1）《呐喊》开辟了中国现代文学的广阔的现实主义道路。《呐喊》吸收了许多国家创作流派的艺术精神与技巧，借鉴并自创了现代主义的因素，但是，它的基本精神、方向、形态，是现实主义——坚实的、广阔的、深邃的、心理的、批判的、"广纳百川"的现实主义，它突破了已步入式微阶段的传统现实主义和已达到高峰的批判现实主义的规范，构建了中国的、东方的、具有中国传统文化风范与艺术精神的新的现实主义范式。当时和以后，就有人公开声明或内心私称鲁迅为文化"宗师与艺术导师"，学习他的现实主义精神与创作方法，从事创作和投身文学事业。

（2）在这种新的中国的现实主义精神支持下，鲁迅开辟了新文学改良人生、改良社会的道路。文学反映中国人民的苦难、民族的危亡、流血的斗争，以文学来唤醒人民、教育人民，反抗侵略者、反对反动统治，特别是贯穿一种民族自我批判的精神，成为新文学向革命文学转型的内在动力，也是一切进步的、人民的、真正的文学的共同品性的基本素质。

（3）创获了中国文学最早的现代性成果。《呐喊》中的作品，具有许多鲁迅发自内心感受与情感体验和艺术精神的现代性，以及借鉴了尼采、陀思妥耶夫斯基和俄国与东欧一些作家作品中的现代主义艺术精神与技巧，创获了中国现代文学的第一批现代性。"创获现代性"·是中国20世纪文学的基本方面与任务。鲁迅也终生为此而奋斗不息。《呐喊》中所创获的现代主义因素与成果，启发了后来的几代作家，至今是我们应该重视的文学的、美学的与文化的佳果。

（4）创造了不朽的艺术典型和一批出色的文学形象。文学作品，尤其是叙事文学，其成就的高低及其价值，重要的和基本的一点，就是它所创造的文学典型的意义和价值如何。鲁迅创造的阿Q这个形象，已经是走遍中国、走向世界的不朽典型。阿Q是一个民族典型，是一个世界性典型，也被证明是一个人类性典型。他已进入世界文学典型的"英雄谱"中。

阿Q之外，《呐喊》中还出现了孔乙己、单四嫂子、九斤老太、闰土、假洋鬼子等一系列深入人心、令人难忘的成功的文学典型。

（5）创造了中国现代短篇小说最早的与成熟的范型。如何叙事，是小说的基本课题。《呐喊》问世，打破了中国以话本小说为主要形态和固定模式的叙事范型，建立了新的短篇小说叙事范型。《呐喊》："现代小说范型形成"，是新文学第一个十年的主要成就。以后，或者模仿，或者参照，或者接受影响，一代又一代作家在《呐喊》引导下走上文学之路，有的作家则是在借鉴《呐喊》之后又突破了它，或走向其他小说范型的创作与创造。《呐喊》是中国最重要的文学资源之一。

总之，《呐喊》成为中国现代文学的最高峰，阿Q成为中国现代文学的第一艺术典型，它的作者鲁迅也成为中国现代作家第一人。

【注释】

[1]《新青年》第六卷第六号。

[2] 1919年4月1日《新潮》第一卷第四号。

[3] 1922年2月10日《小说月报》第十三卷第二号。

[4] 1922年3月19日《晨报副刊》。

[5] 1922年3月《申报》五十周年纪念册。

[6] 雁冰：《读〈呐喊〉》，载1923年10月8日《时事新报》副刊《学灯》和《文学旬刊》第91期。

[7] 引文均见1923年10月16日《时事新报》副刊《学灯》。

[8][9][10] 杨邨人：《读鲁迅的〈呐喊〉》，载 1924 年 6 月 13 日《时事新报》副刊《学刊》。

[11]《小说年鉴》，1923 年小说研究社出版。转引自中国社会科学院文学研究所鲁迅研究室：《1913—1983 鲁迅研究学术论著资料汇编》，中国文联出版公司，1985 年出版，第 39—40 页。

[12] 杨邨人：《读鲁迅的〈呐喊〉》，原载 1924 年 6 月 12—14 日《时事新报》副刊《学灯》。

[13] 玉狼（胡梦华）：《鲁迅的〈呐喊〉》，载 1924 年 10 月 8 日《时事新报》副刊《学灯》。

[14] 天用（朱湘）：《〈呐喊〉一桌话之六》，载 1924 年 10 月 27 日《文学周报》第 145 期。

[15] 张定璜：《鲁迅先生》，载 1925 年 1 月 24 日《现代评论》第 1 卷第七期。

[16] 王希礼：《一个俄国的中国文学研究者对于〈呐喊〉的观察》，载 1925 年 6 月 16 日《京报副刊·民众文艺》。

[17][25][30]《鲁迅全集·集外集·俄文译本〈阿 Q 正传〉序及著者自叙传略》。

[18] 原信引文见 1926 年 3 月 2 日《京报副刊·〔柏生〕罗曼·罗兰评鲁迅》。另据戈宝权依据敬隐渔致鲁迅函中所引罗曼·罗兰的话是这样的："《阿 Q 正传》是高超的艺术底作品。其证据是在读第二次比第一次更觉得好。这可怜的阿 Q 底惨像遂留在记忆里了。"（戈宝权：《〈阿 Q 正传〉在国外》，人民文学出版社，1981 年出版，第 9 页。

[19] 以上资料据戈宝权著《〈阿 Q 正传〉在国外》，人民文学出版社，1981 年出版。

[20] 据戈宝权著《〈阿 Q 正传〉在国外》，人民文学出版社，1981 年出版。

[21][22][23] 转引自戈宝权著《〈阿 Q 正传〉在国外》，人民文学出版社，1981 年出版，第 15 页。

[24] 张梦阳著：《阿 Q 新论》，陕西人民教育出版社，1996 年出版；张梦阳著：《静斋梦录·从老远地方指出阿 Q 的典型意义》，学苑出版社，1999 年出版。

[26]《鲁迅全集·伪自由书·再谈保留》。

[27][28]《鲁迅全集·且介亭杂文·寄〈戏〉周刊编者信》。

[29]《鲁迅书信集（下卷）·附录·致刘岘》。

[31]《鲁迅全集·华盖集续编·〈阿 Q 正传〉的成因》。

[32] 埃德加·斯诺：《鲁迅印象记》，原载《我在旧中国十三年》，生活·读书·新知三联书店，1973 年出版。

[33] 原载唐德刚：《文学与失学》，转摘自《中华读书报》，2000 年 9 月 20 日。

[34] 见《散宜生诗》，人民文学出版社，1985 年出版，第 97、39 页。原有注云："Q 豪，意为精神胜利。见《阿 Q 正传》。"

[35] 见李欧梵：《铁屋中的呐喊》，岳麓书社，1999 年出版，第 61 页。

[36]〔美〕帕特里克·哈南：《鲁迅小说的技巧》（载《国外鲁迅研究论集（1960—1981）》，北京大学出版社，1981 年出版）："《药》和《明天》的主要结构是并列性反语。"即

两个相反的、对立的场景，平列呈现，形成鲜明对照、强烈对比，好似是一种潜在的"语言"：两者互相成为"反语"。《明天》的反语结构甚至更清楚。……酒店与寡妇单四嫂子的家真的平列着……"

[37]《鲁迅全集·而已集·〈阿Q正传〉的成因》。

[38] 乐黛云编：《国外鲁迅研究论集（1960—1981)》，北京大学出版社，1981年出版，第309页。

六、永不凋谢的艺术之花：《呐喊》名篇解读

"中国狂人"的诞生：《狂人日记》

狂人日记 [1]

　　某君昆仲，今隐其名，皆余昔日在中学校时良友；分隔多年，消息渐阙。日前偶闻其一大病；适归故乡，迂道往访，则仅晤一人，言病者其弟也。劳君远道来视，然已早愈，赴某地候补 [2] 矣。因大笑，出示日记二册，谓可见当日病状，不妨献诸旧友。持归阅一过，知所患盖"迫害狂"之类。语颇错杂无伦次，又多荒唐之言；亦不著月日，惟墨色字体不一，知非一时所书。间亦有略具联络者，今撮录一篇，以供医家研究。记中语误，一字不易；惟人名虽皆村人，不为世间所知，无关大体，然亦悉易去。至于书名，则本人愈后所题，不复改也。七年四月二日识。

一

　　今天晚上，很好的月光。

　　我不见他，已是三十多年；今天见了，精神分外爽快。才知道以前的三十多年，全是发昏；然而须十分小心。不然，那赵家的狗，何以看我两眼呢？

　　我怕得有理。

二

　　今天全没月光，我知道不妙。早上小心出门，赵贵翁的眼色便怪：似乎怕我，似乎想害我。还有七八个人，交头接耳的议论我，又怕我看见。一路上的人，都是如此。其中最凶的一个人，张着嘴，对我笑了一

笑；我便从头直冷到脚跟，晓得他们布置，都已妥当了。

我可不怕，仍旧走我的路。前面一伙小孩子，也在那里议论我；眼色也同赵贵翁一样，脸色也都铁青。我想我同小孩子有什么仇，他也这样。忍不住大声说，"你告诉我！"他们可就跑了。

我想：我同赵贵翁有什么仇，同路上的人又有什么仇；只有廿年以前，把古久先生的陈年流水簿子[3]，踹了一脚，古久先生很不高兴。赵贵翁虽然不认识他，一定也听到风声，代抱不平；约定路上的人，同我作冤对。但是小孩子呢？那时候，他们还没有出世，何以今天也睁着怪眼睛，似乎怕我，似乎想害我。这真教我怕，教我纳罕而且伤心。

我明白了。这是他们娘老子教的！

<h2 style="text-align:center">三</h2>

晚上总是睡不着。凡事须得研究，才会明白。

他们——也有给知县打枷过的，也有给绅士掌过嘴的，也有衙役占了他妻子的，也有老子娘被债主逼死的；他们那时候的脸色，全没有昨天这么怕，也没有这么凶。

最奇怪的是昨天街上的那个女人，打他儿子，嘴里说道，"老子呀！我要咬你几口才出气！"他眼睛却看着我。我出了一惊，遮掩不住；那青面獠牙的一伙人，便都哄笑起来。陈老五赶上前，硬把我拖回家中了。

拖我回家，家里的人都装作不认识我；他们的眼色，也全同别人一样。进了书房，便反扣上门，宛然是关了一只鸡鸭。这一件事，越教我猜不出底细。

前几天，狼子村的佃户来告荒，对我大哥说，他们村里的一个大恶人，给大家打死了；几个人便挖出他的心肝来，用油煎炒了吃，可以壮壮胆子。我插了一句嘴，佃户和大哥便都看我几眼。今天才晓得他们的眼光，全同外面的那伙人一模一样。

想起来，我从顶上直冷到脚跟。

他们会吃人，就未必不会吃我。

你看那女人"咬你几口"的话，和一伙青面獠牙人的笑，和前天佃户的话，明明是暗号。我看出他话中全是毒，笑中全是刀。他们的牙齿，全是白厉厉的排着，这就是吃人的家伙。

照我自己想，虽然不是恶人，自从踹了古家的簿子，可就难说了。

他们似乎别有心思，我全猜不出。况且他们一翻脸，便说人是恶人。我还记得大哥教我做论，无论怎样好人，翻他几句，他便打上几个圈；原谅坏人几句，他便说"翻天妙手，与众不同"。我那里猜得到他们的心思，究竟怎样；况且是要吃的时候。

凡事总须研究，才会明白。古来时常吃人，我也还记得，可是不甚清楚。我翻开历史一查，这历史没有年代，歪歪斜斜的每页上都写着"仁义道德"几个字。我横竖睡不着，仔细看了半夜，才从字缝里看出字来，满本都写着两个字是"吃人"！

书上写着这许多字，佃户说了这许多话，却都笑吟吟的睁着怪眼睛看我。

我也是人，他们想要吃我了！

四

早上，我静坐了一会。陈老五送进饭来，一碗菜，一碗蒸鱼；这鱼的眼睛，白而且硬，张着嘴，同那一伙想吃人的人一样。吃了几筷，滑溜溜的不知是鱼是人，便把他兜肚连肠的吐出。

我说，"老五，对大哥说，我闷得慌，想到园里走走。"老五不答应，走了；停一会，可就来开了门。

我也不动，研究他们如何摆布我；知道他们一定不肯放松。果然！我大哥引了一个老头子，慢慢走来；他满眼凶光，怕我看出，只是低头向着地，从眼镜横边暗暗看我。大哥说，"今天你仿佛很好。"我说，"是的。"大哥说，"今天请何先生来，给你诊一诊。"我说"可以！"其实我岂不知道这老头子是刽子手扮的！无非借了看脉这名目，揣一揣肥瘠；因这功劳，也分一片肉吃。我也不怕；虽然不吃人，胆子却比他们还壮。伸出两个拳头，看他如何下手。老头子坐着，闭了眼睛，摸了好一会，呆了好一会；便张开他鬼眼睛说，"不要乱想。静静的养几天，就好了。"

不要乱想，静静的养！养肥了，他们是自然可以多吃；我有什么好处，怎么会"好了"？他们这群人，又想吃人，又是鬼鬼祟祟，想法子遮掩，不敢直捷下手，真要令我笑死。我忍不住，便放声大笑起来，十分快活。自己晓得这笑声里面，有的是义勇和正气。老头子和大哥，都失了色，被我这勇气正气镇压住了。

但是我有勇气，他们便越想吃我，沾光一点这勇气。老头子跨出门，走不多远，便低声对大哥说道，"赶紧吃罢！"大哥点点头。原来也有你！这一件大发见，虽似意外，也在意中：合伙吃我的人，便是我的哥哥！

　　吃人的是我哥哥！

　　我是吃人的人的兄弟！

　　我自己被人吃了，可仍然是吃人的人的兄弟！

五

　　这几天是退一步想：假使那老头子不是刽子手扮的，真是医生，也仍然是吃人的人。他们的祖师李时珍做的"本草什么"[4] 上，明明写着人肉可以煎吃；他还能说自己不吃人么？

　　至于我家大哥，也毫不冤枉他。他对我讲书的时候，亲口说过可以"易子而食"[5]；又一回偶然议论起一个不好的人，他便说不但该杀，还当"食肉寝皮"[6]。我那时年纪还小，心跳了好半天。前天狼子村佃户来说吃心肝的事，他也毫不奇怪，不住的点头。可见心思是同从前一样狠。既然可以"易子而食"，便什么都易得，什么人都吃得。我从前单听他讲道理，也胡涂过去；现在晓得他讲道理的时候，不但唇边还抹着人油，而且心里满装着吃人的意思。

六

　　黑漆漆的，不知是日是夜。赵家的狗又叫起来了。

　　狮子似的凶心，兔子的怯弱，狐狸的狡猾，……

七

　　我晓得他们的方法，直捷杀了，是不肯的，而且也不敢，怕有祸祟。所以他们大家连络，布满了罗网，逼我自戕。试看前几天街上男女的样子，和这几天我大哥的作为，便足可悟出八九分了。最好是解下腰带，挂在梁上，自己紧紧勒死；他们没有杀人的罪名，又偿了心愿，自然都欢天喜地的发出一种呜呜咽咽的笑声。否则惊吓忧愁死了，虽则略瘦，也还可以首肯几下。

　　他们是只会吃死肉的！——记得什么书上说，有一种东西，叫"海乙那"[7] 的，眼光和样子都很难看；时常吃死肉，连极大的骨头，都细细嚼烂，咽下肚子去，想起来也教人害怕。"海乙那"是狼的亲眷，狼是狗的本家。前天赵家的狗，看我几眼，可见他也同谋，早已接洽。老子眼看着地，岂能瞒得我过。

最可怜的是我的大哥，他也是人，何以毫不害怕；而且合伙吃我呢？还是历来惯了，不以为非呢？还是丧了良心，明知故犯呢？

我诅咒吃人的人，先从他起头；要劝转吃人的人，也先从他下手。

八

其实这种道理，到了现在，他们也该早已懂得，……

忽然来了一个人；年纪不过二十左右，相貌是不很看得清楚，满面笑容，对了我点头，他的笑也不像真笑。我便问他，"吃人的事，对么？"他仍然笑着说，"不是荒年，怎么会吃人。"我立刻就晓得，他也是一伙，喜欢吃人的；便自勇气百倍，偏要问他。

"对么？"

"这等事问他什么。你真会……说笑话。……今天天气很好。"

天气是好，月色也很亮了。可是我要问你，"对么？"

他不以为然了。含含胡胡的答道，"不……"

"不对？他们何以竟吃？！"

"没有的事……"

"没有的事？狼子村现吃；还有书上都写着，通红斩新！"

他便变了脸，铁一般青。睁着眼说，"有许有的，这是从来如此……"

"从来如此，便对么？"

"我不同你讲这些道理；总之你不该说，你说便是你错！"

我直跳起来，张开眼，这人便不见了。全身出了一大片汗。他的年纪，比我大哥小得远，居然也是一伙；这一定是他娘老子先教的。还怕已经教给他儿子了；所以连小孩子，也都恶狠狠的看我。

九

自己想吃人，又怕被别人吃了，都用着疑心极深的眼光，面面相觑。……

去了这心思，放心做事走路吃饭睡觉，何等舒服。这只是一条门槛，一个关头。他们可是父子兄弟夫妇朋友师生仇敌和各不相识的人，都结成一伙，互相劝勉，互相牵掣，死也不肯跨过这一步。

十

大清早，去寻我大哥；他立在堂门外看天，我便走到他背后，拦住门，格外沉静，格外和气的对他说，

"大哥，我有话告诉你。"

"你说就是。"他赶紧回过脸来，点点头。

"我只有几句话，可是说不出来。大哥，大约当初野蛮的人，都吃过一点人。后来因为心思不同，有的不吃人了，一味要好，便变了人，变了真的人。有的却还吃，——也同虫子一样，有的变了鱼鸟猴子，一直变到人。有的不要好，至今还是虫子。这吃人的人比不吃人的人，何等惭愧。怕比虫子的惭愧猴子，还差得很远很远。

"易牙 [8] 蒸了他儿子，给桀纣吃，还是一直从前的事。谁晓得从盘古开辟天地以后，一直吃到易牙的儿子；从易牙的儿子，一直吃到徐锡林 [9]；从徐锡林，又一直吃到狼子村捉住的人。去年城里杀了犯人，还有一个生痨病的人，用馒头蘸血舔。

"他们要吃我，你一个人，原也无法可想；然而又何必去入伙。吃人的人，什么事做不出；他们会吃我，也会吃你，一伙里面，也会自吃。但只要转一步，只要立刻改了，也就人人太平。虽然从来如此，我们今天也可以格外要好，说是不能！大哥，我相信你能说，前天佃户要减租，你说过不能。"

当初，他还只是冷笑，随后眼光便凶狠起来，一到说破他们的隐情，那就满脸都变成青色了。大门外立着一伙人，赵贵翁和他的狗，也在里面，都探头探脑的挨进来。有的是看不出面貌，似乎用布蒙着；有的是仍旧青面獠牙，抿着嘴笑。我认识他们是一伙，都是吃人的人。可是也晓得他们心思很不一样，一种是以为从来如此，应该吃的；一种是知道不该吃，可是仍然要吃，又怕别人说破他，所以听了我的话，越发气愤不过，可是抿着嘴冷笑。

这时候，大哥也忽然显出凶相，高声喝道，

"都出去！疯子有什么好看！"

这时候，我又懂得一件他们的巧妙了。他们岂但不肯改，而且早已

布置；预备下一个疯子的名目罩上我。将来吃了，不但太平无事，怕还会有人见情。佃户说的大家吃了一个恶人，正是这方法。这是他们的老谱！

陈老五也气愤愤的直走进来。如何按得住我的口，我偏要对这伙人说，"你们可以改了，从真心改起！要晓得将来容不得吃人的人，活在世上。

"你们要不改，自己也会吃尽。即使生得多，也会给真的人除灭了，同猎人打完狼子一样！——同虫子一样！"

那一伙人，都被陈老五赶走了。大哥也不知那里去了。陈老五劝我回屋子里去。屋里面全是黑沉沉的。横梁和椽子都在头上发抖；抖了一会，就大起来，堆在我身上。

万分沉重，动弹不得；他的意思是要我死。我晓得他的沉重是假的，便挣扎出来，出了一身汗。可是偏要说，

"你们立刻改了，从真心改起！你们要晓得将来是容不得吃人的人，……"

十一

太阳也不出，门也不开，日日是两顿饭。

我捏起筷子，便想起我大哥；晓得妹子死掉的缘故，也全在他。那时我妹子才五岁，可爱可怜的样子，还在眼前。母亲哭个不住，他却劝母亲不要哭；大约因为自己吃了，哭起来不免有点过意不去。如果还能过意不去，……

妹子是被大哥吃了，母亲知道没有，我可不得而知。

母亲想也知道；不过哭的时候，却并没有说明，大约也以为应当的了。记得我四五岁时，坐在堂前乘凉，大哥说爷娘生病，做儿子的须割下一片肉来，煮熟了请他吃，[10] 才算好人；母亲也没有说不行。一片吃得，整个的自然也吃得。但是那天的哭法，现在想起来，实在还教人伤心，这真是奇极的事！

十二

不能想了。

四千年来时时吃人的地方，今天才明白，我也在其中混了多年；大

哥正管着家务，妹子恰恰死了，他未必不和在饭菜里，暗暗给我们吃。

我未必无意之中，不吃了我妹子的几片肉，现在也轮到我自己，……

有了四千年吃人履历的我，当初虽然不知道，现在明白，难见真的人！

十三

没有吃过人的孩子，或者还有？

救救孩子……

一九一八年四月。

【注释】

[1] 本篇最初发表于1918年5月《新青年》第四卷第五号。

[2] 候补：清代官制，通过科举考试或捐纳取得官衔，而没有补授实缺的中下级官员，在吏部候选，由吏部汇列呈请分发名单，每月抽签分发到某部或某省，听候委用，称为候补。

[3] 古久先生的陈年流水簿子：这里比喻我国长期封建社会的历史。也可理解为"古久先生"象征古老的中国，"陈年流水簿子"则象征厚重的历史记载。

[4] "本草什么"：指《本草纲目》，故意不写出全名，以示狂人写日记的昏乱状态。《本草纲目》是明代医学家李时珍（1518—1593）的药物学著作。书里有唐代以人肉治痨病的记载，所以《狂人日记》中说李时珍"明明写着人肉可以煎吃"。这也是狂人的误记，同样是一种昏乱状态的表现。

[5] "易子而食"：语见《左传·宣公十五年》，其中记载宋将华元对楚将子反叙说宋国都城被楚军围困时的惨状："敝邑易子而食，析骸而爨。"

[6] "食肉寝皮"：语出《左传·襄公二十一年》。书中记载：晋国州绰对齐庄公说：然二子者，譬于禽兽，臣食其肉而寝处其皮矣。"按"二子"指齐国的殖绰和郭最，他们曾被州绰俘虏过。

[7] "海乙那"：英语hyena的音译，即鬣狗（又名土狼），一种食肉兽，常跟在狮虎等猛兽之后，吃它们剩下的残尸。

[8] 易牙：也叫狄牙，雍人，名巫，也称雍巫。春秋时齐国人，是齐桓公的近臣，长于调味，也善逢迎。相传他煮了自己的儿子作羹献给齐桓公。这里却说"易牙蒸了他儿子，给桀纣吃"，桀纣是夏商时人，这也是"狂人"昏乱状态的表现。

[9] 徐锡林：隐指徐锡麟（1873—1907），中国近代民主革命烈士，字伯荪，浙江绍兴人，清末革命团体光复会的重要成员。1907年与秋瑾准备在浙、皖两省同时起义，7月6日，在安庆，乘学堂举行毕业典礼之机刺死安徽巡抚恩铭，并率领学生攻占军械局。但起义

失败，被捕后当日惨遭杀害，心肝被恩铭的卫队挖出炒食。

[10] 指"割股疗亲"，相传割取自己大腿上的肉煎药，能够医治父母的重病。这是没有根据的，是封建社会的一种愚孝行为。

【解读】

关于《狂人日记》，鲁迅说过它产生的契机。在1918年8月20日《狂人日记》发表后不久，鲁迅在给好友许寿裳的信中说：

> 《狂人日记》实为拙作……后以偶阅《通鉴》，乃悟中国人尚是食人民族，因成此篇。此种发现，关系亦甚大，而知者尚寥寥也。

在《〈中国新文学大系〉小说二集序》中又说：

> ……一八三四年顷，俄国的果戈理（N. Gogol）就已经写了《狂人日记》；一八八三年顷，尼采（Fr. Nietzsche）也早借了苏鲁支（Zarathustra）的嘴，说过："你们已经走了从虫豸到人的路，在你们里面还有许多份是虫豸。你们做过猴子，到了现在，人还尤其猴子，无论比那一个猴子"的。……但后起的《狂人日记》意在暴露家族制度和礼教的弊害，却比果戈理的忧愤深广，也不如尼采的超人的渺茫。

这两段记事说明，要揭示中国家族制度和礼教的弊害——"吃人"的本质，表现一种深沉的忧愤。这里鲁迅确立了主题，这是他要表现的我们民族的"母题"之一。这一点很重要，但是知道的人很少。你把很少人知道的真理说出来，在中国，习惯上就称你甚至骂你是疯子。于是创作的目标也就出现了，要描写一个疯子，用疯话的形态，说出那些真理来。而且，果戈理不是有一篇《狂人日记》吗，不就是虚拟了一个狂人和他的日记，通过它来表现作家所要表现的内容与思想吗？但是，这里有一个危险：这么做，"狂人"可能成为一个不真实的人、苍白的形象，成为"传声筒"。那么，怎么办？基本的也是重要的有两条。

第一，疯子必须像疯子。这一点，好办。恰好就在几年前，表弟阮久荪得了疯病，而且恰好患的就是被迫害狂，他的惊恐和处处以为人们是在预谋和实施杀害他的计划，那表现是很真切、很具象的。鲁迅在接待、照顾他就医，以至雇人送他回乡的过程中看得很真切。再有，他的医学知识，自然也帮助他来真实地写出一个狂人的真实来。

第二，狂人之所以致狂的内在思想要真实、贴切，要有深度。这一点，便表现在鲁迅总结的家族制度和礼教是吃人的，中国数千年的历史是"吃人"文化这一点上。连狂人自己也吃过人。这种反传统的思想和他所反对的传统及其吃人的实质，这些都是真实的、击中要害的、具有深度的。它正是当时新文化运动反传统的主要目标。

这样，在创作立意上，就达到了内容与形式、思想与艺术的融合统一。

《狂人日记》在艺术形式上完全是崭新的。它不是直接呈现出一种狂人的日记，而是加上一个序言，告诉读者这是他的学友兄弟俩之一在患狂症时的日记，他拿来了，展开阅读。这"序"便成为一个故事封套，给人讲一段关于学友的兄弟发狂、记日记的故事。这一方面，增加了小说的真实感，同时，另一方面，又拉远了狂人的日记同读者的距离——是隔了一层才来看日记的。同时，这"序"也许还有一层意思，即"序"中说的那"迫害狂"病人早已好了，到某地去等待委任官差了。"狂人已经好了，又走上旧轨道了。——他否定了自己的过去。"这种"思想——行为倒退的革新者"的现象，是鲁迅感到痛心而时常提及的，他的朋友中亦不乏这种人。他在《孤独者》《在酒楼上》这些后来写的小说中也写过这种人。"序"中这样写出，也有一种警世的作用。

《狂人日记》正文共计13篇，每篇都很短，第十三篇只有两行两句话。但每一节都把狂人的思想从两个方面推进一步，也是向两个相关的主题深化。第一个是狂人所认定的要吃他的事实，一步一步坐实，符合逻辑地发展，"他们"所设计的一个一个阴谋都被他识破了，一直走向结尾："吃人→从过去到现在→吃我"。另一个方面的主题则是：从外人到家人到自己，都有吃人的历史，其逻辑发展是："狼子村人→大哥、母亲→我自己"。两条线索都归结到一个主题："救救孩子……"

《狂人日记》记录了狂人眼里所看到的世界与人的活动，他把这一切都汇聚和奔向吃人这一主题，他之所见、所想，都是日常的、正常的事物与活动，但在狂人眼里都成为预谋吃人的表现。这种描写，一种是狂人的真实的感受，它在心理学、生理学上以及实际生活方面，都是真实的：狂人的确是如此表现的。但是，在另一方面，"吃人"之说，从现实到历史都是虚幻的，因为这是狂人的幻觉和妄想。不过，这却是表面的意义，而在深层的意义上，这却是真实的，是血淋淋的事实。狂人说出的是真理。这样，前一种生活的真实（狂人之真狂表现），在"意义"层面上是虚假的（狂人不是狂，而是一个看穿了历史与现实本质的先觉者）；而后者的虚幻在本质上都是真实的。

整个作品，都具有象征的意义。"吃人"就是一种总体的象征。文中也充满了象征：月色，"陈年流水簿"，"咬你几口"，"狮子似的凶心，兔子的怯弱，狐狸的狡猾"，"救救孩子"等，连名字也具有象征的意识：狼子村，古久先生，"海乙那"。"众兽（狗、狼、海乙那、狮、兔、狐）的连续出现，竟建立一个与人的领域相平行的兽的领域。这正符合现代人类学家用人兽并列来象征人性中自杀与乱伦的价值观的解释；而'兽'的意象也使人看到孟子的'人之所以异于禽兽者几希'的反响。"

《狂人日记》的语言是崭新的中国现代叙述语言与文学语言，这是以前从未有过的，是"五四"时代的新产物，是鲁迅的创造。它是新的词汇、新的句式、新的表现方式，其中蕴含着新的文化背景与思想意义。它是明快的、简洁的、优雅的、美丽的、富有表现力的。它运行的节奏，隐藏的情绪，象征的意味，暗含的意象，以及反讽的语意，直到整体上表现的意境，都是现代的，符合内容表达的需要，并与之契合的。

《狂人日记》在创作上，受到俄国果戈理的《狂人日记》的直接影响，但主题、内容更广阔、巨大、深沉，是一种民族的忧愤与母题，而果戈理的同名作则只是悲苦小人物的哀鸣与呻吟。俄国作家安德列夫一向为鲁迅所赏识，他的《红笑》也写了两兄弟中一人疯了。但《红笑》中的疯子是真疯，《狂人日记》中的狂人却是说出真理的被迫害的先觉者。鲁迅还借取了尼采的思想，这一点他在自评中说明了。不同的是，他在《狂人日记》中，表达了人的身上心里还保留着"吃人"的野蛮成分。这种真实与虚幻的颠倒交错，构成了一种艺术上的张力，并产生一种吸引注意与欣赏的审美潜力。

整个叙述（日记），表现上是"错乱"的，而在意绪上、思想上、心理上，则是急促的、跳跃的、紧张的。一种心理紧张的语言、氛围和思想，急切地说出令人令己惊悚的真理。这大概就是鲁迅自评所说的"太逼促"吧，但这"逼促"（紧张）是符合《狂人日记》主题需要的。这种艺术风格正与主题之紧迫惊世相契合。

《狂人日记》的整个叙述是一步步发展的、深入的，是故事的逐步发展和深入，是狂人心理——思想的逐步展开和深入，同时也就是主题思想的逐步阐明与深入。

日记的第一篇，写月光，但更表现了狂人的心态：见月亮而忽然想到"以前的三十多年，全是发昏"；又忽然跳到赵家的狗，多看了他两眼。这里虽然还看不出更多东西，但狂人的怪异情态已经初步显示出来了。

第二篇就展开一些了：所有的人，从老人到小孩，都神态一样，怀着鬼胎，目的全是想要吃人。这里，迫害狂的心态表述出来了，而狂人的真正心思也说明了，更重要的是指明了两点：1. 和赵贵翁是二十年前"把古久先生的陈年流水簿子，踹了一脚"，所以结下了仇。这把狂人曾经反传统、反陈规的历史，象征性地透露出来了。2. 连小孩子也"睁着怪眼睛"，则是"他们娘老子教的"。这又将孩子的受害说明了。同时，与结尾的"救救孩子"的呼号前后呼应起来了。

第三、四、五篇，"故事"、狂人心态和主题思想又都进一步展开了，深入了，阐明了：1."他们会吃人，就未必不会吃我。"2. 历史用"仁义道德"四个字，掩盖着"吃人"的事实。3. 自己的哥哥也会吃"我"。"吃人的是我哥哥！""我是吃人的人的兄弟！"4. 医生也吃人，哥哥讲道理的时候"心里满装着吃人的意思"。至此，吃人的历史、现实、"道理"、原因，全讲到了。"故事"、心态和主题全面展开了。

第六篇是一个转折：虚写，烘托气氛。——日夜不分，狗又叫起来，"狮子似的凶心，兔子的怯弱，狐狸的狡猾，……"写出"吃人的人们"的心态特点，一些恰当的比喻，引人思索而富于形象性。

第七篇转入"吃法"的描写——只"会吃死肉"，不担"杀人的罪名"；以及诅咒吃人的人要从亲人做起，"劝转吃人的人，也先从他下手"。这样，迫害狂就从被吃的恐惧，转向"劝人不再吃人"了，思想前进，主题深化了。

第八篇便转入"劝"的主题，并批驳了"吃人的道理"：所谓"从来如此"！"从来如此，便对么？"——这一提问，使作品的思想进入对传统的礼教的批判：从来如此的事并不都对。

第九篇讲的"理论"：人们想吃人又怕被别人吃，吓得用疑心极深的眼光"面面相觑"。何必呢？"去了这心思"，跨过这一门槛、这一关头，就好了；但是，"父子兄弟夫妇朋友师生仇敌和各不相识的人"，就是不肯跨过这一步！

第十篇则又一次"峰回路转"：一面是连大哥在内的众人，形成了一个"吃人的阵势"；一面是狂人的力劝他们再不要"吃人"。这里更进一步提出了人们对付觉醒的狂人的老法式，就是给他们戴上"疯子"的恶谥；同时狂人的力劝也更为有力。他指出："你们可以改了，从真心改起！要晓得将来容不得吃人的人，活在世上。"在这一篇里，狂人的种种心态，在众多人与事的现象面前，表现得惟妙惟肖；狂人的思想、形象，也更进一步突显出来了。

第十一篇再次转折：大哥不必说了，就连母亲也参与了"吃"了亲生女儿的悲惨事！但妹妹死时，母亲确实哭得很伤心。"这真是奇极的事！"这是象征地表现出，封建礼教戕害人，使父母出于对子女的爱，却又用礼教思想——制度来管束他们，结果害死了他们，——这等于是"吃"了他们。然而他们浑然不知，又真诚地哭得很伤心。这是矛盾的，又是极悲惨的。

第十二篇写狂人很自然地联系到自己，既然大哥、母亲都参与了"吃"妹妹的事，"我未必无意之中，不吃了我妹子的几片肉"！而且"现在也轮到我自己"！这样，就得出了一个结论：我们有了"四千年吃人"的历史，我们每个人都有了"四千年吃人履历"！

第十三篇，一个十分简短而又铿锵有力的结尾："没有吃过人的孩子，或者还有？／救救孩子……"这也就是说，要把我们的后代从封建礼教的束缚和戕害下解放出来。

综观以上十三篇日记，三个线索，即故事的情节、狂人的心态、主题思想，纠结在一起，同时展开、同时发展、同时显现，因此它们也就互相推动、互相引发、互相阐释。这是这篇新型小说的高妙之处、成功之处。

阅读《狂人日记》可以先掌握它的表面意义层次，看明白每一篇日记所说的内容是什么，然后再细读，理解它的深层次的意义，包括每篇日记所表现的狂人的所见、所闻、所感，他的心态和反应，以及这种反应所体现的作者意图。再进一步，我们就可以细细揣度、领会、品味其中的象征、比喻、意象，由此可以更深入地理解这篇小说的思想内容和深刻意义，也能欣赏它的艺术成就和审美特征了。

通过这种狂人以日记的形式来表述自己的心理、理想的方式，《狂人日记》塑造了一个先觉者的"狂人"形象。通过这个成功的形象，揭露、抨击了中国几千年的封建礼教制度，指出了它的"吃人"的本质，并号召人们起来同它斗争，为消灭它而奋斗。

社会对苦人儿的凉薄：《孔乙己》

孔乙己 [1]

鲁镇的酒店的格局，是和别处不同的：都是当街一个曲尺形的大柜台，柜里面预备着热水，可以随时温酒。做工的人，傍午傍晚散了工，每每花四文铜钱，买一碗酒，——这是二十多年前的事，现在每碗要涨到十文，——靠柜外站着，热热的喝了休息；倘肯多花一文，便可以买一碟盐煮笋，或者茴香豆，做下酒物了，如果出到十几文，那就能买一样荤菜，但这些顾客，多是短衣帮，大抵没有这样阔绰。只有穿长衫的，才踱进店面隔壁的房子里，要酒要菜，慢慢地坐喝。

我从十二岁起，便在镇口的咸亨酒店里当伙计，掌柜说，样子太傻，怕侍候不了长衫主顾，就在外面做点事罢。外面的短衣主顾，虽然容易说话，但唠唠叨叨缠夹不清的也很不少。他们往往要亲眼看着黄酒从坛子里舀出，看过壶子底里有水没有，又亲看将壶子放在热水里，然后放心：在这严重监督之下，羼水也很为难。所以过了几天，掌柜又说我干不了这事。幸亏荐头的情面大，辞退不得，便改为专管温酒的一种无聊职务了。

我从此便整天的站在柜台里，专管我的职务。虽然没有什么失职，但总觉有些单调，有些无聊。掌柜是一副凶脸孔，主顾也没有好声气，教人活泼不得；只有孔乙己到店，才可以笑几声，所以至今还记得。

孔乙己是站着喝酒而穿长衫的惟一的人。他身材很高大；青白脸色，皱纹间时常夹些伤痕；一部乱蓬蓬的花白的胡子。穿的虽然是长衫，可是又脏又破，似乎十多年没有补，也没有洗。他对人说话，总是满口之乎者也，教人半懂不懂的。因为他姓孔，别人便从描红纸[2]上的"上大人孔乙己"这半懂不懂的话里，替他取下一个绰号，叫作孔乙己。孔乙己一到店，所有喝酒的人便都看着他笑，有的叫道，"孔乙己，你脸上又添上新伤疤了！"他不回答，对柜里说，"温两碗酒，要一碟茴香豆。"便排出九文大钱。他们又故意的高声嚷道，"你一定又偷了人家的东西了！"孔乙己睁大眼睛说，"你怎么这样凭空污人清白……""什么清白？我前天亲眼见你偷了何家的书，吊着打。"孔乙己便涨红了脸，额上的青筋条条绽出，争辩道，"窃书不能算偷……窃书！……读书人的事，能算偷么？"接连便是难懂的话，什么"君子固穷"[3]，什么"者乎"之类，引得众人都哄笑起来：店内外充满了快活的空气。

听人家背地里谈论，孔乙己原来也读过书，但终于没有进学[4]，又不会营生；于是愈过愈穷，弄到将要讨饭了。幸而写得一笔好字，便替人家钞钞书，换一碗饭吃。可惜他又有一样坏脾气，便是好喝懒做。坐不到几天，便连人和书籍纸张笔砚，一齐失踪。如是几次，叫他钞书的人也没有了。孔乙己没有法，便免不了偶然做些偷窃的事。但他在我们店里，品行却比别人都好，就是从不拖欠；虽然间或没有现钱，暂时记在粉板上，但不出一月，定然还清，从粉板上拭去了孔乙己的名字。

孔乙己喝过半碗酒，涨红的脸色渐渐复了原，旁人便又问道，"孔乙己，你当真认识字么？"孔乙己看着问他的人，显出不屑置辩的神气。他们便接着说道，"你怎的连半个秀才也捞不到呢？"孔乙己立刻显出颓唐不安的模样，脸上笼上了一层灰色，嘴里说些话；这回可是全是之乎者也之类，一些不懂了。在这时候，众人也都哄笑起来：店内外充满了快活的空气。

在这些时候，我可以附和着笑，掌柜是决不责备的。而且掌柜见了孔乙己，也每每这样问他，引人发笑。孔乙己自己知道不能和他们谈天，便只好向孩子说话。有一回对我说道，"你读过书么？"我略略点一点头。他说，"读过书，……我便考你一考。茴香豆的茴字，怎样写的?"我想,讨饭一样的人,也配考我么?便回过脸去,不再理会。孔乙己等了许久,很恳切的说道,"不能写罢?……我教给你,记着!这些字应该记着。将来做掌柜的时候,写账要用。"我暗想我和掌柜的等级还很远呢,而且我们掌柜也从不将茴香豆上账;又好笑,又不耐烦,懒懒的答他道,"谁要你教,不是草头底下一个来回的回字么?"孔乙己显出极高兴的样子,将两个指头的长指甲敲着柜台,点头说,"对呀对呀!……回字有四样写法 [5],你知道么?"我愈不耐烦了,努着嘴走远。孔乙己刚用指甲蘸了酒,想在柜上写字,见我毫不热心,便又叹一口气,显出极惋惜的样子。

有几回,邻舍孩子听得笑声,也赶热闹,围住了孔乙己。他便给他们茴香豆吃,一人一颗。孩子吃完豆,仍然不散,眼睛都望着碟子。孔乙己着了慌,伸开五指将碟子罩住,弯腰下去说道,"不多了,我已经不多了。"直起身又看一看豆,自己摇头说,"不多不多!多乎哉?不多也。"[6] 于是这一群孩子都在笑声里走散了。

孔乙己是这样的使人快活,可是没有他,别人也便这么过。

有一天,大约是中秋前的两三天,掌柜正在慢慢的结账,取下粉板,忽然说,"孔乙己长久没有来了。还欠十九个钱呢!"我才也觉得他的确长久没有来了。一个喝酒的人说道,"他怎么会来?……他打折了腿了。"掌柜说,"哦!""他总仍旧是偷。这一回,是自己发昏,竟偷到丁举人家里去了。他家的东西,偷得的么?""后来怎么样?""怎么样?先写服辩 [7],后来是打,打了大半夜,再打折了腿。""后来呢?""后来打折了腿了。""打折了怎样呢?""怎样?……谁晓得?许是死了。"掌柜也不再问,仍然慢慢的算他的账。

中秋过后,秋风是一天凉比一天,看看将近初冬;我整天的靠着火,也须穿上棉袄了。一天的下半天,没有一个顾客,我正合了眼坐着。忽然间听得一个声音,"温一碗酒。"这声音虽然极低,却很耳熟。看时又全没有人。站起来向外一望,那孔乙己便在柜台下对了门槛坐着。他脸上黑而且瘦,已经不成样子;穿一件破夹袄,盘着两腿,下面垫一个蒲包,用草绳在肩上挂住;见了我,又说道,"温一碗酒。"掌柜也伸出头去,一面说,"孔乙己么?你还欠十九个钱呢!"孔乙己很颓唐的仰面答道,"这……下回还清罢。这一回是现钱,酒要好。"掌柜仍然同平常一样,笑着对他说,"孔乙己,你又偷了东西了!"但他这回却不十分分辩，单说了一句"不要取笑！""取笑？要是不偷，怎么会打断腿？"孔乙己低声说道，"跌断，跌，跌……"他的眼色，很像恳求掌柜，不要再提。此时已经聚集了几个人，便和掌柜都笑了。我温了酒，端出去，放在门槛上。他从破衣袋里摸出四文大钱，放在我手里，见他满手是泥，原来他便用这手走来的。不一会，他喝完酒，便又在旁人的说笑声中，坐着用这手慢慢走去了。

自此以后，又长久没有看见孔乙己。到了年关，掌柜取下粉板说，"孔乙己还欠十九个钱呢！"到第二年的端午，又说"孔乙己还欠十九个钱呢！"到中秋可是没有说，再到年关也没有看见他。

我到现在终于没有见——大约孔乙己的确死了。

一九一九年三月。[8]

【注释】

〔1〕本篇最初发表于1919年4月《新青年》第六卷第四号。发表时篇末有作者的附记，说明作者创作的用意："这一篇很拙的小说，还是去年冬天做成的。那时的意思，单在描写社会上的或一种生活，请读者看看，并没有别的深意。但用活字排印了发表，却已在这时候，——便是忽然有人用了小说盛行人身攻击的时候。大抵著者走入暗路，每每能引读者的思想跟他堕落：以为小说是一种泼秽水的器具，里面糟蹋的是谁。这实在是一件极可叹可怜的事。所以我在此声明，免得发生猜度，害了读者的人格。一九一九年三月二十六日记。"

〔2〕描红纸：旧时通用的一种儿童摹写毛笔字的字帖，上面印有用红色写的汉字，儿童用毛笔蘸黑色在红字上描摹以练字。最通行的一种，上面印有"上大人孔（明代以前作丘）乙己化三千七十士尔小生八九子佳作仁可知礼也"这样一些笔画简单、三字一句和似通非通的文字。它的起源颇早，明代、唐代均有记载。

〔3〕"君子固穷"：语见《论语·卫灵公》："子曰：'君子固穷，小人穷斯滥矣。'"意思是君子困厄时尚能安守，小人困厄时就不守约束而胡作非为了。

〔4〕进学：院考（道）孝取者，名列府县学籍，叫进学。按明清科举制度分级考试，县考初试，再府考复试，再参加院考，进学后成为秀才，才可参加三年一次的乡试（有级考试），取中的称名举人。

〔5〕回字有四样写法：回字常见的三种写法是：回、囘、囬。第四种写作"囗"（见《康熙字典·备考》），极少见。

〔6〕"多乎哉？不多也。"：语见《论语·子罕》："……子闻之，曰：'大宰知我乎？吾少也贱，故多能鄙事。君子多乎哉？不多也。'"这里孔乙己只是说茴香豆不多了，与孔子所说的原意无关。

〔7〕服辩：又作伏辩，即认罪书。

[8] 根据注①所引作者的附记，本文当作于1918年冬天。这里篇末所署的写作时间，是作者在编集时所补记。或为误记。

【解读】

　　孔乙己本是一个读书人，在封建社会实行的科举制度中，读书人唯一的出路就是考功名，县试、府试、道试、乡试（省一级），秀才、举人、进士，等等，一级一级地考上去。连秀才也考不上，叫作没有功名。如果没有别的谋生本领，就几乎是废人。孔乙己就是这样，既不会营生，"于是愈过愈穷，弄到将要讨饭了"，于是替人抄书，可他又好吃懒做，还小偷小摸，偷书籍、纸张、笔砚。"如是几次，叫他钞书的人也没有了"。所以，他是穿长衫而又站着喝酒的唯一的人。他的形象是穷困潦倒的："他身材很高大；清白脸色，皱纹间时常夹些伤痕；一部乱蓬蓬的花白的胡子。穿的虽然是长衫，可是又脏又破，似乎十多年没有补，也没有洗。"这副模样，却既站着喝酒，又满口的之乎者也；而且当有人嘲笑他偷窃时，他又要申辩，并说别人是"凭空污人清白"，还狡辩地说什么"窃书不能算偷"。这些描写，活脱地画出了孔乙己的矛盾惶遽状态。在这样的介绍之后，对孔乙己的身世、生活状况和性情，我们就有了一个大致的了解，他的形象也明晰地站在读者面前。然后，就是实际的、"现场的"、具体的"事件"和表现了。一次纪事是孔乙己喝过半碗酒，人们故意问他是否真的识字，这显然是挑衅性的提问，孔乙己不屑置辩；接着又问他怎么连半个秀才也捞不到，这是更进一步的嘲笑了。这很使孔乙己伤心、难堪，于是他"立刻显出颓唐不安的模样，脸上笼上了一层灰色"，嘴里说些之乎者也的话，大概是为自己辩解吧，然而大家"一些不懂"，竟都哄笑起来了。而"店内外充满了快活的空气"。孔乙己是这样的使人快活，但他自己并不快活，只是做了使别人快活的材料罢了。这可以说是"孔乙己受难的一页"。人们拿他的不幸来取笑逗乐，把别人的痛苦作为寻开心的作料。社会的凉薄和对于苦人儿毫无同情心，就在这中间表现出来了。而孔乙己的生活和性格——老实、无能、受欺压，也在其中显现出来。

　　第二个"事件"和情节则是孔乙己在咸亨酒店喝酒时和"我"（也就是小伙计）的谈话——因为别人总是嘲笑戏弄他，所以只好和孩子说话，这也表现了孔乙己的可怜。他好心地教给"我""回字有四样写法"，又不受欢迎，听得人家不耐烦而走开了。这显出孔乙己的更加孤寂。——同时，这也就渲染了凉薄的空气和环境，更深层次地表现了"凉薄"，因为，连孩子也不喜欢他。接下来是孔乙己同孩子们的欢快的相处：孩子们围着他，"他便给他们茴香豆吃，一人一颗"。然而孩子们紧着要，孔乙己慌了，只好将碟子罩住，连说："不多了，我已经不多了。"又"自己摇头说，'不多不多！多乎哉？不多也。'""于是这一群孩子都在笑声里走散了"。这里倒有一点欢乐的气氛；但也暗含着悲凉：孩子们只是为了他的茴香豆而已，而他的茴香豆又不能满足供应。可怜的孔乙己只有这样一点点"不能满足别人的欢乐的欢乐"！孔乙己的形象和性格也在这种"活动"中体现出来。他朴素诚恳，喜欢孩子，也许这是他对于生活的爱的表现。但生活使他没有条件也没有权利享受这一点点"爱"！这里也进一步表现了社会的凉薄。孔乙己这样使人快活，但他自己却并不快活！

后面是转折也是情节的发展：掌柜的从粉板上发现孔乙己还欠十九个钱，这才觉得他"的确长久没有来了"。他提起这件事，一个喝酒的人就说起了孔乙己偷了举人家的东西，被打折了腿。有没有孔乙己，对人们毫无影响，人们毫不在意；只是看到他欠钱了才说起他，而他被打折了腿，人们也毫不在意。"许是死了"，人们这样说，像说一件极无所谓的事。"凉薄"，充斥在一切时间和空间之内。

接着便是实写：孔乙己以悲惨的形象出现了。他脸孔黑瘦，身穿破夹袄，"盘着两腿，下面垫一个蒲包，用草绳在肩上挂住"，用两手在地上"走"路。然而人们还要笑骂他，说他因为偷而被打折了腿，使他无地自容，只能自我解嘲说"不要取笑！""跌断，跌，跌……"他喝完酒，又在别人的说笑声中，用手慢慢走去了。这是很悲惨的一幕。孔乙己就生活在这样的不把他当人的环境和人生中。

自从这次孔乙己走后，就很久没有看见他了；到了年关，掌柜的只念叨孔乙己还欠十九个钱，而不念孔乙己；到第二年端午又是念及孔乙己所欠的十九个钱，而把人忘记了。以后，就永远没有看见这个可怜的苦人儿。——他悄悄地离开了这个凉薄的世界。

小说以极为简洁的故事情节，构筑了孔乙己悲惨的命运。

《药》：两个"中国之子"的死

药 [1]

一

秋天的后半夜，月亮下去了，太阳还没有出，只剩下一片乌蓝的天；除了夜游的东西，什么都睡着。华老栓忽然坐起身，擦着火柴，点上遍身油腻的灯盏，茶馆的两间屋子里，便弥满了青白的光。

"小栓的爹，你就去么？"是一个老女人的声音。里边的小屋子里，也发出一阵咳嗽。

"唔。"老栓一面听，一面应，一面扣上衣服；伸手过去说，"你给我罢。"

华大妈在枕头底下掏了半天，掏出一包洋钱 [2]，交给老栓，老栓接了，抖抖的装入衣袋，又在外面按了两下；便点上灯笼，吹熄灯盏，走向里屋子去了。那屋子里面，正在窸窸窣窣的响，接着便是一通咳嗽。老栓候他平静下去，才低低的叫道，"小栓……你不要起来。……店么？你娘会安排的。"

老栓听得儿子不再说话，料他安心睡了；便出了门，走到街上。街上黑沉沉的一无所有，只有一条灰白的路，看得分明。灯光照着他的两脚，一前一后的走。有时也遇到几只狗，可是一只也没有叫。天气比屋子里冷得多了；老栓倒觉爽快，仿佛一旦变了少年，得了神通，有给人生命的本领似的，跨步格外高远。而且路也愈走愈分明，天也愈走愈亮了。

老栓正在专心走路，忽然吃了一惊，远远里看见一条丁字街，明明白白横着。他便退了几步，寻到一家关着门的铺子，蹩进檐下，靠门立住了。好一会，身上觉得有些发冷。

"哼，老头子。"

"倒高兴……。"

老栓又吃一惊，睁眼看时，几个人从他面前过去了。一个还回头看他，样子不甚分明，但很像久饿的人见了食物一般，眼里闪出一种攫取的光。老栓看看灯笼，已经熄了。按一按衣袋，硬硬的还在。仰起头两面一望，只见许多古怪的人，三三两两，鬼似的在那里徘徊；定睛再看，却也看不出什么别的奇怪。

没有多久，又见几个兵，在那边走动；衣服前后的一个大白圆圈，远地里也看得清楚，走过面前的，并且看出号衣[3]上暗红色的镶边。——一阵脚步声响，一眨眼，已经拥过了一大簇人。那三三两两的人，也忽然合作一堆，潮一般向前赶；将到丁字街口，便突然立住，簇成一个半圆。

老栓也向那边看，却只见一堆人的后背；颈项都伸得很长，仿佛许多鸭，被无形的手捏住了的，向上提着。静了一会，似乎有点声音，便又动摇起来，轰的一声，都向后退；一直散到老栓立着的地方，几乎将他挤倒了。

"喂！一手交钱，一手交货！"一个浑身黑色的人，站在老栓面前，眼光正像两把刀，刺得老栓缩小了一半。那人一只大手，向他摊着；一只手却撮着一个鲜红的馒头[4]，那红的还是一点一点的往下滴。

老栓慌忙摸出洋钱，抖抖的想交给他，却又不敢去接他的东西。那人便焦急起来，嚷道，"怕什么？怎的不拿！"老栓还踌躇着；黑的人便抢过灯笼，一把扯下纸罩，裹了馒头，塞与老栓；一手抓过洋钱，捏一捏，转身去了。嘴里哼着说，"这老东西……"

"这给谁治病的呀？"老栓也似乎听得有人问他，但他并不答应；他的精神，现在只在一个包上，仿佛抱着一个十世单传的婴儿，别的事情，都已置之度外了。他现在要将这包里的新的生命，移植到他家里，收获许多幸福。太阳也出来了；在他面前，显出一条大道，直到他家中，后面也照见丁字街头破匾上"古□亭口"这四个黯淡的金字。

二

老栓走到家，店面早经收拾干净，一排一排的茶桌，滑溜溜的发光。但是没有客人；只有小栓坐在里排的桌前吃饭，大粒的汗，从额上滚下，夹袄也贴住了脊心，两块肩胛骨高高凸出，印成一个阳文的"八"字。老栓见这样子，不免皱一皱展开的眉心。他的女人，从灶下急急走出，睁着眼睛，嘴唇有些发抖。

"得了么？"

"得了。"

两个人一齐走进灶下，商量了一会；华大妈便出去了，不多时，拿着一片老荷叶回来，摊在桌上。老栓也打开灯笼罩，用荷叶重新包了那红的馒头。小栓也吃完饭，他的母亲慌忙说：

"小栓——你坐着，不要到这里来。"

一面整顿了灶火，老栓便把一个碧绿的包，一个红红白白的破灯笼，一同塞在灶里；一阵红黑的火焰过去时，店屋里散满了一种奇怪的香味。

"好香！你们吃什么点心呀？"这是驼背五少爷到了。这人每天总在茶馆里过日，来得最早，去得最迟，此时恰恰蹩到临街的壁角的桌边，便坐下问话，然而没有人答应他。"炒米粥么？"仍然没有人应。老栓匆匆走出，给他泡上茶。

"小栓进来罢！"华大妈叫小栓进了里面的屋子，中间放好一条凳，小栓坐了。他的母亲端过一碟乌黑的圆东西，轻轻说：

"吃下去罢，——病便好了。"

小栓撮起这黑东西，看了一会，似乎拿着自己的性命一般，心里说不出的奇怪。十分小心的拗开了，焦皮里面窜出一道白气，白气散了，是两半个白面的馒头。——不多工夫，已经全在肚里了，却全忘了什么味；面前只剩下一张空盘。他的旁边，一面立着他的父亲，一面立着他的母亲，两人的眼光，都仿佛要在他身里注进什么又要取出什么似的；便禁不住心跳起来，按着胸膛，又是一阵咳嗽。

"睡一会罢，——便好了。"

小栓依他母亲的话，咳着睡了。华大妈候他喘气平静，才轻轻的给他盖上了满幅补钉的夹被。

三

店里坐着许多人，老栓也忙了，提着大铜壶，一趟一趟的给客人冲茶；两个眼眶，都围着一圈黑线。

"老栓，你有些不舒服么？——你生病么？"一个花白胡子的人说。

"没有。"

"没有？——我想笑嘻嘻的，原也不像……"花白胡子便取消了自己的话。

"老栓只是忙。要是他的儿子……"驼背五少爷话还未完，突然闯进了一个满脸横肉的人，披一件玄色布衫，散着纽扣，用很宽的玄色腰带，胡乱捆在腰间。刚进门，便对老栓嚷道：

"吃了么？好了么？老栓，就是运气了你！你运气，要不是我信息灵……"

老栓一手提了茶壶，一手恭恭敬敬的垂着；笑嘻嘻的听。满座的人，也都恭恭敬敬的听。华大妈也黑着眼眶，笑嘻嘻的送出茶碗茶叶来，加上一个橄榄，老栓便去冲了水。

"这是包好！这是与众不同的。你想，趁热的拿来，趁热吃下。"横肉的人只是嚷。

"真的呢，要没有康大叔照顾，怎么会这样……"华大妈也很感激的谢他。

"包好，包好！这样的趁热吃下。这样的人血馒头，什么痨病都包好！"

华大妈听到"痨病"这两个字，变了一点脸色，似乎有些不高兴；但又立刻堆上笑，搭讪着走开了。这康大叔却没有觉察，仍然提高了喉咙只是嚷，嚷得里面睡着的小栓也合伙咳嗽起来。

"原来你家小栓碰到了这样的好运气了。这病自然一定全好；怪不得老栓整天的笑着呢。"花白胡子一面说，一面走到康大叔面前，低声下气的问道，"康大叔——听说今天结果的一个犯人，便是夏家的孩子，那是谁的孩子？究竟是什么事？"

"谁的？不就是夏四奶奶的儿么？那个小家伙！"康大叔见众人都耸起耳朵听他，便格外高兴，横肉块块饱绽，越发大声说，"这小东西不要命，不要就是了。我可是这一回一点没有得到好处；连剥下来的衣服，都给管牢的红眼睛阿义拿去了。——第一要算我们栓叔运气；第二是夏三爷赏了二十五两雪白的银子，独自落腰包，一文不花。"

小栓慢慢的从小屋子走出，两手按了胸口，不住的咳嗽；走到灶下，盛出一碗冷饭，泡上热水，坐下便吃。华大妈跟着他走，轻轻的问道，"小栓，你好些么？——你仍旧只是肚饿？……"

"包好，包好！"康大叔瞥了小栓一眼，仍然回过脸，对众人说，"夏三爷真是乖角儿，要是他不先告官，连他满门抄斩。现在怎样？银子！——这小东西也真不成东西！关在牢里，还要劝牢头造反。"

"阿呀，那还了得。"坐在后排的一个二十多岁的人，很现出气愤模样。

"你要晓得红眼睛阿义是去盘盘底细的，他却和他攀谈了。他说：这大清的天下是我们大家的。你想：这是人话么？红眼睛原知道他家里只有一个老娘，可是没有料到他竟会那么穷，榨不出一点油水，已经气破肚皮了。他还要老虎头上搔痒，便给他两个嘴巴！"

"义哥是一手好拳棒，这两下，一定够他受用了。"壁角的驼背忽然高兴起来。

"他这贱骨头打不怕，还要说可怜可怜哩。"

花白胡子的人说，"打了这种东西，有什么可怜呢？"

康大叔显出看他不上的样子，冷笑着说，"你没有听清我的话；看他神气，是说阿义可怜哩！"

听着的人的眼光，忽然有些板滞；话也停顿了。小栓已经吃完饭，吃得满身流汗，头上都冒出蒸气来。

"阿义可怜——疯话，简直是发了疯了。"花白胡子恍然大悟似的说。

"发了疯了。"二十多岁的人也恍然大悟的说。

店里的坐客，便又现出活气，谈笑起来。小栓也趁着热闹，拼命咳嗽；康大叔走上前，拍他肩膀说：

"包好！小栓——你不要这么咳。包好！"

"疯了。"驼背五少爷点着头说。

四

西关外靠着城根的地面，本是一块官地；中间歪歪斜斜一条细路，是贪走便道的人，用鞋底造成的，但却成了自然的界限。路的左边，都埋着死刑和瘐毙的人，右边是穷人的丛冢。两面都已埋到层层叠叠，宛然阔人家里祝寿时候的馒头。

这一年的清明，分外寒冷；杨柳才吐出半粒米大的新芽。天明未久，华大妈已在右边的一坐新坟前面，排出四碟菜，一碗饭，哭了一场。化过纸 [5]，呆呆的坐在地上；仿佛等候什么似的，但自己也说不出等候什么。微风起来，吹动他短发，确乎比去年白得多了。

小路上又来了一个女人，也是半白头发，褴褛的衣裙；提一个破旧的朱漆圆篮，外挂一串纸锭，三步一歇的走。忽然见华大妈坐在地上看他，便有些踌躇，惨白的脸上，现出些羞愧的颜色；但终于硬着头皮，走到左边的一坐坟前，放下了篮子。

那坟与小栓的坟，一字儿排着，中间只隔一条小路。华大妈看他排好四碟菜，一碗饭，立着哭了一通，化过纸锭；心里暗暗地想，"这坟里的也是儿子了。"那老女人徘徊观望了一回，忽然手脚有些发抖，跄跄踉踉退下几步，瞪着眼只是发怔。

华大妈见这样子，生怕他伤心到快要发狂了；便忍不住立起身，跨过小路，低声对他说，"你这位老奶奶不要伤心了，——我们还是回去罢。"

那人点一点头，眼睛仍然向上瞪着；也低声吃吃的说道，"你看，——看这是什么呢？"

华大妈跟了他指头看去，眼光便到了前面的坟，这坟上草根还没有全合，露出一块一块的黄土，煞是难看。再往上仔细看时，却不觉也吃一惊；——分明有一圈红白的花，围着那尖圆的坟顶。

他们的眼睛都已老花多年了，但望这红白的花，却还能明白看见。花也不很多，圆圆的排成一个圈，不很精神，倒也整齐。华大妈忙看他儿子和别人的坟，却只有不怕冷的几点青白小花，零星开着；便觉得心里忽然感到一种不足和空虚，不愿意根究。那老女人又走近几步，细看了一遍，自言自语的说，"这没有根，不像自己开的。——这地方有谁来呢？孩子不会来玩；——亲戚本家早不来了。——这是怎么一回事呢？"他想了又想，忽又流下泪来，大声说道：

"瑜儿，他们都冤枉了你，你还是忘不了，伤心不过，今天特意显点灵，要我知道么？"他四面一看，只见一只乌鸦，站在一株没有叶的树上，便接着说，"我知道了。——瑜儿，可怜他们坑了你，他们将来总有报应，天都知道；你闭了眼睛就是了。——你如果真在这里，听到我的话，——便教这乌鸦飞上你的坟顶，给我看罢。"

微风早经停息了；枯草支支直立，有如铜丝。一丝发抖的声音，在空气中愈颤愈细，细到没有，周围便都是死一般静。两人站在枯草丛里，仰面看那乌鸦；那乌鸦也在笔直的树枝间，缩着头，铁铸一般站着。

许多的工夫过去了；上坟的人渐渐增多，几个老的小的，在土坟间出没。

华大妈不知怎的，似乎卸下了一挑重担，便想到要走；一面劝着说，"我们还是回去罢。"

那老女人叹一口气，无精打采的收起饭菜；又迟疑了一刻，终于慢慢地走了。嘴里自言自语的说，"这是怎么一回事呢？……"

他们走不上二三十步远，忽听得背后"哑——"的一声大叫；两个人都竦然的回过头，只见那乌鸦张开两翅，一挫身，直向着远处的天空，箭也似的飞去了。

一九一九年四月。

【注释】

[1] 本篇最初发表于1919年5月《新青年》第六卷第五号。

[2] 洋钱：指银元。银元是从外国流入我国的，所以俗称洋钱。

[3] 号衣：指清朝士兵穿的军衣，前后胸缀圆形白布，上面写有"兵"或"勇"字。

[4] 鲜红的馒头，即蘸有人血的馒头。

[5] 化过纸：纸指纸钱。迷信习俗认为将纸钱烧化，死人在阴间可以当钱使用。

【解读】

《药》打破了第一人称的叙事（讲故事）方式，而改为客观呈现的方式，——客观地把发生的事件通过描写（不是"我"的讲述）呈现出来。而且，打破了中国传统小说叙事的连续性叙述，改为跳跃式、中间不衔接、不交代前后关节，分段式、分别地一幕一幕场景显示出来，相同的和不同的人物先后出场，演绎事件。这是完全西方现代小说写法。

《药》的构思和视点的选择，非常巧妙而富有深意。鲁迅在日本留学时相识、在绍兴府中学堂交往过的，辛亥革命中英勇牺牲的女烈士秋瑾，是一位光照史册的女侠。他被杀戮于绍兴城的古轩亭口。与他同案牺牲的刺杀安徽巡抚恩铭未成而血洒刑场的徐锡麟烈士，也是鲁迅在日留学时相识的革命战友，牺牲后被剖腹剜心。这是鲁迅创作《药》的直接、具体的历史触动与事实。以鲁迅对此事历史背景、具体事实的了解，他与两位烈士生前的直接接触，对许多细节可能的掌握，以及他的创作技巧，他完全可以直接写这个烈士血染中华大地的事件，成为一个正面的英雄颂歌。但是，鲁迅并没有这么做。他选择了另一种故事构造和叙事视点，构造了一个穷苦茶馆老板华老栓为给儿子治痨病，花钱买人血馒头的故事框架。叙事视点就聚焦于华老栓一家。实写他如何寄希望于人血馒头治好儿子的痨病，实写买人血馒头的过程；而虚写（由小说中其他人物间接叙述）革命党人夏瑜在牢中的表现和牺牲的情形。没有实写，便构不成故事；而没有虚写，就失去了故事的意义，只是一个穷人买人血馒头治病的普通事而已。因此，实写的部分，在"意义"上倒是"虚无"；而虚写的部分，则是充实以"意义"的坚实部分。这正是实者虚也，虚者实也。唯其这样构造故事，才产生了尖锐的矛盾：革命党人夏瑜是为了拯救穷苦人于苦难之中而牺牲的，而被拯救的华老栓一家却昏聩糊涂，要吃蘸了他的鲜血的馒头来治身体的病。这正应了鲁迅的话：愚弱的国民，其体格健全与否倒在其次，主要问题是改变他们的精神。而重要的是，尖锐地表现了鲁迅的那种沉痛的感受："孤独的精神的战士，虽然为民众战斗，却往往反为这'所为'而灭亡。"

夏瑜作为革命党人的活动、言行，在小说中虽然是间接地被叙述的，但却是很突出，很精到。那"康大叔"说，这夏瑜，"关在牢里，还要劝牢头造反"，他说"这大清的天下是我们大家的"。红眼睛阿义因为从夏瑜身上没有搜到钱物，便打了他，而夏瑜却说他"可怜、可怜"。一个坚定的、在精神上居于很高层次的革命战士的形象，却从反面的、贬斥的叙述中树立起来了。这种叙述由于"叙述者"与"被叙述者"之间的对立与人格悬殊，而既显出革命党人的崇高精神面貌，又反衬出环境的落后与黑暗。

《药》的故事，细节都是真实的，符合日常生活的实际，如华老栓一家的各种活动，刽子手的言行，等等。但整个叙述在总体上则是象征的。有总体的象征，有具体的象征。在总体象征上，"那对老夫妇姓华，'华'是中国古称'华夏'的一半。他们的儿子（也是中国的儿子）病了，必须用革命者的血来治疗，这革命者恰恰又姓'夏'。这样，这两个作为象征的姓氏就表明了两个青年正是一对，为了一个'中国之子'使另外一个'中国之子'无益地牺牲了生命"。在具体的层面上，鞋底造成的路——"自然的界限"，花环、乌鸦，都有一种象征的意味。虽然具体地象征什么，看法与解读不少，不很统一，但是，这种象征的意象，带着一种朦胧的意蕴与美，给人以一种欲言还休的心领神会的感受。也许没有确解还要好些。

当然，花环象征着人们对于牺牲的革命党人的悼念与崇敬，象征着洁白、美丽、希望，等等。鲁迅曾说：

> 既然是呐喊，则当然须听将令的了，所以我往往不恤用了曲笔，在《药》的瑜儿的坟上平空添上一个花环，……因为那时的主将是不主张消极的。

不过这花环只是预示着未来的微末的希望，它给作品的最后增添了亮色，但是作品的整体的强烈的、尖锐的、对立性的革命／觉醒与落后／愚昧、独醒者／庸众的对抗的紧张与由此带来的黑暗，却是沉重的，不能为花环所冲淡的。鲁迅也就是要用这种紧张、对抗、黑暗来促世人醒悟，促革命者醒悟：要有面对惨淡人生的勇气。

鲁迅说他的小说都取白描的手法，力避行文的唠叨，也不描写风月。《药》作为一种"呈现"的小说，仍然坚持了这一点，特别的精练，但白描勾勒，不蔓不枝，真是用所谓"铁线描"似的手法，把场景、风物、人的言行突出地呈现出来，给人以深刻的印象，尤其坟场上的风物情景和两位老母亲的行事言对，达到了十分精粹的程度，而经久耐读，给人以审美的愉悦感受。

凄楚的哀歌：《明天》

明天 [1]

"没有声音，——小东西怎了？"

红鼻子老拱手里擎了一碗黄酒，说着，向间壁努一努嘴。蓝皮阿五便放下酒碗，在他脊梁上用死劲的打了一掌，含含糊糊嚷道：

"你……你你又在想心思……。"

原来鲁镇是僻静地方，还有些古风：不上一更，大家便都关门睡觉。深更半夜没有睡的只有两家：一家是咸亨酒店，几个酒肉朋友围着柜台，吃喝得正高兴；一家便是间壁的单四嫂子，他自从前年守了寡，便须专靠着自己的一双手纺出棉纱来，养活他自己和他三岁的儿子，所以睡的也迟。

这几天，确凿没有纺纱的声音了。但夜深没有睡的既然只有两家，这单四嫂子家有声音，便自然只有老拱们听到，没有声音，也只有老拱们听到。

老拱挨了打，仿佛很舒服似的喝了一大口酒，呜呜的唱起小曲来。

这时候，单四嫂子正抱着他的宝儿，坐在床沿上，纺车静静的立在地上。黑沉沉的灯光，照着宝儿的脸，绯红里带一点青。单四嫂子心里计算：神签也求过了，愿心也许过了，单方也吃过了，要是还不见效，怎么好？——那只有去诊何小仙了。但宝儿也许是日轻夜重，到了明天，太阳一出，热也会退，气喘也会平的：这实在是病人常有的事。

单四嫂子是一个粗笨女人，不明白这"但"字的可怕：许多坏事固然幸亏有了他才变好，许多好事却也因为有了他都弄糟。夏天夜短，老拱们呜呜的唱完了不多时，东方已经发白；不一会，窗缝里透进了银白色的曙光。

单四嫂子等候天明，却不像别人这样容易，觉得非常之慢，宝儿的一呼吸，几乎长过一年。现在居然明亮了；天的明亮，压倒了灯光，——看见宝儿的鼻翼，已经一放一收的扇动。

单四嫂子知道不妙，暗暗叫一声"阿呀！"心里计算：怎么好？只有去诊何小仙这一条路了。他虽然是粗笨女人，心里却有决断，便站起身，从木柜子里掏出每天节省下来的十三个小银元和一百八十铜钱，都装在衣袋里，锁上门，抱着宝儿直向何家奔过去。

天气还早，何家已经坐着四个病人了。他摸出四角银元，买了号签，第五个便轮到宝儿。何小仙伸开两个指头按脉，指甲足有四寸多长，单四嫂子暗地纳罕，心里计算：宝儿该有活命了。但总免不了着急，忍不住要问，便局局促促的说：

"先生，——我家的宝儿什么病呀？"

"他中焦塞着[2]。"

"不妨事么？他……"

"先去吃两帖。"

"他喘不过气来，鼻翅子都扇着呢。"

"这是火克金[3]……"

何小仙说了半句话，便闭上眼睛；单四嫂子也不好意思再问。在何小仙对面坐着的一个三十多岁的人，此时已经开好一张药方，指着纸角上的几个字说道：

"这第一味保婴活命丸，须是贾家济世老店才有！"

单四嫂子接过药方，一面走，一面想。他虽是粗笨女人，却知道何家与济世老店与自己的家，正是一个三角点；自然是买了药回去便宜了。于是又径向济世老店奔过去。店伙也翘了长指甲慢慢的看方，慢慢的包药。单四嫂子抱了宝儿等着；宝儿忽然擎起小手来，用力拔他散乱着的一绺头发，这是从来没有的举动，单四嫂子怕得发怔。

太阳早出了。单四嫂子抱了孩子，带着药包，越走觉得越重；孩子又不住的挣扎，路也觉得越长。没奈何坐在路旁一家公馆的门槛上，休息了一会，衣服渐渐的冰着肌肤，才知道自己出了一身汗；宝儿却仿佛睡着了。他再起来慢慢地走，仍然支撑不得，耳朵边忽然听得人说：

"单四嫂子，我替你抱勃罗！"似乎是蓝皮阿五的声音。

他抬头看时，正是蓝皮阿五，睡眼朦胧的跟着他走。

单四嫂子在这时候，虽然很希望降下一员天将，助他一臂之力，却不愿是阿五。但阿五有点侠气，无论如何，总是偏要帮忙，所以推让了一会，终于得了许可了。他便伸开臂膊，从单四嫂子的乳房和孩子中间，直伸下去，抱去了孩子。单四嫂子便觉乳房上发了一条热，刹时间直热到脸上和耳根。

他们两人离开了二尺五寸多地，一同走着。阿五说些话，单四嫂子却大半没有答。走了不多时候，阿五又将孩子还给他，说是昨天与朋友约定的吃饭时候到了；单四嫂子便接了孩子。幸而不远便是家，早看见对门的王九妈在街边坐着，远远地说话：

"单四嫂子，孩子怎了？——看过先生了么？"

"看是看了。——王九妈，你有年纪，见的多，不如请你老法眼[4]看一看，怎样……"

"唔……"

"怎样……？"

"唔……"王九妈端详了一番，把头点了两点，摇了两摇。

宝儿吃下药，已经是午后了。单四嫂子留心看他神情，似乎仿佛平稳了不少；到得下午，忽然睁开眼叫一声"妈！"又仍然合上眼，像是睡去了。他睡了一刻，额上鼻尖都沁出一粒一粒的汗珠，单四嫂子轻轻一摸，胶水般粘着手；慌忙去摸胸口，便禁不住呜咽起来。

宝儿的呼吸从平稳变到没有，单四嫂子的声音也就从呜咽变成号咿。这时聚集了几堆人：门内是王九妈蓝皮阿五之类，门外是咸亨的掌柜和红鼻子老拱之类。王九妈便发命令，烧了一串纸钱；又将两条板凳和五件衣服作抵，替单四嫂子借了两块洋钱，给帮忙的人备饭。

第一个问题是棺木。单四嫂子还有一副银耳环和一支裹金的银簪，都交给了咸亨的掌柜，托他作一个保，半现半赊的买一具棺木。蓝皮阿五也伸出手来，很愿意自告奋勇；王九妈却不许他，只准他明天抬棺材的差使，阿五骂了一声"老畜生"，怏怏的努了嘴站着。掌柜便自去了；晚上回来，说棺木须得现做，后半夜才成功。

掌柜回来的时候，帮忙的人早吃过饭；因为鲁镇还有些古风，所以不上一更，便都回家睡觉了。只有阿五还靠着咸亨的柜台喝酒，老拱也呜呜的唱。

这时候，单四嫂子坐在床沿上哭着，宝儿在床上躺着，纺车静静的在地上立着。许多工夫，单四嫂子的眼泪宣告完结了，眼睛张得很大，看看四面的情形，觉得奇怪：所有的都是不会有的事。他心里计算：不过是梦罢了，这些事都是梦。明天醒过来，自己好好的睡在床上，宝儿也好好的睡在自己身边。他也醒过来，叫一声"妈"，生龙活虎似的跳去玩了。

老拱的歌声早经寂静，咸亨也熄了灯。单四嫂子张着眼，总不信所有的事。——鸡也叫了；东方渐渐发白，窗缝里透进了银白色的曙光。

银白的曙光又渐渐显出绯红，太阳光接着照到屋脊。单四嫂子张着眼，呆呆坐着；听得打门声音，才吃了一吓，跑出去开门。门外一个不认识的人，背了一件东西；后面站着王九妈。

哦，他们背了棺材来了。

下半天，棺木才合上盖：因为单四嫂子哭一回，看一回，总不肯死心塌地的盖上；幸亏王九妈等得不耐烦，气愤愤的跑上前，一把拖开他，才七手八脚的盖上了。

但单四嫂子待他的宝儿，实在已经尽了心，再没有什么缺陷。昨天烧过一串纸钱，上午又烧了四十九卷《大悲咒》[5]；收敛的时候，给他穿上顶新的衣裳，平日喜欢的玩意儿，——一个泥人，两个小木碗，两个玻璃瓶，——都放在枕头旁边。后来王九妈掐着指头仔细推敲，也终于想不出一些什么缺陷。

这一日里，蓝皮阿五简直整天没有到；咸亨掌柜便替单四嫂子雇了两名脚夫，每名二百另十个大钱，抬棺木到义冢地上安放。王九妈又帮他煮了饭，凡是动过手开过口的人都吃了饭。太阳渐渐显出要落山的颜色；吃过饭的人也不觉都显出要回家的颜色，——于是他们终于都回了家。

单四嫂子很觉得头眩，歇息了一会，倒居然有点平稳了。但他接连着便觉得很异样：遇到了平生没有遇到过的事，不像会有的事，然而的确出现了。他越想越奇，又感到一件异样的事——这屋子忽然太静了。

他站起身，点上灯火，屋子越显得静。他昏昏的走去关上门，回来坐在床沿上，纺车静静的立在地上。他定一定神，四面一看，更觉得坐立不得，屋子不但太静，而且也太大了，东西也太空了。太大的屋子四面包围着他，太空的东西四面压着他，叫他喘气不得。

他现在知道他的宝儿确乎死了；不愿意见这屋子，吹熄了灯，躺着。他一面哭，一面想：想那时候，自己纺着棉纱，宝儿坐在身边吃茴香豆，瞪着一双小黑眼睛想了一刻，便说，"妈！爹卖馄饨，我大了也卖馄饨，卖许多许多钱，——我都给你。"那时候，真是连纺出的棉纱，也仿佛寸寸都有意思，寸寸都活着。但现在怎么了？现在的事，单四嫂子却实在没有想到什么。——我早经说过：他是粗笨女人。他能想出什么呢？他单觉得这屋子太静，太大，太空罢了。

但单四嫂子虽然粗笨，却知道还魂是不能有的事，他的宝儿也的确不能再见了。叹一口气，自言自语的说，"宝儿，你该还在这里，你给我梦里见见罢。"于是合上眼，想赶快睡去，会他的宝儿，苦苦的呼吸通过了静和大和空虚，自己听得明白。

单四嫂子终于朦朦胧胧的走入睡乡，全屋子都很静。这时红鼻子老拱的小曲，也早经唱完；跄跄踉踉出了咸亨，却又提尖了喉咙，唱道：

"我的冤家呀！——可怜你，——孤另另的……"

蓝皮阿五便伸手揪住了老拱的肩头，两个人七歪八斜的笑着挤着走去。

单四嫂子早睡着了，老拱们也走了，咸亨也关上门了。这时的鲁镇，便完全落在寂静里。只有那暗夜为想变成明天，却仍在这寂静里奔波；另有几条狗，也躲在暗地里呜呜的叫。

一九一九年四月。

[1] 本篇最初发表于1919年10月北京《新潮》月刊第二卷第一号。

[2] 中焦塞着：中医学名词，指消化不良一类的病症。中医学认为，自膈以上为上焦，自脐以上为中焦，自脐以下为下焦。

[3] 火克金：中医用语。中医认为心、肺、肝、脾、肾五脏分别与火、金、木、土、水五行相应。火克金，是说"心火"克制了"肺金"，便引起了呼吸系统的疾病。

[4] 法眼：佛家语。原意指菩萨洞察一切的智慧，这里用来称王九妈的眼力足可看出真实病情，恭维她有鉴定能力。

[5]《大悲咒》，即佛教《观世音菩萨大悲心陀罗尼经》中的咒文。迷信的人们在求神拜佛时，给死者念诵或烧化这种咒文，以为可以使他在"阴间"消灾。

【解读】

《明天》是一首凄楚的哀歌。周作人说："《明天》是一篇很阴暗的小说……因为这小说是写孤儿寡妇的。"更阴暗的是孤儿死去，寡母无人关怀。明天，在哪里，是什么？"只有那暗夜为想变成明天，却仍在这寂静里奔波；另有几条狗，也躲在暗地里呜呜的叫。"这好像也是一种象征，至少它的意境是象征性的：暗夜还只是"想"变成明天，现在还只是在"寂静里奔波"。

《明天》这篇小说里所叙述的故事，就是"暗夜在寂静里奔波"想变成明天的一个事件。这个事件是平凡的、日常的生活：年轻寡妇单四嫂子的宝儿从得病到死亡的过程。为什么这个过程值得写？或者说，鲁迅的叙述如何使这个故事——事件具有了意义呢？意义远不在于单四嫂子穷苦、孤零，痛失幼子，悲伤无告。更重要的是她的孤立无援，周围的环境和所有的人们对她都那么无情无义。医生何小仙是那么冷漠，对于宝儿的病以至生命，对于单四嫂子，都是一副漠不关心的冷样；蓝皮阿五的所谓帮忙是怀着不轨的目的；在可怕的惊恐与孤寂的夜里，咸亨酒店里的喝酒歌唱依旧在进行。这是一个麻木与冷漠的世界。人们不关心他人，一盘散沙，自己的手都不懂得自己的足。人与人之间的心与情是不相通的。"楼下一个男人病得要死，那间壁的一家唱着留声机；对面是弄孩子。楼上有两人狂笑；还有打牌声。河中的船上有女人哭着她死去的母亲。人类的悲欢并不相通……"这里速写的是城市喧嚣中的悲欢不相通。《明天》中所写要简单得多，但那悲苦凄清也更深。这样，把"事件"（宝儿的死及单四嫂子的命运）放在一个具体的环境中，反映出它的状况，"意义"也就产生了：人类悲欢的不相通。

对于"悲欢不相通"的揭示、倾诉，就是对于"相通"的呼喊与期求。这是《明天》的更深一层的意义了。

你对于单四嫂子的孤苦命运，产生同情了吗？你对于她周遭人们的麻木冷漠，产生不满与谴责之意吗？你由此思索要改变以及如何改变这种病态社会的病症吗？读过《明天》之后，读者对以上各种问题做出正面的答案，那就是作品和作家的创作活动产生了效果。这也就是文学产生了积极的效果。

《明天》里再次写到死亡。但这里不是革命党的被杀戮，而是疾病夺去了一个幼小的生命。死亡成为这篇小说构成的纽结。宝儿的死亡映照出一个"社会层面"的人们的嘴脸，这种冷漠的环境使单四嫂子跌入不幸的深渊。不同的死亡，夏瑜的被戮、华小栓的病死和宝儿的病死，遭遇的是相同的环境。而小栓与宝儿的死因中，都包含庸医的害人这一事实与情节。

鲁迅在这里再次以日常生活中的平凡小事，来反映具有重大意义的主题。一个村镇小儿的病死及埋葬的过程——再没有比这更普遍不过、平常不过的事情了。然而鲁迅却能从这里面提炼出重大的主题，显示出社会与思想的意义。这里，最主要和根本的原因是作家的思想，成为"蒸煮"、"提炼"、凝聚、酶化现实生活素材的热力和动力。思想照亮了生活。

鲁迅的现实主义精神也得到深入的展开。这是一种深切的现实主义精神，使鲁迅从生活中选取了朴素无华、平凡无奇的素材，也使这"素材"的内蕴被发挥出来。但鲁迅又没有像一般现实主义作家那样，细细地描写单四嫂子如何贫穷，如何艰难，如何给孩子治病治丧。他所侧重的仍是精神的、心灵的。当宝儿已经死去时，单四嫂子枯坐房中，"眼泪宣告完结了，眼睛张得很大，看看四面的情形，觉得奇怪：所有的都是不会有的事。他心里计算：不过是梦罢了，这些事都是梦。"她张着眼，不信所有的事是真实的，直到鸡叫，东方发白，帮忙的人们来葬埋宝儿，她才从一夜未眠的"白日梦"——"醒的梦"中惊醒过来。这种沉默的不信现实，彻夜不眠，比终夜的号哭要更为痛苦。

《明天》中与《药》一样，使用了"并列性反语"的结构手法。在作品中，热闹的、轻薄无聊的人们饮酒闲谈的咸亨酒店和孤苦凄清的单四嫂子的家，是比邻而居而并列对衬的两个处所，在这里演进着人间的凄苦悲剧。醉酒人们的涉性的狎邪语、呜呜的唱曲声，与隔壁单四嫂子家的悲惨，形成反语的对照。"明天"与"暗夜"在这里也形成反语性对照。故事从"暗夜"开始，宝儿重病。"单四嫂子等候天明……觉得非常之慢，宝儿的一呼吸，几乎长过一年"。真正是长夜茫茫。好容易天亮了，时间已经是"明天"到来了，但对单四嫂子来说，却是在走向"暗夜"：宝儿从病重走向死亡。然后又是"暗夜"，单四嫂子在似梦非梦的朦胧中，不承认宝儿的死是真实。然后天亮了，第二个"明天"到来，但单四嫂子却要去埋葬自己的"明天"——宝儿。她的生活与生命都失去了依托与意义，也就是失去了明天。——她在天明中心理上进入暗夜。然后时间真的进入暗夜，而单四嫂子等待梦中见到宝儿。这时，"暗夜想变成明天"。小说在这里结束了，没有写明天的到来。"暗夜"与"明天"始终在交错行进，但是，"暗夜"始终笼罩着。

据周作人回忆，《明天》中出于鲁迅经历的事实，即"本事与模型"的，有两个细节：一个是宝儿的病似是肺炎，"著者那么的细细的叙述，可能心里想念着六岁时肺炎死亡的四弟"；一个是何小仙的姓名，可能与为鲁迅父亲治病的中医何廉臣有连带关系。这里所借取的生活的真实，是极有限的，在作品中也只是一个无关宏旨的细节。不过由此可以看出，《明天》主要是一个虚构的故事。但这种虚构在总体上是真实的，符合那时候的社会生活、人际关系、下层社会的实际情况，鲁迅的虚构是从这种社会实际出发来编织故事的。这种社会状况、市井生活情状，在周作人、周建人和周冠五的回忆录中，都有详细的描述，从中可看出《明天》的真实时代、社会背景。

一个不朽典型的诞生：《阿Q正传》

阿Q正传（节选）

第七章 革命

宣统三年九月十四日——即阿Q将搭连卖给赵白眼的这一天——三更四点，有一只大乌篷船到了赵府上的河埠头。这船从黑魆魆中荡来，乡下人睡得熟，都没有知道；出去时将近黎明，却很有几个看见的了。据探头探脑的调查来的结果，知道那竟是举人老爷的船！

那船便将大不安载给了未庄，不到正午，全村的人心就很摇动。船的使命，赵家本来是很秘密的，但茶坊酒肆里却都说，革命党要进城，举人老爷到我们乡下来逃难了。惟有邹七嫂不以为然，说那不过是几口破衣箱，举人老爷想来寄存的，却已被赵太爷回复转去。其实举人老爷和赵秀才素不相能，在理本不能有"共患难"的情谊，况且邹七嫂又和赵家是邻居，见闻较为切近，所以大概该是伊对的。

然而谣言很旺盛，说举人老爷虽然似乎没有亲到，却有一封长信，和赵家排了"转折亲"。赵太爷肚里一轮，觉得于他总不会有坏处，便将箱子留下了，现就塞在太太的床底下。至于革命党，有的说是便在这一夜进了城，个个白盔白甲：穿着崇正皇帝的素。

阿Q的耳朵里，本来早听到过革命党这一句话，今年又亲眼见过杀掉革命党。但他有一种不知从那里来的意见，以为革命党便是造反，造反便是与他为难，所以一向是"深恶而痛绝之"的。殊不料这却使百里闻名的举人老爷有这样怕，于是他未免也有些"神往"了，况且未庄的一群鸟男女的慌张的神情，也使阿Q更快意。

"革命也好罢，"阿Q想，"革这伙妈妈的命，太可恶！太可恨！……便是我，也要投降革命党了。"

阿Q近来用度窘，大约略略有些不平；加以午间喝了两碗空肚酒，愈加醉得快，一面想一面走，便又飘飘然起来。不知怎么一来，忽而似乎革命党便是自己，未庄人却都是他的俘虏了。他得意之余，禁不住大声的嚷道：

"造反了！造反了！"

未庄人都用了惊惧的眼光对他看。这一种可怜的眼光，是阿Q从来没有见过的，一见之下，又使他舒服得如六月里喝了雪水。他更加高兴的走而且喊道：

"好，……我要什么就是什么，我欢喜谁就是谁。

得得，锵锵！

悔不该，酒醉错斩了郑贤弟，

悔不该，呀呀呀……

得得，锵锵，得，锵令锵！

我手执钢鞭将你打……"

赵府上的两位男人和两个真本家，也正站在大门口论革命。阿Q没有见，昂了头直唱过去。

"得得，……"

"老Q，"赵太爷怯怯的迎着低声的叫。

"锵锵，"阿Q料不到他的名字会和"老"字联结起来，以为是一句别的话，与己无干，只是唱。"得，锵，锵令锵，锵！"

"老Q。"

"悔不该……"

"阿Q！"秀才只得直呼其名了。

阿Q这才站住，歪着头问道，"什么？"

"老Q，……现在……"赵太爷却又没有话，"现在……发财么？"

"发财？自然。要什么就是什么……"

"阿……Q哥，像我们这样穷朋友是不要紧的……"赵白眼惴惴的说，似乎想探革命党的口风。

"穷朋友？你总比我有钱。"阿Q说着自去了。

大家都怃然，没有话。赵太爷父子回家，晚上商量到点灯。赵白眼回家，便从腰间扯下搭连来，交给他女人藏在箱底里。

阿Q飘飘然的飞了一通，回到土谷祠，酒已经醒透了。这晚上，管祠的老头子也意外的和气，请他喝茶；阿Q便向他要了两个饼，吃完之后，又要了一支点过的四两烛和一个树烛台，点起来，独自躺在自己的小屋里。他说不出的新鲜而且高兴，烛火像元夜似的闪闪的跳，他的思想也迸跳起来了：

"造反？有趣，……来了一阵白盔白甲的革命党，都拿着板刀，钢鞭，炸弹，洋炮，三尖两刃刀，钩镰枪，走过土谷祠，叫道，'阿Q！

同去同去！'于是一同去。……

"这时未庄的一伙鸟男女才好笑哩，跪下叫道，'阿Q，饶命！'谁听他！第一个该死的是小D和赵太爷，还有秀才，还有假洋鬼子，……留几条么？王胡本来还可留，但也不要了。……

"东西，……直走进去打开箱子来：元宝，洋钱，洋纱衫，……秀才娘子的一张宁式床先搬到土谷祠，此外便摆了钱家的桌椅，——或者也就用赵家的罢。自己是不动手的了，叫小D来搬，要搬得快，搬得不快打嘴巴。……

"赵司晨的妹子真丑。邹七嫂的女儿过几年再说。假洋鬼子的老婆会和没有辫子的男人睡觉，吓，不是好东西！秀才的老婆是眼胞上有疤的。……吴妈长久不见了，不知道在那里，——可惜脚太大。"

阿Q没有想得十分停当，已经发了鼾声，四两烛还只点去了小半寸，红焰焰的光照着他张开的嘴。

"荷荷！"阿Q忽而大叫起来，抬了头仓皇的四顾，待到看见四两烛，却又倒头睡去了。

第二天他起得很迟，走出街上看时，样样都照旧。他也仍然肚饿，他想着，想不起什么来；但他忽而似乎有了主意了，慢慢的跨开步，有意无意的走到静修庵。

庵和春天时节一样静，白的墙壁和漆黑的门。他想了一想，前去打门，一只狗在里面叫。他急急拾了几块断砖，再上去较为用力的打，打到黑门上生出许多麻点的时候，才听得有人来开门。

阿Q连忙捏好砖头，摆开马步，准备和黑狗来开战。但庵门只开了一条缝，并无黑狗从中冲出，望进去只有一个老尼姑。

"你又来什么事？"伊大吃一惊的说。

"革命了……你知道？……"阿Q说得很含胡。

"革命革命，革过一革的，……你们要革得我们怎么样呢？"老尼姑两眼通红的说。

"什么？……"阿Q诧异了。

"你不知道，他们已经来革过了！"

"谁？……"阿Q更其诧异了。

"那秀才和洋鬼子！"

阿Q很出意外，不由的一错愕；老尼姑见他失了锐气，便飞速的关了门，阿Q再推时，牢不可开，再打时，没有回答了。

那还是上午的事。赵秀才消息灵，一知道革命党已在夜间进城，便将辫子盘在顶上，一早去拜访那历来也不相能的假洋鬼子。这是"咸与维新"的时候了，所以他们便谈得很投机，立刻成了情投意合的同志，也相约去革命。他们想而又想，才想出静修庵里有一块"皇帝万岁万万岁"的龙牌，是应该赶紧革掉的，于是又立刻同到庵里去革命。因为老尼姑来阻挡，说了三句话，他们便将伊当作满政府，在头上很给了不少的棍子和栗凿。尼姑待他们走后，定了神来检点，龙牌固然已经碎在地上了，而且又不见了观音娘娘座前的一个宣德炉。

这事阿Q后来才知道。他颇悔自己睡着，但也深怪他们不来招呼他。他又退一步想道：

"难道他们还没有知道我已经投降了革命党么？"

第八章　不准革命

未庄的人心日见其安静了。据传来的消息，知道革命党虽然进了城，倒还没有什么大异样。知县大老爷还是原官，不过改称了什么，而且举人老爷也做了什么——这些名目，未庄人都说不明白——官，带兵的也还是先前的老把总。只有一件可怕的事是另有几个不好的革命党夹在里面捣乱，第二天便动手剪辫子，听说那邻村的航船七斤便着了道儿，弄得不像人样子了。但这却还不算大恐怖，因为未庄人本来少上城，即使偶有想进城的，也就立刻变了计，碰不着这危险。阿Q本也想进城寻他的老朋友，一得这消息，也只得作罢了。

但未庄也不能说是无改革。几天之后，将辫子盘在顶上的逐渐增加起来了，早经说过，最先自然是茂才公，其次便是赵司晨和赵白眼，后来是阿Q。倘在夏天，大家将辫子盘在头顶上或者打一个结，本不算什么稀奇事，但现在是暮秋，所以这"秋行夏令"的情形，在盘辫家不能不说是万分的英断，而在未庄也不能说无关于改革了。

赵司晨脑后空荡荡的走来，看见的人大嚷说，

"嚄，革命党来了！"

阿Q听到了很羡慕。他虽然早知道秀才盘辫的大新闻，但总没有想到自己可以照样做，现在看见赵司晨也如此，才有了学样的意思，定下实行的决心。他用一支竹筷将辫子盘在头顶上，迟疑多时，这才放胆的

走去。

他在街上走，人也看他，然而不说什么话，阿Q当初很不快，后来便很不平。他近来很容易闹脾气了；其实他的生活，倒也并不比造反之前艰难，人见他也客气，店铺也不说要现钱。而阿Q总觉得自己太失意：既然革了命，不应该只是这样的。况且有一回看见小D，愈使他气破肚皮了。

小D也将辫子盘在头顶上，而且也居然用一支竹筷。阿Q万料不到他也敢这样做，自己也决不准他这样做！小D是什么东西呢？他很想即刻揪住他，拗断他的竹筷，放下他的辫子，并且批他几个嘴巴，聊且惩罚他忘了生辰八字，也敢来做革命党的罪。但他终于饶放了，单是怒目而视的吐一口唾沫道"呸！"

这几日里，进城去的只有一个假洋鬼子。赵秀才本也想靠着寄存箱子的渊源，亲身去拜访举人老爷的，但因为有剪辫的危险，所以也就中止了。他写了一封"黄伞格"的信，托假洋鬼子带上城，而且托他给自己绍介绍介，去进自由党。假洋鬼子回来时，向秀才讨还了四块洋钱，秀才便有一块银桃子挂在襟上了；未庄人都惊服，说这是柿油党的顶子，抵得一个翰林；赵太爷因此也骤然大阔，远过于他儿子初隽秀才的时候，所以目空一切，见了阿Q，也就很有些不放在眼里了。

阿Q正在不平，又时时刻刻感着冷落，一听得这银桃子的传说，他立即悟出自己之所以冷落的原因了：要革命，单说投降，是不行的；盘上辫子，也不行的；第一着仍然要和革命党去结识。他生平所知道的革命党只有两个，城里的一个早已"嚓"的杀掉了，现在只剩了一个假洋鬼子。他除却赶紧去和假洋鬼子商量之外，再没有别的道路了。

钱府的大门正开着，阿Q便怯怯的蹩进去。他一到里面，很吃了惊，只见假洋鬼子正站在院子的中央，一身乌黑的大约是洋衣，身上也挂着一块银桃子，手里是阿Q曾经领教过的棍子，已经留到一尺多长的辫子都拆开了披在肩背上，蓬头散发的像一个刘海仙。对面挺直的站着赵白眼和三个闲人，正在必恭必敬的听说话。

阿Q轻轻的走近了，站在赵白眼的背后，心里想招呼，却不知道怎么说才好：叫他假洋鬼子固然是不行的了，洋人也不妥，革命党也不妥，或者就应该叫洋先生了罢。

洋先生却没有见他，因为白着眼睛讲得正起劲：

"我是性急的，所以我们见面，我总是说：洪哥！我们动手罢！他却总说道No！——这是洋话，你们不懂的。否则早已成功了。然而这正是他做事小心的地方。他再三再四的请我上湖北，我还没有肯。谁愿意在这小县城里做事情。……"

"唔，……这个……"阿Q候他略停，终于用十二分的勇气开口了，但不知道因为什么，又并不叫他洋先生。

听着说话的四个人都吃惊的回顾他。洋先生也才看见：

"什么？"

"我……"

"出去！"

"我要投……"

"滚出去！"洋先生扬起哭丧棒来了。

赵白眼和闲人们便都吆喝道："先生叫你滚出去，你还不听么！"

阿Q将手向头上一遮，不自觉的逃出门外；洋先生倒也没有追。他快跑了六十多步，这才慢慢的走，于是心里便涌起了忧愁：洋先生不准他革命，他再没有别的路；从此决不能望有白盔白甲的人来叫他，他所有的抱负，志向，希望，前程，全被一笔勾销了。至于闲人们传扬开去，给小D王胡等辈笑话，倒是还在其次的事。

他似乎从来没有经验过这样的无聊。他对于自己的盘辫子，仿佛也觉得无意味，要侮蔑；为报仇起见，很想立刻放下辫子来，但也没有竟放。他游到夜间，赊了两碗酒，喝下肚去，渐渐的高兴起来了，思想里才又出现白盔白甲的碎片。

有一天，他照例的混到夜深，待酒店要关门，才踱回土谷祠去。

拍，吧——！

他忽而听得一种异样的声音，又不是爆竹。阿Q本来是爱看热闹，爱管闲事的，便在暗中直寻过去。似乎前面有些脚步声；他正听，猛然间一个人从对面逃来了。阿Q一看见，便赶紧翻身跟着逃。那人转弯，阿Q也转弯，既转弯，那人站住了，阿Q也站住。他看后面并无什么，看那人便是小D。

"什么？"阿Q不平起来了。

"赵……赵家遭抢了！"小D气喘吁吁的说。

阿Q的心怦怦的跳了。小D说了便走；阿Q却逃而又停的两三回。

但他究竟是做过"这路生意"的人，格外胆大，于是蹩出路角，仔细的听，似乎有些嚷嚷，又仔细的看，似乎许多白盔白甲的人，络绎的将箱子抬出了，器具抬出了，秀才娘子的宁式床也抬出了，但是不分明，他还想上前，两只脚却没有动。

这一夜没有月，未庄在黑暗里很寂静，寂静到像羲皇时候一般太平。阿Q站着看到自己发烦，也似乎还是先前一样，在那里来来往往的搬，箱子抬出了，器具抬出了，秀才娘子的宁式床也抬出了，……抬得他自己有些不信他的眼睛了。但他决计不再上前，却回到自己的祠里去了。

土谷祠里更漆黑；他关好大门，摸进自己的屋子里。他躺了好一会，这才定了神，而且发出关于自己的思想来：白盔白甲的人明明到了，并不来打招呼，搬了许多好东西，又没有自己的份，——这全是假洋鬼子可恶，不准我造反，否则，这次何至于没有我的份呢？阿Q越想越气，终于禁不住满心痛恨起来，毒毒的点一点头："不准我造反，只准你造反？妈妈的假洋鬼子，——好，你造反！造反是杀头的罪名呵，我总要告一状，看你抓进县里去杀头，——满门抄斩，——嚓！嚓！"

第九章　　大团圆

赵家遭抢之后，未庄人大抵很快意而且恐慌，阿Q也很快意而且恐慌。但四天之后，阿Q在半夜里忽被抓进县城里去了。那时恰是暗夜，一队兵，一队团丁，一队警察，五个侦探，悄悄地到了未庄，乘昏暗围住土谷祠，正对门架好机关枪；然而阿Q不冲出。许多时没有动静，把总焦急起来了，悬了二十千的赏，才有两个团丁冒了险，逾垣进去，里应外合，一拥而入，将阿Q抓出来；直待擒出祠外面的机关枪左近，他才有些清醒了。

到进城，已经是正午，阿Q见自己被掇进一所破衙门，转了五六个弯，便推在一间小屋里。他刚刚一跄踉，那用整株的木料做成的栅栏门便跟着他的脚跟阖上了，其余的三面都是墙壁，仔细看时，屋角上还有两个人。

阿Q虽然有些忐忑，却并不很苦闷，因为他那土谷祠里的卧室，也并没有比这间屋子更高明。那两个也仿佛是乡下人，渐渐和他兜搭起来了，一个说是举人老爷要追他祖父欠下来的陈租，一个不知道为了什么事。他们问阿Q，阿Q爽利的答道，"因为我想造反。"

他下半天便又被抓出栅栏门去了，到得大堂，上面坐着一个满头剃得精光的老头子。阿Q疑心他是和尚，但看见下面站着一排兵，两旁又站着十几个长衫人物，也有满头剃得精光像这老头子的，也有将一尺来长的头发披在背后像那假洋鬼子的，都是一脸横肉，怒目而视的看他；他便知道这人一定有些来历，膝关节立刻自然而然的宽松，便跪了下去了。

"站着说！不要跪！"长衫人物都吆喝说。

阿Q虽然似乎懂得，但总觉得站不住，身不由己的蹲了下去，而且终于趁势改为跪下了。

"奴隶性！……"长衫人物又鄙夷似的说，但也没有叫他起来。

"你从实招来罢，免得吃苦。我早都知道了。招了可以放你。"那光头的老头子看定了阿Q的脸，沉静的清楚的说。

"招罢！"长衫人物也大声说。

"我本来要……来投……"阿Q胡里胡涂的想了一通，这才断断续续的说。

"那么，为什么不来的呢？"老头子和气的问。

"假洋鬼子不准我！"

"胡说！此刻说，也迟了。现在你的同党在那里？"

"什么？……"

"那一晚打劫赵家的一伙人。"

"他们没有来叫我，他们自己搬走了。"阿Q提起来便愤愤。

"走到那里去了呢？说出来便放你了。"老头子更和气了。

"我不知道，……他们没有来叫我……"

然而老头子使了一个眼色，阿Q便又被抓进栅栏门里了。他第二次抓出栅栏门，是第二天的上午。

大堂的情形都照旧。上面仍然坐着光头的老头子，阿Q也仍然下了跪。

老头子和气的问道，"你还有什么话说么？"

阿Q一想，没有话，便回答说，"没有。"

于是一个长衫人物拿了一张纸，并一支笔送到阿Q的面前，要将笔塞在他手里。阿Q这时很吃惊，几乎"魂飞魄散"了：因为他的手和笔相关，这回是初次。他正不知怎样拿；那人却又指着一处地方教他画花押。

"我……我……不认得字。"阿Q一把抓住了笔，惶恐而且惭愧的说。

"那么，便宜你，画一个圆圈！"

阿Q要画圆圈了，那手捏着笔却只是抖。于是那人替他将纸铺在地上，阿Q伏下去，使尽了平生的力画圆圈。他生怕被人笑话，立志要画得圆，但这可恶的笔不但很沉重，并且不听话，刚刚一抖一抖的几乎要合缝，却又向外一耸，画成瓜子模样了。

阿Q正羞愧自己画得不圆，那人却不计较，早已掣了纸笔去，许多人又将他第二次抓进栅栏门。

他第二次进了栅栏，倒也并不十分懊恼。他以为人生天地之间，大约本来有时要抓进抓出，有时要在纸上画圆圈的，惟有圈而不圆，却是他"行状"上的一个污点。但不多时也就释然了，他想：孙子才画得很圆的圆圈呢。于是他睡着了。

然而这一夜，举人老爷反而不能睡：他和把总呕了气了。举人老爷主张第一要追赃，把总主张第一要示众。把总近来很不将举人老爷放在眼里了，拍案打凳的说道，"惩一儆百！你看，我做革命党还不上二十天，抢案就是十几件，全不破案，我的面子在那里？破了案，你又来迂。不成！这是我管的！"举人老爷窘急了，然而还坚持，说是倘若不追赃，他便立刻辞了帮办民政的职务。而把总却道，"请便罢！"于是举人老爷在这一夜竟没有睡，但幸而第二天倒也没有辞。

阿Q第三次抓出栅栏门的时候，便是举人老爷睡不着的那一夜的明天的上午了。他到了大堂，上面还坐着照例的光头老头子；阿Q也照例的下了跪。

老头子很和气的问道，"你还有什么话么？"

阿Q一想，没有话，便回答说，"没有。"

许多长衫和短衫人物，忽然给他穿上一件洋布的白背心，上面有些黑字。阿Q很气苦：因为这很像是带孝，而带孝是晦气的。然而同时他的两手反缚了，同时又被一直抓出衙门外去了。

阿Q被抬上了一辆没有篷的车，几个短衣人物也和他同坐在一处。这车立刻走动了，前面是一班背着洋炮的兵们和团丁，两旁是许多张着嘴的看客，后面怎样，阿Q没有见。但他突然觉到了：这岂不是去杀头么？他一急，两眼发黑，耳朵里嗖的一声，似乎发昏了。然而他又没有全发昏，有时虽然着急，有时却也泰然；他意思之间，似乎觉得人生天地间，大约本来有时也未免要杀头的。

他还认得路，于是有些诧异了：怎么不向着法场走呢？他不知道这是在游街，在示众。但即使知道也一样，他不过便以为人生天地间，大约本来有时也未免要游街要示众罢了。

他省悟了，这是绕到法场去的路，这一定是"嚓"的去杀头。他惘惘的向左右看，全跟着蚂蚁似的人，而在无意中，却在路旁的人丛中发见了一个吴妈。很久违，伊原来在城里做工了。阿Q忽然很羞愧自己没志气：竟没有唱几句戏。他的思想仿佛旋风似的在脑里一回旋：《小孤孀上坟》欠堂皇，《龙虎斗》里的"悔不该……"也太乏，还是"手执钢鞭将你打"罢。他同时想将手一扬，才记得这两手原来都捆着，于是"手执钢鞭"也不唱了。

"过了二十年又是一个……"阿Q在百忙中，"无师自通"的说出半句从来不说的话。

"好!!!"从人丛里，便发出豺狼的嗥叫一般的声音来。

车子不住的前行，阿Q在喝采声中，轮转眼睛去看吴妈，似乎伊一向并没有见他，却只是出神的看着兵们背上的洋炮。

阿Q于是再看那些喝采的人们。

这刹那中，他的思想又仿佛旋风似的在脑里一回旋了。四年之前，他曾在山脚下遇见一只饿狼，永是不近不远的跟定他，要吃他的肉。他那时吓得几乎要死，幸而手里有一柄斫柴刀，才得仗这壮了胆，支持到未庄；可是永远记得那狼眼睛，又凶又怯，闪闪的像两颗鬼火，似乎远远的来穿透了他的皮肉。而这回他又看见从来没有见过的更可怕的眼睛了，又钝又锋利，不但已经咀嚼了他的话，并且还要咀嚼他皮肉以外的东西，永是不远不近的跟他走。

这些眼睛们似乎连成一气，已经在那里咬他的灵魂。

"救命，……"

然而阿Q没有说。他早就两眼发黑，耳朵里嗡的一声，觉得全身仿佛微尘似的迸散了。

至于当时的影响，最大的倒反在举人老爷，因为终于没有追赃，他全家都号咷了。其次是赵府，非特秀才因为上城去报官，被不好的革命党剪了辫子，而且又破费了二十千的赏钱，所以全家也号咷了。从这一天以来，他们便渐渐的都发生了遗老的气味。

　　至于舆论，在未庄是无异议，自然都说阿Q坏，被枪毙便是他的坏的证据；不坏又何至于被枪毙呢？而城里的舆论却不佳，他们多半不满足，以为枪毙并无杀头这般好看；而且那是怎样的一个可笑的死囚呵，游了那么久的街，竟没有唱一句戏：他们白跟一趟了。

一九二一年十二月。

【注释】

　　本篇最初分章发表于北京《晨报副刊》，自1921年12月4日起至1922年2月12日止，每周或隔周刊登一次，署名巴人。

【解读】

　　阿Q已经是一个不朽的文学典型，活在中国人的心头上，特别是精神世界与精神生活之中。《阿Q正传》也因此成为不朽的作品。这个作品是如何产生的？这个典型是怎样诞生的？

　　不朽的作品、不朽的典型都是前无古人的，不可重复的。中国现代文学中只有一部《阿Q正传》，也只有一个阿Q这样的艺术典型。

　　鲁迅创作《阿Q正传》的目的很明确：写出我们国人的魂灵，为达到他的改造国民性的目的服务。他多年的观察、研究、思索和体验，在这方面的材料感受是很多的。那个谢阿桂的形象在他的心中活动，那些表现了中国国民性的人和事，也在他的心中活动，它们融会在一起，集中在谢阿桂的身上，形成了一个比较完整的形象。而且，刚刚过去几年的辛亥革命，在鲁迅心中也是印象鲜明的，这给他的未来的人物以活动的时代舞台；而梦中的故乡绍兴，他所熟悉的中国的一个地方，则提供了地理空间。在这些事实的基础上便形成了他现实主义小说创作的一切必备条件。他也提炼了人物精神面貌的主要特征：精神胜利法。他的想象的翅膀，就在这"现实"的基础上飞翔，他的灵感就在这种创作契机中迸发。

《阿Q正传》是阿Q的传记。它采取了传记的写法，但又背叛了它。它以模仿的形式，写阿Q的传，但又处处以反讽的形式和语调，使它变形、走样、变味。"正传"就是列传、自传、内传、外传、别传、家传、小传……之外的从未有过的传记体裁。于是从"序"开始，就不断调侃"传记学"和传统传记写法。以后又每一段都以传统的笔法列出一个正面的标题，而内容却相反，于是构成一个一个的反讽，如"优胜记略""恋爱的悲剧""革命""大团圆"等，内容均与标题适成鲜明对比。

作家创作作品，总是要有一种"创作激起"的心理过程，如果激发的力量强度大，而所碰撞的"生活储备——创作酝酿"又深厚，且撞与被撞的相互的契合程度又高，那么，创作的爆发程度、灵感的爆发程度也就高，作品的成功率和成就也会高。《阿Q正传》正是这种创作情境。鲁迅在《〈阿Q正传〉的成因》（《华盖集续编》）中说：

> 孙伏园……忽然要添一栏称为"开心话"的了，每周一次。他就来要我写一点东西。
>
> 阿Q的影像，在我心目中似乎确已有了好几年，但我一向毫无写他出来的意思。经这一提，忽然想起来了，晚上便写了一点，就是第一章：序。因为要切"开心话"这题目，就胡乱加上些不必有的滑稽，其实在全篇里也是不相称的。

积蓄、酝酿已经好几年。一经激发，当天就开手创作，没有酝酿腹稿阶段，说明创作准备是早经成熟了的。以后是每周一期，不断发表，未曾中辍。这说明生活与创作的储备都很充足。《序》确如鲁迅所说，是为了切"开心话"的题，好像有点"东拉西扯"的模样。然而，这就是关于叫什么"传"的那段文字，它的存在，表现了对于"传"的充分调侃、挪揄和反讽。这在本非作传，只是取这种形式［而这种以"传"（形式）来记述农村卑微小人物的生平本身，就是一种调侃与反讽］的创作中，是必要的，具有它所能产生的艺术效果。这不完全是不必有的滑稽。

紧接着便进入了实质性内容，不再滑稽了。这就是阿Q姓什么和叫什么，哪里人。——这些作为一个人都必备必有的基本成分，阿Q却没有，没有人知道他的确姓真名，没有人知道他的籍贯。这确实有点滑稽，但尤其使人感到悲苦。调侃与反讽中，含着一种人生的苦涩。——这样，调侃与反讽的叙述本身就是可读的。本文具有一种吸引力；而背后的蕴藏却是与外在东西相反的悲苦。这就具有了双重的审美质素。

阿Q这个名字，无论在字的外观上，还是在含义上，都是中国从未有过的，众皆陌生。名字前面加"阿"字，这是中国人名字的普遍用法，但名叫"Q"的却没有。更何况这个洋字码的一种固定写法（大写），很像一个人留着小辫子的头的背影，鲁迅"觉得好玩"——"好玩"，这不是像煞中国人（清代的中国人）吗？辫子，令中国人想起太多的历史积存与民族记忆！"阿Q"这名字的形与意，作为要描写"国人的魂灵"的作品来说，再恰切不过了。这种艺术设计，是十分高妙的。

以后，从第二章到第九章，共计八章，是讲述阿Q的"生平事迹"。表面上，完全采用传记手法。没有一般小说的曲折、跌宕、奇事逸闻、英雄事迹，也没有插叙、倒叙。从头到尾，由一个隐在的讲述者讲故事。第二章《优胜记略》，和本章的内容对照，实在文不对题，构成了反讽。在这一章里记述的阿Q的所谓优胜，其实只有他在和别人口角时自己宣称的"我们先前——比你阔的多啦！"还有就是"所有未庄的居民，全不在他眼睛里"，对文童的爹爹也不表现格外崇奉，因为他想："我的儿子会阔得多啦！"——所有这些，全是嘴说和心想的事，做数不得的。紧接着，就是他的癞疮疤被人嘲笑，被人揪住辫子打，还要承认是"打虫豸"，赌博输钱兼挨棒打，全是失败记录，一点儿优胜也没有。阿Q的生活悲苦在这"优胜"中显现出来。这种反讽很辛辣，然而含着凄凉。阿Q的"精神胜利法"露面了。他的可怜的"胜利"显现了一种可怜的命运和可悲的心境。这段描写，催人泪下：

> 但他立刻转败为胜了。他擎起右手，用力的在自己脸上连打了两个嘴巴，热剌剌的有些痛；打完之后，便心平气和起来，似乎打的是自己，被打的是别一个自己，不久也就仿佛是自己打了别个一般，——虽然还有些热剌剌，——心满意足的得胜的躺下了。
>
> 他睡着了。

一个人靠自己打自己来求得"胜利"，这是何等的悲哀和可怜。但更令人心悸的是，他竟因此"心满意足"了，他"得胜"地躺下了，而且"他睡着了"！"他睡着了"，这也是一句反讽，但更有意义的是，这是一种象征。它象征阿Q——中国国民在昏睡中，在麻木、冷漠与愚昧中。

麻木、愚昧，莫此为甚。"精神胜利法"对一个人的灵魂戕害得何等严重。

第三章《续优胜记略》，是真的"优胜"的记录了，严格地说，是"先败后胜"记录，但这是怎样的优胜啊！同样具有催人泪下的内蕴。第一是因为被赵老太爷打过，所以得到人们的尊敬，这还不是胜利，但他为此得意。然后，便是他向王胡挑衅，被打败；转而骂假洋鬼子，又被棒打；转而欺侮小尼姑，这才"得胜"了。但阿Q的流氓气也暴露出来了。这是什么"优胜"呢？实际是彻底的失败；而最后的优胜，却是向弱小者施虐，表现了一种人格的卑劣。

> "这断子绝孙的阿Q！"远远地听得小尼姑的带哭的声音。
> "哈哈哈！"阿Q十分得意的笑。
> "哈哈哈！"酒店里的人也九分得意的笑。

阿Q的笑是卑劣的；酒店里的人的笑，也是卑劣的。这是一种卑劣的环境。

而阿Q的受欺、悲苦的命运的另一面，特别是他的质朴性格的另一面，便显现出来了。

第四章是一个转折，阿Q产生了爱的要求，并主动去争取得到。他的人性与生命的自然要求，表现了一种主动和热情。这简直是一种生机，但结果是十分惨重的失败。先是吴妈拒绝了他的求爱，接着是秀才的一顿棒打，接着是由地保出面，逼阿Q接受物质的赔偿和对吴妈今后的安全的"保留追究权"。这是十分苛刻的条件，但阿Q不能不接受，于是连棉被都拿去当了，以履行条约。阿Q连人的起码的生存欲求都不能实现。他的生活于是走向更为悲惨的境地。

在本段的开始，有一段议论，说的是有的胜利者希望敌人为虎为鹰，战胜后才有胜利的欢喜；如果像羊或小鸡，得胜反倒无聊。有的胜利者则唯恐没了敌手，使自己凄凉寂寞，感到胜利的悲哀。

> 然而我们的阿Q却没有这样乏，他是永远得意的：这或者也是中国精神文明冠于全球的一个证据了。

看哪，他飘飘然的似乎要飞去了！

这里，阿Q已经明确地作为中国精神文明的代表者而显现其性格特征了。他是一个懦怯的胜利者，永远得意而不在乎敌人的强或弱。"中国精神文明冠于全球"，这是当时国粹派、文化保守派的共同的自豪说法，很表现了一种阿Q的精神。

阿Q竟因为对可怜小尼姑的卑劣的胜利而飘飘然，而且似乎要飞去了！但他得意得太早，很快他就更加跌入生存的低谷，从此一蹶不振，一步步走向灭亡。首先是生计发生问题（第五章《生计问题》）。他连流浪雇农的生活基础都失去了，没有人雇佣他了，他的社会声誉也破产了，于是偷。可怜见的阿Q，偷也只能去静修庵菜园偷点青菜萝卜。然而偷也失败了，被老尼姑捉住。这时，阿Q的劣根性又展现出另一面。本来他在园里偷萝卜，他却反问老尼姑："我什么时候跳进你的园里来偷萝卜？"明明兜里装着偷来的萝卜，他竟能反问："这是你的？你能叫得他答应你么？"这已经是无赖行径了。

阿Q已经失去在未庄生存的余地，只好走。这一走，是否有了转机？似乎是"中兴"了，他在城里转了一圈，他似乎发了财，然而不是好来的，但在未庄却神气了一阵子。然而人们很快弄清了真相，他不过是偷窃帮伙的小伙计。于是人们对他敬而远之。阿Q彻底失去了生活的依托，走到了末路上。（第六章《从中兴到末路》）

末路上的阿Q，逢上了革命的时代。"造反了"，阿Q要投革命党。他做了美好的革命梦。但一是赵秀才早就到静修庵"革"过"命"了，二是"他们没来叫我"，"难道他们还没有知道我已经投降了革命党么？"（第七章《革命》）

虽然没有做成革命党人，但阿Q还是把辫子盘在头上，而且要去假洋鬼子那里投奔革命党，但是，差点挨打，被假洋鬼子逐出门外："不准革命"！他回到土谷祠去，心想你假洋鬼子不许我造反，只准你造反。"造反是杀头的罪名呵，我总要告一状，看你抓进县里去杀头，——满门抄斩，——嚓！嚓！"（第八章《不准革命》）

但是，被"抓进县里去杀头"的不是别人，却是革命没有革成，抢东西也无份的阿Q！（第九章《大团圆》）。"大团圆"本是中国传统小说的通行结尾。这结尾都是美好的，雨过天晴，灾去福来，才子中状元，美女结良缘。但是，阿Q却是走向刑场。"大团圆"的命题和实际的结果，构成一种可悲的讽刺。这也是对于传统文学模式的一种嘲弄。

我们从《阿Q正传》第一章到第七章的叙事中，可以看到几条并行线索的发展。第一条是阿Q的生平事迹的发展：一个中年农民（用现在的标准应是青年农民）从生到死的过程。第二条是阿Q在这个过程中的生活轨迹：打零工→偷（在未庄）→进城（偷）→革命／不准革命→杀头。这是一步一步地下滑，从艰难走向末路，企图投革命党改变命运，也失败了。一个贫苦流浪雇农可怜的生活和可悲的命运，展现在我们面前。第三条，在讲述生平和生活轨迹时，阿Q的性格同时一步步展示出来。愚昧、麻木→自傲，自卑，自轻自贱→欺侮弱小→睁眼否认眼前的事实→革命就是报私仇，抢夺别人的东西给自己→稀里糊涂地革命→莫明其妙地死。在这中间，贯穿始终的是阿Q的思想—性格特征：精神胜利法。

关于阿Q的故事的讲述，是表面阅读层的材料，引导读者去了解阿Q的生平——"行状"。阿Q性格的展示——展开，则是作品的意义层。它"依附"阅读层的材料而存在，但它却是阅读层材料的真正内涵，是作品的灵魂。不朽的文学典型，便在这两个层面的结合中诞生。前者是他的物质生活、外在表现，他的皮、肉和身体；后者则是他的精神生活、内在体验，他的血、神经和灵魂。鲁迅使两者完全契合，而塑造了一个完整的、活灵活现的典型。

《阿Q正传》以"传记"的表面形态，来组织它的行文——叙事，但不断打破这个模式和格局，用客观的呈现，用表现的手法，雕刻典型人物的外在活动与心理体验。第三章阿Q与王胡打架，第四章阿Q向吴妈求爱及受挫，第五章从阿Q与小D之战到静修庵偷萝卜被抓，第七章阿Q革命的"梦游"，第八章不准革命的场面，第九章大团圆中阿Q的种种表现，以及对于追看杀人热闹的看客眼神的感受，都是精练而又精彩的呈现，让事实和行动（阿Q及其他人）自身来讲述、展示、表现。

在这种讲述——展现——呈现的过程中，始终贯穿着精练的、准确的、深刻细致的心理描写，特别是阿Q的心理，他的精神胜利法运行的心理活动的描写。这些心理描写，都是符合心理学理论的。"一个作家可能有意识地、也可能朦胧地持有一种心理学理论，有时它看来就适合于一种人物或一种情境的。"鲁迅是有意识地持有一种心理学理论的，特别是对于阿Q的变态心理的描写，都具有一种心理学上的真实性。这就使作品具有了一种内在的、深沉的真实性。作家是否能够成功地把心理学体现在他的人物和人物的关系中，也是作品心理学上的真实性和一般真实性的重要环节。阿Q在与其他人物的关系中的心理学上的表现，如与赵太爷、假洋鬼子、吴妈、王胡、小D等的关系上，所表现出来的心理活动，都是符合心理学原则、规律的。在这个被称为"作品本身的'心理学'"的问题上，鲁迅的描写也是很成功的，达到很高水平的；特别是具有很高的审美价值。这也成为《阿Q正传》成功和阿Q这个典型获得成功的重要原因。

《阿Q正传》中关于阿Q心理活动的描写，许多是一种阿Q的"心思"——对阿Q的潜意识活动的描写，其中有阿Q个人无意识的描写，也有阿Q身上的"集体无意识"的描写（如第四章《恋爱的悲剧》中开头一节关于敌手是强是弱的议论和"中国精神文明冠于全球"的揶揄；同章关于女人的联想的描写等）；前者是阿Q个人的、个性的表现；后者，则同时还表现"现代中国人的通病"（如见男女接触就涉邪悬想）。两者的结合就使"阿Q精神"既是一个农村流浪雇农的表现，又是"国民精神"的体现。

《阿Q正传》中，有的描写属于意识流手法的描写。比如多次关于阿Q本来失败，却经过几番意识活动、转折，反而成为胜利者，这样一种"精神胜利法"运行过程的描写，就是十分精彩的意识流笔法。这也是阿Q这个典型，特别是作为一种"精神典型"类型的文学典型，之所以创作成功的重要因素。

童年"美丽王国"的消失：《故乡》与《社戏》

故乡[1]

我冒了严寒，回到相隔二千余里，别了二十余年的故乡去。

时候既然是深冬；渐近故乡时，天气又阴晦了，冷风吹进船舱中，呜呜的响，从篷隙向外一望，苍黄的天底下，远近横着几个萧索的荒村，没有一些活气。我的心禁不住悲凉起来了。

阿！这不是我二十年来时时记得的故乡？

我所记得的故乡全不如此。我的故乡好得多了。但要我记起他的美丽，说出他的佳处来，却又没有影像，没有言辞了。仿佛也就如此。于是我自己解释说：故乡本也如此，——虽然没有进步，也未必有如我所感的悲凉，这只是我自己心情的改变罢了，因为我这次回乡，本没有什么好心绪。

我这次是专为了别他而来的。我们多年聚族而居的老屋，已经公同卖给别姓了，交屋的期限，只在本年，所以必须赶在正月初一以前，永别了熟识的老屋，而且远离了熟识的故乡，搬家到我在谋食的异地去。

第二日清晨我到了我家的门口了。瓦楞上许多枯草的断茎当风抖着，正在说明这老屋难免易主的原因。几房的本家大约已经搬走了，所以很寂静。我到了自家的房外，我的母亲早已迎着出来了，接着便飞出了八岁的侄儿宏儿。

我的母亲很高兴，但也藏着许多凄凉的神情，教我坐下，歇息，喝茶，且不谈搬家的事。宏儿没有见过我，远远的对面站着只是看。

但我们终于谈到搬家的事。我说外间的寓所已经租定了，又买了几件家具，此外须将家里所有的木器卖去，再去增添。母亲也说好，而且行李也略已齐集，木器不便搬运的，也小半卖去了，只是收不起钱来。

"你休息一两天，去拜望亲戚本家一回，我们便可以走了。"母亲说。

"是的。"

"还有闰土，他每到我家来时，总问起你，很想见你一回面。我已经将你到家的大约日期通知他，他也许就要来了。"

这时候，我的脑里忽然闪出一幅神异的图画来：深蓝的天空中挂着一轮金黄的圆月，下面是海边的沙地，都种着一望无际的碧绿的西瓜，其间有一个十一二岁的少年，项带银圈，手捏一柄钢叉，向一匹猹[2]尽力的刺去，那猹却将身一扭，反从他的胯下逃走了。

这少年便是闰土。我认识他时，也不过十多岁，离现在将有三十年了；那时我的父亲还在世，家景也好，我正是一个少爷。那一年，我家是一件大祭祀的值年[3]。这祭祀，说是三十多年才能轮到一回，所以很郑重；正月里供祖像，供品很多，祭器很讲究，拜的人也很多，祭器也很要防偷去。我家只有一个忙月（我们这里给人做工的分三种：整年给一定人家做工的叫长年；按日给人做工的叫短工；自己也种地，只在过年过节以及收租时候来给一定的人家做工的称忙月），忙不过来，他便对父亲说，可以叫他的儿子闰土来管祭器的。

我的父亲允许了；我也很高兴，因为我早听到闰土这名字，而且知道他和我仿佛年纪，闰月生的，五行缺土[4]，所以他的父亲叫他闰土。他是能装弶捉小鸟雀的。

我于是日日盼望新年，新年到，闰土也就到了。好容易到了年末，有一日，母亲告诉我，闰土来了，我便飞跑的去看。他正在厨房里，紫色的圆脸，头戴一顶小毡帽，颈上套一个明晃晃的银项圈，这可见他的父亲十分爱他，怕他死去，所以在神佛面前许下心愿，用圈子将他套住了。他见人很怕羞，只是不怕我，没有旁人的时候，便和我说话，于是不到半日，我们便熟识了。

我们那时候不知道谈些什么，只记得闰土很高兴，说是上城之后，见了许多没有见过的东西。

第二日，我便要他捕鸟。他说：

"这不能。须大雪下了才好。我们沙地上，下了雪，我扫出一块空地来，用短棒支起一个大竹匾，撒下秕谷，看鸟雀来吃时，我远远地将缚在棒上的绳子只一拉，那鸟雀就罩在竹匾下了。什么都有：稻鸡，角鸡，鹁鸪，蓝背……"

我于是又很盼望下雪。

闰土又对我说：

"现在太冷，你夏天到我们这里来。我们日里到海边捡贝壳去，红的绿的都有，鬼见怕也有，观音手[5]也有。晚上我和爹管西瓜去，你也去。"

"管贼么?"

"不是。走路的人口渴了摘一个瓜吃，我们这里是不算偷的。要管的是獾猪，刺猬，猹。月亮地下，你听，啦啦的响了，猹在咬瓜了。你便捏了胡叉，轻轻地走去……"

我那时并不知道这所谓猹的是怎么一件东西——便是现在也没有知道——只是无端的觉得状如小狗而很凶猛。

"他不咬人么?"

"有胡叉呢。走到了，看见猹了，你便刺。这畜生很伶俐，倒向你奔来，反从胯下窜了。他的皮毛是油一般的滑……"

我素不知道天下有这许多新鲜事：海边有如许五色的贝壳；西瓜有这样危险的经历，我先前单知道他在水果店里出卖罢了。

"我们沙地里，潮汛要来的时候，就有许多跳鱼儿只是跳，都有青蛙似的两个脚……"

阿！闰土的心里有无穷无尽的稀奇的事，都是我往常的朋友所不知道的。他们不知道一些事，闰土在海边时，他们都和我一样只看见院子里高墙上的四角的天空。

可惜正月过去了，闰土须回家里去，我急得大哭，他也躲到厨房里，哭着不肯出门，但终于被他父亲带走了。他后来还托他的父亲带给我一包贝壳和几支很好看的鸟毛，我也曾送他一两次东西，但从此没有再见面。

现在我的母亲提起了他，我这儿时的记忆，忽而全都闪电似的苏生过来，似乎看到了我的美丽的故乡了。我应声说：

"这好极！他，——怎样？……"

"他？……他景况也很不如意……"母亲说着，便向房外看，"这些人又来了。说是买木器，顺手也就随便拿走的，我得去看看。"

母亲站起身，出去了。门外有几个女人的声音。我便招宏儿走近面前，和他闲话：问他可会写字，可愿意出门。

"我们坐火车去么？"

"我们坐火车去。"

"船呢？"

"先坐船，……"

"哈！这模样了！胡子这么长了！"一种尖利的怪声突然大叫起来。

我吃了一吓，赶忙抬起头，却见一个凸颧骨，薄嘴唇，五十岁上下的女人站在我面前，两手搭在髀间，没有系裙，张着两脚，正像一个画图仪器里细脚伶仃的圆规。

我愕然了。

"不认识了么？我还抱过你咧！"

我愈加愕然了。幸而我的母亲也就进来，从旁说：

"他多年出门，统忘却了。你该记得罢，"便向着我说，"这是斜对门的杨二嫂，……开豆腐店的。"

哦，我记得了。我孩子时候，在斜对门的豆腐店里确乎终日坐着一个杨二嫂，人都叫伊"豆腐西施"[6]。但是擦着白粉，颧骨没有这么高，嘴唇也没有这么薄，而且终日坐着，我也从没有见过这圆规式的姿势。那时人说：因为伊，这豆腐店的买卖非常好。但这大约因为年龄的关系，我却并未蒙着一毫感化，所以竟完全忘却了。然而圆规很不平，显出鄙夷的神色，仿佛嗤笑法国人不知道拿破仑[7]，美国人不知道华盛顿[8]似的，冷笑说：

"忘了？这真是贵人眼高……"

"那有这事……我……"我惶恐着，站起来说。

"那么，我对你说。迅哥儿，你阔了，搬动又笨重，你还要什么这些破烂木器，让我拿去罢。我们小户人家，用得着。"

"我并没有阔哩。我须卖了这些，再去……"

"阿呀呀，你放了道台[9]了，还说不阔？你现在有三房姨太太；出门便是八抬的大轿，还说不阔？吓，什么都瞒不过我。"

我知道无话可说了，便闭了口，默默的站着。

"阿呀阿呀，真是愈有钱，便愈是一毫不肯放松，愈是一毫不肯放松，便愈有钱……"圆规一面愤愤的回转身，一面絮絮的说，慢慢向外走，顺便将我母亲的一副手套塞在裤腰里，出去了。

此后又有近处的本家和亲戚来访问我。我一面应酬，偷空便收拾些行李，这样的过了三四天。

一日是天气很冷的午后，我吃过午饭，坐着喝茶，觉得外面有人进来了，便回头去看。我看时，不由的非常出惊，慌忙站起身，迎着走去。

这来的便是闰土。虽然我一见便知道是闰土，但又不是我这记忆上的闰土了。他身材增加了一倍；先前的紫色的圆脸，已经变作灰黄，而且加上了很深的皱纹；眼睛也像他父亲一样，周围都肿得通红，这我知道，在海边种地的人，终日吹着海风，大抵是这样的。他头上是一顶破毡帽，身上只一件极薄的棉衣，浑身瑟索着；手里提着一个纸包和一支长烟管，那手也不是我所记得的红活圆实的手，却又粗又笨而且开裂，像是松树皮了。

我这时很兴奋，但不知道怎么说才好，只是说：

"阿！闰土哥，——你来了？……"

我接着便有许多话，想要连珠一般涌出：角鸡，跳鱼儿，贝壳，猹，……但又总觉得被什么挡着似的，单在脑里面回旋，吐不出口外去。

他站住了，脸上现出欢喜和凄凉的神情；动着嘴唇，却没有作声。他的态度终于恭敬起来了，分明的叫道：

"老爷！……"

我似乎打了一个寒噤；我就知道，我们之间已经隔了一层可悲的厚障壁了。我也说不出话。

他回过头去说，"水生，给老爷磕头。"便拖出躲在背后的孩子来，这正是一个廿年前的闰土，只是黄瘦些，颈子上没有银圈罢了。"这是第五个孩子，没有见过世面，躲躲闪闪……"

母亲和宏儿下楼来了，他们大约也听到了声音。

"老太太。信是早收到了。我实在喜欢的了不得，知道老爷回来……"闰土说。

"阿，你怎的这样客气起来。你们先前不是哥弟称呼么？还是照旧：迅哥儿。"母亲高兴的说。

"阿呀，老太太真是……这成什么规矩。那时是孩子，不懂事……"闰土说着，又叫水生上来打拱，那孩子却害羞，紧紧的只贴在他背后。

"他就是水生？第五个？都是生人，怕生也难怪的；还是宏儿和他去走走。"母亲说。

宏儿听得这话，便来招水生，水生却松松爽爽同他一路出去了。母亲叫闰土坐，他迟疑了一回，终于就了坐，将长烟管靠在桌旁，递过纸包来，说：

"冬天没有什么东西了。这一点干青豆倒是自家晒在那里的，请老爷……"

我问问他的景况。他只是摇头。

"非常难。第六个孩子也会帮忙了，却总是吃不够……又不太平……什么地方都要钱，没有定规……收成又坏。种出东西来，挑去卖，总要捐几回钱，折了本；不去卖，又只能烂掉……"

他只是摇头；脸上虽然刻着许多皱纹，却全然不动，仿佛石像一般。他大约只是觉得苦，却又形容不出，沉默了片时，便拿起烟管来默默的吸烟了。

母亲问他，知道他的家里事务忙，明天便得回去；又没有吃过午饭，便叫他自己到厨下炒饭吃去。

他出去了；母亲和我都叹息他的景况：多子，饥荒，苛税，兵，匪，官，绅，都苦得他像一个木偶人了。母亲对我说，凡是不必搬走的东西，尽可以送他，可以听他自己去拣择。

下午，他拣好了几件东西：两条长桌，四个椅子，一副香炉和烛台，一杆抬秤。他又要所有的草灰（我们这里煮饭是烧稻草的，那灰，可以做沙地的肥料），待我们启程的时候，他用船来载去。

夜间，我们又谈些闲天，都是无关紧要的话；第二天早晨，他就领了水生回去了。

又过了九日，是我们启程的日期。闰土早晨便到了，水生没有同来，却只带着一个五岁的女儿管船只。我们终日很忙碌，再没有谈天的工夫。来客也不少，有送行的，有拿东西的，有送行兼拿东西的。待到傍晚我们上船的时候，这老屋里的所有破旧大小粗细东西，已经一扫而空了。

我们的船向前走，两岸的青山在黄昏中，都装成了深黛颜色，连着退向船后梢去。

宏儿和我靠着船窗，同看外面模糊的风景，他忽然问道：

"大伯！我们什么时候回来？"

"回来？你怎么还没有走就想回来了。"

"可是，水生约我到他家玩去咧……"他睁着大的黑眼睛，痴痴的想。

我和母亲也都有些惘然，于是又提起闰土来。母亲说，那豆腐西施的杨二嫂，自从我家收拾行李以来，本是每日必到的，前天伊在灰堆里，掏出十多个碗碟来，议论之后，便定说是闰土埋着的，他可以在运灰的时候，一齐搬回家去；杨二嫂发见了这件事，自己很以为功，便拿了那狗气杀（这是我们这里养鸡的器具，木盘上面有着栅栏，内盛食料，鸡可以伸进颈子去啄，狗却不能，只能看着气死），飞也似的跑了，亏伊装着这么高底的小脚，竟跑得这样快。

老屋离我愈远了；故乡的山水也都渐渐远离了我，但我却并不感到怎样的留恋。我只觉得我四面有看不见的高墙，将我隔成孤身，使我非常气闷；那西瓜地上的银项圈的小英雄的影像，我本来十分清楚，现在却忽地模糊了，又使我非常的悲哀。

母亲和宏儿都睡着了。

我躺着，听船底潺潺的水声，知道我在走我的路。我想：我竟与闰土隔绝到这地步了，但我们的后辈还是一气，宏儿不是正在想念水生么。我希望他们不再像我，又大家隔膜起来……然而我又不愿意他们因为要一气，都如我的辛苦展转而生活，也不愿意他们都如闰土的辛苦麻木而生活，也不愿意都如别人的辛苦恣睢而生活。他们应该有新的生活，为我们所未经生活过的。

我想到希望，忽然害怕起来了。闰土要香炉和烛台的时候，我还暗地里笑他，以为他总是崇拜偶像，什么时候都不忘却。现在我所谓希望，不也是我自己手制的偶像么？只是他的愿望切近，我的愿望茫远罢了。

我在朦胧中，眼前展开一片海边碧绿的沙地来，上面深蓝的天空中挂着一轮金黄的圆月。我想：希望是本无所谓有，无所谓无的。这正如地上的路；其实地上本没有路，走的人多了，也便成了路。

一九二一年一月。

【注释】

[1] 本篇最初发表于1921年5月《新青年》第九卷第一号。

[2] 猹：读"查"音，本无此字。作者在1929年5月4日致舒新城的信中解释说："'猹'字是我据乡下人所说的声音，生造出来的，读如'查'。……现在想起来，也许是獾罢。"

[3] 大祭祀的值年：封建大家族，每年都要举行全族投入的大型祭祀祖先的活动，由各房轮流主持操办，轮到的称为"值年"。

[4] 五行缺土：中国的算命方法中有"八字"一说，即一个人出生的年、月、日、时，都有天干、地支相配，每项用两字代替，四项共八个字，即可推算一个人的命运。迷信说法中，又认为"八字"在五行中各有所属，如甲乙寅卯属木；八字中能括五行者，即五行俱全。五行缺土，即八字中没有属土的字。

[5] 鬼见怕和观音手：都是小贝壳的名称。旧时浙江沿海的人把小贝壳用线串在一起，戴在孩子的手腕或脚踝上，认为可以"辟邪"。

[6] 西施：又称西子，姓施，春秋末年越国人。越王勾践献给吴王夫差，后成为吴王最宠爱的妃子。西施绝美，后来用以称美女。

[7] 拿破仑（Napoleon Bonaparte，1769—1821），即拿破仑·波拿巴。法国资产阶级革命时期的军事家、政治家。1799年担任法兰西共和国第一执政。1804年建立法兰西第一帝

国，自称拿破仑一世。

[8] 华盛顿（G. Washington，1732—1799），即乔治·华盛顿，美国政治家。他曾领导1775年至1783年美国反对英国殖民统治的独立战争，胜利后任美国第一任总统。

[9] 道台：清时道员的别称，两种道员分别总管一个区域行政职务和专掌某一特定职务。前者是省以下、府州以上的行政长官；后者掌管一省特定事务，如督粮道、兵备道等。辛亥革命后，北洋军阀政府也曾沿用此制，改称道尹。

社戏 [1]

我在倒数上去的二十年中，只看过两回中国戏，前十年是绝不看，因为没有看戏的意思和机会，那两回全在后十年，然而都没有看出什么来就走了。

第一回是民国元年我初到北京的时候，当时一个朋友对我说，北京戏最好，你不去见见世面么？我想，看戏是有味的，而况在北京呢。于是都兴致勃勃的跑到什么园，戏文已经开场了，在外面也早听到冬冬地响。我们挨进门，几个红的绿的在我的眼前一闪烁，便又看见戏台下满是许多头，再定神四面看，却见中间也还有几个空座，挤过去要坐时，又有人对我发议论，我因为耳朵已经嗥嗥的响着了，用了心，才听到他是说"有人，不行！"

我们退到后面，一个辫子很光的却来领我们到了侧面，指出一个地位来。这所谓地位者，原来是一条长凳，然而他那坐板比我的上腿要狭到四分之三，他的脚比我的下腿要长过三分之二。我先是没有爬上去的勇气，接着便联想到私刑拷打的刑具，不由的毛骨悚然的走出了。

走了许多路，忽听得我的朋友的声音道，"究竟怎的？"我回过脸去，原来他也被我带出来了。他很诧异的说，"怎么总是走，不答应？"我说，"朋友，对不起，我耳朵只在冬冬嗥嗥的响，并没有听到你的话。"

后来我每一想到，便很以为奇怪，似乎这戏太不好，——否则便是我近来在戏台下不适于生存了。

第二回忘记了那一年，总之是募集湖北水灾捐而谭叫天 [2] 还没有死。捐法是两元钱买一张戏票，可以到第一舞台去看戏，扮演的多是名角，其一就是小叫天。我买了一张票，本是对于劝募人聊以塞责的，然而似乎又有好事家乘机对我说了些叫天不可不看的大法要了。我于是忘了前几年的冬冬喤喤之灾，竟到第一舞台去了，但大约一半也因为重价购来的宝票，总得使用了才舒服。我打听得叫天出台是迟的，而第一舞台却是新式构造，用不着争座位，便放了心，延宕到九点钟才出去，谁料照例，人都满了，连立足也难，我只得挤在远处的人丛中看一个老旦在台上唱。那老旦嘴边插着两个点火的纸捻子，旁边有一个鬼卒，我费尽思量，才疑心他或者是目连[3]的母亲，因为后来又出来了一个和尚。然而我又不知道那名角是谁，就去问挤在我的左边的一位胖绅士。他很看不起似的斜瞥了我一眼，说道，"龚云甫[4]！"我深愧浅陋而且粗疏，脸上一热，同时脑里也制出了决不再问的定章，于是看小旦唱，看花旦唱，看老生唱，看不知什么角色唱，看一大班人乱打，看两三个人互打，从九点多到十点，从十点到十一点，从十一点到十一点半，从十一点半到十二点，——然而叫天竟还没有来。

我向来没有这样忍耐的等候过什么事物，而况这身边的胖绅士的吁吁的喘气，这台上的冬冬喤喤的敲打，红红绿绿的晃荡，加之以十二点，忽而使我省悟到在这里不适于生存了。我同时便机械的拧转身子，用力往外只一挤，觉得背后便已满满的，大约那弹性的胖绅士早在我的空处胖开了他的右半身了。我后无回路，自然挤而又挤，终于出了大门。街上除了专等看客的车辆之外，几乎没有什么行人了，大门口却还有十几个人昂着头看戏目，别有一堆人站着并不看什么，我想：他们大概是看散戏之后出来的女人们的，而叫天却还没有来……

然而夜气很清爽，真所谓"沁人心脾"，我在北京遇着这样的好空气，仿佛这是第一遭了。

这一夜，就是我对于中国戏告了别的一夜，此后再没有想到他，即使偶而经过戏园，我们也漠不相关，精神上早已一在天之南一在地之北了。

但是前几天，我忽在无意之中看到一本日本文的书，可惜忘记了书名和著者，总之是关于中国戏的。其中有一篇，大意仿佛说，中国戏是大敲，大叫，大跳，使看客头昏脑眩，很不适于剧场，但若在野外散漫的所在，远远的看起来，也自有他的风致。我当时觉着这正是说了在我意中而未曾想到的话，因为我确记得在野外看过很好的好戏，到北京以后的连进两回戏园去，也许还是受了那时的影响哩。可惜我不知道怎么一来，竟将书名忘却了。

至于我看那好戏的时候，却实在已经是"远哉遥遥"的了，其时恐怕我还不过十一二岁。我们鲁镇的习惯，本来是凡有出嫁的女儿，倘自己还未当家，夏间便大抵回到母家去消夏。那时我的祖母虽然还康健，但母亲也已分担了些家务，所以夏期便不能多日的归省了，只得在扫墓完毕之后，抽空去住几天，这时我便每年跟了我的母亲住在外祖母的家里。那地方叫平桥村，是一个离海边不远，极偏僻的，临河的小村庄；住户不满三十家，都种田，打鱼，只有一家很小的杂货店。但在我是乐土：因为我在这里不但得到优待，又可以免念"秩秩斯干幽幽南山"[5] 了。

和我一同玩的是许多小朋友，因为有了远客，他们也都从父母那里得了减少工作的许可，伴我来游戏。在小村里，一家的客，几乎也就是公共的。我们年纪都相仿，但论起行辈来，却至少是叔子，有几个还是太公，因为他们合村都同姓，是本家。然而我们是朋友，即使偶而吵闹起来，打了太公，一村的老老小小，也决没有一个会想出"犯上"这两个字来，而他们也百分之九十九不识字。

我们每天的事情大概是掘蚯蚓，掘来穿在铜丝做的小钩上，伏在河沿上去钓虾。虾是水世界里的呆子，决不惮用了自己的两个钳捧着钩尖送到嘴里去的，所以不半天便可以钓到一大碗。这虾照例是归我吃的。其次便是一同去放牛，但或者因为高等动物了的缘故罢，黄牛水牛都欺生，敢于欺侮我，因此我也总不敢走近身，只好远远地跟着，站着。这时候，小朋友们便不再原谅我会读"秩秩斯干"，却全都嘲笑起来了。

至于我在那里所第一盼望的，却在到赵庄去看戏。赵庄是离平桥村五里的较大的村庄；平桥村太小，自己演不起戏，每年总付给赵庄多少钱，算作合做的。当时我并不想到他们为什么年年要演戏。现在想，那或者是春赛，是社戏[6] 了。

就在我十一二岁时候的这一年，这日期也看看等到了。不料这一年真可惜，在早上就叫不到船。平桥村只有一只早出晚归的航船是大船，决没有留用的道理。其余的都是小船，不合用；央人到邻村去问，也没有，早都给别人定下了。外祖母很气恼，怪家里的人不早定，絮叨起来。母亲便宽慰伊，说我们鲁镇的戏比小村里的好得多，一年看几回，今天就算了。只有我急得要哭，母亲却竭力的嘱咐我，说万不能装模装样，怕又招外祖母生气，又不准和别人一同去，说是怕外祖母要担心。

总之，是完了。到下午，我的朋友都去了，戏已经开场了，我似乎听到锣鼓的声音，而且知道他们在戏台下买豆浆喝。

这一天我不钓虾，东西也少吃。母亲很为难，没有法子想。到晚饭时候，外祖母也终于觉察了，并且说我应当不高兴，他们太怠慢，是待客的礼数里从来所没有的。吃饭之后，看过戏的少年们也都聚拢来了，高高兴兴的来讲戏。只有我不开口；他们都叹息而且表同情。忽然间，一个最聪明的双喜大悟似的提议了，他说，"大船？八叔的航船不是回来了么？"十几个别的少年也大悟，立刻撺掇起来，说可以坐了这航船和我一同去。我高兴了。然而外祖母又怕都是孩子们，不可靠；母亲又说是若叫大人一同去，他们白天全有工作，要他熬夜，是不合情理的。在这迟疑之中，双喜可又看出底细来了，便又大声的说道："我写包票！船又大；迅哥儿向来不乱跑；我们又都是识水性的！"

诚然！这十多个少年，委实没有一个不会凫水的，而且两三个还是弄潮的好手。

外祖母和母亲也相信，便不再驳回，都微笑了。我们立刻一哄的出了门。

我的很重的心忽而轻松了，身体也似乎舒展到说不出的大。一出门，便望见月下的平桥内泊着一只白篷的航船，大家跳下船，双喜拔前篙，阿发拔后篙，年幼的都陪我坐在舱中，较大的聚在船尾。母亲送出来吩咐"要小心"的时候，我们已经点开船，在桥石上一磕，退后几尺，即又上前出了桥。于是架起两支橹，一支两人，一里一换，有说笑的，有嚷的，夹着潺潺的船头激水的声音，在左右都是碧绿的豆麦田地的河流中，飞一般径向赵庄前进了。

两岸的豆麦和河底的水草所发散出来的清香，夹杂在水气中扑面的吹来；月色便朦胧在这水气里。淡黑的起伏的连山，仿佛是踊跃的铁的兽脊似的，都远远地向船尾跑去了，但我却还以为船慢。他们换了四回手，渐望见依稀的赵庄，而且似乎听到歌吹了，还有几点火，料想便是戏台，但或者也许是渔火。

那声音大概是横笛，宛转，悠扬，使我的心也沉静，然而又自失起来，觉得要和他弥散在含着豆麦蕴藻之香的夜气里。

那火接近了，果然是渔火；我才记得先前望见的也不是赵庄。那是正对船头的一丛松柏林，我去年也曾经去游玩过，还看见破的石马倒在地下，一个石羊蹲在草里呢。过了那林，船便弯进了叉港，于是赵庄便真在眼前了。

最惹眼的是屹立在庄外临河的空地上的一座戏台，模胡在远处的月夜中，和空间几乎分不出界限，我疑心画上见过的仙境，就在这里出现了。这时船走得更快，不多时，在台上显出人物来，红红绿绿的动，近台的河里一望乌黑的是看戏的人家的船篷。

"近台没有什么空了，我们远远的看罢。"阿发说。

这时船慢了，不久就到，果然近不得台旁，大家只能下了篙，比那正对戏台的神栅还要远。其实我们这白篷的航船，本也不愿意和乌篷的船在一处，而况并没有空地呢……

在停船的匆忙中，看见台上有一个黑的长胡子的背上插着四张旗，捏着长枪，和一群赤膊的人正打仗。双喜说，那就是有名的铁头老生，能连翻八十四个筋斗，他日里亲自数过的。

我们便都挤在船头上看打仗，但那铁头老生却又并不翻筋斗，只有几个赤膊的人翻，翻了一阵，都进去了，接着走出一个小旦来，咿咿呀呀的唱。双喜说，"晚上看客少，铁头老生也懈了，谁肯显本领给白地看呢？"我相信这话对，因为其时台下已经不很有人，乡下人为了明天的工作，熬不得夜，早都睡觉去了，疏疏朗朗的站着的不过是几十个本村和邻村的闲汉。乌篷船里的那些土财主的家眷固然在，然而他们也不在乎看戏，多半是专到戏台下来吃糕饼水果和瓜子的。所以简直可以算白地。

然而我的意思却也并不在乎看翻筋斗。我最愿意看的是一个人蒙了白布，两手在头上捧着一支棒似的蛇头的蛇精，其次是套了黄布衣跳老虎。但是等了许多时都不见，小旦虽然进去了，立刻又出来了一个很老的小生。我有些疲倦了，托桂生买豆浆去。他去了一刻，回来说，"没有。卖豆浆的聋子也回去了。日里倒有，我还喝了两碗呢。现在去舀一瓢水来给你喝罢。"

我不喝水，支撑着仍然看，也说不出见了些什么，只觉得戏子的脸都渐渐的有些稀奇了,那五官渐不明显,似乎融成一片的再没有什么高低。年纪小的几个多打呵欠了,大的也各管自己谈话。忽而一个红衫的小丑被绑在台柱子上,给一个花白胡子的用马鞭打起来了,大家才又振作精神的笑着看。在这一夜里,我以为这实在要算是最好的一折。

然而老旦终于出台了。老旦本来是我所最怕的东西,尤其是怕他坐下了唱。这时候,看见大家也都很扫兴,才知道他们的意见是和我一致的。那老旦当初还只是踱来踱去的唱,后来竟在中间的一把交椅上坐下了。我很担心;双喜他们却就破口喃喃的骂。我忍耐的等着,许多工夫,只见那老旦将手一抬,我以为就要站起来了,不料他却又慢慢的放下在原地方,仍旧唱。全船里几个人不住的吁气,其余的也打起呵欠来。双喜终于熬不住了,说道,怕他会唱到天明还不完,还是我们走的好罢。大家立刻都赞成,和开船时候一样踊跃,三四个径奔船尾,拔了篙,点退几丈,回转船头,架起橹,骂着老旦,又向那松柏林前进了。

月还没有落,仿佛看戏也并不很久似的,而一离赵庄,月光又显得格外的皎洁。回望戏台在灯火光中,却又如初来未到时候一般,又漂渺得像一座仙山楼阁,满被红霞罩着了。吹到耳边来的又是横笛,很悠扬;我疑心老旦已经进去了,但也不好意思说再回去看。

不多久,松柏林早在船后了,船行也并不慢,但周围的黑暗只是浓,可知已经到了深夜。他们一面议论着戏子,或骂,或笑,一面加紧的摇船。这一次船头的激水声更其响亮了,那航船,就像一条大白鱼背着一群孩子在浪花里蹿,连夜渔的几个老渔父,也停了艇子看着喝采起来。

离平桥村还有一里模样,船行却慢了,摇船的都说很疲乏,因为太用力,而且许久没有东西吃。这回想出来的是桂生,说是罗汉豆[7]正旺相,柴火又现成,我们可以偷一点来煮吃的。大家都赞成,立刻近岸停了船;岸上的田里,乌油油的便都是结实的罗汉豆。

"阿阿,阿发,这边是你家的,这边是老六一家的,我们偷那一边的呢?"双喜先跳下去了,在岸上说。

我们也都跳上岸。阿发一面跳,一面说道,"且慢,让我来看一看罢。"他于是往来的摸了一回,直起身来说道,"偷我们的罢,我们的大得多呢。"一声答应,大家便散开在阿发家的豆田里,各摘了一大捧,抛入船舱中。双喜以为再多偷,倘给阿发的娘知道是要哭骂的,于是各人便到六一公公的田里又各偷了一大捧。

我们中间几个年长的仍然慢慢的摇着船，几个到后舱去生火，年幼的和我都剥豆。不久豆熟了，便任凭航船浮在水面上，都围起来用手撮着吃。吃完豆，又开船，一面洗器具，豆荚豆壳全抛在河水里，什么痕迹也没有了。双喜所虑的是用了八公公船上的盐和柴，这老头子很细心，一定要知道，会骂的。然而大家议论之后，归结是不怕。他如果骂，我们便要他归还去年在岸边拾去的一枝枯柏树，而且当面叫他"八癞子"。

"都回来了！那里会错。我原说过写包票的！"双喜在船头上忽而大声的说。

我向船头一望，前面已经是平桥。桥脚上站着一个人，却是我的母亲，双喜便是对伊说着话。我走出前舱去，船也就进了平桥了，停了船，我们纷纷都上岸。母亲颇有些生气，说是过了三更了，怎么回来得这样迟，但也就高兴了，笑着邀大家去吃炒米。

大家都说已经吃了点心，又渴睡，不如及早睡的好，各自回去了。

第二天，我向午才起来，并没有听到什么关系八公公盐柴事件的纠葛，下午仍然去钓虾。

"双喜，你们这班小鬼，昨天偷了我的豆了罢？又不肯好好的摘，踏坏了不少。"我抬头看时，是六一公公棹着小船，卖了豆回来了，船肚里还有剩下的一堆豆。

"是的。我们请客。我们当初还不要你的呢。你看，你把我的虾吓跑了！"双喜说。

六一公公看见我，便停了楫，笑道，"请客？——这是应该的。"于是对我说，"迅哥儿，昨天的戏可好么？"

我点一点头，说道，"好。"

"豆可中吃呢？"

我又点一点头，说道，"很好。"

不料六一公公竟非常感激起来，将大拇指一翘，得意的说道，"这真是大市镇里出来的读过书的人才识货！我的豆种是粒粒挑选过的，乡下人不识好歹，还说我的豆比不上别人的呢。我今天也要送些给我们的姑奶奶尝尝去……"他于是打着楫子过去了。

待到母亲叫我回去吃晚饭的时候，桌上便有一大碗煮熟了的罗汉豆，就是六一公公送给母亲和我吃的。听说他还对母亲极口夸奖我，说"小小年纪便有见识，将来一定要中状元。姑奶奶，你的福气是可以写包票的了。"但我吃了豆，却并没有昨夜的豆那么好。

真的，一直到现在，我实在再没有吃到那夜似的好豆，——也不再看到那夜似的好戏了。

一九二二年十月。

【注释】

[1] 本篇最初发表于1922年12月上海《小说月报》第十三卷第十二号。

[2] 谭叫天（1847—1917），即谭鑫培，著名京剧演员。湖北江夏（今武昌）人。因其父名志道，演老旦，有"叫天子"之称，故又称小叫天，擅长老生戏，形成自己的艺术风格，世称"谭派"。

[3] 目连：全名摩诃目犍连，释迦牟尼的十大弟子之一。据《盂兰盆经》说，目连的母亲因生前违犯佛教戒律，坠入地狱。他曾入地狱救母。

[4] 龚云甫（1862—1932），当时的京剧演员，擅长老旦戏。

[5] "秩秩斯干幽幽南山"：语见《诗经·小雅·斯干》。据汉代郑玄注："秩秩，流行也；干，涧也；幽幽，深远也。"

[6] 社戏：旧时农村迎神赛会所演的戏，一般都在庙台或野台演出。"社"为古代划分地区的一个小单位，在绍兴，社也是一种区域名称。社戏就是社中每年所演的"年规戏"。

[7] 罗汉豆，即蚕豆。

【解读】

《故乡》先于《社戏》写出和发表。《社戏》是《呐喊》的终篇之作。先写了故乡的失落，然后，勾起了对往日的故乡和往日故乡的小朋友的怀念，并且还有对于消逝于"时间"之中的自己的少年时代的怀念，于是创作了《社戏》。《故乡》中充满了惆怅和抑郁，《社戏》里则弥漫着欢悦和友爱。这两篇作品，在实际生活上和思想情绪上是相联系、相沟通的。两者构成一种"失落"和"希求"相结合的情感。

《社戏》是一篇优美的散文。说它是散文型小说，就是因为它充满了散文的情致，用散文的优雅的、抒情的笔调来叙述，但它是依据作者儿时的记忆虚构而成的，因此是小说——虚构作品。《社戏》描写了一个儿时的美丽王国。这个美丽王国之所以是美丽的，因为主人公正处在童年时代，而童年永远是美丽的。而且，还因为那时的故乡也是美丽的，至少是主人公当时还没有进到也不能理解生活的艰辛与人生的苦难，因此在他眼里心中，外面的世界是美丽的。更增加这个王国的美丽的，还有人情的美、人心的美，就是双喜、阿发他们的那种纯洁、坦诚、友爱的心和他们对城市来的亲戚的十分真诚的友爱。划船、吃罗汉豆、看社戏，都是外在的，附丽于"人心与人情"之上的，只有这真情是实在的，通过那"附丽的事物"体现出来。

小说从在城里看戏开头，拿那戏园的喧嚣——一种城市的喧闹、紧迫、拥挤情状的象征——作对照，由这里，引向乡村，引向水乡泽国，引向社戏和小伙伴们。于是，叙述随母亲到外婆家、到赵庄，看社戏和看社戏过程中发生的令人难忘的事情。那叙述，在字里行间，充溢着欢悦的情绪，而文字是那么清纯、优雅，既描画了南国水乡的美丽，又刻画了人的美好的心与感情。

> 两岸的豆麦和河底的水草所发散出来的清香，夹杂在水气中扑面的吹来；月色便朦胧在这水气里。淡黑的起伏的连山，仿佛是踊跃的铁的兽脊似的，都远远地向船尾跑去了，但我却还以为船慢。他们换了四回手，渐望见依稀的赵庄，而且似乎听到歌吹了，还有几点火，料想便是戏台，但或者也许是渔火。

> 那声音大概是横笛，宛转，悠扬，使我的心也沉静，然而又自失起来，觉得要和他弥散在含着豆麦蕴藻之香的夜气里。

这段叙事——描写，船行，豆麦香，水气，朦胧月色，黑色的山脊，远处歌吹声，几点灯火或渔火闪烁……有景、有色、有味，有人的行动与感受。多么幽美的夜的航行，享受到一种自然的美、生活的美。

以后才是看社戏、"偷"吃罗汉豆。美好的记忆属于后者，而社戏却并没有引起多大兴趣。然而，"看社戏"的过程却是美好的。

这里充分、优美地写出了对故乡——外婆家（它对于中国儿童来说就是美好的象征）——的美好回忆，更写出了对于阿发、双喜身上所体现的美好人性的回忆。这是中国国民性的另一面。

> 真的，一直到现在，我实在再没有吃到那夜似的好豆，——也不再看到那夜似的好戏了。

"不再"是"时间"和"人事"插入了人生的结果。那个童年的王国，永远地失去了。

《故乡》是"时间"更长久的插入，而"人事"则是更复杂而令人悲愤地插入之后，从遥远的北方返回故乡的经历和感受。

《故乡》一开头就是忧郁的、肃杀的：

> 我冒了严寒，回到相隔二千余里，别了二十余年的故乡去。
>
> 时候既然是深冬；渐近故乡时，天气又阴晦了，冷风吹进船舱中，呜呜的响，从篷隙向外一望，苍黄的天底下，远近横着几个萧索的荒村，没有一些活气。我的心不禁悲凉起来了。
>
> 阿！这不是我二十年来时时记得的故乡？

这幅萧索的水乡图画，同《社戏》中出现的同一地方的图画完全不同了。这是现实的反映，但也是心情使然。因为"我这次是专为了别他而来的"。回到家，见到母亲，谈起搬家，于是引出了闰土，于是一个农村少年英气勃发的形象出现了：

> ……其间有一个十一二岁的少年，项带银圈，手捏一柄钢叉，向一匹猹尽力的刺去，那猹却将身一扭，反从他的胯下逃走了。

"这少年便是闰土。"于是记忆中的闰土来到眼前。往日的童年岁月，往日的城乡主仆之间的纯真友谊也出现了。重温那时的生活是多么温馨！每年的新年，闰土随父亲一同到家里来帮忙，家人忙过年，孩子们一同玩耍，闰土从乡村带来许多关于美好事物的消息，以及看瓜田、扑猹等，"阿！闰土的心里有无穷无尽的希奇的事，都是我往常的朋友所不知道的。"但是，这些往事都已消逝，不久出现的现在的闰土，完全是另外一个人。"时间"和"人事"，在闰土的脸上、身上、精神上留下了可怕的、摧残性的刻痕。"他头上是一顶破毡帽，身上只一件极薄的棉衣，浑身瑟索着；手里提着一个纸包和一支长烟管，那手也不是我所记得的红活圆实的手，却又粗又笨而且开裂，像是松树皮了。"他叫闰土"闰土哥"，但闰土叫他"老爷！""我们之间已经隔了一层可悲的厚障壁了"。以后便是闰土的种种诉苦。这直接地揭示了那"时间"和"人事"的内涵："非常难。第六个孩子也会帮忙了，却总是吃不够……又不太平……什么地方都要钱，没有定规……

332 鲁迅思想研究 彭定安文集 ④

收成又坏。种出东西来，挑去卖，总要捐几回钱，折了本；不去卖，又只能烂掉……"

鲁迅像在其他小说中一样，没有着重写实际的生活状况、具体的剥削事实、具体的生活艰困，仍然是侧重写精神世界的变化。少年时的朋友，现在中间隔着精神的障壁。因此，以后的行文便在这种对精神隔离的思索中表达出来：

> 我只觉得我四面有看不见的高墙，将我隔成孤身，使我非常气闷；那西瓜地上的银项圈的小英雄的影像，我本来十分清楚，现在却忽地模糊了，又使我非常的悲哀。

主题由此引向深入。不是一般的见到年少时的朋友，对人事变幻的感叹，而是对于人与人之间的隔膜、不能相通，感到深深的悲哀。鲁迅这时还不是持阶级分野的观念来分析事物，他只是一般地，对中国传统文化的"人分十等"，人的分成不同的群体，彼此不能相通，感到悲哀。紧接下来，便是对于未来的期望——下一代不再如此隔膜：

> 我希望他们不再像我，又大家隔膜起来……然而我又不愿意他们因为要一气，都如我的辛苦展转而生活，也不愿意他们都如闰土的辛苦麻木而生活，也不愿意都如别人的辛苦恣睢而生活。他们应该有新的生活，为我们所未经生活过的。

鲁迅在同时期所写的杂文中，就曾号召青年人去创造"第三样时代"——中国历来的"做稳了奴隶的时代"和"做奴隶而不得的时代"这两个时代轮回之外的第三样时代。在《故乡》里，则从闰土前后的变化，精神上从昂扬奋发到委顿麻木的变化，特别是他与闰土之间，从亲密到疏远的变化，从这些变化中，形象地呈现了一个"做奴隶而不得的时代"的状况，并表达了对将来的新生活的冀望。童年美丽王国的失落：从《社戏》到《故乡》，这也成为一种含意深远的寓言。一个关于"人与人"的寓言，一个关于地上的从"美丽王国"到"艰难世时"的寓言。这种失落最重要、最令人惋惜的是人与人之间心灵的隔膜，是国民精神的麻木。鲁迅所侧重的是人和"人与人之间的关系"。他始终未曾离开他的"沙聚之邦转为人国"的理想。这又是他的深刻处。

最后他写道：

> 我在朦胧中，眼前展开一片海边碧绿的沙地来，上面深蓝的天空中挂着一轮金黄的圆月。我想：希望是本无所谓有，无所谓无的。这正如地上的路；其实地上本没有路，走的人多了，也便成了路。

整篇为抑郁惆怅所笼罩，这里，显出了希望的亮色。这一有力的结尾，使主题更为深化，而这段优美的抒情，也成为富有哲理蕴含的名文。

《故乡》带有较大的纪实成分。远道返回故乡，为了搬家，闰土，与闰土的友谊，等等，都有事实的依据，但整个过程和叙述是虚构，所以成为小说。从这里也看到鲁迅从"生活"到"艺术"的创造。

结束语：《呐喊》的当代阅读

《呐喊》在20世纪末，进入人们纷纷评定的20世纪的文学排行榜，它又带着这份荣誉进入21世纪。我们在新世纪将怎样阅读《呐喊》？我们难于在此作出稍微令人满意的回答。但我们可以提供一点线索和现象，或许会引起人们的一点思索或猜想。

《呐喊》是一部从思想角度反映了中国近现代革命的作品，从中我们可以看到中国在19世纪末至20世纪初的社会状况。而作为杰出文学作品的反映，除了当时的具体的、富于时代特色的状况之外，还反映了中国的、中华民族的一般的状况。因此，作为"历史文献"和"社会档案"，《呐喊》对于我们认识中国、认识中国的社会与历史，是很有价值的。

《呐喊》又是一部闪耀着思想光芒的作品。它对于中国传统的批判、对于中国古老文化的批判，和对于中国国民性的批判，都闪耀着思想的光芒，洋溢着炽烈的爱国热情。这些都能给我们以思想的教益和民族情感、爱国精神的传输。

《呐喊》是具有高度艺术成就和深厚审美素质的艺术品。并且既是充分中国的，又是现代的。它是我们最优秀的文学读物、艺术教材，从中我们能够得到艺术的享受、审美的愉悦和美学的哺育。这对于我们全面提升素质，培养心性，是很有益处的。当然，《呐喊》还是最佳文学教材。我们当然不是要通过读《呐喊》来模仿鲁迅，像他当年那样写小说，模仿不是学习；而是从中体会艺术精神、艺术规律和美学原理，结合自己的实践，来进行文学的创造。

作家的每一部作品，都属于他的全部作品的总体，也是属于他那个时代的作家—作品的总体。阅读《呐喊》，需要阅读鲁迅的其他作品，这能帮助更好地理解《呐喊》；阅读《呐喊》，也能更好地理解鲁迅的其他作品。因此，《呐喊》的阅读，可以是我们读鲁迅，读中国现代文学的起点和原点。

每一部文学作品，都始终在公众的和历史的阅读与接受中经受考验。每个时代的阅读和接受，都是一种时代性的现时接受，必然受到时代的价值观念和社会心态的控制和影响。作品的"含义""原意"，都会在时代的现时的接受中，受到当时读者的解读、诠释、改塑、创造，产生自己的、时代的、即时的"意义"。只有那些内容丰富、多元、深沉的作品，才能提供充足的依据，使后世的读者能够进行时代性的"工作"，创造新的"意义"。《呐喊》就是这样的作品。你如果仔细观察当代社会现象、人情世态，又深入地思索，你就会在阅读《呐喊》中得出新的体会、新的意义和新的收获。

每个在世界上和人类历史上具有比较重要影响的民族，总会产生它们自己的"民族文学范本"——"民族读本"。英国有莎士比亚的《哈姆雷特》，德国有歌德的《浮士德》，法国有巴尔扎克的《人间喜剧》多部小说，西班牙有塞万提斯的《堂吉诃德》，俄国有果戈理的《死魂灵》，捷克有哈耶克的《好兵帅克》，如此等等。那么，中国应该说有鲁迅的《阿Q正传》。

我们阅读《呐喊》，不是一种单纯的文学阅读，而是一种文化阅读、历史阅读、民族阅读。

在阅读中，我们进行着几重对话：我们同《呐喊》中的人物，如狂人、孔乙己、单四嫂子、闰土，尤其是阿Q对话；我们同鲁迅对话，同中国社会、中国历史对话；我们同中国"国民性"对话。我们还同现代对话——拿从《呐喊》所获得的知识与感受，来同现代和现代人对话。

这样，我们就会收获很多。

请读《呐喊》，请谛听20世纪初，苦难中国，酝酿大变革到来，迎接现代化浪潮的中国，所发出的第一声"呐喊"！